Pädagogen der englischen Aufklärungsphilosophie des 18. Jahrhunderts

Europäische Hochschulschriften

Publications Universitaires Européennes
European University Studies

Reihe XX

Philosophie

Série XX   Series XX

Philosophie
Philosophy

Bd./Vol. 247

PETER LANG

Frankfurt am Main · Bern · New York · Paris

Lutz Rössner

Pädagogen der englischen Aufklärungsphilosophie des 18. Jahrhunderts

Philosophische Studien zur Geschichte der empirischen Pädagogik IV.

PETER LANG

Frankfurt am Main · Bern · New York · Paris

CIP-Titelaufnahme der Deutschen Bibliothek

Rössner, Lutz:
Pädagogen der englischen Aufklärungsphilosophie / Lutz
Rössner. - Frankfurt am Main ; Bern ; New York ; Paris :
Lang, 1988
     (Philosophische Studien zur Geschichte der empirischen
     Pädagogik / Lutz Rössner ; 4)
     (Europäische Hochschulschriften : Reihe 20, Philosophie ;
     Bd. 247)
     ISBN 3-631-40364-X

NE: Europäische Hochschulschriften / 20

ISSN 0721-3417
ISBN 3-631-40364-X
© Verlag Peter Lang GmbH, Frankfurt am Main 1988

INHALT

VORWORT 7

EINLEITUNG: HINWEISE AUF DEN ERZIEHUNGSWISSENSCHAFTS-
HISTORISCHEN FORSCHUNGSSTAND HINSICHTLICH DER ENGLI-
SCHEN AUFKLÄRUNGS-PÄDAGOGIK 11

VERZEICHNIS WICHTIGER LEBENSDATEN 15

Anmerkungen 16

PÄDAGOGEN DER ENGLISCHEN AUFKLÄRUNGSPHILOSOPHIE DES
18. JAHRHUNDERTS 20

1. Vorbemerkung 20

Anmerkungen 22

2. Joseph Priestley – Repräsentant der englischen
Aufklärungspädagogik des 18. Jahrhunderts   24

2.1. Priestley und die Warrington-Akademie-Tradition
– Anreger, Vorläufer und Nachfolger: David
Hartley, Philip Doddridge, John Aikin sen.,
Anna Laetitia Aikin-Barbauld, John Aikin jun.,
William Enfield, Thomas Henry, Thomas Barnes,
Ralph Harrison u.a. 28

2.2. Priestleys Pädagogik 58

Anmerkungen 85

3. Empirische Pädagogik in der Lunar Society von
Birmingham 118

3.1. Erasmus Darwin 120

3.2. Richard Lovell Edgeworth und Maria Edgeworth 165

3.3. Thomas Day 202

Anmerkungen 235

4. David Williams 303

Anmerkungen 322

5. Einige Bemerkungen zu William Godwin, Mary
Wollstonecraft-Godwin und Thomas Paine 334

Anmerkungen 337

6. Einige Hinweise zum Experimentalismus und zum
Konzept einer experimental science of education
innerhalb der englischen Aufklärungsphilosophie
des 18. Jahrhunderts 339

Anmerkungen 341

ZUSAMMENFASSUNG UND SCHLUSSWORT 343

VERZEICHNIS DER VERWENDETEN LITERATUR 346

NAMENVERZEICHNIS 363

SACHVERZEICHNIS 372

VORWORT

> Die lange historische und persönli-
> che Erfahrung läßt sich weitgehend
> durch sorgfältiges Studium der Ge-
> schichte ersetzen, worin nicht ihr
> geringster Wert besteht. Allerdings
> möchte ich das "sorgfältig" und
> die "Geschichte" akzentuieren,
> d.h. die Notwendigkeit exakter und
> langdauernder Beschäftigung mit
> vielen und vielbändigen redlichen
> Werken.
>
> ARNO SCHMIDT[1]

Mit der vorliegenden Abhandlung lege ich den IV. Band
meiner "Philosophischen Studien zur Geschichte der empirischen Pädagogik" vor[2] und schließe damit die Darstellung und Analyse der Entwicklung der empiristisch-utilitaristischen Pädagogik im England des 18. und 19. Jahrhunderts ab. Dabei bin ich mir völlig bewußt, daß auch
dieser Abschluß lediglich ein Abbrechen ist; denn die
gegebene Präsentation ist selbstverständlich unvollständig - unvollständig wie jede wissenschaftliche (oder
philosophische) Darstellung.
    Gleichwohl: ich hoffe, einen hinreichend differenzier-
ten Einblick in die Geschichte der empirischen Pädagogik
in England gegeben zu haben zum Zwecke weiterer histori-
scher Fundierung der empirischen Pädagogik, da diese
auch in ihrer modernen Form (so man denn das Attribut
"modern" zu Abgrenzungszwecken verwenden will) des historischen Rückgriffes, der historischen Rückschau bedarf;
denn "ohne Rückblick auf das Erreichte, auf den Stand
der Forschung, ist weiterführende Arbeit nicht möglich,"
formulierte MATTHIAS SCHRAMM in einem Aufsatz anläßlich
des Todes des Naturwissenschafts-Historikers WILLY HART-
NER,[3] der - neben dem Philosophen JOHANNES HIRSCHBERGER
- auch mich die Einsicht in den Nutzen der Historie
gelehrt hat.

---

1   Arno Schmidt, Belphegor. Nachrichten von Büchern und
    Menschen. Frankfurt a.M. 1985. S. 449.
2   Vgl. Band I: Reflexionen zur pädagogischen Relevanz
    der Praktischen Philosophie John Stuart Mills. Frank-
    furt a.M.-Bern-New York 1983; Band II: Die Pädagogik
    der empiristisch-utilitaristischen Philosophie Englands
    im 19. Jahrhundert. Frankfurt a.M.-Bern-New York 1984;
    Band III: Die Pädagogik des englischen Experimentalphi-
    losophen Joseph Priestley. Frankfurt a.M.-Bern-New
    York 1986.
3   M. Schramm, Willy Hartner (1905 - 1981). In: Zeitschrift
    für allgemeine Wissenschaftstheorie XIII(1982)1. S. 1.

Wie die ersten drei Bände der "Philosophischen Studien" ist auch dieser Band Teil eines umfänglichen (über diesen Band hinaus projektierten) Forschungsprogramms, innerhalb dessen die Geschichte der empirischen Pädagogik (exemplarisch) aufgearbeitet werden soll bzw. aufgearbeitet wurde.[4] Im vorliegenden Band wurden speziell die Konzeptionen empirischer Pädagogik thematisiert, die im experimentalphilosophischen Umfeld JOSEPH PRIESTLEYs entwickelt wurden, wobei dieses Umfeld zum einen durch die Angehörigen der Warrington-Akademie (und ihrer Nachfolgerinnen) und zum anderen durch die "Lunatiker" (die Mitglieder der Lunar Society von Birmingham) repräsentiert wurde. Schließlich wurde die erziehungswissenschaftliche Konzeption eines Freundes von PRIESTLEY, nämlich DAVID WILLIAMS', dargestellt; er gehörte zum weiteren experimentalphilosophischen Umfeld PRIESTLEYs und hat gewichtige Beiträge für die produktive Fortentwicklung der empirischen Pädagogik geliefert.

Damit ist der IV. Band eine Ergänzung zum III. Band, in dem die Pädagogik JOSEPH PRIESTLEYs thematisiert und der Pädagoge vorgestellt wurde, den man begründet als das Zentrum der englischen empirischen Aufklärungspädagogik ansehen kann.[5]

Auch im Band IV habe ich die Darstellung personenzentriert abgefaßt und damit in einer Form, die auch die ersten drei Bände kennzeichnet. Dies ist von Kritikern mit dem Hinweis beanstandet worden, daß auf diese Weise der "gesamtgesellschaftliche Zusammenhang" zu wenig berücksichtigt werde.

---

4 Vgl. hierzu neben der in Anmerkung 2 zitierten Literatur u.a. weiterhin: L. Rössner (Hrsg.), Empirische Pädagogik I: Abhandlungen zu ihrer Geschichte. Braunschweiger Studien zur Erziehungs- und Sozialarbeitswissenschaft. Band 17. Braunschweig 1986. W. Heidmann, Die pädagogischen Bemühungen im Umkreis der Manchester Literary and Philosophical Society im späten 18. Jahrhundert. Braunschweiger Studien zur Erziehungs- und Sozialarbeitswissenschaft. Band 19. Braunschweig 1987; L. Rössner, Die Aktualität von Gedanken John Stuart Mills zur Universitäts-Erziehung. In: Vierteljahresschrift für wissenschaftliche Pädagogik 58(1982)1. S. 81 - S. 87; L. Rössner, Der utilitaristische Jurist John Austin als Pädagoge. In: Pädagogik und Schule in Ost und West 32(1984)4. S. 76 - S. 80; L. Rössner, Empiristische Pädagogik als Ethik-Institution. In: Pädagogik und Schule in Ost und West 35(1987)2. S. 25 - S. 35; L. Rössner, Zur Tradition Empirischer Pädagogik in England und Italien. In: Empirische Pädagogik. Zeitschrift zu Theorie und Praxis erziehungswissenschaftlicher Forschung 1(1987)3. S.253 - 263.

5 Um den vorliegenden Band für sich allein verarbeitbar zu machen, habe ich auch Priestleys Pädagogik nochmals (knapp) dargestellt. Der Leser, der den III. Band der "Philosophischen Studien" (vgl. Anmerkung 2) verarbeitet hat, kann bei der Lektüre des vorliegenden Bandes den Abschnitt 2.2. (S. 58 - S. 84) übergehen.

Auf diesen Vorwurf gebe ich folgende Antwort (ohne diese detailliert zu begründen): Ich gehe davon aus, daß die Geschichte der Menschen (als wissenschaftliche Repräsentation vergangenen menschlichen Geschehens[6]) stets von Einzelpersonen repräsentiert wird. Sicher sollte – und dies ist auch in allen vier Bänden geschehen – versucht werden, die menschlichen Handlungen und Handlungsprodukte (zum Beispiel Forschungen und Forschungsprodukte) situations- und auch sozialspezifisch zu erklären (denn der Mensch und seine Wissenschaft sind auch soziale Tatsachen), aber hier ist große Vorsicht geboten, da der entsprechende Kenntnisstand der Historiker stets sehr eingeschränkt ist, was nicht nur in bezug auf den einzelnen Forscher, sondern auch für eine Forschergemeinschaft gilt. Die Erklärung von Forschungsprodukten mit Hilfe "gesamtgesellschaftlicher Zustände" (als Explanans) erscheint mir besonders bedenklich; denn eine solche Erklärung, soll sie Informationswert besitzen, setzt maximale bzw. vollständige Informiertheit, vollständige Kenntnis des gesamten Bedingungsfeldes voraus, und solche Kenntnis ist nie gegeben. Der "Leistungssportler der Interdisziplinarität" (MARQUARD[7]) ist eine irrationale Konstruktion, der "total integrierte 'Globalist' ist ein Unding" (LENK[8]).

Zwar treffen wir gerade in moderner Pädagogik (nicht in der empirischen!) die Neigung an, Superwissenschaft zu betreiben und (vermeintliche) All-Kenntnis zu aktivieren; gegenüber solchem Vorgehen habe ich jedoch größte Vorbehalte. Vorsicht erscheint mir daher dringend geboten, also eine Tugend, für deren Akzeptierung gute empirische Begründungen angeführt werden können.

Ich habe somit lediglich versucht, Pädagogiken darzustellen bzw. zu rekonstruieren, und mir Zurückhaltung in bezug auf die Erklärung durch "umfassende Zusammenhänge" auferlegt, auch auf die Gefahr hin, daß damit gegebenenfalls das Verständnis mit Bezug auf die englische Aufklärungspädagogik des 18. Jahrhunderts und ihre Repräsentanten eingeschränkt ist, aber "zu einem vollen und allseitigen Verständnis" der Forschung und Forschungsprodukte

---

6 Vgl. hierzu zum Beispiel: K. Sierle, Geschehen, Geschichte, Text der Geschichte. In: R. Koselleck, W.-D. Stempel (Hrsg.), Geschichte – Ereignis und Erzählung. München 1973.

7 Vgl. O. Marquard, Inkompetenzkompensationskompetenz? Über Kompetenz und Inkompetenz der Philosophie. In: Abschied vom Prinzipiellen. Stuttgart 1982.

8 H. Lenk, Die sokratische Aufgabe pragmatischer Philosophie. In: Pragmatische Philosophie. Plädoyers und Beispiele für eine praxisnahe Philosophie und Wissenschaftstheorie. Hamburg 1975. S. 33.

der historischen Personen kann man "erst dann gelangen
...., wenn man überall den bestimmten Anlaß kennte, der
sie hervorgerufen hat, den kennen wir aber meist nicht,
man müßte denn Erzeugnisse der eigenen Phantasie wohlge-
mut für Wirklichkeit nehmen."[9]
Den Kritikern zum Trotz wurde also die personenzentrier-
te Darstellung auch im vorliegenden Band der "Philosophischen Studien" beibehalten. Ich hoffe aber, daß der Band
(trotzdem) informativ ist, das heißt, zur Stützung der
empirischen Pädagogik beiträgt.[10]
Wissenschaft ist - so war formuliert worden - auch
stets eine soziale Tatsache. Dies trifft selbstverständlich auch hier zu. Viele Gespräche, Kritik und Ermunterun-
gen haben die vorliegende Abhandlung beeinflußt, und
ohne umfängliche, nicht nur als "technische" zu charakte-
risierende Unterstützung wäre ihre Abfassung zumindest
sehr erschwert worden. Es ist hier wiederum meinem früheren Mitarbeiter Dipl.-Päd. THOMAS HARTMANN sehr zu danken,
der an der Etablierung meines historischen Archivs nicht
geringen Anteil hatte. Weiterhin bin ich meinem Mitarbeiter Dipl.-Päd. VINCENT WINTERS zu Dank verpflichtet; er
setzte HARTMANNs Arbeit - nicht nur pflichtgemäß - mit
großer Umsicht, viel Fleiß und Akkuratesse fort und entwickelte ein zunehmend produktives bzw. effektives Suchverhalten. Dipl.-Päd. WOLFGANG HEIDMANN danke ich für
seine Mühen bei der sehr komplizierten Beschaffung von
Literatur und Informationen aus England und den Vereinig-
ten Staaten von Amerika, und schließlich danke ich - wie
seit mehr als einem Jahrzehnt - auch diesmal ILSE SPORLEDER
für ihre sehr aufmerksame Schreibtätigkeit.
Zum formalen Aufbau des Textes sei vermerkt: Der Anmer-
kungsapparat ist sehr umfänglich; denn ich habe erstens
versucht, meine Aussagen detailliert zu belegen, und
zweitens damit die Intention verbunden, die Möglichkeit
zu bieten, in das hier thematisierte historische Problem-
feld in all seinen Bereichen einzudringen, was voraussetzt, daß das dafür notwendige Grundlagenmaterial ange-
geben wird. Mit den "Philosophischen Studien" wird ja
auch bezweckt, eine möglichst umfassende Dokumentation
im Hinblick auf die Entwicklung der empiristischen Pädagogik zu bieten.

Braunschweig, 1. Januar 1988   LUTZ RÖSSNER

---

9 O. Rössner, Beiträge zur Erklärung horazischer Oden.
   In: Zeitschrift für das Gymnasialwesen LXVI(1912). S.
   497.
10 Über den von mir vermuteten Nutzen einer Beschäftigung
   mit der Historie der empirischen Pädagogik habe ich
   mich im III. Band der "Philosophischen Studien" (vgl.
   Anmerkung 2) ausführlicher geäußert. Vgl. S. 419 - S. 442.

EINLEITUNG: HINWEISE AUF DEN ERZIEHUNGSWISSENSCHAFTS-HI-
STORISCHEN FORSCHUNGSSTAND HINSICHTLICH DER ENGLISCHEN
AUFKLÄRUNGS-PÄDAGOGIK

Eine Durchsicht von Darstellungen der Pädagogik der
englischen Aufklärung führt schnell zu folgender Feststellung: Die Darstellungen sind stets auf JOHN LOCKE (1632
- 1704) konzentriert; kurz: englische Aufklärungspädagogik ist die Pädagogik JOHN LOCKEs.
Diese Feststellung trifft insonderheit für die deutsche
Erziehungswissenschafts-Historie zu, aber auch für die
englische selbst, wenngleich hier mit Einschränkungen;
denn nicht selten werden hier auch andere Pädagogen
(Erziehungswissenschaftler) im Zusammenhang mit der
Aufklärungspädagogik erwähnt, jedoch - nach unserer Auffassung - nicht in solcher Ausführlichkeit und mit
solcher Charakterisierung ihrer Bedeutung, die uns angemessen erscheint.
Hier soll nun - speziell bezogen auf den deutschen
erziehungswissenschafts-historischen Forschungsstand -
ergänzt, vervollständigt werden, soll insbesondere die
Geschichte der empirischen Pädagogik der englischen Auf-
klärung(sphilosophie) eine differenzierte(re) Behandlung
erfahren. Ausgangspunkt dafür sind aber bisherige Darstellungen (in knapper Auswahl), ist die Kennzeichnung des
bisherigen erziehungswissenschafts-historischen Forschungs-
standes, der - wie gesagt - auf JOHN LOCKE konzentriert
ist, also auf den Philosophen und Pädagogen, in dem
sich, wie v. BROCKDORFF formuliert, "die verschiedenen
Formen der Aufklärung" "in einer merkwürdig glücklichen
Vereinigung finden."[1]
JOHN LOCKE repräsentiert also nach Auffassung der
(deutschen) Erziehungswissenschafts-Historiker die
englische Aufklärung; alle anderen Pädagogen seiner und
der Folge-Zeit treten hinter ihn,[2] sofern sie überhaupt
erwähnt werden, deutlich zurück.[2] LOCKE wird als der
"Begründer"[3] und "Führer"[4] der englischen Aufklärung,
speziell der pädagogischen, angesehen - der englischen
und damit der empiristisch fundierten Aufklärung(sphilosophie). Er gilt als "der Urheber der empiristischen
Richtung der Philosophie des 18. Jahrhunderts"[4] und
damit zugleich der empiristischen Pädagogik auf dem
Boden einer - von ihm ebenfalls begründeten - empirischen
Psychologie.[5]
Zusammenfassend heißt es bei MOOG: "Schon in der
englischen Pädagogik des 16. Jahrhunderts machte sich
eine empirisch-praktische Tendenz geltend. Im 17. Jahrhundert fand der Empirismus seine philosophische Ausgestal-
tung und Begründung, damit erhielt auch die Pädagogik
einen neuen Unterbau. Francis Bacon hatte schon die
Anschauungen eines Empirismus verkündet und auch pädagogische Folgerungen daraus zu ziehen gesucht.[6] Eine syste-

matische erkenntnistheoretische und psychologische
Grundlegung erhielt der Empirismus aber erst durch John
Locke ... Im Gegensatz zu dem Rationalismus wird der Er-
fahrungsstandpunkt betont. Nicht auf apriorischen Ideen
soll ein begrifflicher Denkbau errichtet werden, sondern
durch empirische Beobachtung will man Wissen erwerben.
Das Suchen nach Grundlagen der Erkenntnis, nach Allgemei-
nem, Naturgemäßem, das Streben, durch das Denken eine
Macht über die Welt der Dinge zu erlangen, ist im Rationalismus wie im Empirismus vorhanden, beide Richtungen
sind ein Ausdruck des Geistes des 17. Jahrhunderts, nur
ist die Methode verschieden."[7]
LOCKE gilt also als der englische empiristische Aufklärungsphilosoph und -pädagoge, der jedoch auf bereits
vorhandener Tradition aufbaute und der vor allem Tradition stiftete, und diese Tradition soll im folgenden
behandelt werden. Das heißt, wir wenden uns der Tradition
der englischen Aufklärungspädagogik im 18. Jahrhundert
zu; denn entgegen dem bisher vermittelten Bild wurde die
empiristische Pädagogik der Aufklärung nach LOCKE in
England intensiv fortgeführt, sie fand zahlreiche bedeutende Repräsentanten.[8]
LOCKEs Pädagogik selbst besprechen wir, sofern nicht
andere von uns zu behandelnde Pädagogen sich auf diese
beziehen, nicht. LOCKE ist in die Geschichte der Erziehung und ihrer Wissenschaft aufgenommen, er hat dort
seine feste Position, sein häufig referiertes und reflektiertes, aber keineswegs stets positiv gewürdigtes
pädaggogisches Hauptwerk "Some Thoughts Concerning Education"[18] gehört seit langem zur pädagogischen Standardlite-
ratur, und deshalb bedarf es hier keiner (weiteren)
differenzierten Erörterung.
LOCKE regte vielfältig - nicht nur im Bereich pädagogischen Denkens - an, festigte und fundierte weiter speziell
empiristische (pädagogische) Tradition, war aber keineswegs der alleinige Repräsentant dieser Richtung. Die
englische Aufklärungsphilosophie und -pädagogik wird
durch viele weitere hervorragende Philosophen und Pädagogen repräsentiert, ja, es ist vor einer Überbewertung
LOCKEs - zumindest, soweit sie seine Pädagogik betrifft
- zu warnen. Diese Warnung wird im folgenden bzw. mit
der folgenden Gesamtdarstellung zu begründen versucht.[11]
Gleichwohl: LOCKE war ein gewichtiger Anreger; es
kommt ihm mit Bezug auf seine Nachfolger, genauer: mit
Bezug auf die weiteren Repräsentanten englischer empiristischer Pädagogik (bzw. "science of education"), hohe
Bedeutung zu. Vielerseits wird LOCKE als der dominierende
"Lehrer" der empiristischen Philosophen und Pädagogen
des 18. Jahrhunderts angesehen. Zum Beispiel wird JOSEPH
PRIESTLEY[13] (1733 - 1804) häufig als Schüler[12] oder als
Interpret LOCKEs und als Weiterentwickler der LOCKE-
schen Lehre (speziell der psychologischen)[14] bezeichnet,
und PRIESTLEY kann wiederum als der Hauptrepräsentant

13

der englischen empiristischen Pädagogik des 18. Jahrhunderts angesehen werden, was wir an anderer Stelle ausführlich begründet haben[15] und auch in dieser Schrift begründen werden.

PRIESTLEY - in der Regel vor allem als Chemiker und Theologe bekannt - wurde zwar bis in die jüngste Zeit kaum und wenn, dann nur am Rande als Pädagoge gewürdigt; er führte jedoch im 18. Jahrhundert die empiristische Pädagogik auf einen Stand, auf dem letztlich der (weiterentwickelten) Pädagogik LOCKEs erst zum Durchbruch verholfen wurde - und PRIESTLEY war zugleich ein geistiges Zentrum (nicht nur) pädagogischen Denkens seiner Zeit. Zahlreiche bedeutende Pädagogen (und Wissenschaftler der unterschiedlichsten Fachrichtungen) standen mit PRIESTLEY in unmittelbarer Verbindung - es seien hier (vorläufig) nur R. L. EDGEWORTH, ERASMUS DARWIN und TH. DAY genannt[16] - oder können zu ihm konzeptionell in Beziehung gesetzt werden - es sei hier (vorläufig) nur W. GODWIN genannt.[17]

Eine genaue Analyse des PRIESTLEYschen Wirkens insgesamt und seiner Pädagogik speziell ermöglicht die Erschließung einer breiten und differenzierten empiristischen Strömung englischer Aufklärungspädagogik, die dann eher JOHN LOCKE hinter seine Nachfolger als seine Nachfolger hinter ihn zurücktreten läßt. Auf jeden Fall bietet eine solche Analyse aber ein viel differenzierteres Bild englischer (empiristischer) Aufklärungspädagogik, als es bisher geboten wurde.

Kurz: Der bisherige erziehungswissenschafts-historische Forschungsstand hinsichtlich der englischen Aufklärungspädagogik wird der Realität dieser Strömung keineswegs gerecht; zumindest Ergänzungen bzw. Vervollständigung erscheinen uns notwendig - zum Nutzen weiterer Fundierung empiristischer Pädagogik bzw. Erziehungswissenschaft.

Noch ein weiterer Hinweis sei einleitend und zur Begründung der Notwendigkeit der folgenden Abhandlung gegeben:

Das 18. Jahrhundert (nicht nur) in England kann begründetermaßen auch als ein "pädagogisches" Jahrhundert[18] charakterisiert werden; denn es ist ein hervorstehendes Merkmal der Aufklärung bzw. Aufklärungsphilosophie, daß in ihr das Problem der Erziehung ein zentrales, ja, das dominierende war.[19] Dies kommt schon bei LOCKE sehr klar zum Ausdruck, wenn er sagt: "Glück oder Elend des Menschen sind größtenteils sein eigenes Werk. Wessen Geist (mind) nicht ein weiser Führer ist, der wird nie den rechten Weg finden, und wessen Leib hinfällig und schwach ist, der wird nie auf ihm vorankommen können. Zugegeben, es gibt Menschen mit von Natur aus wohlausgestatteter kräftiger Körper- und Geistesverfassung, die keiner großen Hilfe durch andere Menschen bedürfen; die Stärke ihrer natürlichen Anlagen (natural genius) führt sie von der Wiege an zur Vollkommenheit, und der Vorzug ihrer glücklichen Körperbeschaffenheit läßt sie Wunder vollbringen. Beispiele dieser Art sind jedoch selten; und ich darf wohl sagen, daß von zehn Menschen, denen wir begegnen, neun das, was sie sind, gut oder böse, nützlich oder unnütz (good or evil, useful or not), durch ihre Erziehung sind. Sie ist es, welche die großen Unterschiede unter den Menschen schafft."[20]

Damit ist eine These - die These von der Allmacht der Erziehung[21] - formuliert, die in der Aufklärung(sphiloso-phie) und in der Folgezeit weithin akzeptiert wurde, so daß es nicht verwundern kann, daß das Problem der Erziehung von allen Philosophen dieser Zeit mehr oder minder ausführlich thematisiert wurde. Erstaunlich ist es aber dann, daß - wie bereits betont - die Aufklärungspädagogik vor allem nur mit LOCKE in Verbindung gebracht wurde und wird und die vielfältigen und differenzierten pädagogischen Konzeptionen des 18. Jahrhunderts bzw. deren Repräsentanten so vernachlässigt wurden und werden, daß also viele Philosophen bzw. Wissenschaftler nicht zur Geschichte der Pädagogik zugelassen wurden und werden, obwohl sie doch als Aufklärer bzw. Aufklärungsphilosophen auch Pädagogen sein mußten.[22]

Nochmals ergibt sich: Ergänzung, Vervollständigung sind notwendig, wenn man der "pädagogischen Realität" des 18. Jahrhunderts (in England) gerecht werden und die empiristische Pädagogik auch über ihre Geschichte hinreichend fundieren will.

Zum Zwecke der leichteren zeitlichen Orientierung geben wir nun eine tabellarische Übersicht über die Lebensdaten der Philosophen/Pädagogen, auf die im folgenden ausführlich oder häufiger Bezug genommen wird oder die empiristisch-utilitaristische (englische) Philosophie dominant repräsentierten.

VERZEICHNIS WICHTIGER LEBENSDATEN

Aikin, John sen.
1713 - 1780

Aikin, John jun.
1747 - 1822

Bacon, Francis
1561 - 1626

Bain, Alexander
1818 - 1902

Barbauld, Anna Laetitia
1743 - 1825

Barnes, Thomas
1747 - 1810

Beccaria, Cesare
1738 - 1794

Bentham, Jeremy
1748 - 1832

Darwin, Charles Robert
1809 - 1882

Darwin, Erasmus
1731 - 1802

Day, Thomas
1748 - 1789

Doddridge, Philip
1702 - 1751

Edgeworth, Maria
1767 - 1849

Edgeworth, Richard Lovell
1744 - 1817

Enfield, William
1741 - 1797

Gay, John
1699 - 1745

Godwin, William
1756 - 1836

Grote, George
1794 - 1871

Harrison, Ralph
1748 - 1810

Hartley, David
1705 - 1757

Helvétius, Claude Adrien
1715 - 1771

Henry, Thomas
1734 - 1816

Hobbes, Thomas
1588 - 1679

Hume, David
1711 - 1776

Hutcheson, Francis
1694 - 1747

Locke, John
1632 - 1704

Mill, James
1773 - 1836

Mill, John Stuart
1806 - 1873

Milton, John
1608 - 1674

Newton, Isaak
1643 - 1727

Paine, Thomas
1737 - 1809

Percival, Thomas
1740 - 1804

Priestley, Joseph
1733 - 1804

Rousseau, Jean-Jaques
1712 - 1778

Williams, David
1738 - 1816

Wollstonecraft-Godwin, Mary
1759 - 1797

Anmerkungen

1 C. v. Brockdorff, Die englische Aufklärungsphilosophie.
München 1924. S. 53.

2 Wir verzichten hier auf spezielle bibliographische
Hinweise. Ein Blick in die gängige - neuere wie älte-
re - Literatur zur "Geschichte der Pädagogik" bestätigt schnell und umfänglich unsere Feststellung.

3 Vgl. Dr. Grau, Locke, John. In: H. Schwartz (Hrsg.),
Pädagogisches Lexikon. Dritter Band. Berlin-Leipzig
1930. Sp. 481.

4 Vgl. E. M. Roloff, Locke, John. In: E. M. Roloff
(Hrsg.), Lexikon der Pädagogik. Dritter Band. Freiburg
i.Br. 1914. Sp. 472.

5 Vgl. zum Beispiel: K. Heilmann, Handbuch der Pädagogik. III. Band: Geschichte der Pädagogik. Berlin
1915[11]. S. 163.

6 Vgl. hierzu: Fr. Bacon, The Advancement of Learning
(1605) (lateinisch: De Dignitate et Augmentis Scien-
tiarum (1623)). Neuausgabe: Oxford 1906, Reprint
1951; vgl. weiterhin einige der Essays Bacons. Neuausgabe: London 1856. Eine Zusammenfassung der Pädagogik
Bacons bietet: J. Waldapfel, Die Pädagogik Bacons.
In: Zeitschrift für Philosophie und Pädagogik 3(1896).
Zur Beziehung zwischen Bacon und Locke in pädagogischer
Hinsicht vgl. u.a.: K. Fischer, Francis Bacon und
seine Schule. Entwicklungsgeschichte der Erfahrungsphilosophie. Geschichte der Philosophie. Zehnter Band.
Heidelberg 1904[3]. S. 440 ff.

7 W. Moog, Geschichte der Pädagogik. Band 2: Die Pädagogik der Neuzeit von der Renaissance bis zum Ende des
17. Jahrhunderts. Ratingen-Hannover 1967[8]. S. 325.

8 Es sei hier darauf hingewiesen, daß Locke nicht nur
in England, sondern zum Beispiel auch in Deutschland
(wie vor allem auch in Italien) hohe Anerkennung
fand, speziell auch im pädagogischen Zusammenhang.
Hier ist insbesondere auf Ernst Christian Trapp
(1745 - 1818), einen der ersten prononcierten deutschen
Experimentalpädagogen (vgl. Versuch einer Pädagogik
(1780). Leipzig 1913, speziell §§ 28 und 29), zu verweisen, der in der Lockeschen Pädagogik so etwas wie
die Vollendung dieser Wissenschaft sah. Trapp schrieb:
"Man lese sein Buch über die Erziehung, die Urquelle
alles dessen, was in neuern Zeiten Gutes darüber
gesagt ist. Man liest nichts Neues mehr, wenn man
Locke gelesen hat. Entwickelter findet man wohl
manche seiner Gedanken bei denen, die nach ihm gekommen sind; aber was Neues, von Locke nicht Gedachtes,
schwerlich. Locke, welch ein Mann." (Zitiert nach:
Th. Ballauff, Kl. Schaller, Pädagogik. Eine Geschichte
der Bildung und Erziehung. Band II: Vom 16. bis zum
19. Jahrhundert. Freiburg-München 1970. S. 317.) Trapp sah
in der Lockeschen Philosophie, Psychologie und Pädago-

gik das Fundament für eine neue, nur noch auszudifferen-
zierende Experimentalpädagogik, und er leitete damit
eine "folgenreiche Verbindung von Psychologie und Pädagogik ein" (O. Willmann, Didaktik als Bildungslehre
nach ihren Beziehungen zur Sozialforschung und zur Geschichte der Bildung. Erster Band. Braunschweig 1882.
S. 37). Trapp stand auf Lockes "Schultern" - gemäß
seiner Feststellung: "Spätere würden vielleicht (in
pädagogischen Dingen) nicht mehr und besser sehen,
wenn sie nicht Vorgänger gehabt hätten, auf deren
Schultern sie stehen" (Trapp, Versuch einer Pädagogik.
o.a. S. IV), einer Feststellung, die an die Bernhard
von Chartre's erinnert: "Wir sind Zwerge auf den Schultern von Riesen" (zitiert nach: U. Eco, Über Gott und
die Welt. Essays und Glossen. München-Wien 1985. S. 25
f.).

9 Vgl. J. Locke, Some Thoughts Concerning Education
1684/1693). Deutsche Ausgabe: Gedanken über Erziehung.
Stuttgart 1970.

10 Daniel sagt zu Lockes Werk "Some Thoughts ...": Es ist
ein "essay full of good sense and practical suggestions,
the merits of which have been recognised by nearly
every subsequent writer, English or Continental, who
has treated on the subject of education." (C. Daniel,
Life of Locke. In: Locke, Some Thoughts Concerning
Education. New Edition. London o.J. S. 5.)

11 Vgl. dazu bereits: L. Rössner, Die Pädagogik des
englischen Experimentalphilosophen Joseph Priestley.
Philosophische Studien zur Geschichte der empirischen
Pädagogik III. Frankfurt a.M.-Bern-New York 1986. S.
443 et passim; zusammenfassend: L. Rössner, Bemerkungen
zur englischen experimentalphilosophischen Tradition
der empirischen Pädagogik. In: L. Rössner (Hrsg.), Empirische Pädagogik I. Abhandlungen zu ihrer Geschichte.
Braunschweiger Studien zur Erziehungs- und Sozialarbeitswissenschaft. Band 17. Braunschweig 1985.

12 Vgl. zum Beispiel: E. Halévy, The Growth of Philosophic
Radicalism (1928). London 1972. S. 8, S. 44, S. 137.

13 Vgl. zum Beispiel: L. Stephen, History of English
Thought in the Eighteenth Century. Vol. II. London 1876.
S. 252.

14 Vgl. zum Beispiel: Fr. Jodl, Geschichte der neueren
Philosophie. Wien-Leipzig-München 1924. S. 456; v.
Brockdorff, Die englische Aufklärungsphilosophie.
a.a.O. (Anm. 1). S. 136; vor allem: J.G. McEvoy, J.E.
McGuire, God and Nature: Priestley's Way of Rational
Dissent. In: Historical Studies in the Physical Scien-
ces 6(1975). S. 348 - 351 et passim; J.G. McEvoy,
Joseph Priestley, "Aerial Philosopher": Metaphysics
and Methodology in Priestley's Chemical Thought, From
1762 - 1781. In: Ambix 25(1978). S. 18 f. "Hartley and
Priestley completed the sensationalist programme that
Locke left imcomplete in a number of important respects"

(ebenda S. 19). Vgl. hierzu auch: G. Villa, Einleitung in die Psychologie der Gegenwart (1899). Leipzig 1902. S. 23 f., S. 377 f.

15 Vgl. hierzu die Literaturangaben in Anmerkung 11.

16 Vgl. ebenda sowie: L. Rössner, Die Pädagogik des Lunatikers Erasmus Darwin. Ein Beitrag zur Geschichte der empirischen Pädagogik. Braunschweiger Studien zur Erziehungs- und Sozialarbeitswissenschaft. Band 13. Braunschweig 1984. S. 29 - 35.

17 Vgl. zum Beispiel: B. Simon, Studies in the History of Education. 1780 - 1870. London 1969[4]. S. 23, S. 34 f., S. 44, S. 48 f.

18 In literaturhistorischem Zusammenhang, im Zusammenhang mit "Children's Literature", spricht Eaton auch von der "Didactic Period". Vgl. A.Th. Eaton, Children's Literature. In: Collier's Encyclopedia. Vol. 6. o.O. (USA) 1970. S. 242.

19 Vgl. zum Beispiel auch: A. Reble, Geschichte der Pädagogik. Stuttgart 1965[8]. S. 133 f.

20 Locke, Gedanken über Erziehung. a.a.O. (Anm. 9). S. 7.

21 Vgl. hierzu jeweils unter dem Schlagwort "Erziehung, Allmacht der" in: L. Rössner, Reflexionen zur pädagogischen Relevanz der Praktischen Philosophie John Stuart Mills. Philosophische Studien zur Geschichte der empirischen Pädagogik I. Frankfurt a.M.-Bern-New York 1983; L. Rössner, Die Pädagogik der empiristisch-utilitaristischen Philosophie Englands im 19. Jahrhundert. Frankfurt a.M.-Bern-New York-Nancy 1984; Rössner, Die Pädagogik des englischen Experimentalphilosophen Joseph Priestley. a.a.O. (Anm. 11).

22 Die Unbeachtetheit der pädagogischen Zeitgenossen und Nachfolger Lockes kann wohl damit erklärt werden, daß der Philosoph Locke auch als Pädagoge eine derartige Achtung, ja Bewunderung genoß - man vergleiche die o.a. (Anm. 8) Eloge Trapps -, daß alle anderen Pädagogen der Aufklärung dahinter verblaßten. Entsprechend heißt es bei Schmidt: "Die Hauptschrift Lockes über Erziehung fand einen solchen Widerhall, daß sie zeitgenössische pädagogische Werke in England vielfach verdrängte. Durch das ganze 18. Jahrhundert wurde sie durchschnittlich alle 5 Jahre neu aufgelegt. Frühzeitig wurde sie in die wichtigsten europäischen Sprachen übersetzt, in denen auch immer wieder Neuauflagen erschienen: 1695 ins Französische, 1698 ins Niederländische, 1708 ins Deutsche und 1735 ins Italienische." (G.R. Schmidt, John Locke. In: H. Scheuerl (Hrsg.), Klassiker der Pädagogik. Erster Band: Von Erasmus von Rotterdam bis Herbert Spencer. München 1979. S. 114. - Gewissermaßen "folgerichtig" wird in diesem Band auch kein weiterer Klassiker der englischen Aufklärungspädagogik behandelt.) Allgemeiner bestätigt auch Gawlik: Lockes "Werke fallen (zwar) alle noch ins 17. Jahrhundert", aber er mußin das 18. Jahrhundert einbezogen

werden, "weil er innerhalb und außerhalb Englands eine
große Wirkung hatte, ja zur beherrschenden Figur des
18. Jahrhunderts wurde." (G. Gawlick, Über einige
Charakteristika der britischen Philosophie des 18.
Jahrhunderts. In: Studia Leibnitiana XV(1983)1. S.
30.) Die Kennzeichnung Lockes als "moderner Aristoteles"
(durch James Oswald (1766)), das heißt, als der die
gesamte Philosophie der Zeit beherrschende Philosoph
ist zutreffend (vgl. ebenda).

PÄDAGOGEN DER ENGLISCHEN AUFKLÄRUNGSPHILOSOPHIE DES 18.
JAHRHUNDERTS

1. Vorbemerkung

Wie in der Einleitung angekündigt, sollen nun eine hinreichend vollständige und differenzierte Darstellung sowie
eine Analyse der englischen Aufklärungspädagogik des 18.
Jahrhunderts, die LOCKE folgte und auch in hohem Maße
durch ihn angeregt wurde, geboten und damit speziell die
Geschichte der empiristischen Pädagogik erweitert bzw.
vervollständigt werden; denn englische Philosophie und
Pädagogik sind empiristische Philosophie und Pädagogik,
auch wenn hier Einschränkungen gemacht werden müssen, die
jedoch in unserem Zusammenhang nicht thematisiert zu
werden brauchen.[2] Zutreffend ist jedenfalls die Feststellung, daß man in England "die empirische Methode nicht
auf die Naturerkenntnis einschränkte," sondern daß auch
"die Begründung einer empirischen Psychologie, Moral- und
Politikwissenschaft ... im frühen 18. Jahrhundert erfolgte."[3]
Wenn LOCKE auch nicht, worauf wir bereits kurz verwiesen,
die englische Aufklärungspädagogik allein repräsentierte,
so war er doch - neben dem in der Geschichte der Pädagogik
sehr viel seltener erwähnten JOHN MILTON (1608 - 1674),
einem wichtigen frühen Repräsentanten von "liberal education"[4] - der Hauptvertreter der englischen Aufklärungspädagogik des 17. Jahrhunderts. Diese Pädagogik kam aber
erst im 18. Jahrhundert zur vollen Entfaltung; sie wurde
von zahlreichen Philosophen/Pädagogen elaboriert, die man
deshalb - so meinen wir - in die Geschichte der (empiristischen bzw. empirischen) Pädagogik einlassen sollte.
Diesen Einlaß in die Geschichte der Pädagogik wollen
wir nun (den) englischen Pädagogen des 18. Jahrhunderts
verschaffen; zumindest wollen wir versuchen, ihre Konzeptionen und erziehungswissenschafts- wie erziehungs-geschicht-
lichen Positionen ausführlicher darzustellen und zu reflektieren, als dies bisher in englischsprachiger Literatur
geschehen ist. Auch in dieser Literatur sind diese Pädagogen - wie gesagt - nur marginal vertreten; auch dort wird
man - so meinen wir - ihrer Bedeutung nicht gerecht, speziell nicht ihrer Bedeutung für die Entwicklung der empiristischen Pädagogik.
Das Zentrum der englischen Aufklärungspädagogik des 18.
Jahrhunderts war JOSEPH PRIESTLEY. Diese Feststellung
haben wir bereits ausführlich in einer Monographie über
seine Pädagogik zu begründen versucht.[5] Um jedoch hier
eine hinreichend vollständige und für sich verständliche
Darstellung der englischen Aufklärungspädagogik des 18.
Jahrhunderts bieten zu können, müssen wir abermals auf
PRIESTLEY eingehen, wobei wir aber seine Konzeption von
Pädagogik nicht nochmals in aller Ausführlichkeit, sondern
nur soweit darstellen, daß seine Position und Wirkung in-

innerhalb dieser Pädagogik deutlich werden.[6] - Da wir -
wie gesagt - PRIESTLEY eine zentrale Position innerhalb
der englischen Aufklärungspädagogik des 18. Jahrhunderts
zuordnen, ist er der Ausgangspunkt der folgenden Darstellung.

Von PRIESTLEY aus werden wir dann die weiteren Repräsentanten der englischen Aufklärungspädagogik des 18. Jahrhunderts behandeln, wobei der weitere Gang der Darstellung
von der zeitlichen bzw. psychischen Nähe zu PRIESTLEY bestimmt ist, das heißt, wir wenden uns zunächst den Pädagogen der "pädagogischen PRIESTLEY-Tradition" zu und sodann
seinen Mit-Pädagogen, wobei wir uns immer weiter von
PRIESTLEY entfernen, ohne jedoch seinen philosophisch-pädagogischen Einflußbereich zu verlassen!

Anmerkungen

1 Vgl. hierzu die knappe einführende Zusammenfassung in:
E. Wentscher, Das Problem des Empirismus. Dargestellt
an John Stuart Mill. Bonn 1922. S. 1 - 8. "Das empiristische Denken ist untrennbar verbunden mit der Entwicklung der englischen Philosophie; dort hat es seine
Wurzeln, dort findet es seine höchste Blüte" (ebenda
S. 1). Vgl. umfassend: K. Fischer, Francis Bacon und
seine Schule. Entwicklungsgeschichte der Erfahrungsphilosophie. Heidelberg 1904³. Vgl. weiterhin die differenzierten wissenschaftsmethodologischen Analysen in: G.
G. Böhme, W. v.d. Daele,W.Krohn, Experimentelle Philosophie.
Ursprünge autonomer Wissenschaftsentwicklung. Frankfurt
a.M. 1977. Bezogen auf die "science of education" vgl.
zusammenfassend: L. Rössner, Bemerkungen zur englischen
experimentalphilosophischen Tradition empirischer Pädagogik. In: L. Rössner (Hrsg.), Empirische Pädagogik
I. Abhandlungen zu ihrer Geschichte. Braunschweiger
Studien zur Erziehungs- und Sozialarbeitswissenschaft.
Band 17. Braunschweig 1985.

2 Vgl. hierzu die sehr komprimierte Darstellung: G. Gawlick, Über einige Charakteristika der britischen Philosophie des 18. Jahrhunderts. In: Studia Leibnitiana XV
(1983)1. Im übrigen sei auf die differenzierten Analysen
Cassirers verwiesen: E. Cassirer, Das Erkenntnisproblem
in der Philosophie und Wissenschaft der neueren Zeit.
Zweiter Band (1907). Darmstadt 1974. Speziell: Viertes
und sechstes Buch; E. Cassirer, Die Philosophie der
Aufklärung. Tübingen 1932. Speziell: Erstes und zweites
Kapitel.

3 Gawlick, Über einige Charakteristika der britischen
Philosophie des 18. Jahrhunderts. a.a.O. (Anm. 2). S. 35.

4 Ausführliche Darstellungen der Pädagogik des Erziehungs-
reformers und Vorkämpfers für "liberal education" John
Milton sind u.a.: G. Schmid, John Milton. In:K.A. Schmid
(Bearb.), Geschichte der Erziehung vom Anfang bis auf
unsere Zeit. Dritter Band. Erste Abteilung. Stuttgart
1892. S. 382 - 409; F.V.N. Painter, A History of Education. New York 1898. S. 188 - 194; Th. Ballauf, Kl.Schal-
ler, Pädagogik. Eine Geschichte der Bildung und Erziehung. Band II: Vom 16. bis zum 19. Jahrhundert. Freiburg-
München 1970. S. 204 - 215. "Liberal education" wurde
in der englischen Aufklärungspädagogik des 18. Jahrhunderts und im Folgezeit intensiv thematisiert.
Speziell Priestley schloß sich hier an Milton an, worauf
Wootton hinweist. Vgl. J. Wootton, The Nonconformist
Contribution to Educational Thought and Ideas in the
Eighteenth Century with special reference to the writings
and work of Joseph Priestley. Magister-Dissertation
Univ. Leeds 1955. S. 7 ff. Zur liberal-demokratischen
"philosophischen Linie von Milton über Locke und Paine
zu John Stuart Mill", zu der ganz wesentlich auch Priest-

ley gehörte, vgl. auch: E.W. Tielsch, John Milton und
der Ursprung des neuzeitlichen Liberalismus. In: E.W.
Tielsch (Hrsg.), John Milton und der Ursprung des
neuzeitlichen Liberalismus. Studienausgabe der politischen Hauptschriften John Miltons in der Zeit der
englischen Revolution. Hildesheim 1980.
5 Vgl. L. Rössner, Die Pädagogik des englischen Experimentalphilosophen Joseph Priestley. Philosophische Studien
zur Geschichte der empirischen Pädagogik III. Frankfurt
a.m.-Bern-New York 1986.   Vgl. weiterhin: L.
Rössner, Die Pädagogik der empiristisch-utilitaristischen Philosophie Englands im 19. Jahrhundert. Philosophische Studien zur Geschichte der empirischen Pädagogik II. Frankfurt a.m.-Bern-New York-Nancy 1984. S. 92
- 98; L. Rössner, Erziehung, Erziehungswissenschaft
und Staat. Zum 250. Geburtstag von Joseph Priestley.
In: Pädagogik und Schule in Ost und West 31(1983)3.
6 Indem wir hier einmal die begrifflich problematische
und wenig zweckmäßige Dichotomie "systematisch versus
historisch" aufnehmen (vgl. hierzu die knappen Hinweise
in: J. Hoffmeister (Hrsg.), Wörterbuch der philosophischen Begriffe. Hamburg 1955². S. 300 und S. 599 sowie
ausführlicher u.a.: J. Bollack, Vom System der Geschichte zur Geschichte der Systeme. In: R. Koselleck, W.-D.
Stempel (Hrsg.), Geschichte - Ereignis und Erzählung.
München 1973), gilt: In der ausschließlich Joseph
Priestley gewidmeten Untersuchung (vgl. Anm. 5) stand
der systematische Aspekt in bezug auf die Pädagogik
Priestleys im Vordergrund; in der vorliegenden Abhandlung zentrieren wir vor allem auf die Position und
Funktion Priestleys (bzw. seiner Pädagogik) innerhalb
der Entwicklung der englischen Aufklärungsphilosophie
des 18. Jahrhunderts, ohne jedoch dabei auf eine (knap-
pere) Darstellung (des Systems) der Pädagogik Priestleys
verzichten zu können (bzw. zu dürfen). Diese Umzentrie-
rung darf also nicht überbewertet bzw. verschärft
gesehen werden; denn weder darf (und durfte) die Darstellung des Systems der Priestleyschen Pädagogik ohne
Rücksicht auf die Entwicklung der Pädagogik vor und in
seiner Zeit erfolgen, noch darf man diese Entwicklung
ohne gehörigen Bezug auf das System der Priestleyschen
Pädagogik beschreiben und analysieren, wenn diese in
ihrem vollen Gehalt begriffen und rational bewertet
werden soll. (Vgl. dazu insbesondere: J.G. McEvoy,
Joseph Priestley, "Aerial Philosopher": Metaphysics
and Methodology in Priestley's Chemical Thought, From
1762 - 1781. In: Ambix 25(1978). S. 1 ff. und Ambix 26
(1979). S. 32 f. et passim.)

2. Joseph Priestley - Repräsentant der englischen Aufklärungspädagogik des 18. Jahrhunderts

Der am 13. März 1733 in Birstal bei Leeds als Sohn eines Webers und Schneiders geborene JOSEPH PRIESTLEY[1] ist vor allem als Chemiker (Entdecker des Sauerstoffes) in die Wissenschaftsgeschichte eingegangen und als Theologe bekannt geworden. In der Tat war PRIESTLEY zeit seines Lebens praktizierender und reflektierender Theologe (in der theologischen Arbeit sah er vor allem die Erfüllung seiner Lebensaufgabe), und er war auch fast ununterbrochen als "Experimentalphilosoph", speziell als "aerial philosopher" tätig. Ein großer Teil seines sehr umfangreichen Oevres bezieht sich auf theologische und experimentalphilosophische[2], speziell chemische Probleme bzw. Untersuchungen.

Die naturwissenschaftlichen und theologischen Leistungen PRIESTLEYs haben seine Position als Methodologe, Psychologe, Politologe, ... und - nicht zuletzt - Pädagoge weitestgehend verdeckt, obwohl er auch in diesen Disziplinen und gerade auch im Bereich der Pädagogik bzw. science of education zahlreiche umfängliche und gehaltvolle Werke geschrieben hat. Daß PRIESTLEY auch als wissenschaftlicher Pädagoge hervorgetreten ist, lag ebenfalls nahe; denn er war zeitlebens - von kurzen Unterbrechungen abgesehen - auch als wissenschaftlicher und praktizierender Pädagoge tätig.

Insgesamt ist es für PRIESTLEY charakteristisch, daß er sich stets zahlreichen Wissenschaften widmete, was dazu geführt hat, daß ihm häufig der Titel "Proteus" zugeordnet wurde, ohne daß damit allerdings immer eine positive Wertschätzung verbunden war. So sprach man einerseits zum Beispiel vom "versatile genius"[3] oder "accomplished scholar"[4], andererseits zum Beispiel vom "literary jack-of-all-trades"[5].

Solche divergierenden Fremddiagnosen waren typisch. PRIESTLEY genoß einerseits in zahlreichen Disziplinen hohes Ansehen, andererseits wurde er aber auch heftig angefeindet; er hatte große Erfolge, mußte aber auch[6] zahlreiche leidvolle Erfahrungen machen. Zu diesen hatte er jedoch selbst in hohem Maße beigetragen. Auch wenn wir einmal davon absehen, daß er in vielen Bereichen eine (nicht nur im engen Sinne zu definierende) Dissenter-Position einnahm und als dezidierter Demokrat nicht gerade häufig auf Sympathie innerhalb der führenden Kreise Englands stieß, so hat doch ein Charakterzug PRIESTLEYs recht oft dazu geführt, daß er in schwierige Situationen geriet: er war - wiederum zeitlebens - ein engagierter "Kontroversalist"[7], der nicht ungern den wissenschaftlichen, philosophischen, theologischen und auch politischen Streit aufnahm und mit Vehemenz ausfocht, allerdings - so muß betont werden - stets so, daß er seinerseits nie den Boden des Arguments und der Rationalität verließ.[8]

Zusammengefaßt ergibt sich zunächst: Proteus und Kontro-

versalist JOSEPH PRIESTLEY war ein philosophisch-wissen-
schaftlich wie politisch vielfältig und intensiv engagierter Vertreter des Enlightenment des 18. Jahrhunderts,
der zeitlebens (fast) alle aktuellen philosophisch-wissenschaftlichen wie politisch-praktischen Probleme und
Strömungen in sich aufnahm, verarbeitete und auf sie in
Wort und Schrift reagierte. JOSEPH PRIESTLEY, LL.D.
F.R.S. war ein in England und weit über Englands Grenzen
hinaus bekannter, berühmter, zumeist geachteter, aber
manchmal auch verachteter Philosoph, Theologe, (Wissen-
schafts-)Historiker, Chemiker, Physiker, Psychologe,
Sozicloge, Politologe, Pädagoge, ... - er war als der
große "Synoptiker" ein hervorragender Repräsentant des
Enlightenment des 18. Jahrhunderts.

Damit ist eine Charakterisierung gegeben, die wichtig
ist: PRIESTLEY war nicht nur Proteus, sondern Synoptiker;
er war zwar nicht ein großer Systematiker, das heißt,
kein Philosoph, der ein System der Philosophie bzw. der
Wissenschaften hinterließ, aber er war ein systematischer
Denker bzw. Experimentalphilosoph ("Priestley is one of
the great systematic thinkers of the century"[10]), der sy-
noptisch das Wissen seiner Zeit aufnahm und verarbeitete.
Von daher ist es auch begründet, ihn als einen Repräsentanten der englischen Aufklärung des 18. Jahrhunderts
und speziell als den Repräsentanten der Aufklärungspädagogik dieser Zeit anzusehen; denn in vielen Disziplinen
und auch in seiner Pädagogik (er hinterließ auch hier
kein System) realisierte er Synopse.

Dies wird in der PRIESTLEY-Literatur unter den verschie-
densten Aspekten bestätigt. "His life's objective ...
was to generate a polymorphic synthesis of natural science
and revealed religion," heißt es bei HIEBERT[11], und SCHO-
FIELD weist darauf hin, daß PRIESTLEYs "theory of matter"
- eine auch theologisch relevante Theorie in PRIESTLEYs
Philosophie - "provided the ontological basis for his
pneumatic epistemology."[12]

Speziell McEVOY und McGUIRE haben in PRIESTLEY den
hervorragenden Synoptiker seiner Zeit ("the great synoptic
range of Priestley's thought"[13], "Priestley's considerable synoptic powers"[14], "the synoptic nature of Priestley's
mind"[15]) erkannt und stellen fest:

"Despite his diffuse and rambling writings, the catego-
ries of his thought reveal a mind with unusual synoptic
power, dedicated to articulating the interconnections
and ramifications of the central doctrines in his philosophy of man and nature. As a consequence, a study of
Priestley's thought must deal with the close conceptual
ties between his doctrines and their manifestation in
various spheres of thought. His moral and political
thought, for example, cannot be fully understood apart
from his natural philosophy. Ultimately, his entire
intellectual system rests on theological foundations,
the central concepts of which are determinism, necessity,
causation, and materialism. Rational dissent shows how

these concepts are compatible with Scripture, which
contains nothing either paradoxical or 'contrary to all
natural appearances.' Priestley's interpretation of
these concepts constitutes a distinctive philosophy of
nature, which supports his attitude toward religious
doctrines such as mortalism and anti-trinitarianism.
These doctrines, in turn, are given full expression in
his Socinianism with its denial of the 'divinity of
Christ' and the 'preexistence of souls.' His materialistic
interpretation of man and nature informs his views of
mortality, the perfectibility of man, and the growth of
natural knowledge."[16]
Und entgegen vielen Fehldeutungen PRIESTLEYs und seines
Werkes betonen McEVOY und McGUIRE: "He was neither an
amateur stumbling through the world of natural philosophy
nor a misguided theologian who misunderstood the religious
traditions of his culture. Despite the chaotic appearance
of his publications, it is appearent that they are the
product of a mind concerned with the synoptic unity of
thought. Priestley's intention to let natural philosophy
play a crucial role in achieving a comprehensive philosophy is evident."[17]
Es gab kaum ein Wissensgebiet, das PRIESTLEY nicht
bearbeitete, kaum eine wissenschaftliche Disziplin, in
der er sich nicht mehr oder minder intensiv forschend
betätigte. Der ihm häufig gemachte Vorwurf, er schreibe
über alles, ist in seinem empirischen Gehalt durchaus
weitestgehend zutreffend, daß PRIESTLEY sich jedoch
(häufig, zumeist) nur oberflächlich mit seinen Gegenständen beschäftigt habe, ist eine Fehldiagnose, die in
einer oberflächlichen Rezeption seiner vielen Schriften
begründet ist. PRIESTLEYs Gesamtwerk ist durch eine
relativ geschlossene, konsistente und differenzierte
Gesamtkonzeption fundiert, was jedoch nur dann sichtbar
bzw. einsichtig wird, wenn man seine Werke nicht summativ
zur Kenntnis nimmt, sondern sie als Teil eines, wenn von
ihm auch nicht geschlossen dargestellten bzw. explizit
gemachten Systems zu begreifen sich bemüht. Kurz: PRIEST-
LEY war weder ein "literary jack-of-all-trades" (BRONK)
noch ein oberflächlicher Eklektiker (auch dieser Vorwurf
findet sich in der PRIESTLEY-Literatur), sondern ein
Synoptiker, wenngleich kein Systematiker in dem oben
gekennzeichneten Sinne, weshalb es eben notwendig ist,
seine Aussagen zu systematisieren, sein System bzw.
Teilsysteme seines "Systems"[18] zu konstruieren, wobei in
Anlehnung an LAKATOS - auch hier darauf hinzuweisen
ist, daß das PRIESTLEYsche "System" reicher ist als eine
(Re-)Konstruktion.[19]
Mit den bisher gegebenen Hinweisen haber wir versucht,
ein erstes, wenn auch wenig differenziertes Bild vom
Aufklärungsphilosophen und -pädagogen PRIESTLEY zu bieten,
und wir haben zugleich versucht, Hinweise auf Gründe
dafür zu geben, warum PRIESTLEYs Position in der Geschichte der Philosophie und der Pädagogik zumeist eine randstän-

dige blieb. Diese Tatsache ist zwar auch in seiner philosophisch-wissenschaftlichen Gesamtkonzeption begründet;
wir glauben jedoch, daß primär "the chaotic appearance
of his publications" (McEVOY und McGUIRE), speziell im
sozialwissenschaftlichen und ethischen Bereich, eine
intensivere Beschäftigung mit PRIESTLEY verhinderte bzw.
eine oberflächliche Rezeption förderte, die dann zu
Abwehrurteilen führte, für deren Formulierung PRIESTLEY
allerdings auch schon den oberflächlichen Rezipienten
die Schlagworte lieferte: "Materialismus" und "Determinismus" und - speziell für kontinentale Rezipienten - "Empirismus" erwiesen sich häufig als gut geeignet, Abwehrpo-
sitionen zu provozieren und zu festigen, zumal diese
auch von theologischer Seite mit Vehemenz gestützt wurden,
da PRIESTLEY als Arianer und Socinianer (als Unitarier)
Gegner provozierte, und politisch ihre Abrundung erhiel-
ten, da er nicht nur Demokrat war, was zu seiner Zeit
ein Wagnis bedeutete, sondern auch Utilitarist oder
Nützlichkeitsethiker, der auch heute noch, speziell wieder kontinental, gute Chancen hat, aggressiv abgewehrt
zu werden. Nur der Naturwissenschaftler bzw. Experimentalphilosoph im engeren Sinne PRIESTLEY wurde stets, wenn
wir von der zumeist rational ausgefochtenen Phlogiston-
Kontroverse absehen, hoch geachtet, und zwar bis in die
Gegenwart. Noch heute wird zum Beispiel sein naturwissen-
schafts-historisches Werk "The History and Present State
of Electricity"[20] als bedeutende wissenschafts-historische Leistung anerkannt, und über den "Aerial Philosopher"
bzw. über PRIESTLEYs Werk "Experiments and Observations
on Different Kinds of Air"[21] wird 1967 von kompetenter
Seite so geurteilt: "Sein Werk, das in systematischer
Darstellung eine erstaunlich detaillierte Kenntnis der
verschiedenen Gase im Gewande der phlogistischen Ausdrucks-
weise vermittelt, steht hinsichtlich experimenteller
Sorgfalt, Genauigkeit der Beobachtung, methodologischer
Reflexion über das Verhältnis von Experiment und Hypothese wie auch in der kritischen Durchmusterung des Sprach-
gebrauchs der Chemie seiner Zeit einem Lehrbuch des 19.
Jahrhunderts nicht nach."[22]

Ohne zunächst auf weitere Einzelheiten einzugehen,
ergibt sich demnach für den vorliegenden Zusammenhang:
Der Pädagoge PRIESTLEY bzw. die Pädagogik (science of
education) PRIESTLEYs gibt mehr Probleme auf als seine
Experimentalphilosophie; in der Pädagogik - und sie ist
von seinen weiteren sozialwissenschaftlichen Untersuchungen und Aussagen nicht zu trennen - ist PRIESTLEY erst
die Anerkennung zu verschaffen, die er unseres Erachtens
verdient. In der diesem Abschnitt zugrundeliegenden
Monographie (vgl. Anmerkung 1) haben wir bereits versucht,
diesem Ziel nahezukommen; indem wir hier den Pädagogen
PRIESTLEY abermals im detaillierter darzustellenden
Zusammenhang der englischen Aufklärungspädagogik des 18.
Jahrhunderts behandeln, soll seine erziehungswissenschafts-
historische Position weiter gefestigt werden.

Die folgende Teilabhandlung vollzieht sich nun in
zwei Schritten:
Wir stellen zuerst die Position des Pädagogen PRIESTLEY
im Kommunikationszusammenhang mit den Pädagogen seiner
Zeit dar (damit machen wir zugleich mit weiteren wichtigen Repräsentanten der englischen Aufklärungspädagogik
des 18. Jahrhunderts vorläufig bekannt, leiten also in
die pädagogische Diskussion dieser Zeit ein); in einem
zweiten Schritt stellen wir das "System" (s.o.) der
Pädagogik PRIESTLEYs dar, wobei wir uns, wie gesagt, auf
das uns wesentlich Erscheinende beschränken, das heißt,
nur so ausführlich werden, wie es uns notwendig erscheint,
um das Zentrum der englischen Aufklärungspädagogik des
18. Jahrhunderts hinreichend zu chrakterisieren.

2.1. Priestley und die Warrington-Akademie-Tradition -
Anreger, Vorläufer und Nachfolger: David Hartley,
Philip Doddridge, John Aikin sen., Anna Laetitia
Aikin-Barbauld, John Aikin jun., William Enfield,
Thomas Henry, Thomas Barnes, Ralph Harrison u.a.

PRIESTLEY war - wir wiesen bereits darauf hin - zeitlebens
auch Pädagoge, und als Aufklärungsphilosoph - auch dies
wurde schon gesagt - mußte er auch Pädagoge sein. Verfolgt
man seinen Lebensweg bzw. seine philosophisch-wissenschaftliche Entwicklung genauer, dann lassen sich immer wieder
"pädagogische Stationen" ausmachen, so daß sich PRIESTLEYs
Leben auch als "pädagogische Biographie" darstellen
läßt.23
PRIESTLEY war bereits in recht jungen Jahren mit (nach
eigenem Bekunden) wenig Erfolg 1755 - 1758 in Needham
Market und mit (nach eigenem Bekunden) viel Erfolg 1758
- 1761 in Nantwich als "schoolmaster" tätig (im Hauptberuf
war er unitarischer Geistlicher), und 1761 wurde er als
Tutor für "Languages and Belles Lettres" - einen Lehrauftrag für Mathematik und Naturwissenschaften hätte er
vorgezogen - an die Dissenter-Akademie in Warrington
berufen.
Durch seine Lehrtätigkeit an der Warrington-Akademie -
er gehörte ihr bis 1767 an - entwickelte sich PRIESTLEY
zum wissenschaftlichen Pädagogen; seine sehr umfassenden,
über seinen Lehrauftrag hinausgehenden pädagogischen
Aktivitäten und seine Schriften, die in der Akademie
entstanden bzw. während dieser Zeit beendet oder konzipiert wurden, begründeten PRIESTLEYs Ruf als hervorragenden - jedoch keineswegs unumstrittenen - Pädagogen: "His
influence was very great. There was first ... the result
of his work in the academy in the training of the young
men under him. Then, through the continuance of his work
by those who succeeded him there was carried on his
attempt to modernise, to 'humanise' the curriculum.
Again, through his letters and essays and through the

reputation gained by the academy, the influence was
spread, it is not too much to say, throughout England." 24
Dieser Ruf wurde vor allem durch eines seiner in Warring-
ton geschriebenen pädagogischen Hauptwerke, nämlich den
"Essay on ... Liberal Education" 25 begründet; dieser
Abhandlung gingen jedoch schon bedeutsame pädagogische
Überlegungen voraus, die sich auch in anderen pädagogisch
relevanten Schriften oder zumindest Entwürfen für spätere
Publikationen niederschlugen.

Bevor wir darauf und auf PRIESTLEYs pädagogische Aktivitäten nach Warrington eingehen, soll nun auf die Anfänge
der "pädagogischen Kommunikation" verwiesen werden, und
hier ist speziell auf die Beziehung zwischen PRIESTLEY
und DAVID HARTLEY (und damit auch JOHN LOCKE) aufmerksam
zu machen, eine Beziehung, die für PRIESTLEYs Psychologie
und speziell auch Pädagogik von grundlegender Bedeutung
war: HARTLEYs "Theory of the Human Mind"26 war für PRIEST-
LEY, wie er sagte, "a work to which I owe more than I am
able to express," 27, und er war sich sicher, daß HARTLEYs
Theorie "will be found to be a most excellent guide in
the conduct of the human mind," speziell "with respect
to education." 28

Die wissenschaftliche Beziehung zu HARTLEY nahm PRIEST-
LEY bereits sehr früh auf. Schon während seines Studiums
an der Daventry-Akademie (1752 - 1755) stieß er auf die
für seine humanwissenschaftlichen und speziell pädagogischen Auffassungen so bedeutsam werdende Psychologie
HARTLEYs, und von Needham Market aus korrespondierte er
"with David Hartley about the application of his philosophical ideas to education, and Hartley promised to help
him if he decided to publish anything on that matter.
But in 1757 Hartley died." 29

HARTLEY war also ein wichtiger Vorläufer und Anreger
PRIESTLEYs, und dessen Einfluß (und damit der Einfluß
LOCKEs) führte vor allem dazu, daß PRIESTLEY Konzepte
einer empirisch-psychologisch fundierten science of
education entwickelte, daß er zu einem Repräsentanten
empirischer (experimenteller) Pädagogik wurde. Auf der
Basis der HARTLEYschen "Theory of the Human Mind"30 war es
PRIESTLEYs Ziel, "to establish the true science of the
human nature"31 als Grundlage für eine science of education; denn HARTLEYs Theorie und speziell seine "doctrine
of the association of ideas" war für PRIESTLEY grundlegend
anwendungsfähig "to the conduct of human life, and especially the business of education."31

Wenden wir uns daher zunächst HARTLEYs Theorie selbst
zu, einer hoch bedeutsamen Theorie für die (Weiter-)Ent-
wicklung empirischer Psychologie und Pädagogik.32

Der Arzt DAVID HARTLEY kann als der erste Vertreter
einer Physiologischen Psychologie angesehen werden,33 die
er in ihren Grundlagen bereits vor dem Erscheinen seines
Hauptwerkes "Observations on Man ..." in einem Essay dar-
stellte, der in etwas verkürzter Form das erste Kapitel
der "Observations" enthält.34

Eine knappe zusammenfassende wissenschafts-historische Einordnung der HARTLEYschen Physiologischen Psychologie bietet MARKUS:
"Die Observations on Man stellen ... eine innige harmonische Verschmelzung des in einen konsequenten Sensualismus umgewandelten Lockeschen Empirismus mit der Vibrationstheorie Newtons dar, wobei die Association gewissermaßen den Kitt bildet. Hartley selbst erwähnt Locke und Newton als seine unmittelbaren Vorgänger.[35] Jenem verdanke er seine psychologischen, diesem seine physiologischen Ansichten. Was speziell die Association anbetrifft, so sei er noch, wie er in der Vorrede zu seinem Hauptwerke mitteilt,[36] auf deren Tragweite und Bedeutung für die psychologische Erkenntnis von Rev. Gay, einem Geistlichen im westlichen Teil Englands hingewiesen worden. Gay hatte nämlich den Versuch gemacht, alle unsere Leidenschaften und Neigungen von der Association abzuleiten,[37] wobei er von der Voraussetzung ausging, daß die Liebe zur Glückseligkeit dem Menschen angeboren sei: 'Unsere Billigung der Sittlichkeit', sagt er, wie Priestley in den einleitenden Abhandlungen zu seiner Ausgabe der Observtions angibt,[38] 'sowie alle unsere Neigungen können auf den Grund von unserem Privatwohl zurückgeführt werden. Sie haben nur solche Dinge zu Gegenständen, von welchen wir glauben, daß sie dienliche Mittel zu diesem Zwecke seien; und wenn dieser Zweck auch nicht immer erreicht wird, so kann man doch den Grund dieser Neigungen aus der Ideenassociation angeben, und da können sie schließlich Gewohnheiten genannt werden'. Diese Ansicht Gays veranlaßt Hartley, eigene Untersuchungen über den Gegenstand der Association überhaupt anzustellen und die Ergebnisse derselben in den Observations zu veröffentlichen. Soviel über die Veranlassung zur Theorie Hartleys."[39,40]

Wir geben nun eine knappe Darstellung der HARTLEYschen "Theory of the Human Mind", seiner Assoziationstheorie.[41]

Der Empirist HARTLEY geht von der Annahme aus, daß human mind über Empfindungen ("sensations") konstituiert wird und nur über diese erfaßbar ist und daß alle sensations Effekte von Sinnes- bzw. Nervenberührungen sind. Ausgehend von NEWTON lehrt HARTLEY, daß alle Veränderungen in den Sinnesorganen bzw. im Gehirn (in der "white medullary substance") sich in Schwingungen bzw. Vibrationen ("vibrations") repräsentieren, durch die sensations hervorgebracht werden. Unterschiedlichen vibrations entsprechen unterschiedliche sensations sowie Vorstellungen bzw. Ideen ("ideas"); genauer: die Vibrationen erzeugen Sinnesempfindungen einerseits und Nachschwingungen andererseits. Diesen Nach- oder Miniaturschwingungen in der Hirnsubstanz ("vibratiuncles, die fortdauern, wenn die Reizung nicht mehr stattfindet, entsprechen die ideas. Kurz: den vibrations entsprechen sensations; den vibratiuncles ideas.

Indem nun die Hirnsubstanz wiederholt auf spezifische Weise gereizt bzw. in Vibrationen versetzt wird, wird ihr Zustand durch die entsprechenden vibratiuncles zunehmend spezifisch verändert, so daß jede neue entsprechende Reizung in der Lage ist, <u>leichter</u> entsprechende vibratiuncles zu erzeugen und somit entsprechende ideas zu reproduzieren.

Ideas werden aber nicht nur durch gleichartige vibrations bzw. vibratiuncles reproduzierbar, sondern auch durch ihnen nicht entsprechende; dies ist dadurch möglich, daß vorangegangene vibrations bzw. vibratiuncles mit neuen in Verbindung gebracht werden bzw. zunehmend in Verbindung miteinander stehen: Reproduktion durch <u>Assoziation</u>. Diese Assoziation findet zwischen den vibrations bzw. den vibratiuncles bzw. den sensations bzw. ideas statt. Wir fassen mit MARKUS zusammen:

"Hartley reduziert alle möglichen Beziehungen der Sensationen und Ideen auf eine einzige, nämlich auf zeitliche und räumliche Berührung, die er zum einzigen Assoziationsprinzip macht. Die simultanen und sukzessiven Reize, die unsere Sinne assoziieren, modifizieren und schränken die von ihnen erzeugten Schwingungen gegenseitig ein. Bezeichnet man die Schwingungen mit A und B und die ihnen entsprechenden Miniaturschwingungen mit a, b, so wird A, wenn es mit B durch simultanes oder sukzessives Auftreten genügend assoziiert gewesen ist, dadurch, daß es seine ursprüngliche Beschaffenheit und Lokalisation zum Teil eingebüßt hat, in die Gegend von B getragen und so b hervorrufen. Alle Reproduktionen werden also nach Hartley durch physiologische Reizung nach dem Gesetze der Assoziation vermittelt."42 Nach HARTLEY gilt folgendes allgemeine <u>Assoziationsgesetz</u>: "Any Sensation A, B, C, etc. by being <u>associated</u> with one another a sufficient Number of Times, get such a Power over the corresponding Ideas a, b, c, etc. that any one of the Sensations A, when impressed alone, shall be able to excite in the Mind, b, c, etc. the Ideas of the rest."43

Werden nun vibrations bzw. vibratiuncles und entsprechend sensations bzw. ideas häufig miteinander assoziiert, so kommt es zur Ausbildung zusammengesetzter ("compound") bzw. komplexer ("complex") bzw. intellektueller ("intellectual") ideas (zu komplexen vibratiuncles entsprechenden komplexen ideas), kurz: zur Ausbildung von <u>Wissen</u>.

Auf diesen Grundlagen baut HARTLEY nun seine Theorie des Willens und der Vergnügungen und Schmerzen ("pleasures and pains") auf, Theorien, die - für PRIESTLEY und andere HARTLEY-Nachfolger - vor allem von <u>pädagogischer Relevanz</u> sind.

Zunächst zum Problem des Willens ("will") bzw. der Willenshandlungen. - Für HARTLEY "the will appears to be nothing but a Desire or Aversion sufficiently strong to produce an Action that is not automatic ... At least it appears to me, that the Substitution of these Words for the Word <u>Will</u> may be justified by common Usage of Language. The Will <u>is</u> therefore that Desire or Aversion, which is strongest for the then present Time. For if any other

Desire was stronger, the muscular Motion connected with
it by Association would take place, and not that which
proceeds from the Will, or the voluntary one, which is
contrary to the Supposition."44 Im einzelnen:
    Alle Bewegungen ("motions") sind Reaktionen auf äußere
Reize bzw. sensations. Hier gibt es automatische ("automatic") und willentliche ("voluntary"), wobei letztere
Folgen von ideas bzw. diesen korrespondierenden   Ideal-
schwingungen ("ideal vibratiuncles") sind. Ohne hier auf
Einzelheiten einzugehen, seien nun HARTLEYs Theoreme zitiert, die dieser in bezug auf die Rolle der Assoziationen bei der Entstehung von Willenshandlungen formuliert[45]:
    "1. Die motorischen Vibrationen werden Miniaturschwingun-
gen hervorrufen, die ihnen entsprechen.
    2. Diese motorischen Miniaturschwingungen werden ihren
Sitz im Gehirn haben. Daselbst wohnen gewissermaßen alle
sensorischen Vibrationen, von denen die motorischen
abgeleitet werden.
    3. Die motorischen Miniaturschwingungen werden durch
synchronistische oder sukzessive Assoziation zusammenhängen und so die komplexen und dekomplexen Bewegungen
veranlassen und bestimmen.
    4. In gleicher Weise werden die motorischen Miniatur-
schwingungen mit den idealischen assoziativ verknüpft
sein und infolgedessen auch durch sie hervorgerufen
werden. Auf diese Weise werden Ideen imstande sein, die
Muskeln zusammenzuziehen ...
    5. Wenn die Idealschwingungen durch Zusammensetzung
eine den sensorischen Vibrationen gleiche Intensität erreichen, so darf man erwarten, daß die mit ihnen assoziativ verknüpften motorischen Miniaturschwingungen in
gleicher Weise verstärkt worden sind. Und so ist es
erklärlich, daß auf Veranlassung der idealen Schwingungen
eine starke Zusammenziehung der Muskeln, wie die automatische, zustandekommt.
    6. Die motorischen Miniaturschwingugnen können endlich
mit sensorischen Schwingungen zusammenhängen, die ihnen
fremd sind, also an ihrer Entstehung gar keinen Anteil
hatten. Folglich kann eine Muskelbewegung auch auf Veranlassung von solchen Sensationen entstehen, mit denen sie
nicht in einem natürlichen und ursprünglichen Zusammenhang
steht."
    Aufgrund dieser Theoreme kommt nun HARTLEY zur Formulie-
rung eines entsprechend umfassenden Assoziationsgesetzes.
Es lautet:
    "If any Sensation A, Idea B, or muscular Motion C, be
associated for a sufficient Number of times with any
other Sensation D, Idea E, or muscular Motion F, it
will, at last, excite d, the simple Idea belonging to
the Sensation D, the very Idea E, or the very muscular
Motion F."[46]
    Alle Willenshandlungen, die nach HARTLEY mechanisiert
bzw. automatisiert werden können, sind also durch Vibration

bzw. Sensation bedingt - determiniert! 47 Diese Determination ist dadurch gegeben, daß der Mensch in seinem
Handeln grundsätzlich durch Lust- und Unlustgefühle
("desire and aversion") gesteuert wird, das heißt, stets
versucht (bzw. versuchen muß), durch Handeln einen pleasu-
re- oder happiness-Zustand zu erhalten (zu festigen)
oder zu bewirken (herbeizuführen) bzw. einen pain- oder
misery-Zustand abzubauen oder zu verhindern.
  Ohne hier auf die HARTLEYsche Lehre von den Vergnügungen und Schmerzen einzugehen, ergibt sich aus dem bisher
Gesagten im Sinne HARTLEYs bzw. im Zusammenhang mit
seiner Assoziationstheorie folgende (auch pädagogisch
hoch bedeutsame) Feststellung:
  Positiv bewertete (Lust-)Sensationen können mit bestimmten Handlungen ("muscular motions"), die der Erhaltung oder
Herbeiführung von Lust-Sensationen dienen, und negativ bewertete (Unlust-)Sensationen können mit bestimmten Handlungen, die dem Abbau oder der Verhinderung von Unlust-
Sensationen dienen, assoziiert werden, und auf diese
Weise gelangt der Mensch zu (effektivem) Handlungswissen,
das ihm als Mittel ("means") dient, Zustände bzw. Situationen herbeizuführen oder zu erhalten, die vom Handelnden
positiv (als lustvoll) bewertet werden.
  Wir fassen mit MISCHEL zusammen: "Since motory vibratiuncles can be associated in the same way as others,
Hartley now reformulates the psychological law of association so as to include, not only the association between
ideas, but also the association between ideas and muscular motions. 48 This gives him the basis for an ingenious
'mechanical' explanation of those 'voluntary Motions ...
which arise from Ideas and Affections, and which therefore
are referred to the Mind'. 49 His strategy is to show
that such motions develop out of involuntary ones by a
process of association. The child's grasp, for example,
is at first automatic - i.e., set off by a sensation in
the palm. But association makes it possible for this movement to be excited by the idea of that sensation which
originally excited the act; and the idea of that sensation
can itself be excited by the idea of the movement since
the former persists during the act and so becomes associated with the latter. So what happens when the child
grasps voluntary is this: The idea of an end has become
associated with the idea of the muscular act which procured it in the past; this idea is associated with the
idea of the sensations involved in the movement, and
that idea can, as a result of association, call up the
muscular movement in the way the sensation itself would
have done. This chain of associations is formed gradually,
by repetition", also durch Lernen, "but when behavior
has become 'perfectly voluntary' there is no awareness
of the links in the chain." 50 "Hartley provides a similar account of how we learn to speak, or play the harpsichord, etc. He also notes that voluntary actions may
become 'secondarily automatic' in the sense of being

performed habitually and without any conscious volition;
habit thus becomes 'second nature' to us."[51] "Voluntary
motions - those that are 'referred to the mind' rather
than to the 'mechanism of the body' - are thus motions
that proceed from 'Motives, i.e. from the Influence
which the Pleasures and Pains ... have.'[52] But though such
motions seem to be excited directly by affections, association accounts both for my having this affection and
for the way it produces my action so that 'the Actions
which flow from Desire and Aversion, are intirely the
Result of associated Powers and Circumstances'[53]."[54]

Wir belassen es bei dieser sehr knappen Kennzeichnung
der HARTLEYschen "Theory of the Human Mind"; sie dürfte
aber bereits deutlich gemacht haben, daß damit von HARTLEY
- ausgehend von LOCKE, GAY und NEWTON - eine empirisch-psychologische Theorie vorgelegt worden war, die als Grundlage für die (Weiter-)Entwicklung einer science of education
dienen konnte.

Es soll hier nicht untersucht werden, ob bzw. inwieweit
HARTLEY selbst auch eine solche Intention verfolgte;[55]
auf jeden Fall war es insonderheit PRIESTLEY, der die
Möglichkeit der pädagogischen Auswertung der HARTLEYschen
Theorie erkannte, und zwar, wie wir gezeigt haben,
schon zu Beginn seiner wissenschaftlichen und speziell
pädagogischen Laufbahn.

Durch HARTLEY vor allem wurde PRIESTLEY davon überzeugt, daß Erziehung das entscheidende Mittel dafür
ist, Menschen zu vervollkommnen. Die diesbezügliche
wissenschafts-historische Position PRIESTLEYs kennzeichnet SIMON zusammenfassend.[56]

Im einzelnen heißt es: "This was a conviction that
eighteenth-century educationists owed to materialist
philosophers; the belief that man was a rational being
and therefore capable of advancing to perfection, the
firm conviction that it was not only possible but also
essential to 'form children's minds', a faith in the
all-powerful influence of education - these were fundamental to their thought. The roots of these ideas are
to be traced to the works of Hobbes, Descartes and
Locke, who first elaborated a materialist theory of
knowledge. But Priestley and his associates drew more
directly on a psychological theory which, though stemming
directly from materialist philosophy, also owed much to
advances in anatomy and medicine; that advanced by
David Hartley in his Observations on Man (1749). In
this work, psychology began to emerge as a distinct
discipline, separate from philosophical enquiry. Elabo-
rating the theory of associationism as the basic process
of learning, and basing this theory firmly on the physiology of the nervous system so far as it was then understood, Hartley produced what was the first scientific treatise on psychology. His influence on educational thought, on philosophy itself, in the late
eighteenth and early nineteenth centuries cannot be exag-

gerated. It is the key to grasp of the educational optimism
so characteristic of this time. Writing of psychology,
Priestley could say: 'Something was done in this field of
knowledge by Descartes, very much by Locke, but most of
all by Dr. Hartley, who has thrown more useful light upon
the theory of the mind than Newton did upon the theory of
the natural world.'[57] Priestley, who embraced and developed Hartley's theories, reprinted his book in 1775 with
an introduction of his own. 'I think myself', he
wrote, 'more indebted to this one treatise than to all
the books I ever read beside, the scriptures excepted.'[58]
What was of particular moment to Priestley was the application of psychological theory to use, and, he wrote,
'the most important application of Dr. Hartley's doctrine
of the association of ideas is to the conduct of human
life, and especially the business of education'.[59] Associationism provided a rational, materialist theory of human learning; one which led logically to the conclusion
that man's mind is formed by his circumstances, that is,
by education conceived in its widest sense.[60] Locke had
advanced the view that the mind is a blank sheet at
birth, Hobbes had argued that the foundation of all knowledge is to be found in sensations caused by the action
of external objects on the senses. Hartley went on to
show that ideas, originally arising in this way and developing on the foundation of physiological processes in
the brain, inevitably become 'associated' together in a
certain order in the mind. From this followed that, by
organising a child's experiences according to a definite
pattern, it was possible to exercise a formative influence
on his mental development. Taking up these ideas, Priestley developed them a stage further in relation to education."[61]

SIMONs Ausführungen machen deutlich, daß die HARTLEYsche
Psychologie von großer Bedeutung für die Weiterentwicklung
der empirisch-psychologisch fundierten Pädagogik war.
Dies gilt insbesondere für die PRIESTLEYsche Pädagogik[62]
(auch wenn diese nicht nur durch die HARTLEYsche Theorie
oder über die durch HARTLEY vermittelten Erkenntnisse
anderer fundiert wurde[63]), aber auch für pädagogische
Überlegungen und Konzepte anderer Philosophen/Pädagogen
der PRIESTLEY-Zeit (wie wir sehen werden).

Kehren wir nun zu PRIESTLEYs Warringtoner Zeit zurück,
innerhalb derer er - wie sonst nie in seinem Leben - auf
pädagogische Problemstellungen konzentriert war und
zahlreiche pädagogische Kontakte knüpfte. Wir sagten es
schon: Durch die praktische wie wissenschaftliche pädagogische Tätigkeit an der Warrington-Akademie avancierte
PRIESTLEY zu einem anerkannten Pädagogen, und speziell
durch ihn gelangten auch die Dissenter-Akademien zu
weiterem Ansehen, was allerdings insofern gewissermaßen
erleichtert war, als die damaligen englischen Universitäten sich auf einem relativ niedrigen Niveau befanden und
vielerseits als "orthodoxe" akademische Ausbildungsstätten

kritisiert wurden. Auch der Daventry-Akademie-Absolvent
PRIESTLEY gehörte als Promotor einer "liberal education"
zu den Universitäts-Kritikern, und er entwickelte entsprechend für die Akademie-Studien ein modernes "Kontrast-Lehr-
programm; denn "the universities, he felt, supplied
almost no knowledge of the kind which helped men to be of
service to their country."[64]

In Warrington entwickelte PRIESTLEY - "the most modern
of modernist tutors"[65] - in Kooperation mit anderen Tutoren und Studenten ein Lehr-Lern-Programm("curriculum")
für "useful knowledge", also für Wissen, das den Söhnen
des aufstrebenden Bürgertums (des Mittelstandes) und damit
der Gesellschaft als ganzer während der Industriellen Revolution nützlich sein konnte. Zwar sollten nach PRIESTLEYs
Meinung die klassischen Fächer (speziell die alten Sprachen)
gelehrt werden; im Mittelpunkt von "liberal education" sollte jedoch die Auseinandersetzung mit den nützlichen
Wissenschaften stehen - mit den Bereichen der Experimentalphilosophie (Naturwissenschaften) vor allem.

PRIESTLEY, der - wir betonten es schon - auch immer
Pädagoge war, sagt dazu in seiner "History of Electricity":
"It is here that we see the human understanding to its greatest advantage, grasping at the noblest objects, and increasing its own powers, by acquiring to itself the
powers of nature, and directing them to the accomplishment
of its own views; whereby the security, and happiness of
mankind are daily improved. Human abilities are chiefly
conspicuous in adapting means to ends, and in deducing
one thing from another by the method of analogy; and
where shall we find instances of greater sagacity, than
in philosophers diversifying the situations of things, in
order to give them an opportunity of showing their mutual
relations, affections, and influences; deducing one truth
and one discovery from another, and applying them all to
the useful purposes of human life."[66] "The immediate use
of natural science is the power it gives us over nature,
by means of the knowledge we acquire of its laws; whereby
human life is, in its present state, made more comfortable
and happy; but that the greatest, and noblest use of
philosophical speculation is the discipline of the heart,
and the opportunity it affords of inculcating benevolent
and pious sentiments upon the mind."[67]

Das Studium der Experimentalphilosophie (Wissenschaft)
war für PRIESTLEY - den Aufklärer - das zentrale Mittel
zur Beförderung von happiness, individuell wie sozial;
denn - so bekennt er geradezu enthusiastisch - "a successful pursuit of science makes a man the benefactor of all
mankind, and of every age."[68]

Hier ist nun - und damit erweitern wir das "pädagogische
Umfeld" PRIESTLEYs und geben weitere Hinweise auf Repräsentanten der englischen Aufklärungspädagogik des 18. Jahrhunderts - ein anderer Pädagoge zu erwähnen, der auf den
"most modern of modernist tutors", speziell auf PRIESTLEYs
in Warrington entwickelte pädagogische Auffassungen und

Curricula großen Einfluß hatte, obwohl er ihn nicht mehr persönlich hat kennenlernen können: PHILIP DODDRIDGE (1702 - 1751).69

DODDRIDGEs Northampton-Akademie war nach dessen Tod 1752 nach Daventry verlegt worden; seine Konzeption blieb unter seinem Nachfolger CALEB ASHWORTH, der von 1752 - 1775 theologischer Tutor an der Daventry-Akademie war, aber bestimmend, und so kam PRIESTLEY - der erste Daventry-Student - indirekt unter den Einfluß DODDRIDGEs, unter einen Einfluß, der in Warrington dadurch anhielt und noch verstärkt wurde, daß der frühere Schüler und Assistent DODDRIDGEs, JOHN AIKIN (1713 - 1780)70, in Warrington theologischer Tutor und "principal" von PRIESTLEY war.71

Kommen wir nun kurz auf den Pädagogen PHILIP DODDRIDGE zu sprechen, auf den Pädagogen, der auf PRIESTLEYs (und seiner Akademie-Kollege) Praktische Pädagogik einen ähnlich starken Einfluß hatte wie HARTLEY auf PRIESTLEYs (und anderer zeitgenössischer Pädagogen) empirisch-psychologische Fundierung der science of education, wobei zu berücksichtigen ist, daß DODDRIDGE wie HARTLEY (auch) in der LOCKE-Tradition stand.

Dies zeigt sich insbesondere in seinen "Lectures"72 ("the most famous of dissenting textbooks"73), die in den Dissenter-Akademien weithin Verwendung fanden und zu denen LINCOLN u.a. bemerkt: "In the course of a large body of lectures, Doddridge devotes ten of them to 'civil government'. The lectures themselves are in the old formal style, and singularly devoid of enthusiasm. They are unequal and noncommittal, contractual in theory and largely drawn from Locke."73

DODDRIDGEs Lectures, die zu seinen Lebzeiten nicht veröffentlicht wurden, waren es vor allem, die zu einer Modernisierung der akademischen Ausbildung (in den Dissenter-Akademien) führten, was insbesondere auch darin seinen Ausdruck fand, daß Englisch als Unterrichtssprache Latein ersetzte und damit das "moderne Leben", die modernen (Experimental-)Wissenschaften und die Sozialwissenschaften (unter Einschluß moderner Geschichte) zu Gegenständen dieser Ausbildung wurden bzw. werden konnten: "When Philip Doddridge at Northampton Academy (1729-52) broke away from university and academical tradition by substituting English for Latin as the language of the lecture-room, he took a step fraught with momentuous consequences. 'It meant much more than a welcome relief from a tiresome linguistic strain' (A. GORDON)."74

Die Dissenter-Akademien wurden - zunächst vor allem - durch DODDRIDGE zu modernen akademischen Institutionen: "At a period when education (and particularly scientific education) was at a low ebb at Oxford and Cambridge, the dissenting academies were thriving institutions teaching courses in modern languages, modern history, and the sciences. The Daventry academy had formerly been headed

by Philip Doddridge ...; the general plan of studies (in
Daventry) followed was essentially that of Doddridge,
who placed considerable emphasis on the teaching of
science."[75]
    PRIESTLEY selbst hatte, wie schon gesagt, in Daventry
eine akademische Erziehung bzw. Ausbildung im Sinne
DODDRIDGEs erfahren, und er war davon so beeindruckt,
daß DODDRIDGEs Praktische Pädagogik für ihn Modell einer
"liberal education" wurde, innerhalb derer "free inquiry"
in allen wissenschaftlichen wie ethischen Problemberei-
chen im Mittelpunkt stand. "The general plan of our
studies," schreibt er 1787 in seinen Memoiren, "which
may be seen in Dr. Doddridges published lectures, was
exceedingly favourable to free inquiry, as we were
referred to authors of both sides of every question, and
were even required to give an account of them."[76]
    Wenden wir uns nun DODDRIDGEs Pädagogik zu, die er
aufgrund eines intensiven Studiums der pädagogischen
Fachliteratur seiner Zeit und in Zusammenarbeit mit
erfahrenen Lehrern entwickelte.
    Im Mittelpunkt seiner Erziehungslehre stand das Ziel,
"pious holy men" heranzuziehen (DODDRIDGE war Theologe,
und eine christliche Erziehung war somit für ihn zentral),
aber seine Lectures umfaßten zugleich den Gesamtbereich
sozial- und naturwissenschaftlicher Disziplinen. Und
dies war konsequent; denn DODDRIDGE ging von der Auffassung aus, daß nur der Mensch, der "modern" gebildet ist,
zum Glück aller beitragen und somit ein im christlichen
Sinne moralisches Leben führen könne. (DODDRIDGE war –
wie PRIESTLEY und die meisten seiner Mit-Pädagogen, die
in der HOBBES-LOCKE-HARTLEY-Tradition standen - christli-
cher Utilitarist.[77]) Damit wurde DODDRIDGEs akademische
Erziehungslehre zum Vorbild für die Dissenter-Akademien
seiner Zeit,[78] innerhalb derer - repräsentativ in Northampton und dann in Daventry - "the growing demand for a
'realistic education" dadurch erfüllt wurde, daß sie
ihre Erziehung an "the needs of the day" ausrichteten.[79]
    Aber DODDRIDGE beschäftigte sich nicht nur mit der
akademischen Ausbildung; er entwickelte einen umfassenden
Erziehungsplan, und dieser soll nun im Überblick referiert
werden.
    DODDRIDGE, der schon 1737 in Northampton eine Charity
School - eine Schule für die armen Kinder[80] - gründete,
ging davon aus, daß die Erziehung in der Familie bzw. in
der Kindheit von ausschlaggebender Bedeutung für die
Entwicklung des Menschen sei und daß damit das Problem
der Eltern-Kind-Beziehung bzw. des elterlichen Erziehungs-
verhaltens als zentrales pädagogisches Problem angesehen
werden müsse. (Auch hier war DODDRIDGE ein Vorläufer
PRIESTLEYs, der sich zur Familienerziehung ähnlich wie
DODDRIDGE äußerte, und - wir spannen einen weiten Bogen
- ein Vorläufer JOHN STUART MILLS (1806 - 1873), von dem
wir allerdings nicht wissen, ob ihm DODDRIDGE bekannt
war. Da MILL jedoch eindeutig in der (auch pädagogischen)

PRIESTLEY-Tradition stand[81], ist die Herstellung einer solchen Beziehung gerechtfertigt.)

Im Hinblick auf DODDRIDGEs Konzeption von familialer Kindererziehung bietet WOOTTON eine gute Zusammenfassung, die wir hier auszugsweise übernehmen[82]:

"For Doddridge, education could not be divorced from religion. Education was to be given to children not only from the point of view of prudence and humanity, but as a principle of religion. 'Our instructions should lead them to the knowledge of God and be adapted to form them for His service, as well as to engage them to personal and social service'. His way was the way of serious practical religion. The child must be led to piety and devotion towards God. Children must early imbibe awe of and reverence for God, who must be described not only as the greatest but the best of beings. They must be taught duty to Him. We would not approve of his recommendations to give the child vivid descriptions of heaven and hell, but would fully endorse his view that the Lord's Prayer should be fully explained so that it doesn't become meaningless repetition ... Closely allied to the religious aim of Doddridge's work was his moral purpose. In his sermons, he recommended that, after the story of Jesus, should come instruction in obedience to his commands, by which the sincerity of faith and love was shown, 'an important lesson without which our instruction will be in vain and the hearing likewise vain. 'Children should be taught to revere and to obey their parents as part of their duty to God. Other virtues to be inculcated were benevolence, kindness, diligence, sincerity, candour, humility, self-denial and self-control ...Like Aristotle and Locke, Doddridge believed in the efficacy of habit formation in the building of a sound character. To inspire feelings of benevolence and kindness they should be sent on errands of mercy. Children should be brought to practice humility. In conversation they must be discreet and they must show respect to their elders. No insolence was to be countenanced. They were to treat each other with the forms of civility practised by the well-bred. To check pride, they were not to be allowed to behave haughtily to the servants. In order to show the way of self-denial and self-control which he thought necessary for the enjoyment of life, parents were not to indulge their children. Parents were warned against the danger of over great nicety in food and in dress. 'The fondness of mothers for children in letting them eat and drink what they will, lays a foundation for most of the calamities in human life which proceed from bodily indisposition.' Simplicity in food and dress was desirable. All exhibitions of passionate feeling and temper must be repressed. Children must never be allowed to win their point by obstinacy, noise and clamour, and must be denied trifles when they showed too great an eagerness for them. In contrast to Lockeian and Aristotelian view

that immature youth should not be sheltered from the
moral dangers of society but carefully introduced to
them, Doddridge took the view that it was better to keep
children out of temptation. They should be kept from all
occasions and appearance of evil. To encourage humanita-
rian and tender feelings, all kinds of 'cruel and bloody'
sports should be kept from their sight. Especial care
must be taken in choosing people to invite to one's
house and in engaging servants. It was most important to
choose a suitable school and when the boy went into the
world, to see that he was put in a suitable apprenticeship.
According to Doddridge, childhood was the best time to
train the character for their minds were still 'open not
tainted or enslaved', but were 'a paper clear of foul
inscriptions and deep blots', and, therefore, childhood
was the most impressionable age. Parents, too, were in
the best situation for doing this supremely important
task. They were not only best acquainted with the children's manner of thinking since they were constantly
with them, but they exercised over them a loving authority. Parents had to be careful that the children could
see that what they did for them arose from love. Whatever
they did they had to keep their authority over them and
must, therefore, behave at all times with sufficient
decorum and avoid any 'lunatic folly' which might bring
them into contempt. Children needed correction, but it
should be done in a proper manner, administered with
calmness and must neither be too frequent nor too severe.
He warned parents about the danger that unreasonable
severity for small offences might encourage lying and
trickery. He suggested that by the use of praise, by
overlooking little failings, by studying their inclinations
so as to give them pleasant surprises, parents could
gain the affection of their children. Above all parents
must act in concert. The arms of one parent should not
be a refuge for children from the resentment of the other."
    Bereits diese knappe Beschreibung der DODDRIDGEschen
Konzeption von familialer Erziehung macht deutlich, daß
es sich bei ihr um eine durchaus empirisch fundierte
handelt und daß seine Ratschläge auf bis in die Moderne
zum Teil gut bestätigten Theorien basieren. Ohne auf zu
viele Details einzugehen, sei hier zusammenfassend und
charakterisierend nur darauf hingewiesen, daß DODDRIDGE
    a) von der hohen Plastizität und Variabilität der
menschlichen Konstitution ausgeht, speziell der primären
Sozialisation (Erziehung) eine hohe Bedeutung und den
primären Bezugspersonen des Kindes eine entscheidende
Funktion für den Dispositionsaufbau zuordnet;
    b) um die Modellfunktion der primären Bezugspersonen
weiß und darum, daß die Bezugspersonen eine solche
Modellfunktion nur erfüllen können, wenn sie Voraussetzungen dafür schaffen, daß die zu modellierende Person (das
Kind) die Bezugspersonen akzeptieren kann;

c) beim korrigierenden Erziehen positive Verstärker
(Lob) als wirksamer einschätzt als aversive Stimuli;
d) das Ignorieren (noch tolerierbaren) negativ bewerteten Verhaltens als geeignetes Mittel für den Abbau
solchen Verhaltens empfiehlt und
e) erzieherische Konsistenz als wesentliche Voraussetzung dafür ansieht, daß beim Kind Orientierungsschwierig-
keiten und -konflikte vermieden werden, die den Dispositionsaufbau für positiv bewertetes Verhalten erschweren.
Wir haben es hier - wie ersichtlich - mit zentralen
Annahmen einer lerntheoretisch fundierten Erziehungswissenschaft zu tun, wodurch deutlich wird, daß von DODDRID-
GE (auch) eine empirische Pädagogik favorisiert wird,
eine Pädagogik, die für die Erziehungs-Konzeptionen der
englischen Aufklärung des 18. Jahrhunderts in hohem Maße
bestimmend war, wie wir weiterhin erkennen werden.
In der Schule bzw. Akademie muß nun nach DODDRIDGE der
Lehrer (Tutor) die Modellfunktion erfüllen, die die Eltern
in der familialen Erziehung hatten bzw. haben sollten.
Auf diesen Bereich der DODDRIDGEschen Erziehungskonzeption
wollen wir nun nicht nochmals eingehen; wichtig erscheinen uns jetzt Hinweise auf seine Akademie-Konzeption,
das heißt, auf seinen Plan für die Ausstattung von
Akademie-Studenten mit "useful knowledge",[83] der in
hohem Maße bestimmend für die Akademie-Ausbildung der
Folgezeit wurde, eine realistische Wende in der Erziehung
(speziell in der "higher education") repräsentierte und
die Entwicklung einer empirischen Pädagogik vorantrieb.[84]
"Useful knowledge", "useful education" waren gewissermaßen die Forderungen der Zeit, und entsprechend mußte
empirisch ermittelt werden, wie "useful education"
geleistet, "useful knowledge" vermittelt werden kann und
welches Wissen "useful" ist. "Useful education", "useful
knowledge" waren die praktisch-pädagogischen Probleme
der Akademien (wie aller Erziehung); die Lehrinhalte und
Vermittlungsweisen waren die wissenschaftlich-pädagogischen
Probleme der Akademie-Tutoren wie anderer Pädagogen, die
sich mit familialer oder schulischer Erziehung beschäftigten (hier seien zum Beispiel RICHARD LOWELL und MARIA
EDGEWORTH oder ERASMUS DARWIN genannt).
Die Entwicklung einer psychologisch wie soziologisch
fundierten science of education war also notwendig, und
zunächst vor allem in den Dissenter-Akademien wurde eine
emprische Pädagogik entwickelt, um eben die Ansprüche
erfüllen zu können, die - nach Auffassung der Dissenter-
Akademie-Tutoren - die moderne Gesellschaft an den für
die Gesellschaft "useful citizen" stellte bzw. stellen
mußte.[85]
Wenden wir uns aber nun zunächst DODDRIDGEs Akademie-Konzeption (bzw. -Lehrplan) zu, die er aufgrund von Erfahrungen entwickelte, die er in seiner eigenen Akademieausbil-
dung in Kibworth unter der Leitung von JOHN JENNINGS gemacht hatte.[86] Schon an der Kibworth-Akademie wurde neben

dem klassischen und theologischen Lehrplan ein "moderner" eingeführt, in dem neben Geographie und Geschichte sowie neuen Sprachen auch "science, mechanics, hydrostatics, physics, anatomy, and astronomy had an important place in the time-table",87 und es verdient Beachtung, daß die empiristische Philosophie ebenfalls Bestandteil der Ausbildung war - man las FRANCIS BACON!

Ohne hier im Detail auf die Entstehungsgeschichte der Northampton-Akademie einzugehen,88 ist zu bemerken, daß sich DODDRIDGE sehr gründlich auf die Organisation der Akademie vorbereitete und aufgrund eigener Erfahrungen sowie Anregungen anderer zu einer für die damalige Zeit sehr modernen Ausbildungskonzeption kam. Ziel war, wie gesagt, der "useful citizen", die Förderung des aufstrebenden Bürgertums (speziell in den Midlands Englands).

Der folgende Überblick über die Studieninhalte in den vier Akademie-Ausbildungsjahren mag hier verdeutlichen89:

First Year	Second Year	Third Year	Fourth Year
Logic	Trigonome-	Natural Hi-	Civil Law
Rhetoric	try	story	Mythology
Geography	Conic Sec-	Civil Histo-	and Hie-
Metaphysics	tions	ry	rogly-
Geometry	Celestial	Anatomy	phics
Algebra	Mechanics	Jewish An-	English Hi-
	Natural and	tiquities	story
	Experimen-	Divinity	History of
	tal Philo-	Orations	Noncon-
	sophy		formity
	Divinity		Divinity
	Orations		Preaching
			Pastoral
			Care, etc.

PARKER kommentiert90: "It will be seen that in the first year Logic and Rhetoric, the two subjects of the trivium, ignored in the grammar schools, were taken together with the 'first steps' in the quadrivium - Geography, Geometry and Algebra. The second year's work was devoted mainly to the quadrivium, and from Orton's Life of Doddridge we learn that the system of natural and experimental philosophy (comprehending mechanics, statics, hydrostatics, optics, pneumatology91, and astronomy) was read 'with reference to the best authors on these subjects and was illustrated by a neat and pretty large philosophical apparatus.' This natural and experimental philosophy did not contain anything very advanced, and the method was probably either that of the tutor read to the students his own 'system' (lectures) consisting of information gleaned from such books as then existed on the subject, or that the students read the chief books, and the lecture consisted in 'hearing' their account of the chief parts. But though the lectures were no doubt

superficial, yet the fact, which must not be lost sight
of, is that such subjects were taken and that an attempt,
however crude, was made to take them experimentally. In
the third and fourth years history has a notable place
and more time was given to specialisation; naturally the
students wishing to qualify as lawyers or doctors would
not be required to attend lectures on Divinity and
Preaching; for them special lectures were given in
required subjects so as to fit them to take up more
advanced reading in such institutions as were specially
concerned with the training for the medical and legal
professions ... One important omission from the time-table
claims our attention. Languages are conspicuous by their
absence – except that there were evening tutorials in
languages, and that at prayers the students read the
Bible from Hebrew, Greek, Latin, or French into English.
This seems to suggest that languages were neglected; in
fact Priestley, who went as a student to the academy the
year after Doddridge's death, 1751 (when probably Doddridge's methods were continued), speaks of getting up early
to do Greek with another student, and adds 'These voluntary engagements were the more necessary in the course of
our academical studies as there was no provision made for
teaching the learned languages. We had even no compositions or orations in Latin.'92 Doddridge was evidently no
Ciceronian, but there is considerable evidence to show
that languages were not ignored."93

Der letzte Hinweis ist wichtig: Die alten Sprachen
wurden in den Akademien keineswegs völlig vernachlässigt
(gerade PRIESTLEY legte Wert darauf, daß sie gelehrt
wurden), aber es bestand eine Tendenz, sie etwas hintan-
zustellen – die Naturwissenschaften, "experimental
philosophy", die "useful sciences" rückten in den Mittelpunkt des Interesses des aufstrebenden Bürgertums der
Industriellen Revolution.94

Diese Hinweise auf DODDRIDGEs modernen Lehrplan mögen
genügen; im Hinblick auf die Methodik95 ist es aber noch
wichtig zu vermerken, daß "free inquiry" Programm war.
ORTON beschreibt: "One day in every week was set apart
for public exercises. At these times, the translations
and orations of the junior students were read and examined. Those who entered on the study of pneumatology and
ethics, produced in their turns a thesis on the several
subjects assigned them, which were mutually opposed and
defended."96 "The doctor's manner of lecturing was well
adapted to engage the attention and love of his pupils,
and to promote their diligent study of the lectures.
When the class was assembled, he examined them in the
last lecture whether they understood his reasoning; what
the authors referred to said upon the subject; whether
he had given them a just view of their sentiments,
arguments, and objections, or omitted any that were
important. He expected from them an account of the reasoning, demonstrations, Scriputres, or facts contained in
the lectures and references."97

DODDRIDGEs Erziehung bzw. Lehre - seine "liberal education" - war offensichtlich sehr erfolgreich - da den Bedürfnissen der Zeit adäquat,[98] und so lag es nahe, daß DODDRIDGE-"Schüler"[99] PRIESTLEY, der prononcierte Vorkämpfer für "liberal education" und "free inquiry", DODDRIDGEs pädagogische Ansätze aufnahm und - speziell an der Warrington-Akademie - weiterentwickelte, was - wir erwähnten dies schon[100] - vor allem auch durch die enge Zusammenarbeit zwischen JOHN AIKIN und PRIESTLEY befördert wurde.

PRIESTLEY achtete JOHN AIKIN sehr (seine "qualifications were superior to mine"[101]; AIKINs Erfahrenheit (als "experienced teacher"[102]) und sein "gracious and ... liberal spirit"[102] waren für PRIESTLEY anregend und Vorbild; AIKIN, der leider keine Publikationen hinterließ, war - neben PRIESTLEY, der ja nur relativ kurze Zeit an der Warrington-Akademie lehrte - das Zentrum dieser Akademie (er lehrte dort (sie wurde am 20. Oktober 1757 eröffnet) von 1758 bis 1780[103]); "Of all the Tutors, Dr. Aikin and Dr. Priestley, were the most important, and an idea of this academy, which was so far in advance of its predecessors, will be best gained by an account of their methods."[104]

AIKIN war ein engagierter Vertreter von "liberal education" und "free inquiry". Aufgrund unterschiedlicher biographischer Quellen geben WOOTTON und PARKER Einblicke in die Lehrtätigkeit AIKINs - in die Tätigkeit eines modernen akademischen Lehrers. Zwei Hinweise mögen hier genügen:

"Following the traditions of Doddridge, John Aikin showed great concern for the individual student. His ways of illustrating his lecture points were 'pointedly adapted to the different talents of his pupils' (W. TURNER) ... On Saturdays, he had small parties to drink tea with him. 'Then was the time when difficulties were most freely communicated, and with the most unwearied patience listened to and obviated' (W. TURNER)."[105] "Like the others at Warrington, Aikin in his theology lectures strove to avoid dogmatism. With strict impartiality, he laid before his pupils the whole of the evidence in disputed questions. He exhorted them to examine the evidence without bias or prejudice and to judge for themselves. Having given the arguments on both sides, he used to ask 'Gentlemen, have I explained the subject to your satisfaction'? He dealt with any difficulties by using an entirely different explanation. It was characteristic that he did not treat any student who disagreed with his views with any less regard, nor showed any less concern for his progress."[106]

AIKIN und PRIESTLEY vertraten in ethischer, wissenschaftlicher und speziell pädagogischer Hinsicht sehr ähnliche Auffassungen; einerseits ging AIKIN in seiner Konzeption PRIESTLEY voraus ("Aikin anticipated the work of Priestley in preparing students for political and administrative life. He introduced the study of history, and, since he had a deep and extensive knowledge of the English Constitution and laws, he introduced these topics into his history lectures."1o7); andererseits folgte AIKIN PRIESTLEY, der "as a lecturer of his staff ... developed similar ideas both in his writings and his teaching."1o8 AIKIN war nützlichen Neuerungen gegenüber stets aufgeschlossen,1o9 aber "it is chiefly to Joseph Priestley that the honour of modernising the curriculum belongs. Priestley was a member of the staff only from 1761-67, but in that short time he revolutionised the work."11o

Die Zusammenarbeit mit JOHN AIKIN war wohl die für PRIESTLEY bedeutsamste in Warrington. Es würde sich nun hier anbieten, weitere (auch) pädagogische Kontakte zu beschreiben, die zwischen PRIESTLEY und anderen "Auch"-Pädagogen im Zusammenhang mit der Warrington-Akademie bestanden. Anders gewendet: Wir könnten detailliert eine "pädagogische Warrington-Linie", die schließlich zur Manchester-Akademie, der Nachfolgerin der Warrington-Akademie111, führte, beschreiben. Eine solche detaillierte Darstellung würde jedoch hier zu weit und letztlich nicht weiter führen; denn PRIESTLEYs Tutoren-Kollegen und -Nachfolger - so stellt WOOTTON mit Recht fest - folgten "in the main ... the same general principles as those of Priestley"112 und bestätigen somit die Auffassung, daß PRIESTLEY diese empirische Pädagogik repräsentierte, eine Pädagogik, die vor allem in den unitarischen Dissenter-Akademien entwickelt und vertreten wurde. Wir wollen deshalb lediglich einige Hinweise geben, um wenigstens hinreichende Vollständigkeit in der Beschreibung der Entwicklung der empirischen Pädagogik (denn um eine solche handelte es sich durchgehend!) im England des 18. Jahrhunderts zu bieten.113

Hier ist zunächst - wir können unmittelbar an Zuvorgesagtes anschließen - die AIKIN-Familie zu erwähnen, "a family to whom, on various subjects, the public taste and information have been largely indebted," wie PRIESTLEY hervorhob.114 "The younger generation at Warrington ist represented by John Aikin's children, Anna Laetitia (later Mrs. Barbauld) (1743 - 1825), and John Aikin M.D. (1747 - 1822)."115

Sowohl ANNA LAETITIA wie JOHN jun. traten als praktizierende und wissenschaftliche Pädagogen der Warrington-Tradition hervor. Beide äußerten sich in Publikationen zu erziehungswissenschaftlichen und -praktischen Problemen, die sie auch über eigene praktische Erfahrungen fundiert hatten. ANNA LAETITIA bestimmte für elf Jahre (1774 - 1785) in hohem Maße die Arbeit in der Schule ihres Mannes in Palgrave (Suffolk)116, und JOHN, der seine frühe Ausbildung an der Warrington-Akademie erhalten hatte, war (als Arzt) für einige Jahre an dieser Akademie als Chemie- und Anatomie-Tutor tätig.117

Beide AIKINs hatten über Jahrzehnte hinweg freundschaftliche Beziehungen zu PRIESTLEY118 wie auch zum Freundschafts-

kreis um PRIESTLEY nach dessen Warringtoner Zeit.[119]
PRIESTLEY, der zu vielen seiner ehemaligen Warringtoner
Studenten freundschaftliche Beziehungen unterhielt,
schätzte die AIKIN-Kinder besonders,[120] speziell auch die
pädagogischen Tätigkeiten von Mrs. BARBAULD in ihrer
Schule.[121]

Diese Schule war eine durchaus bedeutende. Noch rund
150 Jahre später wird sie als eine besondere hervorgehoben;
BIRCHENOUGH schreibt: "Not all private schools were
inefficient. On the contrary, many were uncommonly effici-
ent even when judged by the standards of to-day", das
heißt, 1914 bzw. 1925. "Some of these schools ... were in
charge of men who showed no mean acquaintance with the
history of education, who were thoroughly alive to the
importance of making school work meaningful and of
stimulating their pupils to self-help, who bestowed much
thought on the organisation and the grading of their
schools, and composed special books for the use of their
scholars ... We have only to recall the excellent work
done by Mrs. Barbauld at Palgrave and to reflect that the
best elementary text-books of the day were the product of
this class of school, to realise that at their best they
were unequalled by any of their contemporaries in the
freshness and reality of the education they provided."[122]
Die Schule der BARBAULDs galt als vorbildlich im Rahmen
der Schulreform-Bewegung; das pädagogische Werk Mrs.
BARBAULDs war speziell für RICHARD LOVELL EDGEWORTH - wir
greifen damit auch etwas voraus - anregend: "The need for
more interesting reading-books of the standard of Mrs.
Barbauld's Lessons[123], and for popularising scientific
knowledge, led him to begin writing Harry and Lucy, a
book that was expanded later in cooperation with Maria
into the series of Early Lessons. The original object was
two-fold: to diffuse by means of an 'interesting' story
the first principles of morality, together with the
elements of science and literature, and to show parents
how the various subjects of instruction might be taught
without wearing children."[124]

Diese Hinweise auf ANNA LAETITIA BARBOULD mögen genügen.
Sie blegen Warringtoner "pädagogische Wirkungen" - über
das pädagogische Interesse des engeren Warringtoner Kreises hinaus; denn BARBAULD - eine der ersten Kinderbuch-
Autorinnen überhaupt - erweiterte den pädagogischen
Gesichtskreis, indem sie planmäßige Erziehung auch für
die Kleinkinder intendierte[125] ("in contrast to the
others at Warrington"[126]), wobei sie in ihren "Lessons"
stets im Erfahrungsbereich der Kinder anzusetzen versuchte,
um diesen für die Kinder reflektierend begreifbar zu
machen: "The matter consisted of short sentences, grouped
according to topics, for this book was not only to teach
the child to read, but to give a useful information as
well. Many of these sentences did deal with subjects
within the child's experience ... All the reading matter
was chosen because it was useful in giving information or
in pointing a moral."[127]

Allgemeiner und grundsätzlicher äußerte sich JOHN AIKIN jun. zu pädagogischen Fragen bzw. Problemen - häufig angeregt durch seine Schwester ANNA LAETITIA, mit der er eng zusammenarbeitete, und deren pädagogische bzw. Schul-Erfahrungen. Im Hinblick auf das gemeinsame Werk "Evenings at Home" heißt es bei MEIGS et al.: "Much of the larger portion of the work was done by Dr. Aikin, but it is certain that the planning and arrangement were done in close consultation, though so much of the writing is his. The basic project, which evidently arose from the practice of the school, is a very sound one."128

JOHN AIKIN jun. trat zwar nicht vornehmlich als Pädagoge hervor, aber er war Aufklärer und somit, wie wir schon in anderem Zusammenhang bemerkten, notwendig auch Pädagoge. Er war - wie seine ganze Familie - in der literarisch-wissenschaftlichen Welt sehr angesehen129 und Mitarbeiter vieler Periodica - zusammen mit seiner Schwester und Tochter und anderen bedeutenden Aufklärern, zum Beispiel JOSEPH PRIESTLEY, THOMAS BEDDOES, WILLIAM ENFIELD, MARY WOLLSTONECRAFT u.a., die speziell auch in diesem Zusammenhang wiederum mit anderen wichtigen Vertretern der englischen Aufklärungsphilosophie in enger Verbindung standen (zum Beispiel RICHARD PRICE, THOMAS PAINE u.a.).13o

Wir haben bereits darauf hingewiesen, daß AIKIN auch für einige Jahre Lecturer für Chemie und Anatomie an der Warrington-Akademie war, aber seine Interessen und literarisch-wissenschaftlichen Aktivitäten gingen weit über diese Bereiche hinaus und entsprechend auch seine pädagogischen Intentionen. Wir fassen mit WOOTTON - pädagogisch zentriert - zusammen: AIKINs "published books on literature, 'Letters to a Young Lady on a Course of English Poetry', on Geography, 'England delineated', or a 'Geographical Description of England and Wales with an Outline Map of every County', on natural history, 'Calendar of Nature', on botany, 'The Woodland Companion', on history, 'The Germany and Agricola of Tacitus, translated by John Aikin', and on social studies ..., 'The Arts of Life'. All these books were written for the instruction either of young people in general, or of one particular person. It is evident, then, that he thought all these subjects worthy of inclusion in a child's education.13oa This encyclopaedic view of education was even wider than that of Joseph Priestley. Like his predecessor he thought education was the only preparatory to the pursuits of man."131

Seine grundsätzlichen pädagogischen Gedanken äußerte AIKIN vor allem in drei Schriften, nämlich in den pädagogisch zentrierten "Letters to a Young Lady"132 und "Letters from a Father to His Son"133 und in der sozialwissenschaftlich zentrierten Schrift "The Arts of Life"134.

Da wir - wie bereits angemerkt - diese spezifische pädagogische Warrington-Tradition nicht allzu detailliert verfolgen und darstellen wollen, genüge im vorliegenden Zusammenhang eine sehr knappe Skizzierung der pädagogischen Grundgedanken AIKINs:

Wie seiner (pädagogischen) Zeitgenossen und Mitstreiter war es AIKINs Intention, durch Erziehung auf "active life" vorzubereiten und Dispositionen für den "useful citizen" aufzubauen, wobei sich der "useful citizen" dadurch auszeichnet, daß er zu selbständigem Urteil ("reason") befähigt ist, daß er Vorurteile ("prejudices") überwunden hat und sich nicht den Entscheidungen anderer (von "dictators") blind unterwirft. Solche Fähigkeiten können jedoch nur aufgebaut bzw. erworben werden, wenn in der Erziehung bzw. beim Lernen die "practical sciences" eine hervorragende Rolle spielen; Lernen durch Anschauung, Erfahrung bzw. Praxis standen für AIKIN im Mittelpunkt seines pädagogischen Interesses, um die Jugend zu befähigen, die natürlichen Voraussetzungen und die soziale Situation des Menschen erfassen und reflektieren zu können. "As far as possible experience should take the place of book learning. Following Priestley, it was to be expected that experiments should figure largely in Aikin's science teaching." 135 Vor allem durch Lernen aus der Erfahrung ist es also möglich, "real" bzw. "useful knowledge" zu erwerben, was jedoch nicht bedeutet, Tatsachen ("facts") anzuhäufen, sondern Relationen zu erkennen, das heißt "die relations between causes and effects". Erst auf der Basis solchen Wissens, solcher Erkenntnisse sind dann auch moralische Urteile und moralisches Verhalten realisierbar, wobei die Erkenntnis der Natur als Werk Gottes und das Studium des Verhaltens derer, die Wahrheitssuche und moralisches Verhalten realisierten (hier helfen die Literatur und die Historie), wichtige Unterstützung bieten.

Erziehung - gemäß diesen Grundsätzen - forderte AIKIN für beide Geschlechter - allerdings spezifiziert entsprechend den unterschiedlichen Rollen, die sie in der Gesellschaft einnehmen - und für alle Menschen - allerdings ebenfalls entsprechend spezifiziert; AIKIN war Realist, und er lebte im 18. Jahrhundert!

Soweit unsere knappen Hinweise auf die AIKINsche Konzeption von "practical education", die er - dies sei betont - auch empirisch-psychologisch zu fundieren suchte, und zwar über durchaus "moderne" entwicklungs- (speziell: jugend-) und sozialpsychologische Erkenntnisse: Auch der Erzieher erkennt und reflektiert jugendliches (Lern-)Verhalten aufgrund des Wissens um "causes and effects", um die Bedingungen, unter denen Kinder und Jugendliche aufwachsen und lernen. Da wir jedoch im Rahmen unserer Behandlung der englischen Aufklärungspädagogik auf bedeutsam elaboriertere und systematisiertere Fundierungen dieser Art stoßen werden, wollen wir auf die AIKINsche Psychologie nicht näher eingehen.

Es sei nun noch auf vier weitere Vertreter der pädagogischen Warrington-Linie verwiesen, auf WILLIAM ENFIELD (1741 - 1797), THOMAS HENRY (1734 - 1816), THOMAS BARNES (1747 - 1810) und RALPH HARRISON (1748 - 1810).

Der Daventry-Schüler ENFIELD - mit PRIESTLEY befreundet[136] - war von 1770 bis 1783 Tutor für "Belles Lettres" (und damit Nachfolger PRIESTLEYs) in Warrington und auch Leiter dieser Akademie. (Neben "Elocution" unterrichtete er auch Geographie und "Commerce"). Die pädagogisch und speziell rhetorisch relevanten Schriften ENFIELDs sind "The Speaker, or Miscellaneous Pieces selected from the best English Writers" (1774) und "Exercises in Elocution" (1780), die er für den Akademie-Gebrauch und speziell für die Erziehung zum "useful citizen" verfaßte.[137] ENFIELD stand fest in der Warrington-Tradition: er betonte das Erziehungsziel "useful citizen", das durch praxis- bzw. situationsbezogenes Lernen erreicht werden sollte. "Like the others at Warrington, Enfield based his methods on thorough practice and experience, rather than on the learning of arbitrary rules."[138]

Kommen wir nun etwas ausführlicher auf HENRY[139], BARNES[140] und HARRISON[141] zu sprechen, auf drei weitere wichtige Repräsentanten von "liberal education".

BARNES und HARRISON waren - wie bereits vermerkt[142] - Studenten der Warrington-Akademie gewesen und wurden die ersten Tutoren an der Manchester-Akademie (New College), die 1786 in der Nachfolge der Warrington-Akademie eröffnet wurde und bis 1803 bestand.[142] BARNES wurde außerdem der erste Leiter dieser Akademie,[143] war doch insbesondere auf sein Betreiben hin und auf der Basis seiner (und HENRYs und HARRISONs) Auffassungen von "liberal education" das "College of Arts and Sciences" (Vorläufer der Akademie bzw. des New College) 1783 gegründet worden mit dem Zweck, "to teach science, technology, medicine, law and literature to young men and to artisans already employed in industry."[144]

Das College war "full of significance for the future; a forerunner of the Owens College of seventy years later, which eventually evolved into Manchester University,"[145] und diese Erziehungs-Institution trug zusammen mit der 1781 gegründeten "Literary and Philosophical Society of Manchester", deren Vizepräsident HARRISON war,[146] in hohem Maße mit dazu bei, daß Manchester seinerzeit zu einem der wissenschaftlichen Zentren Englands wurde. SIMON bemerkt: "Manchester ... could boast of a galaxy of experimental scientists, beginning with Dr. Thomas Percival (1740 - 1804), friend of Diderot and Voltaire" und David Hume "and founder of the 'Lit. & Phil.'[147] With many others - including (Thomas) Cooper, (Thomas)Henry, Dr. Ferriar, John Aikin and Charles White -he published his work in the famous Memoirs of the society, the first volume of which appeared in 1785."[148]

Die Verbindungen zwischen dem College und der Society waren sehr eng, speziell auch in pädagogischer Hinsicht. Folgen wir hier einer längeren Beschreibung SIMONs, durch die die pädagogischen Intentionen in Manchester und damit BARNES' und HARRISONs sehr klar charakterisiert und die Warrington- bzw. Priestley-Tradition deutlich werden:

"The close connection between Manchester College and the Literary and Philosophical Society was marked by the appointment of the nine officers of the latter as Governers, with Dr. Percival himself as President, 'a mark of respect to the (Society) ... which has so fully discussed the merits, and so zealously encouraged the plan of this Institution'. In fact, the Society published a number of articles on education, and on the plan itself, in the first two numbers of the Memoirs. The intention of the founders was to encourage the furtherance of science and its application to industry. Thomas Barnes first proposed the formation of an institution which would develop the relations between theory and practice, science and technique.[149] In his view the sciences most relevant to local industry were chemistry and mechanics. Barnes envisaged a kind of instructional and experimental educational museum, where models of all such machines 'as seem to bear the most distant relation to our own manufactures' and those which show 'the astonishing effects of mechanic genius in other branches' would be collected together, with the materials required for experimental work in dyeing, printing, etc. The museum would have a full-time superintendent 'well versed in chemical and mechanic knowledge', who would be prepared to advise local industries, to communicate the results of research by lectures, and to undertake the education of young men preparing for industry. Barnes' plea for a deeper understanding of chemistry and its practical applications was based to some extent on ideas already put forward by Thomas Henry, F.R.S., at this time one of the secretaries of the Society, in a paper 'On the advantages of Literature and Philosophy generally (and their consistency with industrial pursuits)'.[150]
Henry had taken a broader view, being concerned to argue the case for extending interest in technology to cover related subjects which were also closely relevant to the interests of the industrial middle class. But his primary object was still to emphasise the utility of the various sciences. Referring to chemistry as 'the corner-stone of the arts', Henry shows a profound grasp of the relations between scientific education, chemical research and industry."[151]
"These ideas inspired the 'Proposals for establishing in Manchester, a plan of Liberal Education, for young men designed for Civil and Active Life,[152] whether in trade, or in any of the Professions', drafted by Barnes for the Literary and Philosophical Society and published in 1783" im II. Band der Memoirs. "On July 6th of that year, the institution opened its doors as an evening college with lectures from 6 p.m. to 9 p.m. on four evenings a week. A note in the second volume of the Memoirs of the Manchester Society, published in 1785, states that the scheme had been carried through 'with considerable success': 'during the last two winters the

lectures have been delivered in different branches of science to numbers of gentlemen, who have thus given the most respectable sanction to the undertaking'. The Society drew on its own members as lecturers, the prospectus announcing courses on 'Chemistry, with a reference to Arts and Manufactures' by Thomas Henry, F.R.S.; 'On the Theory and History of Fine Arts' by George Bew, a medical man; 'On Practical Mathematics, the Principal Branches of Natural and Experimental Philosophy' and on geography, by Henry Clarke, a well-known mathematician and schoolmaster, and 'On the Origin, History and Progress of Arts, Manufactures, and Commerce' and commercial law, by Thomas Barnes. Lectures on anatomy were also given by Charles White, F.R.S., assisted by his son Thomas White, M.D. The most successful courses appear to have been those undertaken by Thomas Henry on chemistry and on bleaching, dyeing and calico printing, since there is evidence that these continued independently for some years after the closure of the College, being attended also by 'the better educated among the operative artisans.' Under Thomas Henry's direction, the College also took up the scientific development of chlorine bleaching and, as a direct result, several firms near Manchester began to operate the process. Though, therefore, the College itself only remained in existence for a few years, it established a precedent and helped to prepare the way for later institutes of the same kind in the industrial towns. The Manchester Academy, established in 1786, was originally intended to complement the College, providing full-time education for students, while the latter provides part-time education for those in employment. This, at least, was Thomas Barnes' idea: 'The friendly correspondence wich subsists between the patrons of our College of Arts and Sciences and the supporters of our Academy, is a circumstance naturally favourable to both establishments, and to the common cause which gave them birth. By this friendly co-operation the circle of studies which young men may attain among us is agreeably enlarged, and opportunities offered which could not have been equally enjoyed in a single institution, or in a more confined sphere.'[153] The Manchester Academy was promoted by some of the most active members of the Literary and Philosophical Society - chiefly Barnes, Harrison, Henry and Percival, but other members belonged to the Church of England, and deprecated the idea that the Society as such was conducting a Dissenting Academy. Accordingly the Society - affirming that as a body it had no religious bias - disclaimed any connection with the Academy by a resolution passed in March, 1786, which was ordered to appear in both the Manchester newspapers. In fact, the Academy, following the example of Warrington, provided a five-year course for intending ministers, and a three-year course for those proposing to enter one of the professions, commerce or industry. The original syl-

labus was sufficiently comprehensive, including, besides
the classical languages, Hebrew, and the usual religious
instruction, logic, psychology, moral philosophy, English,
modern languages, commerce, history, and the laws and
constitution of England. Special attention was given to
mathematics and science."[154]

Damit ist der Weg zur Manchester-Akademie beschrieben,
sind die erzieherischen Intentionen, die man mit dieser
Akademie verband, gekennzeichnet. HENRY, BARNES und
HARRISON haben neben anderen vor allem diesen Weg geebnet
und die Konzeption der Akademie-Lehre entwickelt.

THOMAS HENRY[155] war einer der hervorragenden Manchester-
Pädagogen mit einer klaren Konzeption, speziell, aber
nicht nur bezogen auf die "merchants and manufacturers".
Diese Konzeption entwickelte HENRY[178] in einem Vortrag über
"The Advantages of Literature and Philosophy ..."[156] vor
der Manchester-Society; in ihm thematisierte er die aus
seiner Sicht notwendigen Bildungsinhalte und deren
jeweiligen Nutzen.

HENRY war als Aufklärer der festen Überzeugung, daß
"the pursuit of knowledge, when properly directed, and
under due influence, is of the greatest importance to
mankind,"[157] und zwar nicht nur im Hinblick auf die
materielle Verbesserung der Lebensumstände, sondern vor
allem auch bezüglich der Verbesserung der Moral: "Wherever a love of learning and the arts makes any considerable
progress, even crimes themselves lose something of their
atrociousness, and, though still offensive, are divested
of those strong marks of brutality, which generally
accompany ignorance."[157] Lernen, Wissenserwerb, Besitz
von "liberal knowledge"[158] waren für HENRY die entschei-
denden Instrumente des Fortschritts, und zwar - wie
ersichtlich - in einem sehr umfassenden Sinne. "The
diffusion of learning and philosophy" bewirkt "cultivation"
bzw. unterstützt "the natural tendency of a cultivation",[159]
so daß Lernen auf möglichst vielen Gebieten bei möglichst
vielen Menschen angeregt werden muß. Zentraler Lernbereich
sind für HENRY die Naturwissenschaften, aber auch "the
proper study of mankind"[160] sowie "history"[161], "Belles
Lettres"[162] oder die "Polite Arts"[163]etc.

Wir brauchen hier nicht auf Einzelheiten einzugehen;
generell heißt es bei HENRY: "It may be said, that all
men are not intended by nature for scholars or philosophers; and that there are stations in life that will not
admit of profound study and investigation. Yet there are
few, whose minds may not receive a bias to some useful
research, whereby they may be pleasingly und usefully
employed. And we may be bold to assert, that, though it
is not in the power of every man to shine as a distinguished literary character, yet there is scarcely any one
so meanly situated, as to render some share of learning
inconvenient to him; or who will be a worse man, or a
worse member of society, by having advanced a few steps
higher in the scale of human knowledge."[164]

HENRY plädierte also für eine möglichst umfassende Allgemeinbildung möglichst vieler Menschen - bei gleichzeitiger Betonung der Wichtigkeit des Erwerbs von "useful knowledge"[165] in allen Berufszweigen zum Zwecke der Beschleunigung der wissenschaftlichen und des durch diesen fundierten gesellschaftlichen = moralischen Fortschritts: "How few of the workmen, employed in them (manufactures), possess the least knowledge of the science to which their profession owes its origin and support! If random chance has stumbled on so many improvements, what might industry and experience have effected, when guided by elementary knowledge? The misfortune is, that few dyers are chemists, and few chemists dyers. Practical knowledge should be united to theory, in order to produce the most beneficial discoveries."[166]

HENRYs Bildungs-Konzeption ist beispielhaft für die englische Aufklärungspädagogik des 18. Jahrhunderts (sie wurde - wie schon mehrmals erwähnt und noch zu zeigen sein wird - umfassend von PRIESTLEY repräsentiert) - empiristisch-rationalistisch zentriert auf den Erwerb von "useful knowledge" in einem weiten Sinne, nämlich auf den Erwerb von "liberal knowledge" mit dem Zweck der Heranbildung von "intelligent and useful citizens" (PRIESTLEY), die allein in der Lage sind, das individuelle und soziale Leben zu verbessern, zu kultivieren, zu "humanisieren"[167].

HENRY war - wie alle seine Zeitgenossen des "enlightenment" - Erziehungsoptimist; er maß der Erziehung eine sehr hohe Bedeutung bzw. Wirksamkeit für den individuellen und sozialen Fortschritt bei. Aber er war auch Realist; er überschätzte die Macht der Erziehung nicht, er sah deren Grenzen, die nach ihm nicht nur durch gesellschaftliche Umstände, sondern auch durch die individuellen Voraussetzungen gezogen sind. Und hier unterschied sich HENRYs Pädagogik bzw. Anthropologie von manchen anderen Pädagogen seiner und der Folge-Zeit, die der Erziehung "Allmacht" zuordneten.[168]

BARNES und HARRISON stimmten jedoch mit HENRY (und Locke) überein. Sie ordneten zwar als Aufklärungspädagogen der Erziehung und den weiteren kulturellen Einflüssen große Macht im Hinblick auf die Entwicklung der menschlichen Persönlichkeit zu, aber sie beachteten auch die anlagemäßigen Unterschiede zwischen den Menschen: "We deny not," sagt BARNES, "the original difference of minds, as they come from the hand of the Creator, but we contend that the far deeper and bolder lines of distinction are drawn by early culture,"[169] so daß, wie HARRISON sagte, es die Erziehung ist, "that stamps the difference between one man and another, and assigns to the individual his mark and character in the world."[170]

Bevor wir etwas differenzierter auf die Konzeption von BARNES eingehen, fassen wir die BARNES-HARRISON-Konzeption mit WOOTTON zusammen:

BARNES und HARRISON hielten Erziehung zum Zwecke der
Verbesserung der individuellen und sozialen Situation
des Menschen für notwendig, und zwar bezogen auf alle
Menschen ("every order of the community" (BARNES)[171]), auch
wenn die akademische Ausbildung vor allem auf die Mittelklasse bezogen sein müsse, also auf solche Menschen, die
für "civil life" dominierend verantwortlich sind bzw.
sein werden. Zwar, sagte HARRISON, "would we be far from
denying or refusing the benefits of knowledge to the inferior classes of mankind",[172] aber die Mittelklasse be-
dürfe einer extensiven und intensiven "liberal education",
um sie "for honourable and important services to their
fellow citizens" zu qualifizieren ("qualify").[173] Nur über
eine solche Erziehung dieser Klasse ist es möglich,
Fortschritt zu bewirken, also der Gesellschaft zu mehr
Glück ("happiness") zu verhelfen und damit – alle diese
Pädagogen waren Utilitaristen – die Norm des Greatest
happiness-principle zu erfüllen, nämlich möglichst viel
Glück auf möglichst viele Menschen zu verteilen. HARRISON:
"If ever an important change takes place in the manners
and happiness of mankind, if superstition and wickedness
come to an end, if the course fo truth and liberty flou-
rish, and pure and undefiled religion enlighten and
bless the nations, it is certain that this (education)
must be the chief instrument whereby so glorious a
reformation will be accomplished."[174]
Entsprechend dieser Zielsetzung entwickelten BARNES
und HARRISON ihre Erziehungs-Konzeption, wobei – wie
WOOTTON mit Recht hervorhebt – die "methods followed the
lines set by Priestley."[175] Im Mittelpunkt steht die
Vermittlung von "useful knowledge" über Lernen "in
practical form" (BARNES)[176], und zwar auf breiter Basis
durch Aneignung von "general knowledge"[177], wobei nach
HARRISON zu beachten ist, daß diese Wissensaneignung
bzw. -vermittlung a) jeweils zur rechten Zeit erfolgt, b)
genau geplant und c) auf die jeweiligen Fähigkeiten des
Lernenden abgestimmt ist,[178] was – wie unmittelbar
ersichtlich – empirische Lern- und Erziehungsforschung,
also die Elaborierung einer "science" und Erziehungsforschung, also die Elaborierung einer "science" und "art
of education" voraussetzt, um die sich speziell, wie wir
sehen werden, PRIESTLEY bemüht hat.
Ansätze hierfür finden sich jedoch bereits bei BARNES,
wie dieser überhaupt recht umfassende pädagogische
Überlegungen angestellt hat, worauf nun etwas näher
eingegangen werden soll.
Die Entwicklung der Erziehungswissenschaft und die
Verbesserung der Erziehung waren für BARNES zentrale sozialpolitische Probleme: "There are few questions more
important, when considered in every point of view, than
those which relate to education,"[179] heißt es bei ihm, und
um die mit Erziehung verbundenen Probleme zu lösen,
bedarf es einer empirisch fundierten Pädagogik "both as
a science, and an art"[180] – nur dann ist Fortschritt in
"mental cultivation"[181] erreichbar.

Der empirische Ansatz wird bei BARNES ganz deutlich in einer psychologisch-pädagogischen Abhandlung, in der es um das Problem der "Kultivierung" des "habit of self-command" geht: "Whatever difficulties may attend our inquiries, in the way of mere theory and speculation - difficulties which arise from the narrow limits of the human faculties, and from the absurd attempt to investigate the essences, rather than the operations, of nature - yet we may aquire from Experiments and Facts a knowledge, clear in its evidences, certain in its principles, and important in its application."182 Es bedarf also einer empirisch-experimentellen Erforschung der Prozesse von "mind" und speziell der Entstehung von "habits"183; die damit verbundenen Probleme sollten nicht "merely speculative" zu lösen versucht werden, sondern zu ihrer Lösung bedarf es "an appeal to facts."184

Dieser empirische Ansatz in der Pädagogik bzw. bei der Beantwortung pädagogischer Fragen zeigt sich auch sehr deutlich in BARNES' Untersuchung des Problems, ob "private" oder "public education" der Vorzug zu geben sei. Hier trifft er keine bloß moralisch-spekulativ fundierte Entscheidung, sondern er erörtert sehr differenziert die jeweils empirisch ermittelten ("observed in life"185) Konsequenzen des einen wie des anderen Verfahrens (denn "there are, probably, advantages and disadvantages peculiar to every system"186), um dann entscheiden zu können, in welcher Weise ein Erziehungsplan zu konstruieren ist, in dem die Vorteile beider Verfahren aufgenommen sind und deren Nachteile vermieden werden. Dazu bedarf es aber, wie gesagt, differenzierter empirischer Forschung; denn mit bloßer Spekulation können nach BARNES die Erziehungsprobleme nicht gelöst werden.187

Auf dieser methodologischen Grundlage vollzieht nun BARNES differenzierte Analysen im Hinblick auf die Verbesserung speziell der Jugenderziehung, der Vermittlung von "useful" und vor allem "general knowledge"188 zum Zwecke der Erhöhung der Lebenstüchtigkeit des Einzelnen und der Beschleunigung des gesellschaftlichen Fortschritts - zum Zwecke der Erreichung des von ihm und seinen zeitgenössischen Aufklärungspädagogen akzeptierten Erziehungs-Ziel-Zustandes, den er wie folgt beschreibt: "The great end of mental cultivation is, to give that exercise and habit to the various powers of the mind, which may enable them to act hereafter, in all the affairs of human life, with the greatest advantage. It is not merely, the quantity of ideas aquired, but the ability obtained by the soul, of thinking, reasoning, and determining rightly, in every event of the changeful scene, which is of the greatest importance."189

Wir wollen auch hier nicht auf sehr zeitgebundene Einzelheiten eingehen; es sollen lediglich noch einige Hinweise auf BARNES' Konzeption von akademischer Ausbildung gegeben werden, da diese Konzeption wiederum recht

typisch für die empiristisch-utilitaristische Pädagogik
als ganze ist; denn sie wurde gleichsinnig immer wieder
- von MILTON bis zu JOHN STUART MILL[190] - thematisiert.

BARNES plädierte, wie wir schon erfahren haben, sehr
eindringlich für den Erwerb von "general knowledge"[191] und
gegen jede vor allem auch berufsspezifische Verengung
der akademischen Bildung: "The mere mathematician, the
mere grammarian, or the mere any thing, may perhaps,
with microscopic eye, see one little object very distinctly. But, if not accustomed to look around him to a wider
range of vision, his view will be narrow, and, when he
turns from that lucid point, he will be enveloped with
darkness.[192] It is, indeed, impossible for the man,
whose mind has not been expanded by some love of general
knowledge, to appreciate the several sciences, according
to their just value, and to assign to each their propor-
tionable share of esteem and consequence."[193]

Die Wissenschaften wie die Künste bzw. Techniken
("arts") bilden nach BARNES letztlich ein komplexes
Ganzes ("complex whole"[194]); jede Wissenschaft ist letztlich Aspekt-Wissenschaft[195], und auch die "arts" hängen
miteinander zusammen, bzw. jede "art" bzw. Erfindung ist
vielfältig anwendbar.[196] Wer daher ein "useful citizen",
ein guter Praktiker, speziell ein erfolgreicher "manufacturer or merchant" sein will, bedarf auch einer allgemeinen Grundbildung; nur derjenige, der in der Lage ist,
die "greater variety of aspects" einer Sache zu erfassen,
ist auch für spezielle herausragende Leistungen befähigt.[197]
Nur so Gebildete haben "distance" und Überblick, weshalb
es nicht verwunderlich ist, "that improvements, upon a
larger scale, such as the invention of great and complicated machines, &c. have generally been made, by persons,
not, originally educated to the profession of those
arts, in which they have made such astonishing discoveries."[198]

Um somit wissenschaftlichen wie Praxis-Fortschritt zu
beschleunigen, ist "liberal education" notwendig, eine
Erziehung (Ausbildung) also, die "a larger field of
observation, a more general acquaintance"[199] eröffnet
und nicht beruflich verengt. Zwar ist nach BARNES - er
war schließlich Empiriker, Realist - "professional knowledge" durchaus notwendig; wer aber nicht in der Lage
ist, "professional knowledge" über "general science" zu
erweitern, ist und bleibt ein "mere pedant",[200] der
unfähig ist, selbständig zu lernen und nützliche Leistungen zu erzielen.[201]

"Cultivation of mind", "general knowledge" sind also
notwendig, "general science" bzw. "general insight into
science"[202], "principles" sind zu vermitteln. Dieser ist
für BARNES der zentrale Zweck nützlicher akademischer
Bildung - nicht (nur) die Vermittlung hochspezialisierten
(beruflichen) Wissens. BARNES sagt: "Whatever praise
may, in particular cases, have been given to the man,
who has travelled only in one path of Science, his ideas

must necessarily be very confined ... The Sciences are
sisters, affectionate sisters! ... To be in the good
graces of any one of them, you must pay some respectful
attention to the rest."[203] Und dies gilt gleichermaßen
für die "arts".[204]

Wir sind der Auffassung, daß eine solche Konzeption
von akademischer Bildung noch heute - nach 200 Jahren -
durchaus bedenkenswert ist, genauer: daß die damalige
alternative - von MILTON über BARNES bis zu JOHN STUART
MILL vertretene - Konzeption akademischer Bildung heute
abermals als Alternative in die Diskussion um die (deutsche) Universitätserziehung einbezogen werden sollte;
denn ob der vielberufene "gesellschaftliche" Nutzen
einer durchpädagogisierten und -demokratisierten berufs-
zentrierten und damit letztlich zumindest elitedistanzier-
ten Universität größer ist als der einer Universität, in
der grundlegend für Wissenschaft überhaupt qualifiziert
wird, ist doch zumindest fraglich![205]

Wir schließen damit die Besprechung der pädagogischen
Konzeption der Manchester-Akademie, die in hohem Maße
von BARNES, HENRY und HARRISON entwickelt wurde, ab. Wir
haben diese Konzeption und deren Entwicklung etwas
ausführlicher beschrieben, um so die pädagogische Warrington-Tradition zusammenfassend und damit letztlich auch
PRIESTLEYs Konzeption von "liberal education" - speziell
für das aufstrebende Bürgertum während der industriellen
Revolution in England - in ihren Grundzügen zu kennzeichnen.

Die Warrington-Tradition und -konzeption haben in
PRIESTLEYs Konzeption von empirischer Pädagogik (science
of education) bzw. in seiner Konzeption von "liberal
education" ihren Niederschlag gefunden; genauer: sein
Studium an der Daventry-Akademie - speziell der Einfluß
HARTLEYs und DODDRIDGEs - und seine Lehrtätigkeit an der
Warrington-Akademie boten PRIESTLEY die Grundlagen für
die Entwicklung seiner science of education, innerhalb
derer nach PRIESTLEY die (empirischen)Erkenntnisse
ermittelt und systematisiert werden müssen, die für die
Konzeption der "art of education" und damit für die
Realisation erfolgreicher "liberal education" notwendig
sind; denn nach PRIESTLEY benötigen die Erzieher eine
empirisch fundierte science bzw. art of education, wenn
sie die mit "liberal education" intendierten Erziehungsziele hinreichend sicher erreichen wollen, das heißt,
wenn sie einen Zustand des Menschen (Educanden) realisieren wollen, den PRIESTLEY wie folgt beschreibt: "When
literary and scientific excellence coincide with that
which is of a moral nature, it adds unspeakably to the
value of a character. Ingenuity coupled with modesty,
and great genius with benevolence and true piety, constitute the perfection of human character, and is what we
should ever have in view."[206] Dieser Zustand soll, wie gesagt, durch "liberal education" erreicht werden; denn "a

58

course of education in which both these objects are
equally attended to, is the only one that deserves to be
called liberal."[207]

2.2. Priestleys Pädagogik

Wenden wir uns nun PRIESTLEYs grundlegend an der Warrington-Akademie entwickelter[208] Pädagogik (science and art
of education) zu. Wir werden zuerst kurz seine Lehrtätigkeit an dieser Akademie beschreiben und sodann versuchen,
seine Pädagogik zu systematisieren; denn PRIESTLEY
selbst hat kein "System der Pädagogik" hinterlassen. Er
hat zwar zahlreiche pädagogische bzw. pädagogisch zentrierte Schriften verfaßt, aber er hat seine pädagogischen
Auffassungen und Erkenntnisse nicht in einem System
(bzw. übergreifenden Werk) zusammengefaßt.
    Im gegebenen historischen Kontext sei noch auf folgen-
des hingewiesen: Bei unserer (skizzenhaften) Systematisierung der Pädagogik PRIESTLEYs beziehen wir nicht nur
"Warringtoner Schriften" ein, sondern auch später von
ihm verfaßte. Das heißt, wir gehen nun über die "Warringtoner Pädagogik" hinaus, greifen also zeitlich voraus;
denn zahlreiche einschlägige Gedanken hat PRIESTLEY erst
nach seiner Warrington-Zeit entwickelt, viele Erkenntnisse hat er erst nach 1767 gewonnen. Da sich aber, worauf
wir bereits wiederholt hinwiesen, in PRIESTLEYs Pädagogik
in hohem Maße die englische Aufklärungspädagogik des 18.
Jahrhunderts repräsentierte, soll uns diese Systematik
als Bezugssystem dienen (abgesehen davon, daß die Entwicklung dieser Pädagogik nicht Thema der vorliegenden
Abhandlung ist[209]).
    Kommen wir nun zunächst kurz auf PRIESTLEYs pädagogische
Aktivitäten an der Warrington-Akademie zu sprechen. Wir
wiesen bereits darauf hin, daß sich seine Lehrtätigkeit
weit über seinen Lehrauftrag für "Belles Lettres" hinaus
erstreckte; er war in fast allen Lehrbereichen der
Akademie tätig, was seinen proteischen Intentionen
entgegen- und seiner Entwicklung zum wissenschaftlichen
Pädagogen zugutekam, zumal er nicht nur seine Lehre,
sondern auch seine eigenen Studien zunehmend erweiterte.
    PRIESTLEY lehrte, heißt es bei PARKER, "almost every
subject in the curriculum" und tat "his utmost to make
the education of real value for the students"[210]. Zugleich
aber war er Lernender; insbesondere im naturwissenschaftlichen Bereich bildete er sich selbst fort, zum Beispiel
dadurch, daß er an der Akademie Chemie-Vorlesungen bei
seinem Freund MATTHEW TURNER[211] hörte, der damit in
hohem Maße dazu beitrug, PRIESTLEY zu chemischen Untersuchungen anzuregen, die ihn so berühmt machen sollten.[212]
    PRIESTLEY ging in seiner Lehrtätigkeit, seinen eigenen
Studien und bei der Entwicklung seiner pädagogischen
Konzeptionen davon aus, daß die "neue Zeit", die industri-

elle Aera, neue pädagogische Forderungen begründete und
daß die Erzieher auf diese Forderungen neu reagieren
müßten. "He goes on to show that times had changed, that
life is more complex and consequently the supine inatten-
tion with which affairs were formerly conducted is no
longer safe and that a 'different and better furniture
of mind is requisite to be brought into the business of
life'213."214

Selbsterziehung, pädagogische Praxis und pädagogische
Forschung bildeten also bei PRIESTLEY spätestens seit
der Warringtoner Zeit ein interdependentes System, das
seine Pädagogik bestimmte. Damit kommen wir zur Darstellung seines "Systems" der Pädagogik.

PRIESTLEY (wir wiesen bereits darauf hin) konstruierte
kein System der Pädagogik, aber er war (auch darauf verwiesen wir schon) als der große Synoptiker der englischen
Aufklärungsphilosophie des 18. Jahrhunderts ein durchaus
systematischer Denker. Seine Pädagogik war, um sie
schlagwortartig zu kennzeichnen, eine experimentalphilo-
sophisch- bzw. empiristisch-utilitaristische; (erkenntnis-
theoretischer) Empirismus (Experimentalismus) und (empi-
risch-ethischer) Utilitarismus waren die Bezugspunkte
seines philosophisch-wissenschaftlichen Arbeitens.

Grundlage aller Erkenntnis, aller Wissenschaft (science)
und damit auch der science of education war für PRIESTLEY
die (sinnliche) Erfahrung; Ziel aller Erkenntnis war für
ihn deren Nutzbarmachung ("usefulness") für das Glück
("happiness") des Menschen bzw. der Gesellschaft. Das
"Principle of utility" und das "Greatest happiness-principle" - obwohl von ihm nicht in der klassischen Weise
formuliert - waren seine wissenschaftsphilosophischen
und moralischen Leitnormen.

Das Greatest happiness-principle fand seine klassische
Formulierung wohl erstmals bei FRANCIS HUTSCHESON (1694
- 1747); "Hutcheson had invented the sacred phrase."215
Bei HUTCHESON heißt es: "That Action is best, which
accomplishes the greatest Happiness for the greatest
Numbers."216 Dieses Prinzip wurde und blieb für die
empiristisch-utilitaristische Philosophie die bestimmende Leitnorm; speziell JEREMY BENTHAM (1748 - 1832) hatte
den empiristischen Utilitarismus, der schließlich in
JOHN STUART MILL (1806 - 1873) seinen Höhepunkt fand,
ausgestaltet217- vermittelt, wie BENTHAM betonte, speziell durch PRIESTLEY oder CESARE DE BECCARIA (1738 -
1794),218auch wenn, wie gesagt, PRIESTLEY - im Gegensatz
zu BECCARIA - die klassische Formel nicht gebrauchte.
BECCARIA hatte 1764 formuliert: "La massima felicità di-
visa nel maggior numero"219 und PRIESTLEY schrieb ein wenig später, nämlich 1768 in einem Essay on Government: "The
good and happiness of the members, that is the majority
of the members of any state, is the great standard by
which every thing relating to the state must finally be
determined."22o

Damit ist der Ausgangspunkt für PRIESTLEYs System der

Pädagogik[221] gegeben; denn pädagogisch gewendet bedeutet dies für PRIESTLEY (und die anderen empiristisch-utilitaristischen Pädagogen): Ziel ist eine "glückliche Gesellschaft" (das heißt, wie wir noch erfahren werden, eine Gesellschaft, in der die Menschenrechte realisiert sind), und diese ist nur aufbaubar mit "intelligent and useful citizens", die wiederum nur dann herangebildet werden können, wenn man über im Hinblick auf die Erreichung dieses Ziel-Zustandes effektive Erziehungsinstrumente verfügt.[222] Die Ermittlung solcher Instrumente und die empirisch-experimentelle Überprüfung ihrer Effektivität ist Aufgabe der empirisch-experimentellen science of education, die solche Leistungen jedoch nur dann erbringen kann, wenn hinreichend gesicherte Informationen über menschliches Lernen verfügbar sind, allgemeiner: wenn man hinsichtlich der "human nature" bzw. "the structure of the human mind" über empirisch-experimentell hinreichend gesicherte Erkenntnisse verfügt.

Die science of education ist entsprechend eine spezifische angewandte (oder - modern gesprochen - technologische) Wissenschaft, nämlich die Wissenschaft, die die Erkenntnisse der "natural science of the human mind", der Psychologie also, für Erziehung nutzbar macht. - PRIESTLEY war HARTLEY-Schüler.

PRIESTLEYs Ziel war es somit, eine empirisch-experimentelle Pädagogik zu elaborieren, eine technologische Erziehungstheorie, für die grundsätzlich gilt: "Experiments only ought to guide theory".[223] Diese Aussage ist jedoch nicht dahingehend zu deuten, daß PRIESTLEY ein "naiver" Empirist bzw. Experimentalist war, der von der Möglichkeit "theorieloser" Erfahrung bzw. Experimente ausging. Er wußte (und begründete detailliert), daß alle Erfahrung theoriegeleitete ist und daß Experimente nur über Hypothesen (Vermutungen, Erwartungen) konstruierbar sind, so daß auch die Pädagogik als empirisch-experimentelle Wissenschaft nur über den Dreischritt "Theorie - Experiment (Beobachtung) - bestätigte oder widerlegte Theorie" elaborierbar ist.

Soweit zu den konstitutiven Voraussetzungen der PRIESTLEYschen science of education; nun zu den Einzelheiten.

PRIESTLEY baute sein "System" der science of education, der angewandten "experimental philosophy of the human mind", auf einem bereits elaborierten Fundament auf; HOBBES, LOCKE und vor allem HARTLEY boten die psychologischen, speziell assoziationstheoretischen Grundlagen für seine empirisch-experimentelle Pädagogik: "A sensationalist psychology and the doctrine of association as a sufficient explanation of intellectual and emotional life were the generally accepted foundations for the educational theorizing of the nineteenth century"[224] und der Psychologen und Pädagogen des 18. Jahrhunderts, auf deren Konzeptionen die des 19. Jahrhunderts aufbauten: "The excellent and acute Hartley published, in 1749, a treatise 'On Man,' destined to exercise a considerable influence upon English speculation. Priestley and Abraham Tucker, in the next generation, were his disciples.[225] Coleridge was greatly impressed by him in early life, and James Mill, by working out his theories in more detail, and with greater logical rigour, transmitted his influence to the most recent school of English psychologists."[226]

Erziehen als "conduct of the human mind" ist für PRIESTLEY ein auf das Lernen der Menschen gerichtetes soziales Handeln, um diese zu befähigen, über ihr Verhalten individuelles und soziales Glück zu bewirken und zu stabilisieren. Das Problem der Erziehungswissenschaft ist es daher, zu ermitteln und zu erkennen, wie "artificial education" (diese grenzt PRIESTLEY von "natural education" ab) organisiert werden muß, damit sie als "useful education" mit dem Ziel des Aufbaues von "useful knowledge" realisiert werden kann. Anders gewendet: Es ist das Problem der Erziehungswissenschaft, "the conduct of the human mind" zu fundieren, und für solche Fundierung muß die Voraussetzung erfüllt sein, daß man weiß (erfahren, untersucht hat), wie sich die "structure of the human mind" entwickelt, wie sich Lernen - provoziert und reguliert durch "natural education" - vollzieht.

Daher lautet die erste Frage der Erziehungswissenschaft: Wie findet natürliches Lernen (unter der Bedingung von "natural education") statt?

Zur Beantwortung dieser Frage geht PRIESTLEY von folgender utilitaristischer (und nach empiristisch-utilitaristischer Auffassung empirisch wahrer) Grundannahme aus: Alles menschliche Lernen ist auf den Erwerb von Verhaltensdispositionen ("dispositions") gerichtet, die es dem Individuum ermöglichen, sich so zu verhalten, daß es hinreichend sicher und glücklich in seiner natürlichen und sozialen Umgebung leben kann. (Diese Grundannahme hat für PRIESTLEY und die anderen empiristischen Utilitaristen axiomatischen Charakter.)

Ausgehend von dieser Grundannahme lautet die erziehungswissenschaftliche Ausgangs- oder Basis- oder Fundierungsfrage dann wie folgt:

Wie wird entsprechend dem Grundstreben des Menschen nach Sicherheit und Glück effektiver Verhaltensdispositionsaufbau geleistet; über die Realisation welcher Prozesse von "human mind" gelingt es dem Menschen, Wissen ("knowledge") zu erwerben, das geeignet ("useful") dafür ist, seine Verhaltensweisen so zu fundieren, daß er über deren Realisation Sicherheit und Glück erwirbt bzw. einen sicheren und glücklichen Zustand für sich und die Sozialität stabiliseren kann?

Erst über die Beantwortung dieser psychologischen Basisfrage kann die pädagogische Frage im engeren Sinne beantwortet werden, nämlich die, wie Lernen erzieherisch ("artificial") so gesteuert werden kann, daß der Lernende (= Educand) Verhaltensdispositionen aufbaut, die ihm Verhalten ermöglichen, das sein und anderer Menschen Sicherheit und Glück bewirkt bzw. stabilisiert.

Nochmals ergibt sich: Die empirische Psychologie ist
die Basiswissenschaft für die empirische Pädagogik; denn
die Psychologie bietet der Pädagogik die Erkenntnisse,
die diese für die Fundierung einer effektiven art of
education benötigt.227 Anders gewendet: Nur verläßliches
Wissen über "nature of the human mind" macht es möglich,
auf diesen effektiv, das heißt, im Sinne des Greatest
happiness-principle, Einfluß zu nehmen, und so ergibt
sich folgende utilitaristische Relationenkette: Der
Psychologe bietet dem Erziehungswissenschaftler "useful
knowledge" über "the nature of the human mind"; auf der
Basis dieses Wissen kann der Erziehungswissenschaftler
dem Erzieher (als Erziehungskünstler) "useful knowledge"
für "artificial education" bieten, so daß der Erzieher
in der Lage ist, dem Educanden "useful knowledge" für
ein glückliches Leben zu vermitteln.

Wie ist nun "human mind" organisiert, wie vollzieht
sich Lernen? Welche Gesetzmäßigkeit bestimmt den Erwerb
von "useful knowledge"? Die Antwort lautet: Das Prinzip
der Association bestimmt alle Prozesse von "human mind";
diese können über dieses "universal and simple law of
association" beschrieben bzw. erfaßt werden. Die assoziative Fähigkeit bzw. die assoziative Leistung ist die
Bedingung für den Erwerb allen Wissens (aller Urteile),
das notwendig ist (die notwendig sind), um Verhalten so
zu organisieren, daß es dem Glückserwerb bzw. der Glücks-
erhaltung dient.

Da wir hier nicht die Psychologie, sondern die Pädagogik der englischen Aufklärungsphilosophie im 18. Jahrhundert zum Thema haben, soll die empiristisch-utilitaristische Assoziationspsychologie nun nicht in extenso referiert werden. Wir bieten lediglich eine Differenzierungen
außer acht lassende Zusammenfassung unter dem leitenden
Gesichtspunkt ihrer grundsätzlichen erziehungswissenschaftlichen bzw. -praktischen Relevanz; das heißt, wir erörtern
nur ihren Nutzen für die Entwicklung der empirischen
Pädagogik bzw. der art of education im Sinne PRIESTLEYs
und anderer empiristischer Utilitaristen, die in der
(HARTLEYschen) Assoziationstheorie "a firm basis for
asserting the formative power of education"228 sahen.229

Die Assoziationstheorie (PRIESTLEYs, seiner Vorgänger
wie Nachfolger) ist eine sensualistische Theorie23o; "sensations" oder "simple ideas" sind die Elemente von
"mind", die diesem als "impressions" gegenwärtig sind.
Sind nun zwei "sensations" gleichzeitig oder in kurzer
Folge gegenwärtig, dann werden diese miteinander verbunden ("assoziiert") mit der gerade unter pädagogischem
Gesichtspunkt so wichtigen Folge, daß sie "afterwards
recall each other". Dieser ist der basale Ansatz der Assoziationstheorie.

Das Assoziationsgesetz ist nun für PRIESTLEY das
Gesetz aller Prozesse von "human mind"; die Prozesse der
Assoziation und ihre Produkte in ihrer "great variety"
machen den Menschen zu dem, was er jeweils ist. Mit

HARTLEY ist PRIESTLEY der Auffassung, "not only that all our intellectual pleasures and pains, but that all the phenomena of memory, imagination, volition, reasoning, and every other mental affection and operation, are only different modes, or cases, of the association of ideas: so that nothing is requisite to make any man whatever he is, but a sentient principle, with this single property (which however admits of gereat variety), und the influence of such circumstances as he has actually been exposed to."231

Der Mensch bzw. menschliches Verhalten ist somit - verkürzt formuliert - das Ergebnis der durch assoziative Verknüpfungen geordneten "sensations" oder "ideas of sensations" oder "impressions" bzw. der über diese produzierten "opinions" und "judgments" (bzw. "propositions") bzw. "reasons". Anders gewendet: Über die mentale Verknüpfung von "ideas" wird "reasoning" und speziell "expectation" möglich; über Assoziationen - und dies ist vor allem pädagogisch bzw. für die art of education hoch bedeutsam - kann der Mensch speziell zunehmend zu "useful knowledge" im Hinblick auf die "chains of causes and effects" in der menschlichen wie außermenschlichen Realität gelangen und diese als Erfahrungsgrundlage für die Aktivierung oder Vermeidung von Verhalten nutzen. "The use of this 'principle of association' in considering mental phenomena is an important development in the eighteenth-century English epistemology. The model, initiated by Locke and developed by Condillac and Hartley, is crucial to an understanding of Priestley's theory of universal determinism and his conception of materialism. His 'materialism of the mind' is important to his doctrine of the progress of knowledge from a less adequate to more adequate comprehension of the total unity of nature."232

Um solchen "progress of knowledge" muß nun der lernende Mensch zum Zwecke der Erlangung und Stabilisierung von Sicherheit und Glück bemüht sein, und "artificial education" ihrerseits ist dann nützlich, wenn sie darauf gerichtet ist, dieses Bemühen zu unterstützen, das heißt, beim Aufbau adäquaten Realitäts-, speziell Kausalitätswissens und beim Abbau inadäquaten Realitätswissens (repräsentiert in "prejudices") zu helfen.

Die Verknüpfung von mental repräsentierten Daten, Tatsachen, Realitätselementen macht Erfahrung ("experience") aus; adäquate Erfahrung - als "useful knowledge" - dient der Fundierung des eigenen realitätsbezogenen und zweckgerichteten Verhaltens. Mit anderen Worten: In den Erfahrungen (Erinnerungen) sind Informationen über "causes" von "effects" und speziell über Handlungen als "causes" von "effects" gespeichert, und zwar von positiv oder negativ bewerteten "effects", so daß der Mensch über die Aktivierung solchen Wissens in der Lage ist, positive (= bei ihm "pleasure" bzw. "happiness" erzeugen-

de) oder negative (= bei ihm "pain" oder "misery" erzeu-
gende) Effekte als Handlungsfolgen zu erwarten. Solches
Erwartungswissen nun versetzt ihn in die Lage, Handlungen
zu intendieren, die - nach seinem Wissen - positive Effekte zur Folge haben, und Handlungen zu vermeiden, die
- nach seinem Wissen - negative Effekte zur Folge haben.
Daraus folgt zusammengefaßt: Je nach seinem Wissensstand,
je nach dem Grade der Verfügbarkeit über "useful knowledge" ist der Mensch in der Lage, Glück zu erlangen bzw.
Unglück zu vermeiden (allerdings in Abhängigkeit von den
äußeren Umgebungsbedingungen bzw. -determinanten, worauf
wir noch zu sprechen kommen).

Wir geben eine Zusammenfassung mit McEVOY und McGUIRE:
"Priestley and Hartley categorized the operations of the
mind into the faculties of memory, imagination or fancy,
understanding (Hartley) or judgment (Priestley), affections (Hartley) or passions (Priestley), and will ...
Their object was to show that the faculties were the diverse effects of the 'law of association' acting on a
variety of 'sensationalistic' raw materials. Memory,
according to Priestley and Hartley, involves the recollection of those ideas that are intimately associated
with an idea present in the mind. In the process of
remembering, the relations between the ideas are maintai-
ned 'as they were once actually presented.' In imagination, no 'new thoughts' are produced, only 'new combinations of old simple ideas, or decompositions of complex
ones'. In neither memory nor imagination does an idea
occur that does not have 'a connection with some other
impression or idea previously existing in the mind ...'
The character of the mind at one moment is, thus, completely determined by its content at a specifiable preceding
moment. As Hartley put it, 'every succeeding thought is
the result either of some new impression or of an association with the preceding.' The affections, or passions,
have 'Pleasure and pains for their objects as the Understanding has the mere sensations and Ideas.' They excite
us to pursue happiness and avoid misery. Priestley tells
us that they are all modifications of fear and love and
depend on the situation of the object of fear or love
with respect to us. Fear and love are themselves not
innate; they arise from the connection of disagreeable
or agreeable feelings with a particular idea of a circumstance, the recurrence of which idea can recall the
feelings by association. True to his deterministic pro-
gram, Priestley looked upon volition as a modification
of desire. Volition is generally followed by those actions that have become associated with that state of mind
arising from an awareness of the past success of such
actions in the attainment of the desired object."[233]

Je nach den Assoziationen also, die bei einem Menschen
gestiftet worden sind, je nach den Erfahrungen, die er
gemacht hat, je nach dem Wissen, über das er verfügt -

also je nach Verlauf und Ergebnis der Lernprozesse, die ein Mensch situationsspezifisch realisiert hat, bildet er Erinnerungen und Erwartungen mit Bezug auf Realitätsereignisse und speziell Handlungsfolgen aus. Adäquates Wissen determiniert adäquate Erwartungen, und diese determinieren (!) adäquates Verhalten mit Bezug auf die Erlangung von "pleasure" bzw. "happiness" oder die Vermeidung von "pain" oder "misery"; inadäquates Wissen determiniert inadäquate Erwartungen, und diese determinieren (!) inadäquates Verhalten ..., nämlich Verhalten, mit dem der Mensch "pain" riskiert.

Lernen ist damit der Prozeß des Erkennens von "chains of causes and effects" - mental repräsentiert in Assoziationsketten - mit dem Zweck, diese Erkenntnisse und durch sie determinierte Erwartungen für das Handeln zu nutzen.[234] Lernen heißt somit Erwerben von "useful knowledge"; denn adäquates Realitäts- und speziell Handlungswissen ist nützlich, weil es Verhalten determiniert, das der Erlangung von "pleasure" bzw. "happiness" und der Vermeidung von "pain" bzw. "misery" nutzt.

Zusammengefaßt: Erkenntnis (Wissen) determiniert als Erwartungswissen das Verhalten des Menschen. "Judgments" determinieren Handlungen, die Glück, und "prejudices" determinieren Handlungen, die Unglück bzw. nur vermeintliches Glück (!) zur Folge haben.

Hier ist nun, wie implizit bereits deutlich wurde, die Determinismus-Theorie ("The Doctrine of Philosophical Necessity"[235]) PRIESTLEYs kurz zu erörtern; sie ist von hoher Relevanz für seine science bzw. art of education.

PRIESTLEY geht von der (ontologischen) Annahme aus, daß alles, was ist, verursacht (durch Ursachen determiniert) ist, daß alle Realitätsereignisse (einschließlich der mentalen Prozesse) durch "chains of causes and effects" determiniert sind. Die "laws of nature" (einschließlich der "laws of nature of the human mind") gelten universal, und die über diese Gesetze beschriebenen "chains of causes and effects" können nicht unterbrochen werden ("cannot be broken") - es sei denn, daß andere Ursachen mitwirkend Effekte beeinflussen; wir haben es dann aber nur mit einer anderen determinierenden "chain" zu tun.

Das bedeutet: Jedes Realitätsereignis ist die notwendige Folge von spezifischen anderen Realitätsereignissen (Ursachen(-Komplexen)), und es ist Aufgabe der Wissenschaften (der Experimentalphilosophie als ganzer), diese "chains" zu erkennen; es ist speziell Aufgabe der "natural science of the human mind" zu erkennen, unter welchen Bedingungen welche mentalen Prozesse ablaufen bzw. - allgemeiner - wie menschliches Verhalten bedingt (verursacht) ist. Für jede Tatsache und auch jeden Zustand von "human mind" (einschließlich "volition") gibt es - auch wenn der Mensch nicht darum weiß - einen zureichenden Grund ("sufficient reason"); es gibt kein Realitätsereignis und somit auch keinen Zustand "of the human mind" und kein menschliches Verhalten "without a cause".

Lernen als Erfahren bedeutet damit Erfahren von "chains of causes and effects" - abgebildet in "chains" ("associations") von cause-sensations und effect-sensations, speziell von sensations von Handlungen und sensations von Effekten dieser Handlungen: Der Abfolge von Ereignissen (auch eigenen Handlungsereignissen) in der Realität entspricht, sofern adäquates Lernen erfolgt ist, die (assoziative) Abfolge von "sensations" im "human mind". Kurz: Erfahrung ist stets Kausalerfahrung.

Bei PRIESTLEY heißt es: "One of the most intimate of all associations in the human mind is that of cause and effect. They suggest one another with the utmost readiness upon all occasions; so that it is almost impossible to contemplate the one, without having some idea of, or forming conjecture about the other. In viewing the works of nature, we necessarily become first acquainted with appearances, or effects. We naturally attend to the circumstances in which such appearances always arise, and cannot help considering them as causes of those appearances. Then, considering these circumstances themselves as new appearances, we are desirous of tracing out other circumstances that gave birth to them. Thus, constantly ascending in this chain of causes and effects, we are led, at last, to the first cause of all: and then we consider all secondary, and inferior causes, as nothing more than the various methods in which the supreme cause acts, in order to bring about his great designs."[236]

"Lernen" bezeichnet also den Aufbau von mental repräsentierten Kausalketten (= von Assoziationsketten), den Erwerb von (möglichst zuverlässigem = adäquatem) Kausalwissen.

Verhalten bzw. Handeln als Einwirken auf Realität wird nun durch das Realitäts- bzw. Kausalwissen determiniert; je nach Art und Qualität des Realitäts- bzw. Kausalwissens gestaltet sich das Handlungswissen und das durch dieses determinierte Handeln.

Dieser Zusammenhang ergibt sich aufgrund einer weiteren Erkenntnis - wir kommen damit auf die bereits thematisierte, von den empiristischen Utilitaristen als wahr akzeptierte Grundannahme zurück -, nämlich der, daß der Mensch (permanent) determiniert ist, "pleasure" ("happiness", speziell "security") für sich zu erlangen und "pain" ("misery") zu vermeiden. Anders gewendet: Alles Verhalten des Menschen wir verursacht (determiniert) durch sein permanentes Streben nach Glück; das Glücksstreben motiviert deterministisch alles menschliche Verhalten, auch das Lernen.

Da dies so ist - PRIESTLEY akzeptiert, wie erwähnt, diese Annahme als Axiom -, ist der Mensch determiniert (genötigt, gezwungen), sich so zu verhalten, daß "pleasure" bzw. "happiness" die jeweilige Verhaltensfolge ist,

und dies bedeutet: er ist determiniert, situationsspezifisch jeweils das Verhalten zu realisieren, von dem er
annimmt (weiß, erwartet), daß es "pleasure" bzw. "happiness" zur Folge hat bzw. daß es "pain" bzw. "misery"
verhindert oder abbaut.
   Folgerung: Der Mensch wird dann Glück erwerben bzw.
Unglück vermeiden oder abbauen, wenn seine Annahme (Erwartung), daß sein Verhalten Glück zur Folge haben bzw.
Unglück vermeiden wird, richtig ist, wenn also seine Erwartung, die das Verhalten fundiert und determiniert,
sich als wahr erweisen wird.
   Wann also erlangt der Mensch über sein Verhalten
Glück? Antwort: Wenn er über richtiges (wahres, zutref-
fendes, adäquates) Realitäts- und speziell Handlungswissen verfügt, wenn er die situationsspezifisch relevanten
"chains of causes and effects" erkannt, also "causes and
effects" realitätsadäquat assoziiert hat.
   Weitere Folgerung: Wenn der Mensch glücklich werden
"will" - was er muß! -, dann setzt dies voraus, daß er
adäquates Realitäts- und speziell Handlungswissen erworben , daß er realitätsadäquates Lernen realisiert hat.
Auf eine kurze Formel gebracht: der Mensch muß lernen,
weil er zum Glück determiniert ist.
   Solches Lernen findet nun alltäglich (und lebenslang)
statt, und zwar im Rahmen von "natural education". Das
heißt: Umgebungseinflüsse, die als "sensations" bzw.
"impressions" bzw. "ideas" im "human mind" repräsentiert
sind, bewirken den Aufbau von kausal relevantem Realitäts-
und speziell effektiv relevantem Handlungswissen. Über
"natural experience" erwirbt der Mensch solches Wissen,
genauer: Erwartungswissen, das sein Verhalten determiniert;
denn der Mensch realisiert notwendigerweise das Verhalten,
von dem er annimmt bzw. aufgrund seiner Erfahrungen
annehmen muß, daß es ein situationsadäquates = Glück
verursachendes bzw. Unglück vermeidendes oder abbauendes
ist. Anders gewendet: Von allen möglichen realisierbaren
Verhaltensweisen wird notwendigerweise diejenige realisiert (nicht "frei" selegiert!), die dem Individuum erfahrungsgemäß den größten Erfolg im Hinblick auf den intendierten "pleasure"-Zustand verspricht.[237]
   Zusammengefaßt: "Natural experience" ("natural education")
versorgt den Menschen mit Erfahrungs- bzw. Erwartungswissen, mit Hilfe dessen er sein Verhalten in Richtung auf
die Bewirkung eines Glückszustandes fundiert. Auch
alltägliche ("natural") Lernprozesse ermöglichen also
dem Menschen die Realisation von Verhalten, das sein
Leben sichert bzw. glücklich macht - sofern ihn nicht
andere determinierende Umstände situationsspezifisch
daran hindern.
   Jedoch - auch dies haben die Menschen erfahren -
solche "natural experience" ("natural education") reicht
in der Regel nicht aus, um das Leben des Menschen wirklich
zu sichern, um ihn die Erwartungen und Verhaltensdispositionen erwerben zu lassen, die notwendig sind, um sich

hinreichend risikolos in Richtung auf die Bewirkung und Stabilisierung von Sicherheit und Glück zu verhalten; denn die natürlichen, also nicht geplanten bzw. erzieherisch regulierten Lernsituationen des Individuums können so beschaffen sein, daß es nicht oder zu spät in die Lage versetzt wird, das Wissen zu erwerben, das in der Form von Erwartungswissen für die Fundierung von Glück bewirkendem Verhalten notwendig ist. Anders gewendet: Es ist nicht auszuschließen (ja, wahrscheinlich), daß ein Individuum nicht in ausreichendem Maße und nicht rechtzeitig in Situationen kommt, in denen die Aufnahme von solchen "sensations" erfolgt, die der Ausbildung von "judgments" ("adequate knowledge") dienen. Daher erscheint es PRIESTLEY ratsam ("advisable"), "natural experience" bzw. "natural education", also dem Lernen im "real business of life" im Hinblick auf seine Effektivität nicht zu trauen und Lernsituationen planvoll ("by art") bereitzustellen, innerhalb derer ein Individuum glücksrelevantes Wissen in angemessener Zeit erwirbt.[238] Kurz: PRIESTLEY erscheint es ratsam, "natural education" durch "artificial education" zu ergänzen, womit die Forderung begründet ist, eine "art of education" - fundiert durch eine "experimental science of education" - zu entwickeln, damit planvoll-geregelt und rechtzeitig dafür gesorgt werden kann, daß Educanden hinreichend sicher solche Verhaltensdispositionen erwerben bzw. solche Verhaltensweisen erlernen, die ihr eigenes und anderer Menschen - zum Beispiel auch das ihrer Erzieher! - Glück bewirken bzw. fördern.

Da wir es hier mit einem Kernstück PRIESTLEYscher Pädagogik zu tun haben, zitieren wir seine eigenen Aussagen, die er unter der Überschrift "Of Natural and Artificial Education" zu diesem Problemzusammenhang macht:

"It is a happy result of the constitution of our natures, that, in time, we adapt ourselves to any situation in which we are placed. The circumstances in which we are, and the influences to which we are exposed, necessarily exercise that patience and fortitude, that ingenuity and address, which are of use to us; and by the exercise which is given to those dispositions and qualifications, they become cultivated and improved to such a degree as our occasions require. In other words, there is a sufficient provision in nature for the education of mankind, provided that sufficient time be allowed for the purpose. But life is too short, and the occasions of great exertion (on which the happiness of individuals and of societies eminently depend) are so few, that it is advisable not to depend upon experience only; because the knowledge we acquire by that means may come too late. We therefore endeavour to anticipate the course of nature, by giving employment to those mental powers which we wish to have cultivated sooner than the real business of life would do it, in accustoming young persons to think and act in a manner similar to their destined course of thinking

and acting when they shall enter the world at large ...
Moreover, by art we not only anticipate the course of
nature, but may communicate knowledge in an easier,
because a more regular method than nature employs. Her
lessons are generally given at random, as the occasions
from which they arise happen to occur; whereas a person
who is himself perfectly master of any branch of knowledge, may contrive, by an easy gradation, in instructing
others, to make one lesson facilitate the learning of
another; so that the whole art or science shall be
attained with more ease, and in much less time, than it
could otherwise have been done."239

Damit ist die Forderung nach Elaborierung einer empirisch-experimentellen Erziehungswissenschaft lernpsychologisch
begründet (PRIESTLEY bietet im Rahmen seiner erziehungswissenschaftlichen Überlegungen auch eine anthropologische
Begründung für diese Forderung, auf die wir hier aber
nicht eingehen wollen240), und es stellt sich für PRIESTLEY
nun die Aufgabe zu ermitteln, welche Informationen eine
"science of education bereitstellen muß und wie solche
Informationen bereitgestellt werden können, um eine "art
of education" so zu fundieren, daß diese solche Handlungs-
orientierungen für "regular" bzw. "artificial education"
bietet, daß der Erzieher in der Lage ist, den Educanden
mit solchem Wissen auszustatten, daß dieser in der Lage
ist, sich so zu verhalten, daß er hinreichend sicher und
glücklich leben kann.

Im Rahmen der "Doctrine of Philosophical Necessity"
formuliert, ergibt sich: Welche erziehungswissenschaftlichen Theorien müssen zur Verfügung stehen, um über eine
durch sie fundierte "art of education" "artificial
education" so zu determinieren, daß ein Educand so
lernt, daß er determiniert wird, seine Determination für
Glück nicht zu verfehlen?

Nur eine Erziehungswissenschaft, die solche Wirkung
hat, ist nützlich (ist eine utilitaristische Erziehungswissenschaft), und für die Elaborierung einer solchen
Erziehungswissenschaft sind die Menschen wiederum determiniert; denn im Rahmen des deterministischen Utilitarismus gilt: Die Menschen müssen, da sie für Glück determiniert sind, versuchen, eine solche Erziehungswissenschaft
zu elaborieren, mit Hilfe derer sie (was sie wollen müssen) in die Lage versetzt werden, sich erzieherisch so
zu verhalten, daß Educanden so beeinflußt werden, daß
diese für das Glück aller sorgen. Anders gewendet: Die
Menschen müssen - aufgrund ihrer Determination, ihr
Glück zu bewirken - eine utilitaristische = nützliche
Erziehungswissenschaft entwickeln, damit sie determiniert
werden, sich erzieherisch erfolgreich zu verhalten; denn
nur wenn sie erzieherisch erfolgreich sind, ist die Aussicht begründet, daß die erzogenen Menschen zu solchem
Verhalten determiniert sind, daß das Glück der größten
Zahl gewährleistet ist.

Damit kommen wir zu PRIESTLEYs System der Pädagogik im
engeren Sinne bzw. zur Beantwortung der Fragen: Wie muß
das Glücksinstrument "Erziehungswissenschaft" beschaffen
sein, und wie gelingt es, dieses Glücksinstrument zu
konstruieren?

Ausgehend von dem generellen Erziehungsziel, Educanden
"useful knowledge", also zuverlässiges Erwartungswissen
zu vermitteln, um sie zu "wise, virtuous and happy men"
zu formen, hält es PRIESTLEY für notwendig, eine nützliche bzw. effektive "art of education" zu elaborieren,
die über eine empirisch-experimentell fundierte "science
of education" zu fundieren ist. Die zentrale diesbezügliche Aussage PRIESTLEYs lautet:
"Education is as much an art (founded, as all arts
are, upon science) as husbandery, as architecture, or as
ship-building. In all these cases we have a practical
problem proposed to us, which must be performed by the
help of data with which experience and observation furnish
us."241 In dieser Beziehung, nämlich im Hinblick auf die
Lösung praktischer Probleme bzw. im Hinblick auf eine
möglichst effektive Herstellung eines Ziel-Zustandes,
unterscheidet sich die "art of education" nicht von
anderen "arts", das heißt, wissenschaftlich fundierten
Praktiken; denn "the end of ship-building is to make the
best ships, of architecture the best houses, and of
education, the best men."241

PRIESTLEY bezieht also eine experimentalpädagogische
Position; er fordert, daß empirisch bzw. experimentell
gestützte Theorien konstruiert werden, die darüber
Auskunft geben, wie "useful knowledge", von dem "future
behavior and success" eines Educanden in hohem Maße
abhängen, möglichst effektiv vermittelt werden kann.
Entsprechend fordert PRIESTLEY eine freie (multiforme,
pluralistische) empirisch-experimentelle Erziehungs-For-
schung, um - entsprechend der Variabilität des Menschen
und seiner Lebenssituationen - erziehungspraktisch nutz-
bringende Theorien aufstellen zu können, eine Forschung,
mit Hilfe derer möglichst viele erzieherisch relevante
Bedingungen bzw. Mittel geprüft werden. Wie in allen anderen Wissenschafts- bzw. experimentalphilosophischen
Bereichen war PRIESTLEYs Forderung nach "free inquiry"
eine sehr zentrale. Er erhob sie speziell für den Bereich
der Erziehung; denn nur wenn möglichst alle denkbaren
Erziehungsprozesse im Hinblick auf ihre Effektivität
erforscht und bekannt gemacht werden, ist man auch in
der Lage, die Mittel herauszufinden, die situationsspezifisch am besten geeignet sind, "useful", das heißt, die
utilitaristische Leitnorm erfüllende Menschen zu formen.242

Der Wissens- bzw. Wissenschaftsstand im Problembereich
Erziehung ist nach PRIESTLEY zu seiner Zeit aber keineswegs ein solcher, daß entsprechende Aussagen bzw. Handlungs-
orientierungen möglich sind; deshalb ist gerade hier die
Forderung nach empiristischer "free inquiry" besonders

dringlich zu erheben; denn "science of education in its
infancy", "in its imperfect state"[243] ist ein Hemmnis für
den Fortschritt der Gesellschaft, der vom Erzogensein
ihrer Mitglieder in hohem Maße abhängt: Eine Gesellschaft,
in der möglichst viel Glück für möglichst viele Menschen
realisiert, also das Greatest happiness-principle erfüllt
ist, setzt voraus, daß möglichst viele Menschen in der
Lage sind, möglichst effektiv für Glück zu sorgen, und
dieses Sorgenkönnen setzt voraus, daß möglichst viele
Gesellschaftsmitglieder mit möglichst viel nützlichem
Wissen ausgestattet sind, was wiederum nur geleistet
werden kann, wenn man möglichst genau weiß, wie. Daher
benötigt man also nützliches Vermittlungs- bzw. erzieherisches Wissen, und dies kann man nur über eine elaborierte, bewährte Erziehungstheorien konstruierende und somit
über ihr Kindheitsstadium hinaus entwickelte Erziehungswissenschaft erlangen.

Freie (Erziehungs-)Forschung bedeutet für PRIESTLEY:
Alle relevant erscheinenden Frage- bzw. Problemstellungen
sind zugelassen; alle relevant erscheinenden (erzieherischen) Phänomene sind Forschungsgegenstand; jedes relevant
erscheinende (empirisch-experimentell) ermittelte Ergebnis wird zur Diskussion gestellt; jede relevant erscheinende Erkenntnis wird grundsätzlich der Prüfung bzw.
Korrektur ausgesetzt.

Nur wenn solche Forschungsbedingungen realisiert bzw.
zugelassen sind (da Mensch und Gesellschaft zum Glück
determiniert sind, werden solche Bedingungen eines Tages
in jedem Falle realisiert sein), wenn also Freiheit der
Wissenschaft nicht eingeschränkt wird (realisierte
Einschränkungen beruhen auf "prejudices" hinsichtlich
der Wege zum Glück), haben nützliche Erkenntnisse eine
"faire Chance", hat gesellschaftlicher Fortschritt,
haben individuelles wie gesellschaftliches Glück eine
Chance. Ausdrücklich plädierte PRIESTLEY in diesem
Zusammenhang für das Recht auf Irrtum; denn nur wenn der
Irrtum (öffentlich) zugelassen ist, hat auch die Wahrheit
- als Produkt wissenschaftlicher Diskussion bzw. Kontroverse[244] - eine Chance, gelangen wir zu "useful (educational) knowledge", sind wir in der Lage, speziell die
Erziehungswissenschaft aus ihrem "imperfect state"
herauszuführen und eine für das Glück der Individuen und
der Gesellschaft "useful art of education" zu entwickeln.

Viele Beobachtungen ("observations") und Experimente
("fair experiments")[245] sind also vonnöten; unterschiedliche Theorien müssen entwickelt werden, um die effektivste Art und Weise des Erziehens herauszufinden, um also
zu ermitteln, wie am effektivsten nützliches Erwartungswissen vermittelt und stabilisiert werden kann.

Wir fassen abermals zusammen: Von der Art und Qualität
des Erwartungswissens hängt die Lebensführung ("conduct
of life") des Individuums ab und damit die Erfüllung der
utilitaristischen Leitnorm. Damit sind individuelle

72

Lebensführung und gesellschaftlicher Fortschritt in hohem Maße davon abhängig, welches Erwartungswissen der einzelne Mensch erlernt. Da nun "natural experience" bzw. "natural education" für den Erwerb und die Stabilisierung von nützlichem, das heißt, nützliche Lebensführung determinierendem Erwartungswissen erfahrungsgemäß nicht ausreicht, muß Erwartungswissen auch erzieherisch vermittelt werden, woraus (abermals) folgt, daß die nützliche Lebensführung des Einzelnen und gesellschaftlicher Fortschritt in hohem Maße vom erzieherischen bzw. erziehungswissenschaftlichen Wissen und damit vom Entwicklungsstand der Erziehungswissenschaft abhängen.

Um nun einen möglichst hohen Entwicklungsstand der Erziehungswissenschaft zu erreichen, und dies heißt, um sicheres Erwartungswissen möglichst sicher (effektiv) vermitteln zu können, müssen zwei Voraussetzungen erfüllt sein:

1. Es muß gesichertes Erwartungswissen bezogen auf die natürliche und die soziale Realität ermittelt sein: Problem der Lehrinhalte.

2. Es muß speziell gesichertes Erwartungswissen bezogen auf die Wirkungen der erzieherischen Handlungen ermittelt sein: Problem der Lehrverfahren. Mit anderen Worten: Wir benötigen hinreichend gesicherte(s) Erkenntnis (Wissen) über die "chains of causes and effects" in der natürlichen und sozialen Realität, um überhaupt hinreichend sichere Erwartungen vermitteln zu können, und wir benötigen spezielle(s) Erkenntnis (Wissen) über die "chains of causes and effects" im erzieherischen Handlungsbereich, das heißt, wir müssen wissen, mit welchen Handlungen (unter welchen Bedingungen, mit welchen Mitteln) wir welche Effekte erreichen können, wie wir erzieherisch handeln müssen, um sicheres Erwartungswissen beim Educanden zu erzeugen.

Kurz: Es muß gesichertes Wissen darüber vorhanden sein, welches Erwartungswissen den Educanden determinieren wird, sich als "useful citizen" zu verhalten, und es muß gesichertes Wissen darüber vorhanden sein, wie "useful conduct of life" determinierendes Erwartungswissen auf erzieherischem Wege für Educanden verfügbar gemacht werden kann.

Daraus folgt, daß die Erziehungswissenschaft bzw. der Erziehungswissenschaftler und damit auch der Erzieher auf alle anderen Wissenschaften angewiesen sind, daß sie ohne Bezug auf die Ergebnisse der Experimentalphilosophie als ganzer - sie bietet "knowledge of nature in general", "knowledge" über die "uniform laws of nature"[246] - und ohne Bezug auf die speziellen Erkenntnisse der "natural philosophy of the human mind" (Psychologie) nicht auskommen; denn die Educanden müssen mit möglichst umfassendem und möglichst bewährtem Wissen ausgestattet werden, um sich in möglichst vielen Situationen mit möglichst hoher Erfolgsaussicht (= Glücksaussicht) verhalten zu können.

Man kann auch so sagen: Die Erziehungswissenschaft ist deshalb auf alle anderen Wissenschaften angewiesen, weil der Erzieher wissen muß, wie er mit möglichster Effektivität den "human mind" des Educanden so beeinflussen kann, daß dieser in der Lage ist, über die Verarbeitung experimentalphilosophischer Erkenntnisse sein Verhalten "useful" zu determinieren. Und dies führt schließlich zu der Forderung: Der Educand ist über die Anwendung wissenschaftlich fundierter Erziehungsverfahren mit gesichertem wissenschaftlichen Wissen auszustatten bzw. so weit zu fördern, daß er in der Lage ist, sich selbst mit wissenschaftlichem Wissen für "useful conduct of life" auszustatten. Kurz: Wissenschaftlich fundierte Lehre soll wissenschaftliches Wissen vermitteln und wissenschaftliches Lernen ermöglichen.247

Hier ist abermals auf die utilitaristische Leitnorm, das Greatest happiness-principle, zurückzukommen, über die - speziell auch von PRIESTLEY - gefordert wurde, daß möglichst viel Glück auf möglichst viele Menschen verteilt werde.248 Damit ist begründet, daß möglichst viele Menschen an begründeter Glückserwartung, erfolgreichem individuellem Glückserwerb und an der Herstellung eines glücklichen Zustandes aller (der Gesellschaft) beteiligt werden müssen.

Da PRIESTLEY ganz eindeutig diese moralphilosophische bzw. politische Position einnahm, ist die in der Literatur häufig vollzogene Charakterisierung PRIESTLEYs als Mittelklassen-Philosoph und entsprechend Mittelklassen-Pädagoge - zumindest - zu relativieren. Er philosophierte zwar als recht typischer Vertreter des aufstrebenden Bürgertums, er war zwar eng mit den "cast-iron-philosophers"249 verbunden, aber er war auch (kritischer250) Demokrat, und Erziehung war für ihn ein Mittel für "more liberty" aller, und dies heißt, für mehr (rationale!250) Demokratie. Die demokratische Position war eindeutig - und sie war konsequent, das heißt, sie war eine notwendigerweise aus der PRIESTLEYschen Philosophie folgende.

PRIESTLEY ging von der Annahme aus, daß alle Menschen grundsätzlich in gleich umfänglichem und hohem Maße lernfähig und damit erziehbar (belehrbar, aufklärbar) seien und daß Erziehung (fast) allmächtig sei. Anders gewendet: PRIESTLEY ging von der - für ihn psychologisch und theologisch fundierten und seine Demokratieforderung stützenden - Annahme aus, daß alle Menschen in höchstem Maße durch Erziehung vervollkommnungsfähig seien und daß eine glückliche (politisch: demokratische!) Gesellschaft (bald) herbeigeführt werden könne, wenn es gelingt, Aufklärung zu leisten, "real" bzw. "useful knowledge" und damit umfassende Einsicht in die "laws of nature" zu vermitteln. Und dies bedeutet: Wenn alle Menschen mit wissenschaftlich fundiertem Erwartungswissen ausgestattet sind, dann beherrschen sie die (menschliche) Natur und haben die Macht, das Glück aller gleichermaßen zu realisieren.

Nach PRIESTLEY haben alle Menschen die Fähigkeit, Wissen zu erwerben, sich aufklären zu lassen und selbständig aufzuklären; ob sie solches Wissen allerdings auch tatsächlich erwerben, hängt davon ab, ob sie Zugang zu Wissen haben, ob sie entsprechende Lern- oder Erziehungsmöglichkeiten geboten bekommen: Glück und Demokratie einerseits und Lernen und Erziehung andererseits stehen in einem interdependenten Verhältnis zueinander; Demokratie und Freiheit (speziell "free inquiry") und Erziehung zum Glück bedingen sich gegenseitig.

Diese Auffassung ist durch PRIESTLEYs materialistische bzw. mechanistisch-sensualistische Psychologie fundiert: Alle Menschen haben das gleiche Sensorium, und daher können alle Menschen in gleicher Weise "sensations" aufnehmen, in gleicher Weise Assoziationen realisieren und somit "adequate judgments" ausbilden - vorausgesetzt, sie leben in Umständen, die entsprechende "sensations" und damit "associations" ermöglichen. Die Unterschiede, die Ungleichheiten in der Aufgeklärtheit, in der Verfügung über "real knowledge", somit in der Verfügung über "just expectations" und damit in der Fähigkeit, glückliche Zustände herbeizuführen, sind bedingt (determiniert) durch unterschiedliche Lebens- bzw. Lernsituationen, die ja die jeweiligen "sensations" und "associations" determinieren.[251]

Konsequenz: Die Realisation des Zustandes "möglichst viel Glück, verteilt auf möglichst viele Menschen" setzt voraus, daß "natural experience" bzw. "natural education" durch "artificial education" ergänzt wird, durch Maßnahmen also, die eine Situation herstellen, die die Menschen (Educanden) zur Aufnahme von solchen "sensations" determiniert, daß sie "just associations" produzieren und damit "just expectations", die ihr Verhalten als effektives im Hinblick auf Glückserwerb und -stabilisierung determinieren.

Jedoch - PRIESTLEY war Realist und Naturwissenschaftler - die Menschen leben (notwendig) in unterschiedlichen natürlichen und sozialen Umwelten; sie werden von unterschiedlichen Bedingungen determiniert. Daraus folgt (naturnotwendig): Die Menschen sind zu unterschiedlichen Lernprozessen ("sensations", "associations", "opinions", "prejudices", "judgements") determiniert. Diese Naturtatsache ist nicht aufhebbar, und jeder Versuch, hier Gleichheit oder, wie PRIESTLEY zutreffend formuliert, Uniformität herzustellen, führt zum Abbau und zur Verhinderung von "civil liberty" und "political liberty" - führt zu Despotismus.

Daher ist dafür zu sorgen, daß die Menschen unter unterschiedlichen Bedingungen möglichst glücklich werden können, und deshalb ist zu untersuchen, wie die unterschiedlichen Bedingungen für möglichst gleichmäßige Glücksverteilung erzieherisch genutzt werden können.

Konsequenterweise erhob PRIESTLEY die erziehungs- und zugleich erziehungswissenschafts-politische Forderung nach differenzierter Erziehungsforschung; denn - so seine generelle Feststellung - "of all arts, those stand the fairest chance of being brought to perfection, in which there is opportunity of making the most experiments and trials, and in which there are the greatest number and variety of persons employed in making them."252 Der Multiformität der menschlichen bzw. sozialen Situationen, und dies heißt auch, der Multiformität der Lernsituationen entsprechend benötigen wir multiformes Wissen - ermittelt in "free inquiry" -, um den unterschiedlichen Lernsituationen und -voraussetzungen erzieherisch gerecht werden zu können und um jeweils die besten Theorien zu entwickeln, um die "art of education" und damit "artificial education" möglichst gut fundieren zu können.253

Wie wir bereits erfahren haben, ist die Pädagogik bzw. Erziehungswissenschaft nach PRIESTLEY nur dann effektiv elaborierbar, wenn sie auf zwei psychologischen Grundlagentheorien aufgebaut wird, nämlich der Assoziationstheorie und der empirisch gestützten utilitaristischen Theorie, die als zentrale Annahme die enthält, daß der Mensch mit all seinem Verhalten grundsätzlich nach "pleasure" bzw. "happiness" strebt oder "pain" bzw. "misery" zu vermeiden oder abzubauen sucht. Diese Theorien sind die Basis- oder Kerntheorien für alle anwendungsorientierten Erziehungstheorien.

Wie Menschen jedoch unter jeweils spezifischen (und hoch variablen) Bedingungen faktisch lernen, welche Assoziationen sie realisieren und welche Verhaltensweisen sie aufbauen bzw. wie Educanden unter jeweils spezifischen (und hoch variablen) Bedingungen faktisch erzogen, wie ihre Assoziationen gesteuert und ihre Verhaltensweisen reguliert werden können, welche spezifischen Bedingungen also spezifische Lern- und Erziehungsprozesse fördern und behindern, kann nur über Forschungen ermittelt werden, deren Gegenstand bzw. Problembereich die Randbedingungen sind, unter denen die psychologischen Gesetzmässigkeiten zur Wirkung kommen (lerntheoretischer Aspekt) bzw. zur Wirkung gebracht werden können (erziehungstheoretischer bzw. technologischer Aspekt).254

Zusammengefaßt: Erziehung ist nur dann effektiv planbar und mit Erfolgsaussicht realisierbar, wenn die "natural laws of the human mind", die Bedürfnislage des Educanden in einer gegebenen Situation und die bereits realisierten Lernprozesse und deren gespeicherte Ergebnisse sowie die bereits erfahrenen erzieherischen Einflüsse berücksichtigt werden, wenn also die schon erfolgte "natural education" ("natural experience") und "artificial education" als determinierende Bedingungen für bereits erworbene und zu erwerbende Verhaltensdispositionen erkannt worden sind. Menschliches Lernen und Verhalten sind immer schon durch die äußeren und inneren Bedingungen determiniert, und deshalb ist jeder weitere Determinationsversuch (durch Erziehen) in seiner Wirksamkeit von bisher erfolgten Determinationen abhängig.

Das bedeutet: Die Erreichbarkeit des generellen Ziel-Zustandes - Determiniertheit des Educanden für tugendhaftes
("virtuous") = für möglichst viele Menschen Glück verursachendes bzw. stabilisierendes Verhalten - ist abhängig
von den bisherigen Erfahrungen, die der Educand mit
seinem Verhalten gemacht hat.

Welchen Erfahrungen? Antwort: Individuellen Glücks-
und Unglückserfahrungen - repräsentiert in Erinnerungen
und Erwartungen; denn gemäß dem empirisch gestützten
utilitaristischen Grundgesetz hat jeder Educand schon
immer das Verhalten realisiert bzw. ist für die Realisation des Verhaltens disponiert, mit dem er den Effekt
"pleasure" ("happiness") assoziiert hat, und er ist disponiert, das Verhalten zu vermeiden, mit dessen Realisation er "pain" ("misery") erfahren bzw. das er mit der
Konsequenz "pain" ("misery") assoziiert hat.

Basieren aber die Erinnerungen und Erwartungen stets
auf "adäquate knowledge", auf "just judgments"? Und:
Kann der Mensch über "natural experience" alle adäquaten
Kenntnisse erwerben, die er für seine Lebensbewältigung,
für sein Glück und für die Erfüllung der utilitaristischen
Leitnorm benötigt? Diese Fragen sind die zentralen einer
empiristisch-utilitaristischen Erziehungswissenschaft.

Grundsätzlich ist mit PRIESTLEY auf beide Fragen wie
folgt zu antworten: "Adequate knowledge" für alle Lebens-
bereiche ist für den Menschen überhaupt nicht erlangbar
- nicht durch wissenschaftliche Forschung und schon gar
nicht durch "natural experience".

Auch wenn der Aufklärungspädagoge und Experimentalphilosoph PRIESTLEY stets für die Notwendigkeit der Ausweitung
und Verbesserung menschlichen Wissens zum Zwecke der Er-
weiterung der Macht und damit zum Zwecke der Verbesserung
der menschlichen Lebenssituation plädierte, so wußte
doch gerade Proteus und Experimentalwissenschaftler
PRIESTLEY sehr genau um die stete Vorläufigkeit und
Begrenztheit dieses Wissens.

Seinen diesbezüglichen - zugleich auch theologisch
fundierten - Standort beschreiben McEVOY und McGUIRE
zusammenfassend sehr klar, und sie geben uns damit
zugleich eine sehr gute Charakterisierung der deterministischen Ontologie und Ethik PRIESTLEYs[255]:

"Although Priestley argues that nature must be conceived as a completely intelligible, infinite, and self-con-
tained causal system, he nonetheless recognizes that our
finite knowledge of nature can never be complete. Nevertheless, as our knowledge increases so does our comprehension of the deterministic structure of nature. Whereas
only the sage can approach divine knowledge of the
world, all men can perfect their moral nature and happiness by progressively extending their understanding of
nature: 'And when our will and our wishes shall thus
perfectly coincide with these of the Sovereign Disposer
of all things, whose will is always done, in earth, as
well as in heaven, we shall, in fact, attain the summit

of perfection and happiness.'256 Although God is the author of sin, this 'by no means implies that he is a sinful being; for it is the disposition of mind and the design that constitutes the sinfulness of an action.'257 God intends the general good. Man's moral and intellectual progress are inextricably linked, for he can only attain happiness and dignity by identifying himself, through his knowledge and understanding with the whole order of nature and by submerging his individual interests in this understanding. Priestley denies the possibility of total explanation; nature is too inexhaustible in its fecundity for that. Divine plenitude as exemplified in creation is beyond finite comprehension. In his commitment to the consequences, if not the logic, of a 'principle of plenitude,' Priestley reveals a lasting and pervasive indebtedness to natural religion. The nature of God is reflected in his works which, like himself, are 'infinite and inexhaustible';258 thus, the universe is an inexhaustible source of new information. Such ontological fecundity has epistemological consequences; enquiry into nature will always yield novelty and be for ever incomplete. Therefore, the 'necessary connection of all things in the system of nature ... brings to our view many things of which we had no intimation before.'259 As a result, 'in completing one discovery we never fail to get an imperfect knowledge of others, of which we could have had no idea before, so that we cannot solve one doubt without creating several new ones.'260 In this way, every new discovery creates new problems. In fact, scientific progress is to be judged not only by an increase in knowledge but also by a proliferation of new problems. The image of knowledge as a circle of light in the vast darkness of ignorance means that the 'greater the circle of light, the greater is the boundary of the darkness by which it is confined.'261 This is not a lamentable state of affairs, but one that fills Priestley with religious exaltation. Taking a 'romantic' view of man's destiny, Priestley sees man as involved in an endless process of progressive enlightenment: 'In time the bounds of light will be still farther extended; and from the infinity of the divine nature, and the divine works, we may promise ourselves an endless progress in our investigation of them: a prospect truly sublime and glorious.'261"262

Eine pädagogische Auswertung (auf sie beschränken wir uns hier) dieser ontologisch-epistemologischen Auffassungen PRIESTLEYs ergibt:

Wenn schon die Ergebnisse der wissenschaftlichen (experimentalphilosophischen) Forschungen keine umfassende und sichere Welt- und Lebensorientierung bieten können, dann ist eine solche Leistung schon gar nicht über die alltägliche Lebenserfahrung, über Alltagslernen im Rahmen von "natural education", zu erbringen. Dieses

Lernen vollzieht sich - im Gegensatz zum Lernen über wissenschaftliche Forschung - ungeplant und unsystematisch ("at random") und erbringt daher im Hinblick auf die Fundierung von Erwartungen und somit im Hinblick auf adäquate (dem Greatest happiness-principle entsprechende) Verhaltensdetermination noch viel weniger zuverlässige (sichere) Weltkenntnis, als sie über wissenschaftliche Forschung vermittelt wird. Eine schrittweise Annäherung an solche Weltkenntnis, ein Aufbau von Welterkenntnis ist aber notwendig, um Leben und (gesellschaftlichen) Fortschritt hinreichend zu sichern, und deshalb - wir kommen abermals zu einem bereits vollzogenen Schluß - muß wissenschaftlich fundierte "artificial experience" - vermittelt über "artificial education" - realisiert werden. Nur dann wird es möglich, das Alltags-Lerndefizit wenigstens etwas zu kompensieren, etwas stärker in die "order of nature" einzudringen, um "real" bzw. "just" bzw. "adequate expectations" zu ermöglichen.

Konsequenz: Würde der Mensch sein Leben und (gesellschaftlichen) Fortschritt über "natural experience" bzw. "natural education" sichern können, dann wäre Erziehung als "artificial education" nicht notwendig. Da aber solche Sicherung über "natural education" nicht gelingen kann, muß sie wenigstens über "artificial education" so weit wie möglich angestrebt werden. Geplante Erziehung (eine über eine wissenschaftlich fundierte "art of education" fundierte "artificial education") ist also notwendig, weil Glückssicherung notwendig ist; wissenschaftlich fundierte Erziehung ist notwendig, weil nur über solche eine "proper disposition of mind" (über "progressive understanding of nature") und damit ein höheres (nicht absolutes) Maß an Glückssicherung geleistet werden kann.

Weiterhin hält PRIESTLEY intensive Anstrengungen im Hinblick auf "artificial education" - und dies heißt auch im Hinblick auf die Elaborierung einer "science of education" - noch aus folgendem Grunde für dringend geboten: Verhalten - speziell soziales Verhalten - wird noch in weitem Maße auf der Basis einer "natural experience" realisiert, die wiederum in einer Gesellschaft gelenkt wird, deren Mitglieder, da sie sich ebenfalls noch auf "natural experience" verlassen müssen, in diesem Sinne "ill educated" sind. Zwar führt auch "natural experience" und entsprechend "natural education" sukzessive zu Verbesserungen des individuellen und sozialen Lebens (wir kommen darauf zurück)[263], also zu mehr Glück, aber dieser Prozeß vollzieht sich sehr langsam; das Erlernen von "adequate knowledge" und entsprechend von "adequate behavior" braucht, da es sich "at random" vollzieht, sehr viel Zeit, so viel Zeit, daß viele Menschen nicht mehr in den Genuß von Glück gelangen, was sie aber wollen (müssen).

Wenn daher möglichst bald möglichst viel Glück auf möglichst viele Menschen verteilt, wenn also möglichst

bald die utilitaristische Leitnorm in möglichst hohem
Maße erfüllt werden soll, dann müssen die Lernprozesse
möglichst vieler Menschen verbessert und beschleunigt
werden, und dazu kann nur eine verbesserte, das heißt,
wissenschaftlich fundierte, Erziehung beitragen, indem
diese schneller bessere (sicherere) Kenntnisse und damit
Erwartungen vermittelt. Und damit wird zugleich "natural
education" verbessert; denn je weniger "ill educated"
Menschen in einer Gesellschaft Einfluß ausüben, desto
adäquater ist auch "natural education", weil diese
nunmehr auch mehr "adequate experience" vermittelt.
    Zusammengefaßt: Der Weg zum Glück wird auch auf der
Basis von "natural education" notwendig beschritten.
Eine gute Erziehung kann aber den Fortschritt auf diesem
Wege beschleunigen und somit mehr Menschen früher in den
Genuß von Glück bringen, was über die utilitaristische
Leitnorm geboten ist. Aus diesem Grunde muß "artificial
education" verbessert und in möglichst großem Umfange -
also bezogen auf möglichst viele Menschen - realisiert
werden.
    Damit ist das zentrale pädagogische Problem im Sinne
PRIESTLEYs (und des Utilitarismus als ganzem) gestellt;
es ist nun der Zusammenhang von "natural experience"
bzw. "natural education" und "artificial education" zu
behandeln. Ausgangspunkt hierfür ist abermals PRIESTLEYs
empirische Psychologie des Lernens, auf deren Grundlagen
bereits verwiesen wurde und die nun - in Verbindung mit
der empirischen utilitaristischen Theorie - fortzuführen
ist.[264]
    Wir hatten bereits gesagt: Die empirisch gestützte
utilitaristische Theorie enthält als zentrale Annahme
die, daß der Mensch mit all seinem Verhalten grundsätzlich nach "pleasure" bzw. "happiness" strebt und "pain"
bzw. "misery" ("displeasure") zu vermeiden sucht. Indem
der Mensch nun Verhalten realisiert und die jeweiligen
Konsequenzen seines Verhaltens erfährt (Informationen
über Verhaltenskonsequenzen aufnimmt und verarbeitet =
lernt), ist er in der Lage, Verhalten zu bewerten und
entsprechende Erwartungen (Hypothesen, Prognosen) auszubilden, die ihn befähigen, situationsspezifisch Verhalten
mit erwarteten positiven Konsequenzen zu realisieren und
Verhalten mit erwarteten negativen Konsequenzen zu
vermeiden (sofern andere determinierende Umstände dies
zulassen). Genau hier setzt nun "artificial education"
an, muß sie ansetzen, wenn hinreichende Erfolgsaussicht
für diese gegeben sein soll.
    Hier müssen wir abermals auf Grundlegendes zurückgrei-
fen: Im Sinne des monistischen Determinismus PRIESTLEYs
gilt, daß "artificial education" (als spezifisches soziales Handeln) in gleicher Weise motiviert ist wie Lernen
über "natural experience". In beiden Fällen wird "pleasure" oder "happiness" (speziell "security") intendiert.
Über Erziehen (als - modern gesprochen - Lernsteuerung)

wird lediglich versucht, die "natürlichen" Lernprozesse zu beschleunigen und in ihrer Effektivität - bezogen auf individuelle Glückserlangung und soziale Glücksvermehrung - zu verbessern.

Denn es gilt: Auch über "natural experience", über nicht erzieherisch (im Sinne von "artificial education") gesteuertes Lernen allein, ist die Entwicklung zu einem allgemeinen Glückszustand (letztendlich) gewährleistet, allerdings ist nach PRIESTLEY zu vermuten, daß diese Entwicklung, wird sie nicht durch Wissenschaft und "artificial education" unterstützt, sehr langsam verläuft und keineswegs gewährleistet, daß jeder Einzelne am Glück teilhaben kann, was wiederum notwendig ist, wenn jeder Einzelne für das allgemeine Glück sorgen können soll. Jeder Einzelne handelt zwar gemäß seiner Determination so, daß er Glück erlangt, und er lernt (auch "natural") so, daß im Hinblick auf die Erlangung von Glück effektives Verhalten ausgebildet wird, aber die jeweils "at random" determinierenden Bedingungen bzw. Einflüsse ("impressions") können auch zu "prejudices" führen und damit Verhalten determinieren, das "pain" zur Folge hat, wodurch adäquate Lernprozesse verzögert werden, bzw. so determinieren, daß nur vermeintliches, unsicheres oder kurzfristiges Glück erlangt wird.

Mit anderen Worten: Es besteht zwar ein "benevolent determinism", die Welt ist ein "system of benevolence"[265], aber der Mensch hat über die Erlangung von "adequate knowledge" - vermittelt durch "artificial education" - die Macht, die Entwicklung zur Realisation von "benevolence" bzw. Glücksverteilung zu beschleunigen und zu sichern und damit die von jedem Menschen erstrebte Teilhabe am Glück früher zu realisieren, als sie bei "natürlicher" Entwicklung bzw. durch "natürliches" Lernen gewährleistet ist. Und deshalb ist der Mensch auch zu wissenschaftlichem Forschen motiviert bzw. determiniert, deshalb ist er auch zu "artificial education" motiviert bzw. determiniert. Kurz: Wissenschaft und spe-ziell empirische Pädagogik sind als menschliche Aktivitä-ten notwendige Folgen des "benevolent determinism", der die Welt bestimmt.

Durch die Elaborierung einer "science" bzw. "art of education" und durch entsprechend fundierte "artificial education" bemühen sich die Menschen nun, die Effektivi-tät der natürlichen Lernprozesse zu verbessern, um damit a) dem Einzelnen mehr Möglichkeiten zu eröffnen, am Glück teilzuhaben, und b) Glück möglichst umfangreich (auf möglichst viele Menschen) zu verteilen. Ansatzpunkt dafür ist, wie gesagt, das natürliche Lernen des Menschen, das natürlicherweise so gesteuert wird, daß effektive Verhaltensweisen ausgebildet werden. Und welche erzieheri-schen Mittel stehen für "artificial education" zur Verfügung? Die durch die "natural science of the human mind" fundierte allgemeine Antwort lautet: Die Mittel sind "pleasure" und "pain" bzw. (pädagogisch gesehen) "reward" und "punishment". Indem der Erzieher dem Educanden "pleasure" in der Form von "reward" oder "pain" in der Form von "punishment" in Aussicht stellt (bzw. als Konsequenzen für spezifisches Verhalten folgen läßt), determiniert er diesen bei der Ausbildung entsprechender Assoziationen und damit Erwartungen, determiniert er ihn bei der Ausbildung der basalen Verhaltensdisposition, Verhalten, das aufgrund seiner erzieherisch gelenkten "experience" "pleasure" ("reward") zur Folge hat, zu realisieren, und Verhalten, das aufgrund seiner erzieherisch gelenkten "experience" "pain" ("punishment") zur Folge hat, nicht zu realisieren.

Der Erzieher bedient sich damit der "natural experience", des natürlicherweise ablaufenden Prozesses der Ausbildung von Erwartungen, indem er "experience" "artificially" steuert, und zwar unter anderen mit den Mitteln "reward" und "punishment", um bei Educanden "love" oder "fear" hinsichtlich des Eintretens von Verhaltenskonsequenzen bzw. positive oder negative Erwartungen zu erzeugen.[266] Da nun der Erzieher - aufgrund seiner Determination zum Glück - determiniert ist, von ihm positiv bewertetes Verhalten beim Educanden zu bewirken, versucht er, solches Educanden-Verhalten zu belohnen, damit der Educand das Verhalten mit einer positiven Konsequenz assoziiert und dadurch determiniert wird, dieses Verhalten selbst positiv zu bewerten, also mit Bezug auf dieses Verhalten "the passion of love" aufzubauen. Der Educand, speziell das Kind, lernt auf diese Weise planmäßig, vom Erzieher positiv bewertete Verhaltensweisen selbst positiv und vom Erzieher negativ bewertete Verhaltensweisen selbst negativ zu bewerten, und ist so determiniert, vom Erzieher positiv bewertete Verhaltensweisen zu realisieren und vom Erzieher negativ bewertete Verhaltensweisen zu vermeiden - sofern nicht andere Determinanten (Umstände) in gegenteiliger Weise wirksam werden.

Solches Erziehen ist, wie gesagt, nach PRIESTLEY notwendig; denn "natural experience" unter Bedingungen "at random" birgt das Risiko inadäquater Determination bzw. verzögert adäquate Determination, also den Aufbau adäquater Erwartungen auf der Basis von "adequate knowledge". Über planvolles Erziehen dagegen ist es möglich, die Lernbedingungen so zu organisieren, daß vom Educanden rechtzeitig adäquate Erwartungen ausgebildet werden können. Dies setzt jedoch voraus, daß der Erzieher - der Organisator adäquater Lernbedingungen - selbst über "adequate" und damit für solches Erziehen bzw. Educanden-Lernen "useful knowledge" verfügt, und damit ist weiterhin begründet: Erziehen als "artificial education" ist nur dann legitimiert, und der Erzieher ist nur dann <u>Autorität</u>, wenn er über entsprechendes Wissen verfügt, wenn er also in der Lage bzw. durch Wissen determiniert (!) ist, "adequate knowledge" bzw. "adequate expectations" zu vermitteln.

Zum Erwerb solchen erzieherisch relevanten Wissens
sind die Menschen aber, wie bereits erwähnt, genötigt
(determiniert), wenn sie selbst glücklich werden wollen
(was sie müssen), was wiederum nur möglich ist, wenn sie
anderen Menschen zum Glück verhelfen, wenn sie, soweit
möglich, Glück auf andere Menschen verteilen. Wiederum
ergibt sich: Die Menschen sind zur Pädagogik genötigt,
um das Glücksinstrument "Erziehen" wirksam einsetzen zu
können.

Lob und Tadel, Lohn und Strafe waren zwar für PRIESTLEY
die grundlegenden Erziehungsmittel; jedoch interpretiert
man die PRIESTLEYsche Pädagogik bzw. Erziehungspsycholo-
gie inadäquat, wenn man aus ihr folgert, PRIESTLEY habe
nur an eine quasi-mechanische autoritative Anwendung
dieser Mittel gedacht.

Es ist nämlich zu betonen: PRIESTLEY – der Empirist –
war Rationalist, und daher stand Wissensvermittlung,
Vermittlung von "adequate knowledge" zum Zwecke der
Selbst-Determination im Mittelpunkt seines pädagogischen
Programms, das auf alle Menschen bezogen war (denn er
war, wie bereits betont, Egalitarist). Die zentrale
Annahme lautet hier: Wer über jeweils situationsspezifi-
sches bzw. problemrelevantes Wissen verfügt, verfügt auch
jeweils über "just expectations", die effektives Verhalten determinieren und somit "pleasure" bzw. "happiness"
bewirken. Wissen hat somit als "useful knowledge" selbst
einen hohen Belohnungswert; denn der Wissende wird
notwendig mit Glück belohnt. Folgerichtig ist auch
Wissensvermittlung letztlich Glücksvermittlung (eine Belohnung, "pleasure"); denn der Wissende, der Aufgeklärte,
muß glücklich werden.

Damit kommen wir zu einer zusammenfassenden Konsequenz
und zugleich zu einer zusammenfassenden Kennzeichnung
der Pädagogik PRIESTLEYs unter dem Leitgedanken "Von der
Fremd- zur Selbst-Determination":

Für PRIESTLEY bedeutet "Erziehen" Vermittlung von
Wissen, das heißt, von hinreichend gesicherten causes-and
-effects-Erfahrungen, von fundierten (Verhaltens-Konsequen-
zen-)Erwartungen und damit von Glücksdeterminanten durch
Wissende bzw. Aufgeklärte. Durch Erziehen werden "artificially" Erfahrungen übermittelt, um a) Educanden vor allzu
risikoreicher "natural experience" (bzw. "natural education") zu schützen, um b) den Fortschritt für alle zu
sichern und zu beschleunigen und c) die jeweilige Nach-
folgegeneration in den Stand zu versetzen, sich durch
selbst ermitteltes Wissen selbst zu determinieren, wofür
jedermann determiniert ist. Daher legte PRIESTLEY großen
Wert auf die Vermittlung von speziellem Wissen, nämlich
von Wissen darum, wie man Wissen erwirbt und prüft.[267]

Über vermittelte Fremd-Erfahrung erfolgt Fremd-Determination, und über ermittelte Selbst-Erfahrung – sie ist
auch das Produkt der Auseinandersetzung mit Fremd-Erfahrung – erfolgt Selbst-Determination – in beiden Fällen

Determination zur Glücksrealisation; denn Wissen verleiht die Macht (FRANCIS BACON), glücklich zu werden und glücklich zu machen, verleiht die Macht, Unglück zu vermeiden oder abzubauen, verleiht die Macht, die Determination zum Glück nicht zu verfehlen.

Es ergibt sich folgender (empirischer) Zusammenhang: Lust, Nutzen, Glück sind nur erlangbar, wenn der Mensch Bedingungen vorfindet oder aufsuchen oder herstellen kann, deren Effekt Lust, Nutzen, Glück für ihn ist. Um solche Bedingungen aufsuchen oder herstellen bzw. um Bedingungen, die Unlust, Schaden, Unglück bewirken, vermeiden oder beseitigen zu können (wozu der Mensch determiniert ist), ist es erforderlich, daß der Mensch um solche Bedingungen weiß, daß er also über entsprechende Erfahrungen bzw. entsprechendes Erwartungs- oder Prognose-Wissen verfügt. In diesem Sinne ist der Mensch zum Erwerb möglichst gesicherten Erwartungswissens gezwungen, da er nur über die Anwendung solchen Wissens in der Lage ist, hinreichend sicher bzw. effektiv bzw. risikominimiert zu realisieren, wozu er determiniert ist, nämlich Verhalten, dessen Effekt Lust, Nutzen, Glück ist. Über sicheres bzw. sicherndes Erwartungswissen determiniert sich der Mensch selbst für die Realisation effektiven, also im Hinblick auf die Nutzengewinnung erfolgversprechenden und für die Vermeidung ineffektiven, also Schaden begünstigenden Verhaltens, das er dann Gefahr läuft zu realisieren, wenn er nicht hinreichend gesichertes Erwartungswissen aktivieren kann, wenn er also nur meinen kann, über ein Verhalten Lust, Nutzen, Glück zu erlangen. Kurz: Wissen - eine interne Bedingung - determiniert für die Realisation des jeweils nützlichsten Verhaltens und ist zugleich determinierende Bedingung für die Vermeidung von Verhalten, das aufgrund von inadäquaten Erwartungen determiniert wird und zu Konsequenzen führt, die vom Individuum als "painful" erlebt werden. Und damit ist Erziehung zugleich Erziehung zur Freiheit, genauer zur Freiheit vom Unglück; denn frei ist nach PRIESTLEY, wer nicht - sei es durch externe Bedingungen, sei es durch interne, nämlich mangelhaftes Erwartungswissen - daran gehindert wird, effektives Verhalten zu realisieren, wer also nicht daran gehindert wird, so sicher wie möglich, seiner Grunddetermination zu folgen, nämlich möglichst effektiv und risikofrei in Richtung auf Lust, Nutzen, Glück zu handeln. Frei ist, wer sich innerhalb einer Bedingungskonstellation befindet, die ihn determiniert, das im Hinblick auf die Erreichung von Lust, Nutzen, Glück bzw. im Hinblick auf die Verhinderung von Unlust, Schaden, Unglück effektivste bzw. sicherste bzw. risikoärmste Verhalten zu realisieren. Eine wichtige - vor allem auch erziehungswissenschaftlich bedeutsame - Bedingung für eine solche Determination ist Wissen, ist Aufgeklärtheit. Frei ist damit, wer sich seines Verstandes bedienen kann[268] und darf, wer darüber aufgeklärt ist, wie er sich verhalten muß, um Lust, Nutzen, Glück zu erlangen, und wer sich seiner Determination (und Selbst-Determination) entsprechend verhalten kann. Unfrei ist, wer durch externe Bedingungen oder durch Nicht- oder falsches Wissen daran gehindert wird, effektiv seiner Bestimmung (Determination) zu folgen. Aufklärung bzw. Aufgeklärtheit ist somit eine wichtige Bedingung für menschliche Freiheit im utilitaristischen Sinne, nämlich für die Freiheit des Menschen, so handeln zu können, daß er möglichst sicher und ohne schädliche Nebenwirkungen den Zustand herstellen oder erhalten kann, den er notwendigerweise herstellen oder erhalten will, nämlich den Zustand der Lust oder des Glücks. Anders gewendet: Frei ist, wer sicher sein Glück erreichen oder erhalten kann; unfrei ist der Unglückliche, der Mühselige und Beladene, der determiniert ist, seiner Grundbestimmung (zentralen Determination) nicht folgen zu können.[269]

Wir schließen damit die skizzenhafte Darstellung des Systems der Pädagogik PRIESTLEYs ab. Zahlreiche Details sind nicht behandelt worden; es wurde lediglich versucht, im Zusammenhang mit der Aufklärungspädagogik Englands im 18. Jahrhundert die empiristisch-deterministisch-utilaristische Grundkonzeption zu explizieren (im übrigen verweisen wir nochmals auf unsere PRIESTLEY-Monographie[270]).

Anmerkungen

1 Unserer Darstellung liegen die Ergebnisse einer speziellen Untersuchung zugrunde, innerhalb derer die Pädagogik Priestleys extensiv und detailliert rekonstruiert und systematisiert wurde. Vgl. hierzu: L. Rössner, Die Pädagogik des englischen Experimentalphilosophen Joseph Priestley. Philosophische Studien zur Geschichte der empirischen Pädagogik III. Frankfurt a.M.-Bern-New York 1986. In dieser Abhandlung wurden alle (wichtigen) Aussagen umfänglich belegt, worauf wir in diesem Abschnitt verzichten wollen. Das heißt: Wir werden nicht abermals alle Details belegen, sondern nur dort Quellen bzw. Begründungsnachweise bieten, wo wir - entsprechend der hier vorgenommenen Aspekt-Verschiebung (vgl. Anm. 6 des 1. Abschnittes) - gegenüber der ersten Untersuchung (relativ) Neues bieten. (Alle Zitate werden selbstverständlich nachgewiesen.) Im Hinblick auf die Begründung der Zuverlässigkeit vieler der hier gemachten Aussagen sei der Leser daher auf die o.a. Monographie verwiesen.

2 Der Name Experimentalphilosophie steht im 17. und 18. Jahrhundert für Wissenschaft und Metawissenschaft und verweist auf eine methodologische Grundentscheidung, nämlich die, nur erfahrungsmäßig und wenn möglich experimentell geprüfte Erkenntnisse als Basis philosophischer bzw. wissenschaftlicher Informationssysteme bzw. Theorien zuzulassen. "Experimentalphilosophie" bezeichnet - nach modernem Verständnis - empirische bzw. experimentelle Wissenschaft, speziell Naturwissenschaft ("natural philosophy") unter Einschluß ihrer philosophischen (methodologischen) Grundlagen. Der Begriff philosophy hatte seinerzeit einen recht großen Umfang. So sprach man etwa von "philosophical experiments", "philosophical instruments" bzw. vom "philosophical apparatus" im Rahmen experimentalphilosophischer bzw. naturwissenschaftlicher Forschung, und es gab Begriffe wie "chemical philosopher", der zum Beispiel auf Priestley angewendet wurde. (Vgl. hierzu vor allem: G. Böhme, W. v.d. Daele, W. Krohn, Experimentelle Philosophie. Ursprünge autonomer Wissenschaftsentwicklung. Frankfurt a.M. 1977.) Die englischen empiristischen Philosophen sahen philosophisch-wissenschaftliche Forschung letztlich als naturwissenschaftliche Forschung an; über naturwissenschaftliche Forschungsergebnisse sollte Realitätserkenntnis ermöglicht werden, und dies bedeutet: Erkenntnis der Natur des Menschen ("human nature") und der Natur der Bedingungen, unter denen der Mensch lebt und handelt, handeln muß. Experimental oder natural philosophy wurde als Instrument der Aufklärung über die menschliche und außermenschliche Realität angesehen (die "natural philosophy of the human mind" war nur

ein spezieller Zweig von "natural philosophy"), und zwar betont zu dem Zweck, es dem Menschen über Erkenntnisvermittlung (pädagogischer Aspekt!) zu ermöglichen, in der Natur-Realität, zu der auch Mensch und Gesellschaft gehören, erfolgreich, also zu seinem Besten, für sein Glück ("happiness") oder seinen Nutzen ("utility") handeln zu können.

3 Vgl. C.A. Browne, Priestley's Life in Northumberland and Discussion of the Priestley Relics on Exhibition in the Museum. In: Journal of Chemical Education 4(1927)2. S. 165.

4 Vgl. F.W. Gibbs, Joseph Priestley. Adventurer in Science and Champion of Truth. London-Edinburgh 1965. S. 9.

5 Vgl. D.W. Bronk, Joseph Priestley and the Early History of the American Philosophical Society. In: Proceedings of the American Philosophical Society 86(1942)1. S. 104.

6 Um nur ein Beispiel (vielleicht das noch harmloseste) zu nennen, nämlich Priestleys Beziehungen zur Royal Society. Auch diese waren von hoher Dynamik hinsichtlich positiver wie negativer Erfahrungen gekennzeichnet. Vgl. hierzu u.a.: W.C. Walker, The Beginnings of the Scientific Career of Joseph Priestley. In: Isis 21(1934); R.E. Schofield (ed.), A. Scientific Autobiography of Joseph Priestley (1733 - 1804). Cambridge/ Mass.-London 1966; D.W. Singer, Sir John Pringle and his Circle. In: Annals of Science 6(1949)2, 6(1950)3; R.A.M. Dixon of Thearne, Did Priestley Resign His Fellowship of the Royal Society? In: Journal of Chemical Education 11(1934).

7 Priestley formulierte, daß er stets dazu neigte, "to embrace what is generally called the heterodox side of almost every question." (J. Priestley, Memoirs Written by himself. In: J. Lindsay (ed.), Autobiography of Joseph Priestley. Bath 1970. S. 76.)

8 In allen Streitfragen, speziell auch in politischen, bei allen Intentionen in Richtung auf Veränderung mahnte Priestley zur Vernunft. Dies kommt sehr deutlich in einer Schrift zum Ausdruck, die er 1794 für die Studenten des Hackney-College verfaßte. Dort plädierte er dafür, daß der Mensch "make no attempt to bring about any change, except by fair reasoning", und er rief den Studenten zu: "Let us not use any other means than reason and argument in order to better our condition." (J. Priestley, Heads of Lectures on a Course of Experimental Philosophy, particularly including Chemistry. London 1794 (Reprint: New York 1970). S. XX und S. XXI.) Und entsprechend kommentiert Lindsay: "Though Dr. Priestley has been considered as fond of controversy, and that his chief delight consisted in it, yet it is far from being true. He was more frequently the defendant than the assailant. His controversies, as far as it depended upon himself,

were carried on with temper and decency. He was never malicious, nor even sarcastic, or indignant, unless provoked." (Anmerkung Lindsays in: Priestley, Memoirs. a.a.O. (Anm. 7). S. 124.)

9 In dieser Tatsache dürfte es auch begründet sein, daß Priestley in der üblichen Philosophie-Geschichtsschreibung nicht oder nur am Rande erwähnt wird. Er wird nicht gleichrangig neben (zum Beispiel) LOCKE, BERKELEY oder HUME behandelt.

10 J.G. McEvoy, J.E. McGuire, God and Natue: Priestley's Way of Rational Dissent. In: Historical Studies in the Physical Sciences 6(1975). S. 326.

11 E.N. Hiebert, The Integration of Revealed Religion and Scientific Materialism in the Thought of Joseph Priestley. In: L. Kieft, B.R. Willeford (eds.), Joseph Priestley. Scientist, Theologian, and Metaphysician. A Symposium Celebrating the Two Hundredth Anniversary of the Discovery of Oxygen by Joseph Priestley in 1774. Lewisburg-London 1980. S. 27; vgl. auch S. 29.

12 R.E. Schofield, Joseph Priestley and the physicalist Tradition in British Chemistry. In: Kieft, Willeford, Joseph Priestley. a.a.O. (Anm. 11). S. 111.

13 J.G. McEvoy, Joseph Priestley, "Aerial Philosopher": Metaphysics and Methodology in Priestley's Chemical Thought, From 1762 to 1781. In: Ambix 26(1979). S. 33.

14 McEvoy, Joseph Priestley, "Aerial Philosopher" ...In: Ambix 25(1978). S. 5.

15 Ebenda S. 6.

16 McEvoy, McGuire, God and Nature. a.a.O. (Anm. 10). S. 326.

17 Ebenda S. 404.

18 Vgl. I. Lakatos, Die Geschichte der Wissenschaft und ihre rationalen Rekonstruktionen. In: I. Lakatos, A. Musgrave (Hrsg.), Kritik und Erkenntnisfortschritt. Abhandlungen des Internationalen Kolloquiums über die Philosophie der Wissenschaft. London 1965, Band 4. Braunschweig 1974. S. 288.

19 Nicht nur deshalb, weil wir uns nicht dem von Gerhardus durchaus mit Recht erhobenen Vorwurf aussetzen wollen, der "Verwendungskonjunktur" von "Rekonstruktion" beim weiteren, den Begriff "zu einer bloß gängigen Formel verkommen" lassenden Aufschwung behilflich zu sein, sprechen wir hier von "Konstruktion"; dieser Begriff ist auch adäquater; denn Priestley hat eben kein System bzw. keine Teilsysteme - zum Beispiel eine Pädagogik in geordneter und geschlossener Darstellung - hinterlassen. Im Sinne von Gerhardus wäre es allerdings auch angemessen, von "konstruierender Rekonstruktion" zu sprechen. Vgl. hierzu: D. Gerhardus, Wie läßt sich das Wort "Rekonstruieren" rekonstruieren? Zu einem Aspekt des methodologischen Ansatzes im Wiener Kreis. In: J. Chr. Marek, J. Zelger, H. Ganthaler, R. Born (Hrsg.), Österreichische Philosophen und ihr Einfluß auf die Analytische

Philosophie der Gegenwart. Band I. Innsbruck-München-Salzburg-Graz-Gießen 1977. Insbs. S. 154.

20 Vgl. J. Priestley, The History and Present State of Electricity, with Original Experiments. London 1767.

21 Vgl. J. Priestley, Experiments and Observations on Different Kinds of Air. Three Volumes. London 1774, 1775, 1777.

22 E. Ströker, Denkwege der Chemie. Elemente ihrer Wissenschaftstheorie. Freiburg-München 1967. S. 120 (Anmerkung 22).

23 Vgl. im einzelnen: Rössner, Die Pädagogik des englischen Experimentalphilosophen Joseph Priestley. a.a.O. (Anm. 1). S. 16 - 130.

24 I. Parker, Dissenting Academies in England. Their Rise and Progress and their Place among the Educational Systems of the Country (1914). New York 1969. S. 117 f.

25 Vgl. J. Priestley, An Essay on a Course of Liberal Education for Civil and Active Life. With Plans of Lectures on I. The Study of History and general Policy. II. The History of England. III. The Constitution and Laws of England. To which are Added, Remarks on a Code of Education, Proposed by Dr. Brown, in a Late Treatise, intitled, Thoughts on Civil Liberty, &c. London 1765.

26 Vgl. D. Hartley, Observations on Man, his Frame, his Duty, and his Expectations. London 1749 (Reprint: Hildesheim 1967).

27 J. Priestley, The Doctrine of Philosophical Necessity Illustrated; Being an Appendix to the Disquisitions Relating to Matter and Spirit. London 1777. In: The Theological and Miscellaneous Works of Joseph Priestley. With Notes, By the Editor (J.T. Rutt). Volume III. London 1818 (Reprint: New York 1972). S. 458.

28 J. Priestley, Miscellaneous Observations Relating to Education; More Especially as it Respects to the Conduct of the Mind. To which are Added, Considerations for the Use of Young Men and the Parents of Young Men. Bath 1778. In: The Theological and Miscellaneous Works of Joseph Priestley. With Notes, By the Editor (J.T. Rutt). Volume XXV. London 1831 (Reprint: New York 1972). S. 5.

29 Gibbs, Joseph Priestley. a.a.O. (Anm. 4). S. 11.

30 Die Hartleysche Theorie war für Priestley lebenslang bestimmend im Bereich seiner humanwissenschaftlichen und speziell pädagogischen Forschungen, und Priestley wurde auch als der Hartley-Interpret anerkannt, vor allem aufgrund der Tatsache, daß er 1775 eine verkürzte Fassung der Hartleyschen "Observations ..." (vgl. Anm. 26) mit "Introductory Essays" herausgab. Vgl. J. Priestley, Hartley's Theory of the Human Mind, on the Principle of Association of Ideas; with Essays Relating to the Subject of it. London 1775; vgl. speziell: J. Priestley, Introductory Essays to Hartley's Theory

of the Human Mind, on the Principle of The Association
of Ideas. In: The Theological and Miscellaneous Works
of Joseph Priestley. Volume III. a.a.O. (Anm. 27).
Priestleys Ausgabe wurde zum Lehrbuch für die utilitaristischen Psychologen (speziell James und Stuart
Mill; vgl. hierzu zusammenfassend: J. Passmore, A
Hundred Years of Philosophy. London 1957. S. 12 f.).
Wie Priestley in einem Brief an N. Cappe mitteilte,
hatte er weitere Publikationen zu bzw. im Anschluß an
Hartley in bezug auf die Anwendung der Hartleyschen
Theorie im Bereich der Erziehung vorbereitet: "I have
made many observations on human nature, with a view
to the illustration of Hartley's theory. They relate
very much to the conduct of the mind and happiness,
and they are so necessarily intermixed with observations on education, that I almost think it will be
best to publish them altogether as one work, and
consequently not very soon. I have not yet transcribed
them." (Priestley, Brief an N. Cappe vom 28.8.1775.
In: Memoirs and Correspondence 1733 - 1787. In: The
Theological and Miscellaneous Works of Joseph Priestley. Edited, with Notes, By John Towill Rutt. Volume
I. Part I. London 1831 (Reprint: New York 1972). S.
274.) Zu einer solchen Publikation kam es nicht. Rutt
vermerkt (ebenda S. 274, Anmerkung): "These prepara-
tions, with the additions which research and reflection, during the sixteen succeeding years, had supplied, were entirely frustrated by the ever-memorable
'Church and King' rioters, in 1791", das heißt, durch
die Leute, die das Haus, die Bibliothek und das Labor
des Demokraten und Sympathisanten der Französischen Revolution Priestley demolierten, was zu seiner Emigra-
tion in die USA (1794) führte.

31 J. Priestley, An Examination of Dr. Reid's Inquiry
into the Human Mind on the Principles of Common Sense;
Dr. Beattie's Essay on the Nature and Immutability of
Truth; and Dr. Oswald's Appeal to Common Sense in
Behalf of Religion. London 1774. In: The Theological
and Miscellaneous Works of Joseph Priestley. Volume
III. a.a.O. (Anm. 27). S. 6. - Zur Rolle Priestleys
als "disciple and promotor" Hartleys vgl. auch: B B.
Oberg, David Hartley and the Association of Ideas.
In: Journal of the History of Ideas XXXVII (1976). S.
442. Diese Abhandlung bietet im übrigen eine knappe
und zugleich umfassende Darstellung der Hartleyschen
Psychologie.

32 Eine differenzierte Darstellung der Hartleyschen
"Theory of the Human Mind" bzw. seiner Psychologie
können wir im gegebenen Rahmen nicht bieten. Wir beschränken uns auf eine relativ knappe Darstellung,
die nur dazu dienen soll, die Entwicklung der empi-
risch-psychologischen Fundierung der englischen Aufklärungspädagogik des 18. Jahrhunderts und speziell der
Pädagogik Priestleys zu kennzeichnen.

33 Vgl. hierzu zum Beispiel: W. Wundt, Grundzüge der Physiologischen Psychologie (1874). Erster Band. Leipzig 1908[6]. S. 8; D.F. Markus, Die Associationstheorien im XVIII. Jahrhundert. Halle a.S. 1901. Reprint: Hildesheim-Zürich-New York 1985. S. 25 f.; B. Rand, The Early Development of Hartley's Doctrine of Association. In: Psychological Review 30(1923). S. 313; Th. Mischel, "Emotion" and "Motivation" in the Development of English Psychology: D. Hartley, James Mill, A. Bain. In: Journal of the History of Behavioral Sciences 2 (1966). S. 127.

34 Es handelt sich um den Essay "Conjecturae quaedam de sensu, motu et idearum generatione", der - nach Rand - als ein Supplement zur 2. Auflage der Abhandlung "De Lithontriptics a Joanna Stephens nuper in vento epistolarum" (1. Auflage: Leyden 1741) 1746 publiziert wurde. (Die Abhandlung erschien im übrigen in: S. Parr (ed.), Metaphysical Tracts by English Philosophers of the Eighteenth Century. London 1837 (Reprint: Hildesheim-New York 1974). Vol. II. S. 1 - 42.) Zur Diskussion um das umstrittene Entstehungs- und Erscheinungsdatum des Essays "Conjecturae ..." vgl.: Rand, The Early Development of Hartley's Doctrine of Association. a.a.O. (Anm. 33). S. 306 - 314, S. 318 ff. Zur Entwicklung der Hartleyschen Psychologie vgl. auch: St. Ferg, Two Early Works by David Hartley. In: Journal of the History of Philosophy 19(1981). S. 173 - 189. In dieser Studie wird auf zwei wichtige weitere Werke Hartleys, die in den Jahren 1741 und 1747 erschienen sind, aufmerksam gemacht.

35 Bei Hartley heißt es: "My chief Design in the following Chapter, is, briefly, to explain, establish, and apply the Doctrines of Vibrations and Association. The First of these Doctrines is taken from the Hints concerning the Performance of Sensation and Motion, which Sir Isaac Newton has given at the End of his Principia, and in the Questions annexed to his Optics; the Last, from what Mr. Locke, and other ingenious Persons since his Time, have delivered concerning the Influence of Association over our Opinions and Affections, and its Use in explaining those Things in an accurate and precise Way, which are commonly referred to the Power of Habit and Custom, in a general and indeterminate one." (Hartley, Observations on Man ... I. a.a.O. (Anm. 26). S. 5 f.)

36 Bei Hartley heißt es: "About Eighteen Years ago I was informed, that the Rev. Mr. Gay, then living, asserted the Possibility of deducing all our intellectual Pleasures and Pains from Association. This put me upon considering the Power of Association." (Ebenda S. III.)

37 Vgl. J. Gay, Preliminary Dissertation. Concerning the Fundamental Principle of Virtue or Morality. In: W. King,

Essay on the Origin of Evil (1731). Cambridge 1739[3].
Auch abgedruckt in: E.A. Burtt (ed.), The English
Philosophers from Bacon to Mill. New York 1939.
Burtt vermerkt zu Gays Essay: "This little treatise
is of historical importance. It is the first clear
statement of the combination of associationism in
psychology and utilitarianism in morals which was
to exercise a controlling influence on the development of the next century and a half of English thought.
David Hartley, whose Observations on Man (1749) was
the first full and systematic elaboration of this
utilitarianism, said that it was Gay who suggested
to him 'the possibility of deducing all our intellectual pleasures and pains from association.' And it
was Hartley, rather than Hume, who served as a
model to Bentham and James Mill. Two other important
utilitarian thinkers, Abraham Tucker and William
Paley, also advanced views closely similar to Gay's.
His brief Dissertation is, therefore, the progenitor
of a large and important philosophical literature."
(Ebenda S. 767.) (Gays Essay ist weiterhin verkürzt
abgedruckt in: D.D. Raphael (ed.), British Moralists
1650 - 1800. I: Hobbes - Gay. Oxford 1969.)
38 Vgl. Priestley, Introductory Essays ... a.a.O.
   (Anm. 30). Essay II. S. 184. - Wir geben hier den
   Originaltext Gays wieder (Priestley hat nicht ganz
   korrekt zitiert:) "Our Approbation of Morality, and
   all Affections whatsoever, are finally resolvable
   into Reason, pointing out private Happiness, and
   are conversant only about things apprehended to be
   means tending to this end; and that whenever this
   end is not perceiv'd, they are to be accounted for
   from the Association of Ideas, and may properly
   enough be call'd Habits." (Gay, Preliminary Dissertation. a.a.O. (Anm. 37). S. XIV.)
39 Markus, Die Associationstheorien im XVIII. Jahrhundert. a.a.O. (Anm. 33). S. 22 ff.
40 Wir erörtern hier lediglich die wissenschafts-historische Position Hartleys als (für die empirische
   Pädagogik bedeutsamer) Physiologischer Psychologe
   und klammern theologische Implikationen seiner
   Psychologie aus. Wir thematisieren also nicht Hartleys Position als "physico-theologian", das heißt,
   die Tatsache, daß "Hartley is clearly in the aposto-
   lical succession of English physico-theologians
   from Bacon, through Boyle, Locke, and Newton, to
   Joseph Priestley." (B. Willey, The Eighteenth Century Background. Studies on the Idea of Nature in
   the Thought of the Period (1940). London 1974[9]. S.136.)
41 Wir verzichten hier auf detaillierte Nachweise
   unserer Aussagen in bezug auf Hartleys Theorie. Wir
   verweisen auf sein Werk "Observations on Man ..."
   a.a.O. (Anm. 26). - Eine kurze, gleichwohl umfassende und hinreichend differenzierte Zusammenfassung

der Hartleyschen Theorie bietet: Markus, die Associationstheorien im XVIII. Jahrhundert. a.a.O. (Anm. 33). S. 24 - 43; des weiteren sei auf die knappen Zusammenfassungen hingewiesen: Mischel, "Emotion" and "Motivation" in the Development of English Psychology. a.a.O. (Anm. 33). Diese Abhandlung bietet zugleich einen instruktiven wissenschafts-historischen Überblick bzw. eine wissenschafts-historische Einordnung der Hartleyschen Theorie; gleiches gilt für: E. G. Boring, A History of Experimental Psychologie (1929). New York 1950^2. S. 193 - 203; E. Sprague, Hartley, David. In: The Encyclopedia of Philosophy. Volume Three. New York-London 1967. S. 418 f.

42 Markus, Die Associationstheorien im XVIII. Jahrhundert. a.a.O. (Anm. 33). S. 27 f. (Wir haben den Text heutiger deutscher Grammatik angepaßt und Druckfehler korrigiert. Dies gilt auch für die folgenden Zitate aus dieser Schrift.)

43 Hartley, Observations on Man ... I. a.a.O. (Anm.26). S. 65 (Prop. 10).

44 Ebenda S. 371.

45 Wir zitieren Hartleys Kurzfassung aus "Conjecturae ..." (vgl. Anm. 34) in der Übersetzung von Markus (Die Associationstheorien im XVIII. Jahrhundert. a.a.O. (Anm. 33). S. 31). Bei Hartley vgl. auch: Observations on Man ...I. a.a.O. (Anm. 26). S. 101 f.

46 Hartley, Observations on Man ... I. a.a.O. (Anm. 26). S. 102 (Prop. 20, Cr. 7).

47 Wir kommen auf das Determinismusproblem noch zurück. Hier sei nur darauf hingewiesen, daß Hartley Determinist war (seine Lehre ist eine deterministische), daß er "Necessarier" war. Dies ist insbesondere unter pädagogischem Aspekt bedeutsam; denn es liegt doch die Frage nahe, wie Erzieher in diesen determinierten Prozeß eingreifen, wie sie also Bedingungen kontrollieren und variieren können (um Menschen zu beeinflussen), wenn sie - als Menschen - doch selbst determiniert handeln. Wir belassen es hier bei dieser Fragestellung, die nach - Willey - auf ein Paradoxon in der Hartleyschen Notwendigkeitslehre hinweist. Vgl. Willey, The Eighteenth Century Background. a.a.O. (Anm. 40). S. 151 - 154.

48 Vgl. den Anmerkung 46 korrespondierenden Text.

49 Hartley, Observations on Man ...I. a.a.O. (Anm. 26). S. IV. (Wir zitieren Mischels Zitate hier und im folgenden nach dem Original, da Mischel die Hartley-Aussagen nicht ganz korrekt wiedergibt.)

50 Mischel, "Emotion" and "Motivation" in the Development of English Psychology. a.a.O. (Anm. 33). S. 125.

51 Ebenda Anmerkung 7.

52 Hartley, Observations on Man ... I. a.a.O. (Anm. 26). S. 501 (Conclusion).

53 Ebenda S. 369.

54 Mischel, "Emotion" and "Motivation" in the Development of English Psychology. a.a.O. (Anm. 33). S. 125.

55 Jedenfalls ist Hartley - ebenso wie Priestley - nicht oder kaum in die Geschichte der Pädagogik eingegangen. Außerdem kann man begründet behaupten, daß Hartley auch als Psychologe sein "historisches Überleben" vor allem Priestley verdankt, was sehr früh (1777) zum Beispiel schon bei Tetens zum Ausdruck kommt (vgl. J.N. Tetens, Philosophische Versuche über die menschliche Natur und ihre Entwicklung. Erster Band. Leipzig 1777 (Berlin 1913). S. 66 et passim). In der Tat ist es zutreffend, wenn Sprague vermerkt, daß es Priestley war, der für die Verbreitung der Hartleyschen Lehre sorgte (vgl. Sprague, Hartley, David. a.a.O. (Anm. 41). S. 419), indem er Hartleys "Observations", wenn auch verkürzt, neu herausgab; ebenso bestätigt Willey: "Priestley became an important link in the transmission of Hartley's ideas to the nineteenth century" (Willey, The Eighteenth Century Background. a.a.O. (Anm. 40). S. 174; vgl. auch unsere o.a. Anmerkung 30). Es sei hier darauf hingewiesen, daß Priestleys Hartley-Ausgabe nicht die Vibrationstheorie enthält, sondern auf Hartleys pädagogisch bedeutsame Assoziationstheorie zentriert ist. Zwar schien Priestley Hartleys Vibrationstheorie zu akzeptieren, gleichwohl hielt er diese Teiltheorie für zu schwierig und kompliziert ("difficult and intricate"), um sie den Lesern zuzumuten, und wohl aufgrund des damaligen Erkenntnisstandes auch für noch nicht genügend erhärtet. Bei Priestley heißt es im Vorwort zu seiner Hartley-Ausgabe: "I am far from being willing to suppress the doctrine of vibrations, thinking that Dr. Hartley has produced sufficient evidence for it, or as much as the nature of the thing will admit of at present, (that is, till we know more of the structure of the body in other respects)". (Priestley, Introductory Essays. a.a.O. (Anm. 30). S. 169; vgl. weiterhin ebenda S. 170 ff. sowie Priestley, An Examination ... a.a.O. (Anm. 31). S. 6.) Daß Priestley die Hartleysche Vibrationstheorie favorisierte, kommt zwar in seinem ersten der Vibrationstheorie gewidmeten Introductory Essay zum Ausdruck (vgl. Essay I. a.a.O. (Anm. 30). Insbs. S. 181 f.), aber Priestley war hier vorsichtig und befand sich damit durchaus in Übereinstimmung mit Hartley selbst. Auch dieser war sich nämlich nicht sicher im Hinblick auf die Bewährtheit der Vibrationstheorie; er hielt durchaus eine andere Fundierung seiner Assoziationstheorie, auf die er das Hauptgewicht seiner Untersuchung legte, für möglich. In bezug auf die Propositionen 1 und 2 von "Observations on Man ...", in denen die Vibrationstheorie charakterisiert wird, sagt Hartley: "Other Suppositions to the same Purpose might be made;

and, upon the Whole, I conjecture, that though the
First and Second Proposition are true, in a very
useful practical Sense, yet they are not so in an
ultimate and precise one." (Hartley, Observations on
Man ...I. a.a.O. (Anm. 26). S. 34; Hervorhebungen
L.R.) Hartley hielt also seine Vibrationstheorie zunächst nur für praktisch nützlich zum Zwecke der Begründung der Assoziationstheorie; modern gesprochen:
Die Vibrationstheorie erfüllte für ihn weniger einen
Erkenntniszweck (i.e.S.), sondern einen technologischen oder praktischen zur Fundierung der für ihn
bedeutsameren Assoziationstheorie, die er für "wahr"
hielt – unabhängig von der Wahrheit der sie fundierenden Vibrationstheorie. Kurz: Hartley ordnete der
Vibrationstheorie "praktische Wahrheit" zu; er hielt
diese Theorie als begründete Vermutung ("conjecture")
für praktisch sicher. (Vgl. hierzu im modernen
wissenschaftstheoretischen Kontext: K.R. Popper,
Objektive Erkenntnis. Ein evolutionärer Entwurf.
Hamburg 1973. S. 95.) Willey kommentiert (die Hartley
-Zitate haben wir abermals original übernommen, da
auch Willey nicht immer ganz korrekt zitiert):
"Hartley admits ..., that the whole doctrine of
vibrations may be fictious. Nevertheless it may be a
useful myth, if it helps to provide a scientific
method of approach to psychology (cf. 'Principles
which, tho' may be fictitious, are, at least, clear
and intelligible' (Observations on Man ...I. S.
109)). Where any kind of explanation is probably
mythical, it only concerns us to have a good myth
rather than a bad one. So he conjectures that Propositions I and II ... may be 'true, in a very useful
practical Sense, yet they are not so in an ultimate
and precise one' (vgl. o.). He is also clear-sighted
enough to perceive that the doctrine of the Association of Ideas may stand, even if the Vibrations have
to be abandoned. 'The Doctrine of Association may be
laid down as a certain Foundation, and a Clue to direct our future Inquiries, whatever becomes of that
of Vibrations' (Observations on Man ... I. S. 72)."
(Willey, The Eighteenth Century Background. a.a.O.
(Anm. 40). S. 142.) Indem wir hier nochmals auf
moderne wissenschaftstheoretische Diskussionen
verweisen, können wir mit Feyerabend sagen: Hartley
war ein "braver Empirist"; denn er dachte sogar –
und das macht nach Feyerabend den "braven Empiristen"
aus – über mögliche Alternativen zu seiner eigenen
Theorie nach; er blieb nicht dogmatisch bei seiner
eigenen Theorie stehen. Vgl. P.K. Feyerabend. Wie
wird man ein braver Empirist? Ein Aufruf zur Toleranz
in der Erkenntnistheorie. In: L. Krüger (Hrsg.), Erkenntnisprobleme der Naturwissenschaften. Texte zur Einführung
in die Philosophie der Wissenschaft. Köln-Berlin 1970.
Man vgl. weiterhin die umfassendere Diskussion des

"Theorienpluralismus" in: P.K. Feyerabend, Wider den Methodenzwang. Skizze einer anarchistischen Erkenntnistheorie. Frankfurt a.M. 1976. Feyerabend hat hier Hartleys wissenschaftstheoretische Position übersehen (?); diese hätte ihm zur weiteren Stützung seiner Auffassungen von nützlicher wissenschaftlicher Forschung dienen können. - Wir sind hier auf die wissenschaftstheoretische Problematik der Hartleyschen Vibrationstheorie ausführlicher eingegangen, weil wir auf diese Theorie im Zusammenhang mit Priestleys ontologischem Monismus (bzw. Materialismus) nochmals zurückkommen.

56 Simons Schrift (vgl. Anmerkung 61) ist unseres Wissens eine der wenigen, innerhalb derer Hartleys und Priestleys Bedeutung für die Pädagogik bzw. science of education etwas stärker betont wird.

57 Priestley, An Examination ... a.a.O. (Anm. 31). S. 25f.

58 Ebenda S. 10.

59 Ebenda S. 6; vgl. bereits den Anmerkung 31 korrespondierenden Text.

60 In der empiristisch-utilitaristischen pädagogischen Tradition Englands wurde (so wie zum Beispiel bei Helvétius) häufig ein sehr weiter Erziehungs-Begriff verwendet; "Erziehung" bezeichnet dann alle Einflüsse, die ein Individuum treffen (alle "circumstances" erziehen). Zugleich wurde aber auch ein enger Erziehungs-Begriff akzeptiert; "Erziehung" bezeichnet dann nur die intentionalen Einflüsse von Menschen auf Menschen. Zu dieser Begriffs-Problematik und -Diskussion im englischen Empirismus-Utilitarismus vgl. jeweils unter dem Stichwort "Erziehungs-Begriff" bzw. "Erziehung im engen und im weiten Sinne": L. Rössner, Reflexionen zur pädagogischen Relevanz der Praktischen Philosophie John Stuart Mills. Philosophische Studien zur Geschichte der empirischen Pädagogik I. Frankfurt a.M.-Bern-New York 1983; L. Rössner, Die Pädagogik der empiristisch-utilitaristischen Philosophie Englands im 19. Jahrhundert. Philosophische Studien zur Geschichte der empirischen Pädagogik II. Frankfurt a.M.-Bern-New York-Nancy 1984; Rössner, Die Pädagogik des englischen Experimentalphilosophen Joseph Priestley. a.a.O. (Anm. 1).

61 B. Simon, Studies in the History of Education 1780 - 1870. London 1969[4]. S. 44 ff.

62 Vgl. hierzu auch die nicht speziell im pädagogischen Zusammenhang gegebenen Hinweise in: McEvoy, Joseph Priestley, "Aerial Philosopher". a.a.O. (Anm. 14). S. 13 f.; McEvoy, McGuire, God and Nature. a.a.O. (Anm. 10). S. 345, S. 352 ff.

63 Vgl. McEvoy, Joseph Priestley, "Aerial Philosopher". a.a.O. (Anm. 13). S. 33; McEvoy, McGuire, God and Nature. a.a.O. (Anm. 10). S. 327.

64 W.R. Aykroyd, Three Philosophers (Lavoisier, Priestley and Cavendish). London 1935. S. 38.

65 H. MacLachlan, English Education under the Test Acts. Being a History of the Nonconformist Academies 1662 - 1820. Manchester 1931. S. 34.

66 Priestley, The History and Present State of Electricity. a.a.O. (Anm. 20). S. IV.

67 Ebenda S. XIX.

68 Priestley, Experiments and Observations on Different Kinds of Air. a.a.O. (Anm. 21). Vol. I. London 1775[2]. S. XVII.

69 Über Doddridge informiert zusammenfassend: A. Gordon, Doddridge, Philip. In: The Dictionary of National Biography. From the Earliest Times to 1900. Volume Vl. Oxford 1882 ff. (Reprint: Oxford 1949 f.). S. 1063 - 1069.

70 Über Aikin informiert zusammenfassend: A.A. Brodribb, Aikin, John (1713 - 1780). In: Ebenda. Volume I. S.185.

71 Wootton faßt zusammen: "When Mrs. Keighley (Priestleys Pflegemutter) was deciding where to send Joseph Priestley to complete his education, Mr. Kirkby, his schoolmaster, recommended Doddridge so strongly that she was persuaded to send Joseph to Northampton. Doddridge, however, had died, and so Priestley became the pupil of his successor Caleb Ashworth at Daventry. The traditions of Northampton, however, still lived on, and so Priestley came, indirectly, under the influence of Doddridge. His principal at Warrington, John Aikin D.D., was even more thoroughly grounded in these traditions for he had been both a pupil and an assistant of Doddridge. It is not surprising, therefore, to find many of the ideas of Doddridge re-appearing in the ideas put into practice at Warrington." (J. Wootton, The Nonconformist Contribution to Educational Thought and Ideas in the Eighteenth Century with special reference to the writings and work of Joseph Priestley. Magister-Dissertation Univ. Leeds 1955. S. 20 f. - Woottons Dissertation ist übrigens - soweit wir wissen - die einzige Arbeit, die die Pädagogik Priestleys und seiner "Associates" thematisiert hat, in der also relativ ausführlich Priestley als Pädagoge gewürdigt wird. (Vgl. auch: Simon, Studies in the History of Education. a.a.O. (Anm. 61). S. 45 (Anmerkung 3).) Sie wird jedoch, so verdienstvoll sie aufgrund des bedauernswerten erziehungswissenschafts-historischen Status' Priestleys ist, der Bedeutung dieses Pädagogen keineswegs voll gerecht.)

72 Vgl. Ph. Doddridge, A Course of Lectures on Pneumatology, Ethics, and Divinity 1763 (1776[2], 1794[3]).

73 A. Lincoln, Some Political & Social Ideas of English Dissent 1763 - 1800. Cambridge 1938. S. 89.

74 McLachlan, English Education under the Test Acts. a.a.O. (Anm. 65). S. 21.

75 R.E. Schofield, The Scientific Background of Joseph Priestley. In: Annals of Science 13(1957)3. S. 150.

76 Priestley, Memoirs. a.a.O. (Anm. 7). S. 76.

77 Vgl. zum Beispiel: Lincoln, Some Political & Social Ideas of English Dissent. a.a.O. (Anm. 73). S. 89.

78 "The Dissenters of Warrington could draw for ideas, not only from the writings of Puritans of the seventeenth century, but from the practical experience of tutors of earlier academies. Their greatest source of influence was Philip Doddridge, whose academy at Northampton dominated the scene in the first half of the eighteenth century as Warrington took the stage in the second half." (Wootton, The Nonconformist Contribution to Educational Thought ... a.a.O. (Anm. 71). S. 9.)

79 Parker, Dissenting Academies in England. a.a.O. (Anm. 24). S. 77.

80 Vgl. hierzu im einzelnen u.a.: Ch. Birchenough, History of Elementary Education in England and Wales. From 1800 to the Present Day. London 1925^2. S. 5 f., S. 10 f., S. 13 - 16; J. Lawson, H. Silver, A Social History of Education in England. London 1973. S. 238 ff.

81 Vgl. hierzu: Rössner, Die Pädagogik der empiristisch-utilitaristischen Philosophie Englands im 19. Jahrhundert. a.a.O. (Anm. 60).

82 Wootton, The Nonconformist Contribution to Educational Thought ... a.a.O. (Anm. 71). S. 10 - 16.

83 Hier ist darauf hinzuweisen, daß Doddridges Northampton-Akademie zunehmend nicht nur Studierende aufnahm, die den Beruf eines Dissenter-Geistlichen anstrebten, sondern auch solche, die sich auf Laien-Berufe vorbereiteten. Vgl. hierzu u.a.: Parker, Dissenting Academies in England. a.a.O. (Anm. 24). S. 82.

84 Wir stützen uns bei dieser Darstellung zum einen auf die Beschreibung des Doddridge-Biographen J. Orton (zitiert in: D. Bogue, J. Bennett, History of Dissenters, From the Revolution in 1688, to the Year 1808. Vol. III. London 1810. S. 305 - 311) und zum anderen auf die von Parker (in: Dissenting Academies in England. a.a.O. (Anm. 24). S. 75 - 96).

85 In den Dissenter-Akademien - und speziell mit Doddridges Studienplan - wurde somit versucht, die Forderungen zu erfüllen, die bereits JOHN MILTON den Akademien programmatisch zugewiesen hatte: "The arrangement of the course (Doddridges) is quite on university lines and quite in accordance with the suggestion of Milton, who ... considered that at an academy a good general and useful education should be given in all subjects and that highly specialised work was to be taken in separate institutions." (Parker, Dissenting Academies in England. a.a.O. (Anm. 24). S. 87; vgl. im einzelnen: J. Milton, Von der Erziehung - Brief an Samuel Hartlib 1644. Hamburg o.J.; weiterhin sei auf Anmerkung 4 des 1. Abschnittes der vorliegenden Abhandlung verwiesen.) Miltons, Doddridges, Priest-

leys, ... Akademie-Konzeption begründete übrigens
eine lange Tradition. Sehr differenziert wurde diese
Konzeption weiter ausgearbeitet von John Stuart
Mill, und zwar speziell in: Inaugural Address. Delivered to the University of St. Andrews. Feb. 1st
1867. London 1867. Vgl. auch: L. Rössner, Die Aktualität von Gedanken John Stuart Mills zur Universitäts-
Erziehung. In: Vierteljahresschrift für wissenschaftliche Pädagogik 58(1982)1; Rössner, Reflexionen zur
pädagogischen Relevanz der Praktischen Philosophie
John Stuart Mills. a.a.O. (Anm. 60). S. 352 - 376.

86 Parker vermerkt: "Under the Rev. Philip Doddridge,
D.D., the academy at Northampton became one of the
most famous in the country. It was in reality a
continuation of an academy to which Doddridge himself
had gone in 1719 when a youth of seventeen, and
which was started at Kibworth in Leicestershire
about 1715 by the Rev. John Jennings." (Parker, Dissenting Academies in England. a.a.O. (Anm. 24). S.
77.)

87 Ebenda S. 78. In diesem Buch ist der 8-Halbjahresplan
der Kibworth-Akademie (auf der Basis einer briefli-
chen Darstellung von Doddridge) abgedruckt. Vgl.
ebenda S. 143 - 146 (Appendix II).

88 Die Northampton-Akademie war die direkte Nachfolgerin
der Kibworth-Akademie, die 1722 nach Hinkley verlegt
wurde, sodann in Harborough fortgeführt werden
sollte, aber 1729 in Northampton unter großen Schwierigkeiten von Doddridge neu eröffnet wurde. Vgl.
Parker, Dissenting Acaemies in England. a.a.O. (Anm.
24). S. 79 ff.

89 Ebenda S. 86.

90 Ausführlichere Hinweise finden sich bei Orton (vgl.
Anmerkung 84); wir halten jedoch den Kurzkommentar
Parkers im vorliegenden Zusammenhang für ausreichend.

91 Pneumatology = Psychology.

92 Vgl. auch: Priestley, Memoirs. a.a.O. (Anm. 7). S.
77. Dort finden sich noch ausführlichere Hinweise.

93 Parker, Dissenting Academies in England. a.a.O.
(Anm. 24). S. 86 ff. Parker belegt diese Feststellung
mit Aussagen Doddridges, die wir hier nicht aufzufüh-
ren brauchen. Vgl. ebenda S. 88 f. sowie S. 148 (Appendix III, Section I, No. 10).

94 Auch Parker weist darauf hin, daß Doddridges Lehrplan
von einem "realistic spirit" bestimmt wurde, der
"condemned excessive study of languages" (ebenda S.
89).

95 Vgl. hierzu auch den Anmerkung 76 korrespondierenden
Text.

96 Zitiert nach: Bogue, Bennett, History of Dissenters.
Vol. III. a.a.O. (Anm. 84). S. 308.

97 Ebenda S. 309.

98 "Doddridge's students came from all parts of the Uni-

ted Kingdom and some even from Holland; among them were several who occupied positions of importance as lawyers, doctors or ministers in various parts of the country." (Parker, Dissenting Academies in England. a.a.O. (Anm. 24). S. 92.)

99 Vgl. Anmerkung 71.

100 Vgl. den Anmerkung 71 korrespondierenden Text.

101 Priestley, Memoirs. a.a.O. (Anm. 7). S. 87.

102 McLachlan, English Education under the Test Acts. a.a. O. (Anm. 65). S. 213. - Zu Aikins Lehrtätigkeit an der Warrington-Akademie (er lehrte im Verlaufe der Jahre in vielen Disziplinen (Französisch, Grammatik, Rhetorik, Logik, Geschichte, Klassische Fächer, "Divinity" etc.)) vgl. ebenda S. 212 - 215; Parker, Dissenting Academies in England. a.a.O. (Anm. 24). S. 110 - 112; Wootton, The Nonconformist Contribution to Educational Thought. a.a.O. (Anm. 71). S. 138 - 142.

103 "In 1780 the Academy (Warrington) was deprived by death of the valuable services of Dr. Aikin, and from that date its decline may be said to have begun." (McLachlan, English Education under the Test Acts. a.a.O. (Anm. 65). S. 223.)

104 Parker, Dissenting Academies in England. a.a.O. (Anm. 24). S. 109.

105 Wootton, The Nonconformist Contribution to Educational Thought. a.a.O. (Anm. 71). S. 141.

106 Ebenda S. 139.

107 Ebenda S. 141.

108 Ebenda S. 142. Vgl. auch: A. Holt, A Life of Joseph Priestley (1931). Westport 1970. S. 29.

109 Vgl. Parker, Dissenting Academies in England. a.a.O. (Anm. 24). S. 112.

110 Ebenda. - So wenig Priestley begründet die Rolle eines politischen Revolutionärs zugeordnet werden kann - in wissenschaftlicher und speziell pädagogischer Hinsicht erscheint die Rede vom Revolutionär Priestley durchaus angemessen. Vgl. hierzu auch: I. B. Cohen, The Eighteenth-Century Origins of the Concept of Scientific Revolution. In: Journal of the History of Ideas XXXVII(1976). S. 284 ff.

111 Die Manchester-Akademie (genannt "New College") wurde 1786 gegründet und war, wie gesagt, die unmittelbare Nachfolgerin der Warrington-Akademie. Die ersten sie leitenden Tutoren (R. Harrison und Th. Barnes) waren ehemalige Warrington-Studenten, und die Warrington-Bücherei ging an die Manchester-Akademie über. Vgl. im einzelnen: McLachlan, English Education under the Test Acts. a.a.O. (Anm. 65). S. 255 - 261.

112 Wootton, The Nonconformist Contribution to Educational Thought. a.a.O. (Anm. 71). S. 133.

113 Trotz nicht allzu umfangreichen "pädagogischen Materials" bietet Wootton (ebenda S. 133 - 177) eine relativ ausführliche Darstellung, die wir hier heranziehen konnten. Es ist Woottons Verdienst, als

erster und - soweit wir wissen - bisher einziger die
"pädagogische Warrington-Linie" verfolgt und durch
Aussagen ihrer Vertreter belegt zu haben. Leider
blieb diese Untersuchung unveröffentlicht.
114 J. Priestley, Lectures on History and General Policy
(1803). In: The Theological and Miscellaneous Works
of Joseph Priestley. With Notes, By the Editor (J.T.
Rutt). Volume XXIV. London 1826 (Reprint: New York
1972). S. 179 (Anmerkung).
115 Wootton, The Nonconformist Contribution to Educational
Thought. a.a.O. (Anm. 71). S. 146. - Auf die ebenfalls
nicht unbedeutende Lucy Aikin (1781 - 1864), die
Tochter von John Aikin jun., sei hier nur hingewiesen.
Ihr verdanken wir zahlreiche Hinweise auf ihren
Vater und ihre Tante, deren Biographien sie schrieb.
(Vgl. L. Aikin, Memoir of John Aikin. With a Selection
of his Miscellaneous Pieces, Biographical, Moral, and
Critical. London 1823; The Works of Anna Laetitia
Barbauld. With a Memoir by Lucy Aikin. London 1825.)
Auch Lucy gehörte zum Warrington-Kreis im weiteren
Sinne (vgl. zum Beispiel: W.A. Shaw, Dissenting
Academies. Their Contribution to English Education.
In: The Encyclopaedia and Dictionary of Education.
London 1921 f. S. 469; T.E. Thorpe, Joseph Priestley.
London-New York 1906. S. 38 f.), verehrte Priestley,
der sie seinerseits als Historikerin schätzte (vgl.
bibliographische Angabe Anmerkung 114). Vgl. A.A.
Brodribb, Aikin, Lucy. In: The Dictionary of National
Biography. From the Earliest Times to 1900. Volume
I. Oxford 1882 ff. (Reprint: Oxford 1949 f.). S.
186 f.
116 Vgl. A.A. Brodribb, Barbauld, Anna Laetitia. In:
ebenda S. 1065.
117 Zeitpunkt und Länge dieser Tätigkeit können wir
nicht angeben. In der uns zur Verfügung stehenden
Literatur fanden wir jeweils nur den Hinweis "für
einige Jahre". Nach McLachlan war John Aikin jun.
aber schon zu Priestleys Zeiten an der Akademie tätig und auch noch nach Priestleys Ausscheiden. Vgl.
McLachlan, English Education under the Test Acts. a.
a.O. (Anm. 65). S. 219.
118 Schon in der Warringtoner Zeit Priestleys verfaßte
Anna Laetitia Aikin Gedichte (Elogen) Priestley
betreffend, und noch 30 Jahre später schrieb sie ein
Priestley-Gedicht anläßlich der Anfeindungen, denen
Priestley politisch wegen seiner Sympathien für die
Französische Revolution ausgesetzt war. Vgl. die
Wiedergaben in: Gibbs, Joseph Priestley. a.a.O.
(Anm. 4). S. 32 ff. und S. 217.
119 Anna Laetitia pflegte enge Beziehungen zum Beispiel
zu der Pädagogin und Schriftstellerin Maria Edgeworth,
und John war zum Beispiel mit dem Arzt, Pädagogen,
... Erasmus Darwin freundschaftlich verbunden. Mit

Maria Edgeworth und Erasmus Darwin als bedeutenden Aufklärungspädagogen werden wir uns noch ausführlich befassen.

120 In den Memoirs schreibt Priestley: "I was far from having any pretension to the character of a poet; but in the early part of my life, I was a great versifier, and this, I believe ..., contributed to the ease with which I always wrote prose. Mrs. Barbauld has told me that it was the perusal of some verses of mine, that first induced her to write any thing in verse, so that this country is in some measure indebted to me for one of the best poets it can boast of. Several of her first poems were written when she was in my house, on occasions that occurred while she was there." (Priestley, Memoirs. a.a.O. (Anm. 7). S. 89.)

121 Vgl. Gibbs, Joseph Priestley. a.a.O. (Anm. 4). S. 85.

122 Birchenough, History of Elementary Education in England and Wales. a.a.O. (Anm. 80). S. 4 f.

123 Richard Lovell und Maria Edgeworth waren vom erzieherischen Nutzen der Barbauldschen "Lessons for Children" (London 1778) sehr angetan und besprachen sie sehr ausführlich in ihrem Buch "Practical Education". Einleitend zu dieser Besprechung schreiben sie: "The first books which are now usually put into the hands of a child are Mrs. Barbauld's Lessons; they are by far the best books of the kind that have ever appeared; those only who know the difficulty, and the importance of such compositions in education, can sincerely rejoice, that the admirable talents of such a writer have been employed in such a work." (M. und R.L. Edgeworth, Practical Education. Vol. I. London 1798. S. 317.)

124 Birchenough, History of Elementary Education in England and Wales. a.a.O. (Anm. 80). S. 272. Vgl. auch: Fr. Smith, A History of English Elementary Education. 1760 - 1902. London 1931 (Reprint: New York 1970). S. 66, S. 126.

125 Die "Lessons" waren für Kinder vom 3. bis zum 5. Lebensjahr bestimmt, wenngleich diese Altersstufen wohl zum Teil überfordert wurden, worauf auch die Edgeworths (vgl. Anmerkung 127) hinwiesen.

126 Wootton, The Nonconformist Contribution to Educational Thought. a.a.O. (Anm. 71). S. 151.

127 Ebenda S. 148. Vgl. dazu auch die (zum Teil durchaus kritischen) Analysen dieser "Lessons" und die Benutzungsanleitung für Erzieher in Edgeworths "Practical Education". a.a.O. (Anm. 123). S. 317 - 325. Hinzuweisen ist hier weiterhin auf Barbaulds nach dem gleichen Plan wie die "Lessons" aufgebautes Werk "An Easy Introduction to the Knowledge of Nature" (London 1782), auf zahlreiche weitere Werke "for the use of children and young persons" und auf das gemeinsame Werk von Barbauld und Maria Edgeworth "Lessons for Children" (New York 1823).

128 C. Meigs, A.Th. Eaton, E. Nesbitt, R.H. Viguers, A Critical History of Children's Literature. New York 1953. S. 69. Vgl. im einzelnen: J. Aikin, A.L. Barbauld, Evenings at Home; or, the Juvenile Budget Opened. Consisting of Miscellaneous Pieces, for the Instruction and Amusement of Young Persons. London 1792 ff.

129 "Aikin is better known as a man of letters than as a physician. His elegant scholarship gave a natural polish to all that he wrote, and his varied attainments, as well as his moral uprightness, earned him many friends." (A.A. Brodribb, Aikin, John (1747 - 1822). In: The Dictionary of National Biography. From the Earliest Times to 1900. Volume I. Oxford 1882 ff. (Reprint: Oxford 1949 f.). S. 186.)

130 Vgl. hierzu: A. Sullivan (ed.), British Literary Magazines. The Augustan Age and the Age of Johnson, 1698 - 1788. Westport-London 1983. S. 11 ff.; A. Sullivan (ed.), British Literary Magazines. The Romantic Age, 1789 - 1836. Westport-London 1983. S. 314 f., S. 389 et passim.

130 Die pädagogische Intention vieler Werke Aikins kommt
a bereits deutlich im jeweiligen Titel zum Ausdruck. Vgl. zum Beispiel: The Calendar of Nature; Designed for the Instruction and Entertainment of Young Persons. Warrington-London 1784; England Delineated; or, A Geographical Description of every County in England and Wales; with a Concise Account of its most Important Products, Natural and Artificial. For the Use of Young Persons. London 1788.

131 Wootton, The Nonconformist Contribution to Educational Thought. a.a.O. (Anm. 71). S. 152. - Diesem Vergleich mit Priestley kann man nur mit Einschränkung zustimmen. Auch Priestley realisierte einen solchen "encyclopaedic view", speziell auch im pädagogischen Zusammenhang, wie man an Hand seiner Schriften leicht nachweisen kann. Wir verweisen hier auf unsere Priestley-Monographie. a.a.O. (Anm. 1).

132 Vgl. J. Aikin, Letters to a Young Lady on a Course of English Poetry. London 1804. - Wir kommentieren beispielhaft: Aikin geht es in diesen Briefen, in denen er seine Adressatin Mary mit zahlreichen englischen Dichtern, mit "friends to virtue" (S. 3), bekanntmacht, darum, "formation of a correct taste" (S. 42 et passim) bzw. allgemein "cultivation ... (of) understanding" (S. 2) zu leisten, "human conduct" (S. 103 et passim) zu beeinflussen, um den "low state of mental cultivation among the females of that period" (S. 66) zu überwinden. Mit seinen Briefen verfolgt Aikin "a liberal plan of mental cultivation" (S. 82), will er "valuable lessons for the conduct of life" (S. 150) bieten; denn er ist davon überzeugt, daß die Dichter, die er behandelt, "best models" (S. 5)

sind, über deren Schriften "immediate illustrations by examples" (ebenda) geboten werden können, um "friends of light and liberty" (S. 162) heranzubilden. Der "didactic poet", die "didactic pieces" (S. 90) stehen daher im Mittelpunkt der "lessons", um "principles of human conduct" (S. 203) über "models" bzw. "examples" zu vermitteln: "I am convinced, that such a union of moral and religious sentiment with the harmony of numbers and the splendour of language, as our best poets afford, is of important use in elevating the mind, and fortifying it against those trials to which the human condition is perpetually exposed" (S. 296 f.). Daß Aikin hier die Wichtigkeit der Erziehung des weiblichen Geschlechtes sehr betont, sei hervorgehoben, wobei zu bemerken ist, daß es Aikin nicht nur um eine spezifische Kultivierung des weiblichen Geschlechtes geht, sondern um eine allgemeine, zu der zum Beispiel auch "philosophical inquiry into the nature and end of human beings" (S. 90) oder allgemeine "natural history" (S. 60) gehören. Auch speziell in dieser Intention stimmte Aikin zum Beispiel mit Priestley (vgl. Rössner, Die Pädagogik des englischen Experimentalphilosophen Joseph Priestley. a.a.O. (Anm. 2). S. 341) oder, wie wir sehen werden, mit Erasmus Darwin überein.

133 Vgl. J. Aikin, Letters from a Father to His Son on Various Topics Relative to Literature and the Conduct of Life. Dublin und London 1793.

134 Vgl. J. Aikin, The Arts of Life, described in a series of Letters for the Instruction of Young Persons. London 1802.

135 Wootton, The Nonconformist Contribution to Educational Thought. a.a.O. (Anm. 71). S. 158.

136 Vgl. Priestley, Memoirs. a.a.O. (Anm. 7). S. 91.

137 Zu Enfield und seinen zahlreichen weiteren Schriften vgl.: Ch. W. Sutton, Enfield, William. In: The Dictionary of National Biograyphy. From the Earliest Times to 1900. Volume VI. Oxford 1882 ff. (Reprint: Oxford 1949 f.). S. 787 f.

138 Wootton, The Nonconformist Contribution to Educational Thought. a.a.O. (Anm. 71). S. 151. Zu dieser Charakterisierung zwei Anmerkungen: 1. Enfields eigene Lehrpraxis war nicht unumstritten. Er wurde als "mere lecturer" kritisiert (William Turner) (vgl. McLachlan, English Education under the Test Acts. a.a.O. (Anm. 65). S. 222). 2. Der Schluß auf ein naiv empirisches Vorgehen in Warrington (diesen legt Wootton mit seiner Bemerkung nahe) wäre falsch. Priestley etwa war alles andere als ein naiver Empirist. Wir werden dies noch zeigen.

139 Vgl. G.C. Boase, Henry, Thomas. In: The Dictionary of National Biography. From the Earliest Times to 1900. Volume IX. Oxford 1882 ff. (Reprint: Oxford 1949 f.). S. 578 f.

140 Vgl. A.B. Grosart, Barnes, Thomas. In: Ebenda. Volume
    I. S. 1177.
141 Vgl. A. Gordon, Harrison, Ralph. In: Ebenda. Volume IX.
    S. 37.
142 Vgl. Anmerkung 111.
143 Auf Barnes folgte George Walker, der zuvor Tutor an
    der Warrington-Akademie gewesen war.
144 Simon, Studies in the History of Education. a.a.O.
    (Anm. 61). S. 26.
145 Ebenda S. 58.
146 Vgl. ebenda S. 26.
147 Thomas Percival war (wahrscheinlich) der erste
    Student der Warrington-Akademie und ein Freund
    Priestleys. Vgl. A. Nicholson, Percival, Thomas. In:
    The Dictionary of National Biography. From the Earliest
    Times to 1900. Volume XV. Oxford 1882 ff. (Reprint:
    Oxford 1949 f.). S. 828 f. Percival äußerte sich
    auch pädagogisch: 1775 - 1800 publizierte er ein
    dreiteiliges Werk für Kinder "A Father's Instructions",
    und in seinem Essay "On the Pursuits of Experimental
    Philosophy" (vorgetragen vor der Manchester-Society
    am 14.5.1784 und publiziert in: Memoirs and Procee-
    dings of the Manchester Literary and Philosophical
    Society. Vol. 2, 1st series (1789). S. 342 - 357)
    bot er Reflexionen über "the natural progress of all
    true learning" (S. 342): Durch die Beschäftigung mit
    "experimental philosophy" bzw. durch die Aneignung
    von "natural knowledge" werden die Verstandeskräfte
    geübt und fortentwickelt, "and our moral affections
    are elevated to superior degress of piety, towards
    the great Author of all that is fair and good in the
    creation" (S. 343 f.). Percival erörtert speziell
    wissenschaftliches Lernen und Arbeiten (und die wis-
    senschaftliche Methode) und dessen (deren) Vorteile
    für die Persönlichkeitsentwicklung insgesamt; er
    plädiert für vorsichtigen und geduldigen "empyricism"
    (S. 353, S. 351, S. 345) und gegen bloße Spekulation
    und Skeptizismus, "founded in pride and indolence"
    (S. 352) - u.a. ausgehend von Priestley, "whose
    accuracy and fidelity are not less distinguished
    than his learning and ingenuity" (S. 346).
148 Simon, Studies in the History of Education. a.a.O.
    (Anm. 61). S. 21.
149 Simon bezieht sich hier auf Barnes' am 9. 1. 1782
    vor der Manchester-Society gehaltenen Vortrag "On
    the Affinity subsisting between the Arts, with a
    Plan for promoting and extending Manufactures, by
    Encouraging those Arts, on which Manufactures princi-
    pally depend". In: Memoirs of the Manchester Litera-
    ry and Philosophical Society. Vol. 1, 1st series (1785).
    S. 72 - 89.
150 Der genaue Titel des Vortrages bzw. Essays lautet: "On
    the Advantages of Literature and Philosophy in gene-
    ral, and especially on the consistency of Literary

and Philosophical with Commercial Pursuits". In: Memoirs of the Manchester Literary and Philosophical Society. Vol. 1, 1st series (1785). S. 7 - 29.
151 Simon, Studies in the History of Education. a.a.O. (Anm. 61). S. 58 f.
152 Der Titel verweist sehr deutlich auf Priestleys pädagogisches Hauptwerk "An Essay on a Course of Liberal Education for Civil and Active Life". a.a.O. (Anm. 25).
153 Simon bezieht sich hier auf Barnes' Schrift aus dem Jahre 1786 "Free Teaching and Free Learning" (vgl. Simon, Studies in the History of Education. a.a.O. (Anm. 61). S. 61, Anmerkung 5). - Auf die Verbindung zwischen universitärer und Erwachsenenbildung, die in unserer Zeit als "moderne" Institution diskutiert und intendiert wird und bereits in Manchester vor 200 Jahren realisiert wurde, sei hingewiesen! Eine möglichst gute Ausbildung für möglichst viele Menschen wurde schon seinerzeit intendiert - gemäß einem pädagogischen Utilitäts-Prinzip. Wir kommen darauf zurück.
154 Simon, Studies in the History of Education. a.a.O. (Anm. 61). S. 60 ff. - Dieser Lehrplan entsprach dem Plan, den Priestley in Warrington entwickelt hatte.
155 Henry (ab 1781 einer der Sekretäre, ab 1807 bis 1816 Präsident der Manchester-Society) war wie Percival ein enger Freund Priestleys, der Henry auch für die Aufnahme in die Royal Society empfahl. Bei Schofield heißt es: "Henry's friendship with Priestley predates the publication of the latter's first volume of Experiments and Observations on Air" (vgl. o.a. Anm. 21), "which contains an extract of a letter from Henry; subsequent volumes of that work attest the continued friendship, which probably commenced through their mutual friend, Dr. Thomas Percival. The manuscript letters from Priestley to Henry seem to have disappeared. Thomas Henry's son, William, wrote one of the earliest scientific biographical sketches of Priestley." (Schofield, A Scientific Autobiography of Joseph Priestley. a.a.O. (Anm. 6). S. 359.)
156 Vgl. Anmerkung 150.
157 Henry, On the Advantages of Literature and Philosophy ... a.a.O. (Anm. 150). S. 7.
158 Vgl. ebenda S. 14.
159 Ebenda S. 8.
160 Ebenda S. 10.
161 Vgl. ebenda S. 16 f.
162 Vgl. ebenda S. 11.
163 Vgl. ebenda S. 28.
164 Ebenda S. 15.
165 Vgl. ebenda S. 22 f.
166 Ebenda S. 27.
167 Vgl. ebenda S. 8.
168 Vgl. bereits die den Anmerkungen 20 und 21 der Ein-

leitung korrespondierenden Texte. Wir kommen auf dieses Problem noch mehrmals zu sprechen.

169 Th. Barnes, Discourse at the Public Commencement of Manchester Academy. Warrington 1786. S. 4. Zitiert nach: Wootton, The Nonconformist Contribution to Educational Thought. a.a.O. (Anm. 71). S. 171.

170 R. Harrison, A Sermon on the occasion of the Establishment of Manchester Academy. Warrington 1786. S. 18. Zitiert nach: Wootton. o.a. S. 168 f. - Ähnlich heißt es bei Barnes: "Allowing the original difference stamped upon human minds to be great, yet education marks far greater and stronger lines of distinction, between one mind and another." (Th. Barnes, A brief Comparision of some of the principal Arguments in Favour of Public and Private Education. In: Memoirs and Proceedings of the Manchester Literary and Philosophical Society. Vol. 2, 1st series (1789). S. 1.)

171 Barnes, Discourse ... a.a.O. (Anm. 169). S. 9. Zitiert nach: Wootton. o.a. S. 171.

172 Harrison, A Sermon ... a.a.O. (Anm. 170). S. 9. Zitiert nach: Wootton ebenda S. 167.

173 Harrison ebenda S. 10. Zitiert nach: Wootton ebenda S. 168.

174 Harrison ebenda S. 21. Zitiert nach: Wootton ebenda S. 167.

175 Wootton ebenda S. 175.

176 Barnes, Discourse ... a.a.O. (Anm. 169). S. 24. Zitiert nach: Wootton ebenda S. 175.

177 Vgl. Wootton ebenda S. 173 sowie Barnes, On the Affinity subsisting between the Arts ... a.a.O. (Anm. 149). S. 73 f., S. 81.

178 Vgl. Wootton. o.a. S. 169.

179 Barnes, A brief Comparision ... of Public and Private Education. a.a.O. (Anm. 170). S. 1.

180 Th. Barnes, A Plan for the Improvement and Extension of Liberal Education in Manchester (1783). In: Memoirs and Proceedings of the Manchester Literary and Philosophical Society. Vol. 2, 1st series (1789). S. 16.

181 Vgl. zum Beispiel ebenda S. 16, S. 26 f.

182 Th. Barnes, On the Voluntary Power which the Mind is able to exercise over Bodily Sensation (1784). In: Memoirs and Proceedings of the Manchester Literary and Philosophical Society. Vol. 2, 1st series (1789). S. 467.

183 Vgl. ebenda S. 477 - 482.

184 Ebenda S. 468.

185 Barnes, A brief Comparision ... of Public and Private Education. a.a.O. (Anm. 170). S. 5.

186 Ebenda S. 2.

187 "It is far more easy to form a theoretic idea of a school ..., than to realize it in action" (ebenda S. 13). - Es sei hier schon einmal darauf hingewiesen

- wir kommen darauf noch mehrmals zurück -, daß
speziell "experimentelle" Forschung in den Sozialwissenschaften seinerzeit noch nicht in dem Sinne
aufgefaßt und praktiziert wurde, wie dies heute geschieht. Wir stehen hier am Beginn empirisch-experimenteller sozial- und speziell erziehungswissenschaftlicher Forschung.

188 Vgl. zum Beispiel Barnes, On the Affinity subsisting
between the Arts ... a.a.O. (Anm. 149). S. 74 f., S.
81.

189 Barnes, A brief Comparision ... of Public and Private
Education. a.a.O. (Anm. 170). S. 7.

190 Vgl. bereits Anmerkung 85.

191 Vgl. bereits Anmerkung 177 und korrespondierenden Text.

192 In modernerer Formulierung heißt dies: "Der Spezialist
ist in seinem winzigen Weltwinkel vortrefflich zu
Hause; aber er hat keine Ahnung von dem Rest." (J.
Ortega y Gasset, Der Aufstand der Massen (1930).
Hamburg 1956. S. 82.)

193 Barnes, On the Affinity subsisting between the Arts
... a.a.O. (Anm. 149). S. 74.

194 Ebenda S. 83.

195 Vgl. ebenda S. 77.

196 Vgl. ebenda S. 81 ff.

197 Barnes sagt (ebenda S. 75 f.): "Newton was not the
mere astronomer, or calculator; Boyle was not,
merely, the natural philosopher; nor was Locke, the
mere metaphysician. They had occasionally wandered
into the other walkes of science, and had brought
from thence treasures, to enrich their favourite
stores."

198 Ebenda S. 82.

199 Ebenda S. 84.

200 Barnes, A Plan for the Improvement and Extension of
Liberal Education. a.a.O. (Anm. 180). S. 19.

201 Vgl.ebenda S. 20, S. 25.

202 Ebenda S. 23.

203 Barnes, On the Affinity subsisting between the Arts
... a.a.O. (Anm. 149). S. 73. Wir verweisen hier
nochmals auf die o.a. (Anmerkung 192) aufgeführte
Bemerkung Ortega y Gassets!

204 Vgl. ebenda S. 77 f.

205 Vgl. hierzu im einzelnen den Abschnitt "Autoritäten
- Eliten - Erziehung der Erzieher: Universitäts-Er-
ziehung". In: Rössner, Reflexionen zur pädagogischen
Relevanz der Praktischen Philosophie John Stuart
Mills. a.a.O. (Anm. 60). S. 352 - 376.

206 Priestley, Heads of Lectures on a Course of Experimental Philosophy. a.a.O. (Anm. 8). S. XVII.

207 Ebenda S. XVII f. - Zur weiteren Kennzeichnung von
"liberal education" bei Priestley und in der Priestley-Tradition vgl.: Rössner, Die Pädagogik des
englischen Experimentalphilosophen Joseph Priestley.
a.a.O. (Anm. 1). S. 84 f. (Anmerkung 25) et passim.

208 In Warrington entstanden - neben zahlreichen anderen Werken - wichtige pädagogische Abhandlungen Priestleys. Vor allem ist hier auf sein 1765 erschienenes pädagogisches Hauptwerk zu verweisen, nämlich den "Course of Liberal Education", auf dessen vollständigen und aufschlußreichen Titel hier verwiesen werden soll (vgl. a.a.O. (Anm. 25)). Daneben entstanden und wurden zum Teil schon während der Warrington-Zeit publiziert: "The Rudiments of English Grammar, Adapted to the Use of Schools; with Notes and Observations for the Use of those who have made some proficiency in the Language" (1761). In: The Theological and Miscellaneous Works of Joseph Priestley. With Notes, By the Editor (J.T. Rutt). Volume XXIII. London 1824 (Reprint: New York 1972); "A Course of Lectures on the Theory of Language, and Universal Grammar (1762). In: Ebenda; "A Chart of Biography" (1765). Vgl. Anhang zum "Course of Liberal Education" o.a. sowie Appendix IV in: The Theological and Miscellaneous Works of Joseph Priestley. Volume XXIV. a.a.O. (Anm. 114); "A New Chart of History" (1769). Vgl. ebenda Appendix V; "A Course of Lectures on Oratory and Criticism" (1777). In: The Theological and Miscellaneous Works of Joseph Priestley. Volume XXIII. o.a. Vgl. im übrigen Priestleys Hinweise in seinen Memoirs (a.a.O. (Anm. 7)) S. 87 - 91.

209 Vgl. dazu im Detail: Rössner, Die Pädagogik des englischen Experimentalphilosophen Joseph Priestley. a.a.O. (Anm. 1).

210 Parker, Dissenting Academies in England. a.a.O.(Anm. 24). S. 115; vgl. auch: A. Lincoln, some Political & Social Ideas of English Dissent. 1763 - 1800. Cambridge 1938. S. 78.

211 Matthew Turner (? - ?1788) war über Jahrzehnte ein enger Freund Priestleys, der sich mit ihm insbesondere auch auf theologischem Felde auseinandersetzte. Die Beziehungen zu dem vielseitigen Turner waren aber ebenfalls vielseitig, insbesondere auch durch die beiderseitigen Beziehungen zu Josiah Wedgwood (auf den wir noch zu sprechen kommen). Turner war "a good surgeon, a skilful anatomist, a practised chemist, a draughtsman, a classical scholar, and a ready wit, he formed one of a group of eminently intellectual men, who did much to foster a literary and artistic taste among the more educated classes at Liverpool." (E. Meteyard, The Life of Josiah Wedgwood from his Private Correspondence and Family Papers with An Introductory Sketch of the Art of Pottery in England. Vol. I. London 1865 (Neuausgabe: London 1970). S. 300.)

212 Vgl. Priestley Memoirs. a.a.O. (Anm. 7). S. 94.

213 Priestley, An Essay on a Course of Liberal Education. a.a.O. (Anm. 25). S. 4 f.

214 Parker, Dissenting Academies in England. a.a.O. (Anm. 24). S. 115.

215 L. Stephen, The English Utilitarians. Vol. I: Jeremy
Bentham. London 1900. S. 235.

216 Fr. Hutcheson, An Inquiry into the Original of our
Ideas of Beauty and Virtue (1725). In: Collected
Works of Francis Hutcheson. Volume I. London 1725
(Reprint: Hildesheim 1971). S. 164.

217 Vgl. hierzu im einzelnen (und speziell im pädagogischen
Zusammenhang): Rössner, Die Pädagogik der empiristisch-
utilitaristischen Philosophie Englands im 19. Jahrhundert. a.a.O. (Anm. 60).

218 Bentham war sich nicht sicher, von wem er das Greatest happiness-principle übernommen hatte.

219 C.B. de Beccaria, Dei delitti e delle pene (1764).
Nuova Edizione Corretta e Accresciuta. Harlem e si
vende A Parigi 1780. S. 2 (§ I).

220 J. Priestley, An Essay on the First Principles of
Government; and on the Nature of Political, Civil,
and Religious Liberty. London 1768. S. 17.

221 Wir verweisen hier nochmals auf Anmerkung 1!

222 Hier sind nach Priestley Einschränkungen zu machen:
Da Welt und Menschheit einem "benevolent determinism"
unterliegen, ist der Fortschritt zum Glück letztlich
unaufhaltsam, wird eine glückliche Gesellschaft auch
ohne entsprechende intentionale Leistungen des
Menschen entstehen. Geistige Anstrengung, Wissensver-
mehrung und damit auch Erziehung können jedoch den
Prozeß zum Glück beschleunigen und sichern. Wir kommen
darauf zurück.

223 Priestley, An Essay ... of Liberal Education. a.a.O.
(Anm. 25). S. 8.

224 J.W. Adamson, English Education 1789 - 1902 (1930).
Cambridge 1964[2]. S. 2.

225 Zur Stellung Abraham Tuckers (1705 - 1774) in der
Hartley-Tradition und zu seiner Traditionsvermittlung
innerhalb des Utilitarismus vgl. allgemein: W.R.
Sorley, A History of English Philosophy. Cambridge
1937[2]. S. 196 ff.; L. Stephen, The English Utilitarians. Vol. II: James Mill. London 1900. S. 189 (hier
wird auch (vgl. bereits Anmerkung 30) die Hartley-Tuk-
ker-Priestley-James und John Stuart Mill-Tradition
belegt); vgl. weiterhin speziell: W. Paley, The
Principles of Moral and Political Philosophy (1785).
Edinburgh 1814[21]. S. XVIII f. Im übrigen sei verwiesen
auf: L. Stephen, Tucker, Abraham. In: The Dictionary
of National Biography. From the Earliest Times to
1900. Volume XIX. Oxford 1882 ff. (Reprint: Oxford
1949 f.). S. 1204 ff.

226 L. Stephen, History of English Thought in the Eighteenth Century. Vol. I. London 1876, S. 65.

227 Der in der empiristisch-utilitaristischen Praktischen
Philosophie und speziell Pädagogik zentrale Begriff
"art of education" (Erziehungskunst) bezeichnet
modern gesprochen "Technologie der Erziehung", also
ein effektivitätsorientiertes Informationssystem,

über das eine wissenschaftliche Fundierung der
Erziehungspraxis angestrebt wird. Vor allem John
Stuart Mill elaborierte im Rahmen seiner "Logik der
Praxis" sehr differenziert das generelle Konzept
"Technologische Theorie der Praxis" (unter Einschluß
von "Technologische Theorie der Erziehungspraxis").
Zu den Begriffen Kunst und Erziehungskunst (art und
art of education) in der empiristisch-utilitaristischen Pädagogik vgl. jeweils unter den Stichworten
"Kunst(-Lehre, -Regel, -Theorie)" und "Erziehungskunst (-lehre)" in: Rössner, Reflexionen zur pädagogischen Relevanz der Praktischen Philosophie John
Stuart Mills. a.a.O. (Anm. 60); Rössner, Die Pädagogik der empiristisch-utilitaristischen Philosophie
Englands im 19. Jahrhundert. a.a.O. (Anm. 60); Rössner, Die Pädagogik des englischen Experimentalphilosophen Joseph Priestley. a.a.O. (Anm. 1).

228 Simon, Studies in the History of Education.   a.a.O.
(Anm. 61). S. 24.

229 Es sei hier nochmals auf den Anmerkung 61 korrespondierenden Text verwiesen. In ihm wird die Entwicklung
zum "pädagogischen Assoziationismus" beschrieben.

230 "There is no conception in a man's mind, which hath
not at first, totally, or by parts, been begotten
upon the organs of sense." (Th. Hobbes, Leviathan
(1651). Glasgow 1983. S. 61 (Erstes Buch, erstes
Kapitel).) "This great source of most of the ideas
we have, depending wholly upon our senses, and derived by them to the understanding, I call sensation."
(J. Locke, An Essay Concerning Human Understanding
(1690). Volume I. London 1788[18]. S. 83 (Zweites Buch,
erstes Kapitel, § 3).)

231 Priestley, Introductory Essays (Essay II). a.a.O. (Anm.
30). S. 184.

232 McEvoy, McGuire, God and Nature. a.a.O. (Anm. 10).
S. 349. Vgl. auch: McEvoy, Joseph Priestley, "Aerial
Philosopher". a.a.O. (Anm. 14). S. 17 - 20.

233 McEvoy, McGuire, God and Nature. a.a.O. (Anm. 10).
S. 352 f.

234 Seine klassische Formulierung fand dieser Zusammenhang bei Auguste Comte, wobei bemerkenswert ist, daß
Comte hier sehr nachdrücklich auf den Priestley-Nach-
folger J.St. Mill, verweist, der in gleichem Sinne
argumentiere. Bei Comte heißt es: "Le véritable
esprit positif consiste surtout à voir pour prévoir,
à étudier ce qui est afin d'en conclure ce qui sera,
d'après le dogme général de l'invariablitè des lois
naturelles." ("Der wahre positive Geist besteht vor
allem darin zu sehen, um vorauszusehen, zu erforschen,
was ist, um daraus aufgrund des allgemeinen Lehrsatzes
von der Unwandelbarkeit der Naturgesetze das zu er-
schließen, was sein wird.") (A. Comte, Discours sur
l'Esprit Positif (1844). Hamburg 1956. S. 34 (S. 35).
Was für den positiven (=wissenschaftlichen) Geist gilt,

gilt nach Priestley auch für "human mind" im Alltag,
da dieser zu "judgments" gelangen muß ("will"), um
sein Glück nicht zu verfehlen (bzw. aufgrund von
"prejudices" verfehlen zu müssen). Dabei hat der
positive (wissenschaftliche) Geist (haben die Wissenschaften) die Aufgabe, die Menschen adäquat aufzuklären, also ihr Lernen in Richtung auf "judgments" zu
unterstützen, eine Aufgabe, die Priestley selbst mit
all seinen naturwissenschaftlichen Untersuchungen
und Publikationen ausdrücklich (auch) zu erfüllen
suchte.

235 Vgl. Literaturangabe in Anmerkung 27.

236 Priestley, The History and Present State of Electricity. a.a.O. (Anm. 20). S. 441 f. - Die zitierte
Passage deutet eine psychologistische Interpretation
des Kausalgesetzes (im Sinne des Humeschen Subjekti-
vismus) an. Eine solche Interpretation wurde von
Priestley nicht generell akzeptiert; sie konnte vom
deterministischen Monisten Priestley nicht akzeptiert
werden. Wir klammern dieses Problem der Priestleyschen
Philosophie hier aus, da es uns für den pädagogischen
Zusammenhang irrelevant erscheint. Vgl. zur Priestleyschen Interpretation des Kausalgesetzes im einzelnen: McEvoy, McGuire, God and Nature. a.a.O. (Anm.
10). S. 65 - 70 et passim.

237 Deutlich wird: Priestley akzeptierte als erziehungswissenschaftlich relevante psychologische Lerntheorie
die des operanten oder instrumentellen Konditionierens, das heute als - zumindest - bevorzugte Lernform
des Menschen angesehen wird. In sehr vereinfachter
Form lautet diese Theorie: Der Mensch realisiert
(und festigt) situationsspezifisch das Verhalten,
von dem er Verstärkung (positive Konsequenzen)
erwartet bzw. mit dem er Verstärkung erfahren hat.
Auch wenn Priestleys Lerntheorie noch wenig elaboriert
ist, kann doch begründet behauptet werden, daß sie
mit der modernen Lerntheorie des operanten Konditionierens kompatibel ist. Bei den empiristisch-utilitaristischen Nachfolgern Priestleys wurde diese Lerntheorie immer weiter elaboriert und generell akzeptiert. Vgl. hierzu im einzelnen: Rössner, Die Pädagogik der empiristisch-utilitaristischen Philosophie
Englands im 19. jahrhundert. a.a.O. (Anm. 60).; L.
Rössner, Der utilitaristische Jurist John Austin als
Pädagoge. In: Pädagogik und Schule in Ost und West
23(1982)4.

238 Einen sehr ähnlichen Argumentgang wird 1832 John Austin vorlegen. Vgl. J. Austin, The Province of
Jurisprudence Determined. London 1832. S. 49 - 65 et
passim. Vgl. zusammenfassend: Rössner, Der utilitaristische Jurist John Austin als Pädagoge. a.a.O. (Anm.
237). S. 79.

239 Priestley, Miscellaneous Observations Relating to Education. a.a.O. (Anm. 28). S. 10.

240 Vgl. Priestley, An Essay ... of Liberal Education. a.a.O. (Anm. 25). S. 149 ff.

241 Ebenda S. 144.

242 Wie ersichtlich, wendete sich Priestley bereits gegen einen Autonomieanspruch der Pädagogik, wie er bis in die jüngste Zeit immer wieder vertreten wird. Auch in dieser Hinsicht erweist er sich als ein sehr "moderner" Denker, wie er überhaupt in vielen Bereichen "moderne" methodologische Positionen einnahm, was wir im folgenden noch andeuten werden (im übrigen verweisen wir hier abermals auf unsere Priestley-Monographie. a.a.O. (Anm. 1)). Zur Diskussion um den Autonomie-Anspruch in der Pädagogik vgl. unter "technologischer Perspektive": L.-M. Alisch, L. Rössner, Erziehungswissenschaft als technologische Disziplin. Ein Beitrag zur Technologie-Diskussion in den Sozialwissenschaften. München-Basel 1978. Insbs. S. 83 - 88. Die dort vertretene Position wurde bereits von Priestley klar skizziert.

243 Priestley, An Essay ... of Liberal Education. a.a.O. (Anm. 25). S. 145.

244 Auch hier wird wieder die Position des "modernen" Denkers deutlich; denn Priestley forderte Theorienpluralismus, der sich zum Wissenschaftsprogramm der empiristischen Utilitaristen entwickelte. Der Schüler des Priestley-Schülers Bentham, John Stuart Mill, wird später ganz im Rahmen der Priestley-Tradition eine entsprechende Pluralismus-Konzeption vorlegen, speziell in seiner Schrift "On Liberty" (1859) (vgl. J.St. Mill, Die Freiheit. Zürich 1945. S. 138 - 186), mit Bezug auf die Feyerabend mit Recht behauptet, daß sie "die beste moderne Darstellung des theoretischen Pluralismus" enthalte. Vgl. Feyerabend, Wie wird man ein braver Empirist? a.a.O. (Anm. 55) S. 307.

245 Obwohl wir nochmals eingehender darauf zurückkommen, sei hier schon angemerkt, daß Priestleys Forderung nach einer "experimental science of education" zu seiner Zeit nicht in dem Sinne erfüllt wurde und werden konnte, daß pädagogische Experimente im strengen, das heißt, im heutigen Sinne gemacht wurden. Priestley war zwar ein versierter Experimentator in naturwissenschaftlichen Bereichen und auch durchaus Theoretiker experimenteller Forschung, eine strenge "experimental science of education" war aber seinerzeit mehr Programm als Realität. Priestley (wie Barnes, die Edgeworths, Godwin u.a.) gehörte zu den Initiatoren der englischen experimentalpädagogischen Entwicklung; er vollzog diese jedoch nicht (vgl. hierzu im umfassenderen wissenschaftshistorischen Zusammenhang zum Beispiel: J. Adams, The Evolution of Educational Theory. London 1912. S. 352 ff.). Der Begriff Experiment wurde im pädagogischen Bereich noch in einem sehr weiten Sinne gebraucht. Das

folgende Zitat, mit dem "pädagogisches Experiment"
zu Priestleys Zeiten charakterisiert wird, ist hier
aufschlußreich: "The English Rousseauites, notably
Thomas Day and Richard Lovell Edgeworth, conducted
experiments: the first brought up two orphan girls
in the hope that one might make him a perfect wife,
and the latter brought up a son, to demonstrate
Rousseau's principles." (Lawson, Silver, A Social
History of Education in England. a.a.O. (Anm. 80).
S. 233.) Gleichwohl: Priestley war auf dem Wege zur
experimentellen Pädagogik, und es gibt zahlreiche
Äußerungen von ihm, die belegen, daß er schon über
den Anfang des Weges - zumindest im Hinblick auf
grundsätzliche Überlegungen - hinaus war (vgl. zum
Beispiel: The Doctrine of Philosophical Necessity.
a.a.O. (Anm. 27). S. 485 - 502), wie die Edgeworths
wohl wissend, daß eine experimentelle Pädagogik
"must be the labour of many generations" (Simon,
Studies in the History of Education. a.a.O. (Anm.
61). S. 46).

246 Priestley, Heads of Lectures on a Course of Experimental Philosophy. a.a.O. (Anm. 8). S. 1 f.

247 Diese spezielle pädagogische Intention verband
Priestley (vgl. bereits Anmerkung 234) auch mit all
seinen experimentalphilosophischen, theologischen,
historischen, ... Publikationen. Dies betonte er zum
Beispiel in: Geschichte und gegenwärtiger Zustand
der Optik, vorzüglich in Absicht auf den physikali-
schen Teil der Wissenschaft. Erster Teil (1772).
Leipzig 1775. S. XI. Vgl. auch: McEvoy, Joseph
Priestley, "Aerial Philosopher". a.a.O. (Anm. 14).
S. 16 ff.

248 Vgl. die den Anmerkungen 215 - 220 korrespondierenden
Texte.

249 Zu diesem Begriff("nickname") vgl. u.a.: Smith, A
History of English Elementary Education. a.a.O.
(Anm. 124). S. 67.

250 Priestley sah durchaus auch negative Wirkungen der
demokratischen Staatsform, nämlich dann, wenn "ill
educated", "ill informed persons" das Sagen haben.
Das Demokratie- und Erziehungsproblem standen für
Priestley in einem interdependenten Zusammenhang:
"Liberal education" setzt Demokratie voraus, und
eine rationale Demokratie setzt "liberal education"
voraus. Vgl. u.a.: Priestley, Lectures on History
and General Policy. a.a.O. (Anm. 114). S. 237 - 245
et passim. Priestleys Demokratie-Auffassung hat
übrigens große Ähnlichkeit mit der des Nachfolge-Uti-
litaristen J.St. Mill.

251 Die Übereinstimmung der Priestleyschen Konzeption
mit der seines zeitgenössischen französischen Aufklä-
rers Helvétius ist offensichtlich. Vgl. Cl.A. Helvétius, Vom Menschen, seinen geistigen Fähigkeiten und

seiner Erziehung (1772). Frankfurt a.M. 1972; dazu
auch: Rössner, Die Pädagogik der empiristisch-utilitaristischen Philosophie Englands im 19. Jahrhundert.
a.a.O. (Anm. 60). Insbs. S. 18 - 48. Vgl. weiterhin:
Simon, Studies in the History of Education. a.a.O.
(Anm. 61). S. 46 ff., wo auf die Ähnlichkeit der
Konzeptionen von Priestley, Edgeworth (u.a.) und
Helvétius verwiesen wird.
252 Priestley, An Essay ... of Liberal Education. a.a.O.
(Anm. 25). S. 144.
253 Priestleys Argumentation gegen uniformierende =
staatlich bzw. kirchlich regulierte Erziehung war
also nicht nur im engen Sinne moralischer bzw. politischer Art, sondern auch forschungstheoretisch bestimmt. Die von Priestley eingenommene wissenschaftstheoretische Position war jedoch ihrerseits moralisch
bestimmt; denn je fundierter die technologischen
Theorien des Erziehens (die "art of education"),
desto günstiger die Aussichten, über Erziehung zur
Erfüllung der utilitaristischen Leitnorm beizutragen.
254 Wir haben hier Priestleys psychologisch fundierte
Erziehungstheorie mit Hilfe von Erkenntnissen aus
der modernen (erziehungs-)wissenschaftlichen Techno-
logieforschung (skizzenhaft) rekonstruiert. Auf die
Darstellung von Einzelheiten sei verzichtet. Wir
weisen lediglich darauf hin, daß die Priestleysche
Pädagogik als technologische Disziplin bereits
Ansätze aufweist, die moderne Technologie-Theorien
konstituieren. Die Erziehungstechnologie Priestleys
läßt sich nämlich - wie angedeutet - als ein Informationssystem rekonstruieren, das erkenntnisorientierte
Kerntheorien (Assoziationstheorie und utilitaristische
Theorie), aus denen kausal relevante Prognosen
gewonnen werden können, und spezifische Anwendungs-
theorien für die Kerntheorien enthält. Damit erfüllt
dieses Informationssystem Forderungen, die an eine
rationale Technologische Theorie der Erziehung zum
Zwecke der Fundierung effektiven Erziehens zu stellen
sind. Dieses hier noch rudimentäre Technologie-Kon-
zept wurde im Rahmen der empiristische-utilitaristi-
schen Tradition Praktischer Philosophie speziell von
J.St. Mill weiterentwickelt. Mills "Logik der Praxis"
stellt bereits eine differenziert elaborierte Technologie-Theorie (der Erziehung) dar. Zur Millschen
Technologie-Theorie und damit zugleich zu dem Techno-
logie-Konzept, über das wir Priestleys Hinweise
systematisiert haben, vgl. im einzelnen: Rössner,
Reflexionen zur pädagogischen Relevanz der Praktischen Philosophie John Stuart Mills. a.a.O. (Anm.60).
S. 97 - 232. Zur "modernen " Fassung dieses Konzepts
vgl.: Alisch, Rössner, Erziehungswissenschaft als
technologische Disziplin. a.a.O. (Anm. 242); L.-M.
Alisch, L. Rössner, Operative Modelle als Technologische Theorien. In: H. Stachowiak (Hrsg.), Modelle -
Konstruktion der Wirklichkeit. München 1983.

255 Da McEvoys und McGuires Zitate und Zitatnachweise
nicht immer ganz korrekt sind, zitieren wir die Priest-
ley-Zitate nach den Originalen. Daher weicht unser
Text etwas von dem zitierten ab.
256 Priestley, The Doctrine of Philosophical Necessity
Illustrated. a.a.O. (Anm. 27). S. 451.
257 Ebenda S. 510.
258 Priestley, Experiments and Observations on Different
Kinds of Air. Volume I (1775^2). a.a.O. (Anm. 21). S.
VII.
259 J. Priestley, Experiments and Observations Relating
to Various Branches of Natural Philosophy; with a
Continuation of The Observations on Air. The Second
Volume. Birmingham 1781. S. VIII f.
260 Priestley, Experiments and Observations on Different
Kinds of Air. Volume I. a.a.O. (Anm. 258). S. VII.
261 Priestley, Experiments and Observations Relating to
Various Branches of Natural Philosophy. a.a.O. (Anm.
259). S. IX.
262 McEvoy, McGuire, God and Nature. a.a.O. (Anm. 10).
S. 346 f.
263 Vgl. bereits Anmerkung 222.
264 Vgl. nochmals Anmerkung 222 und den Anmerkung 263
korrespondierenden Text. Wir kommen nunmehr auf die
dort gegebenen Hinweise zurück.
265 Die Auffassung von der Welt als "a system of benevolence" übernahm Priestley u.a. von Hartley. Vgl.
Hartley, Observations on Man ...II. a.a.O. (Anm. 26).
S. 245; vgl. Priestleys Bezug darauf in: The History
and the Present State of Electricity. a.a.O. (Anm.
20). S. XXI. Vgl. weiterhin die Zusammenfassung dieser Konzeption bei McEvoy, Joseph Priestley, "Aerial
Philosopher". a.a.O. (Anm. 14). S. 13 ff. und den
den Anmerkungen 256 - 262 korrespondierenden Text. -
Der Theologe Priestley hat diese Konzeption vor
allem theologisch begründet; der Experimentalphilosoph Priestley hat sie aber auch empirisch(-psycholo-
gisch) begründet, und eine solche Fundierung ist
durchaus auch ausreichend, speziell ausreichend für
die Fundierung einer empirisch-technologischen
Erziehungswissenschaft: Der Mensch ist grundsätzlich
motiviert bzw. determiniert, sicher und glücklich zu
leben, und deshalb ist er determiniert, über Lernen
bzw. "experience" die Verhaltensdispositionen auszubilden, die ihm ein sicheres und glückliches Leben
hinreichend gewährleisten. Um nun "displeasure" bzw.
"misery" bewirkende Verhaltensweisen zu verhindern
bzw. abzubauen und um speziell Verhaltensweisen zu
verhindern bzw. abzubauen, die für andere Menschen
(die Gesellschaft) "displeasure" bzw. "misery" zur
Folge haben, sind die Menschen auch zum Erziehen determiniert, also zu einem sozialen Handeln, das, ist
es effektiv, ebenfalls Sicherheit und Glück - individuell wie sozial - bewirkt. Weitere Konsequenz: Die

Menschen sind zur Elaborierung einer Wissenschaft
determiniert, über die effektives Erziehen fundiert
werden kann. Es sei wiederholt: Im Rahmen der empiristisch-utilitaristischen Philosophie ist die Pädagogik bzw. Erziehungswissenschaft ein Glücksinstrument;
die Verteilung von möglichst viel Glück auf möglichst
viele Menschen kann umso früher und sicherer realisiert werden, je schneller die Elaborierung einer
technologischen, das heißt, effektives Erziehen fundierenden Erziehungswissenschaft gelingt. Konsequenz:
Alle empiristisch-utilitaristischen Philosophen
mußten auch Pädagogen sein; pädagogische Probleme
mußten für sie eine zentrale Rolle spielen; sie mußten auch als Pädagogen die utilitaristische Leitnorm
zu erfüllen suchen. Und sie taten dies: Der Chemiker
und Theologe Priestley war Pädagoge, ebenso der Jurist Bentham, der Jurist und Ökonom Beccaria, der
Arzt und Biologe Erasmus Darwin, der Psychologe, Ö-
konom und Politiker James Mill, der Logiker und Ökonom John Stuart Mill, der Historiker Grote, der Jurist Austin usf. (wir haben bei weitem nicht alle
Namen genannt). In den vorliegenden "Philosophischen
Studien zur Geschichte der empirischen Pädagogik"
(vgl. die Literaturangaben in den Anmerkungen 1 und
60) haben wir dies nachzuweisen versucht, das heißt,
wir haben versucht, die durch die anderen Leistungen
der Utilitaristen wissenschaftshistorisch beförderte
Verdeckung ihrer Pädagogik aufzuheben.

266 Im II. seiner "Introductory Essays" (vgl. Anmerkung
30) bietet Priestley zusammenfassende Erläuterungen
zum Prozeß von "natural experience", zum Entstehen
der "passions of love and fear". Wir zitieren daraus
einige Passagen (vgl. S. 186 ff.): "A child has no
fear of fire till he has been burnt by it, or of a
dog till he has been bit by one, or without having
had reason to think that a dog would bite him, and
having some notion, from things of a similar nature,
what the bite of a dog is. In like manner the passion
of love is generated by the association of agreeable
circumstances with the idea of the object that excites it. And all our passions are only modifications
of these general ones of fear or love, varying with
the situation of the object of fear or love, with
respect to us ... According to this hypothesis all
our passions are at first interested, respecting our
own pleasures or pains ... The natural progress of a
passion may be most distinctly seen in that of love
of money, which is acquired so late in life, that
every step in the progress may be easily traced. No
person is born with the love of money, as such. A
child is, indeed, pleased with a piece of coin, as
he is with other things, the form or the splendour
of which strikes his eye; but this is very different

from that emotion which a man who has been accustomed
to the use of money, and has known the want of it,
feels upon being presented with a guinea, or a
shilling. This emotion is a very complex one, the
component parts of which are indistinguishable; but
which have all been separately connected with the
idea of money, and the uses of it. For after a child
has received the first species of pleasure from a
piece of money, as a mere playing, he receives
additional pleasure from the possession of it, by
connecting with the idea of it, the idea of the various pleasures and advantages which it is able to
procure him. And, in time, that complex idea of
pleasure, which was originally formed from the
various pleasures which it was the means of procuring,
is so intimately connected with the idea of money,
that it becomes an object of a proper passion; so
that men are capable of pursuing it without ever reflecting on any use that it may possible be of to
them. A volition is a modification of the passion of
desire ...; and it is generally followed by those
actions with that state of mind has been associated;
in consequence of those actions having been found,
by experience, to be instrumental in bringing the
favourite object into our possession. At first a
child stretches out his hand, and performs the
motion of grasping, without any particular intention,
whenever the palm of his hand is irritated, or by
any general stimulus, which puts the whole muscular
system into motion. But playthings, &c., being put
into his hand, and it closing upon them, he learns,
by degrees, to stretch forth his hand, as well as to
grasp at any thing. At length the action becomes familiar, and is intimately associated with a sight of
a favourite object; so that the moment it is perceived, the actions of reaching and grasping immediately and mechanically succeed."

267 Vgl. hierzu nochmals die Anmerkungen 234 und 247.
268 Hier stimmt Priestley mit seinem Zeitgenossen Kant
überein, der formulierte: "Aufklärung ist der Ausgang
des Menschen aus seiner selbst verschuldeten Unmündigkeit. Unmündigkeit ist das Unvermögen, sich
seines Verstandes ohne Leitung eines anderen zu
bedienen." (I. Kant, Beantwortung der Frage: Was ist
Aufklärung? (1783). In: I. Kant, Werke XI. Frankfurt
a.M. 1964. S. 53.)
269 Diese theologische bzw. religiöse Wende ist hier
durchaus angemessen. Zumindest durch Priestley, den
rationalen Christen, wird sie nahegelegt, aber auch
im weitgehend säkularisierten Utilitarismus - zum Beispiel bei J.St. Mill - treffen wir auf solche Interpre-
tationen.
270 Vgl. Literaturangabe in Anmerkung 1.

3. Empirische Pädagogik in der Lunar Society von Birmingham

Nach der Darstellung der PRIESTLEYschen Pädagogik und der mit dieser eng verbundenen "pädagogischen Warrington-Akademie-Tradition" wenden wir uns nun einem weiteren Zentrum der englischen Aufklärungspädagogik des 18. Jahrhunderts zu, nämlich der Lunar Society von Birmingham. Auch diese stand zu PRIESTLEY in sehr enger Beziehung (er gehörte ihr von 1780 bis 1791 an und hatte bedeutenden Einfluß auf ihre Entwicklung), so daß wir PRIESTLEY nicht verlassen werden, wenngleich wir nun von einer weiteren Thematisierung seiner Pädagogik weitgehend absehen. Wir widmen uns jetzt einem Kreis um PRIESTLEY, der vor allem durch ERASMUS DARWIN (1731 - 1802), RICHARD LOVELL EDGEWORTH (1744 - 1817) und seine Tochter MARIA (1767 - 1849) sowie THOMAS DAY (1748 - 1789) repräsentiert wurde, durch (Auch-)Pädagogen, die zwar, wie gesagt, zu PRIESTLEY in enger Beziehung standen, jedoch pädagogische Probleme durchaus auch eigenständig aufgriffen und zu lösen versuchten.

Die Lunar Society[1] war wohl die wissenschaftlich und auch im Hinblick auf ihre Mitglieder profilierteste der vielen seinerzeitigen "provincial societies", die sich um den Fortschritt der Wissenschaften während der Industriellen Revolution bemühten und sich damit - notwendig - auch vor pädagogische Probleme gestellt sahen, so daß es begründet berechtigt ist, auch von einer Pädagogik der Lunar Society[2] (wie von einer Pädagogik der Manchester-Society[3]) zu sprechen; denn der gesellschaftliche Fortschritt wurde vor allem als Funktion des wissenschaftlichen Fortschritts angesehen und dieser wiederum als eine Funktion der Verbreitung von "useful knowledge", für die die "provincial societies" in hohem Maße sorgten.[4]

Wir wollen nun nicht auf die zahlreichen pädagogischen Aktivitäten der Mitglieder der Lunar Society im einzelnen eingehen; uns geht es um die Konzeptionen empirischer Pädagogik, die aus dieser Gesellschaft hervorgingen bzw. zumindest auch durch die philosophisch-wissenschaftlichen Diskussionen in dieser Gesellschaft mit angeregt wurden. Zuvor sei jedoch eine knappe Charakterisierung der Lunar Society - sie bestand ohne formale Statuten etwa von 1770 bis etwa gegen Ende des 18. Jahrhunderts - geboten,[5] um den philosophisch-wissenschaftlichen Hintergrund aufzuzeigen, auf dem sich die zu besprechenden pädagogischen Konzeptionen entwickelten.

Bei GIBBS heißt es: "London was not the only centre of organized scientific activities at that time. During the eighteenth century groups of men with common interests, varying from art and letters to agriculture and manufacturing industry, formed societies in which the pursuit of science played a prominent part, as at Liverpool, Newcastle, and Manchester. In the 1780s, one

of the most important of these from the scientific and
industrial points of view was the semi-formal Lunar
Society, centred in Birmingham. There has always been
an atmosphere of romance about this society, which met
on an afternoon near the full moon at the house of one
or other of the members, to dine and discuss corrent
scientific questions, afterwards taking advantage of
the moonlight to obtain some protection from such
hazards of the roads as ruts and robbers. These were
parties for men only, the womenfolk and the servants
being kept fully employed in seeing to their entertainment. This group of vivacious and enthusiastic men,
with their convivial meetings and strange experiments,
did not meet with universal respect. 'Our butler called
them the Lunatics', said Mary Anne Galton. But she did
remember how impressive they were. There was Boulton,
'the father of Birmingham'; his partner, Watt, whose
'immense general knowledge was the delight of all who
knew him'; Captain James Keir, 'the wit, the man of
the world, the finished gentleman', who gave animation
to the party; Priestley, whose serenity never failed
to impress - 'a man of admirable simplicity, gentleness,
and kindness of heart, united with great acuteness of
intellect'; together with certain medical men and
botanists - Dr. Stokes, 'profoundly scientific and
eminently absent'; Dr. Darwin, of ponderous frame but
lively intellect, a scholar and poet; and Dr. William
Withering, who became well known for his work on the
foxglove (digitalis) and its use in medicin, of whom
it was said, as his life was ending in a slow decline:
'the Flower of Physic is indeed Withering'. These men
and their friends, such als Galton, Wilkinson, Wedgwood,
Edgeworth, and Samual Parr, and visitors from other
parts, such as Banks and Solander, ensured that the
meetings would be memorable indeed." [6]
Alle wissenschaftlichen und philosophischen Probleme
und Erkenntnisse der Zeit waren Gegenstand der Diskussionen der Lunatiker, und auch Probleme der Erziehung
und ihrer Wissenschaft gehörten dazu. Darauf verweist
RITCHIE-CALDER in seiner Beschreibung der Lunar Society:
"Die Sitzungen der Lunar Society müssen gelegentlich
wie Zusammenkünfte ehemaliger schottischer Medizinstu-
denten ausgesehen haben, wenn Small, Darwin, Roebuck,
Keir und Withering zusammentrafen. Was die Mediziner
und Techniker in diesem Kreis verband, hängt eng mit
der Tradition der Universität von Edinburgh zusammen,
also derjenigen Universität, wo Priestley seine juristi-
sche Doktorwürde erlangt hatte: Edinburgh zeichnete
sich durch eine praxisbezogene Naturphilosophie aus
... Nur an zwei europäischen Universitäten kamen sowohl
die theoretische als auch die praktische Seite der
Wissenschaften zum Zuge, nämlich in Edinburgh und in Leiden ... Die medizinische Fakultät in Edinburgh vermittelte in sämtlichen naturwissenschaftlichen Disziplinen

so umfassende Grundkenntnisse, daß viele Absolventen -
wie Roebuck und Keir - ihr dort erworbenes Wissen
nicht in einer Arztpraxis, sondern anderweitig einsetz-
ten. Obwohl die Mediziner und Techniker aus der Edinburgher Schule starken Einfluß auf die Lunar Society
hatten, so beherrschten sie die Gesprächsrunden doch
nicht vollkommen. Mit Richard Lovell Edgeworth saß
beispielsweise auch ein wohlhabender Gutsbesitzer mit
beim monatlichen Dinner, dem Ländereien in Irland und
England gehörten. Er fühlte sich dem Kreis geistesver-
wandt, wenngleich seine technischen Fähigkeiten beschei-
den waren: Er entwarf elegante Kutschen ... Edgeworth
verkehrte mit Jean Jacques Rousseau und verfaßte auf
dessen Anregung hin mit seiner Tochter Maria ein Buch
'Über praktische Erziehung'. Seiner Ansicht nach sollte
sich jede Erziehung auf ein Verständnis der Psyche
und der Gedanken eines Kindes stützen, die man beide
mit den Mitteln einer experimentellen Wissenschaft
erforschen solle. Edgeworth empfahl, möglichst viele
Gespräche mit Kindern aufzuzeichnen und zu analysieren.
Seine 22 Kinder (von vier Frauen) boten ihm dazu genügend Gelegenheit."[7]
    Damit haben wir uns der Pädagogik der Lunar Society,
speziell dem Pädagogen R.L. EDGEWORTH, genähert; wir
wenden uns aber zunächst dem älteren ERASMUS DARWIN
zu.

3.1. Erasmus Darwin

ERASMUS DARWIN spielt - wie PRIESTLEY und andere englische Aufklärungspädagogen des 18. Jahrhunderts - in
der Erziehungswissenschafts-Historie nur eine mehr
oder minder marginale Rolle, obwohl seine Psychologie
und Pädagogik durchaus bemerkenswert sind und er auch
ein spezielles pädagogisches Werk mit dem Titel "A
Plan for the Conduct of Female Education in Boarding
Schools" geschrieben hat, das sogar in unserer Zeit
wieder neu aufgelegt wurde.[8] Insgesamt halten wir die
Marginalität der erziehungswissenschafts-historischen
Position ERASMUS DARWINs für unberechtigt[9] - zumindest
wäre aber eine Darstellung der englischen Aufklärungspädagogik des 18. Jahrhunderts höchst unvollständig,
würde in dieser die Position ERASMUS DARWINs nicht
deutlich berücksichtigt.[10]
    Bevor wir nun aber speziell auf den empirischen
Pädagogen (und Psychologen) ERASMUS DARWIN zu sprechen
kommen, wollen wir - sonst können wir seine pädagogischen
Ambitionen und Intentionen nicht verstehen - seine
Person (1.) und seine wissenschaftlich-philosophische
Position innerhalb der englischen Aufklärungsphilosophie
des 18. Jahrhunderts (2.) vorstellen sowie seine wissen-

schaftlich-philosophischen Interaktionen - hier spielt vor allem, wie erwähnt, die Lunar Society eine bedeutende Rolle - beschreiben (3.).

1. ERASMUS DARWIN wurde am 12. Dezember 1731 in Elston Hall (Nottinghamshire) als vierter Sohn (fünftes Kind) von ROBERT DARWIN und seiner Ehefrau ELIZABETH (geb. HILL) geboren.[11] ROBERT DARWIN war ausgebildeter Jurist, übte seinen Beruf jedoch nicht aus, sondern lebte als Gutsherr in Elston. ERASMUS charakterisierte seinen Vater wie folgt: "He was a man of more sense than learning; of very great industry in the law, even after he had no business, nor expectation of any. He was frugal, but not covetous; very tender to his children, but still kept them at an awful kind of distance. He passed through this life with honesty and industry, and brought up seven healthy children to follow his example."[12] (Urenkel CHARLES merkt etwas lakonisch an: "He seems to have had some taste for science."[13]) ERASMUS war von Kindheit an offensichtlich vielseitig interessiert und talentiert; 1741 besuchte er die Chesterfield-Schule, von der aus er nach neun Jahren mit seinen zwei älteren Brüdern zum St. John's College in Cambridge ging, wo er klassische, mathematische und auch medizinische Studien betrieb und 1754 zum B.A. graduierte. Im gleichen Jahr ging er zum Zwecke der Vervollständigung seiner medizinischen Kenntnisse nach Edinburgh, und 1755 erwarb er in Cambridge den M.B.-degree (Bachelor of Medicine) bei gleichzeitiger Fortsetzung seiner Studien in Edinburgh bis 1756.

Nach Abschluß seiner Studien ließ sich ERASMUS 1756 als Arzt in Nottingham nieder, ohne jedoch sonderlich erfolgreich zu sein, so daß er Nottingham bereits nach etwa drei Monaten wieder verließ, um eine Arztpraxis in Lichfield zu eröffnen.

In Lichfield und später (ab 1781) in Derby avancierte DARWIN zu einem äußerst erfolgreichen, über Englands Grenzen hinaus in hohem Ansehen stehenden und als medizinische Autorität geltenden Arzt: "Darwin was by this time a man of considerable note throughtout the Midlands. His practice was enormous. It was the general opinion that he had revolutionized the art of the physician.[14] He founded the methods he used for the recovery of his patients upon varying necessities of the case, utterly discarding the orthodox medicines which were invariably prescribed for definite diseases without reference to individual reactions. With all the daring of genius he had introduced new medicines and used old ones in cases that staggered his timid professional brethren. 'To him,' we are told, 'routine was nothing, the necessities and circumstances of the case before him everything; and thus, by the simple observation of facts, or by meditation on them, he was the true servant and interpreter of nature'."[15]

DARWINs Praxis florierte und verschaffte ihm ein
sehr gutes Einkommen, im Hinblick auf das jedoch vermerkt
werden sollte, daß seine allbekannte und -geschätzte
"benevolence" ihn veranlaßte, arme Patienten kostenlos,
gleichwohl intensiv zu behandeln: Wenn "great Erasmus"[16],
der "famous Lichfield doctor"[17], "had not spent so much
his time and labour among the poorer classes, from whom
he refused to take fees and to whom he usually gave
medicines and food, his income might easily have been
trebled."[18]

1757 heiratete ERASMUS MARY HOWARD, mit der er eine
dreizehnjährige sehr glückliche Ehe führte, aus der
drei Söhne (CHARLES, ERASMUS und ROBERT WARING (Vater
des berühmten Enkels CHARLES ROBERT[19])) und zwei Töchter
hervorgingen. MARY starb mit 31 Jahren 1770 nach langer,
schwerer Krankheit. 1781 heiratete ERASMUS ein zweites
Mal, und zwar die Witwe von Colonel CHANDOS POLE. Aus
dieser ebenfalls sehr glücklichen Ehe gingen vier
Söhne und drei Töchter hervor, deren älteste, VIOLETTA,
SAMUEL TERTIUS GALTON, Sohn des Lunatikers SAMUEL
GALTON, heiratete und Mutter des Naturforschers FRANCIS
GALTON (1822 - 1911) wurde.

KING-HELE kommentiert die persönlichen Bande innerhalb
der Lunar Society wie folgt: "Perhaps the most astonishing
feature of the Lunar Society was the way in which the
group of friends, Darwin, Wedgwood, Boulton, Watt,
Edgeworth, Keir, Day and Priestley (while he was at
Birmingham) was each the friend of all the others, and
remained so. As one reads in turn biographies of each,
the others regularly appear. Edgeworth remarked that
the group was 'such a society, as few men have had the
good fortune to live with; such an assemblage of friends,
as fewer still have had the happiness to possess, and
keep through life ... This mutual intimacy has never
been broken but by death.' The Lunar Society directly
inspired scientific advances, but these social contacts
of its members had consequences just as important:
Galton's son, Samuel Tertius, married Darwin's daughter,
Violetta, and one of their sons was Sir Francis Galton,
whose pioneering work in eugenics, statistics, psychology, anthropology, meteorology and criminology is so
startling in its power and variety; Wedgwood's eldest
daughter, Susannah, married Darwin's son Robert, and
Charles Darwin was one of their sons."[20]

Speziell im Hinblick auf DARWINs Beschäftigung mit
pädagogischen Problemen, auf die wir ja noch ausführlich
zu sprechen kommen, ist hier im Rahmen der Biographie
darauf hinzuweisen, daß DARWIN in der Zeit zwischen
seinen beiden Ehen Vater zweier "illegitimate daughters"
wurde. Der Herausgeber der Neuausgabe des pädagogischen
Werkes DARWINs schreibt hierzu im Vorwort:

"Darwin's first wife, Mary Howard, died in 1770
after a lengthy illness. According to Pearson, he then
'solaced himself with the society of a lady whose name

may or may not have been Parker. His immediate legitimate descendants suppressed all details concerning her, though they were unable to suppress the fact of the connection because the doctor himself made no bones about it.'21 His two illegitimate daughters were treated as members of his own family. He had them well educated and placed in charge of a school which he opened for them at Ashbourne in Derbyshire. They based their instruction on their father's work, A Plan for the Conduct of Female Education. The daughters by his second wife, whom he married in 1781, and also those of his friends, were among the pupils of the two 'Misses Parker'."22

Zum gleichen Thema lesen wir beim ERASMUS-Enkel CHARLES ROBERT DARWIN in einer Anmerkung: "In the interval between his first and second marriages, Dr. Darwin became the father of two illegimate daughters. In our present state of society it may seem a strange fact that my grandfather's practice as a physician should not have suffered by his openly bringing up illegitimate children. But to his credit be it said that he gave them a good education, and from all that I have heard they grew up to be excellent women, and lived on intimate terms with his widow and the children by the second marriage."23

DARWIN's pädagogische Interessen waren also auch sehr privat motiviert; sein Privatleben hatte somit durchaus pädagogische Folgen: "He not only acknowledged his two illegitimate daughters, but had them well educated, started a school for them ..., wrote a pamphlet on Female Education for their benefit, sent his daughters by his second wife to the school, and influenced many of his friends to do the same."24

Da wir auf die Pädagogik ERASMUS DARWINs ja noch detailliert zurückkommen, wollen wir es bei diesen wenigen Hinweisen belassen.

Nach ERASMUS DARWINs Heirat mit ELIZABETH POLE verließ die DARWIN-Familie - auf Drängen von ELIZABETH - Lichfield. Die DARWINs lebten zunächst für zwei Jahre in Radbourne Hall, um sodann nach Derby zu übersiedeln. Hier lebten sie rund zwanzig Jahre. Gegen Ende seines Lebens zog ERASMUS DARWIN mit seiner Familie nach Breadsall Priory (in der Nähe Derbys), wo er 1802 verstarb.

Wir schließen damit die biographische Skizze ab. Bevor wir auf ERASMUS DARWINs wissenschaftlich-philosophischen Kontakte zu sprechen kommen, sei aber zuvor noch "der Mensch" ERASMUS DARWIN näher charakterisiert.

ERASMUS DARWIN wurde von seinen Zeitgenossen, Freunden und Biographen stets als eine sehr umgängliche, liebenswürdige, aber auch recht eigenwillige Persönlichkeit mit vielen originellen Merkmalen dargestellt. Schon sein Äußeres wurde immer wieder der ausführlichen Beschreibung für wert erachtet - wohl auch deshalb, weil sich in ihr das Original ERASMUS DARWIN so auffällig dokumentierte.

Den 25jährigen beschreibt PEARSON wie folgt: "Rather above the medium height, his limbs were heavy and his body was unsymmetrical. Already, at the age of twenty-five, there were signs of corpulence, though he was healthy, strong, and extremely active. A severe attack of small-pox had left its traces on his face, about which there was little refinement. His gait was clumsy and he sometimes walked with his tongue hanging out of his mouth. He dressed carelessly, and the large fullbottomed wig he then wore made him look twice his age. On entering a room or accosting his friends his smile, we are told, was winning and sunny, though the general expression of his features, when not animated by conversation, was 'rather saturnine than sprightley.'"[25] Ähnlich das Bild, das CROWTHER gibt - bei gleichzeitigem, nicht wenig bedeutsamem Verweis auf weitere Charakteristika. CROWTHER schreibt: "He was a tall ungainly young man, inclined to be corpulent, with a pock-marked face and a bad stammer. Like many men with an unattractive exterior, he was contemptuous of appearances, and dressed careless. He diverted attention from his unattractive aspects by extraordinary activity and intellectual wit;"[26] CROWTHER zitiert hierzu einen Freund ERASMUS DARWINs aus dessen Edinburgher Zeit: "In his youth Dr. Darwin was fond of sacrificing to both Bacchus and Venus; but he soon discovered that he could not continue his devotion to both these deities without destroying his health and constitution. He therefore resolved to relinquish Bacchus,[27] but his affection for Venus was retained to the last period of his life."[28] - Den älteren, 50jährigen DARWIN beschrieb MARY ANNE SCHIMMELPENNINCK ("Skim" (1778 - 1856), die älteste Tochter des Lunatikers SAMUEL GALTON[29]) so: "His figure was vast and massive, his head was almost buried on his shoulders, and he wore a scratch wig, as it was then called, tied up in a little bob-tail behind,"[30], und KING-HELE vermerkt - im Anschluß an ANNA SEWARD ("the singing swan of Lichfield"), mit der DARWIN eine langjährige und etwas komplizierte Freundschaft verband: "Darwin was no Adonis when young, and now at the age of 46 had grown so corpulent[31] that a semicircular hole had been cut in the table to accomodate him at meal ... Anna remarks indignantly that she 'never witnessed a custom so indecent', though she admits that he 'looks like a butcher' and that he lost his front teenth early, so that when speaking he disclosed both his tongue and the ravages of time."[32]

Wir belassen es bei dieser äußeren Vorstellung, die von vielen Beschreibern immer wieder variiert und ergänzt wird. ERASMUS DARWIN muß jedenfalls eine durchaus beeindruckende, zwar unattraktive, gleichwohl zumeist unmittelbare Sympathie evozierende Erscheinung gewesen sein, so daß diese immer wieder die Aufmerksam-

keit auf sich zog. Jedoch, es war nicht der beeindruk-
kende und - wohl auch in der Geschichte der Pädagogen
- originelle äußere Habitus, sondern vor allem sein
Verhalten, sein Charakter, der DARWIN so viel Sympathie
und Anerkennung einbrachte, der Charakter, der sich -
auch hier herrscht Übereinstimmung bei seinen Zeitgenossen und den späteren Biographen - vor allem durch
"benevolence" auszeichnete, auch wenn ihm diese hin
und wieder abhanden kam.

Dies war zum Beispiel dann der Fall, wenn der "extremely ... talkative"[33], der "mitreißende Unterhalter"[34]
ERASMUS DARWIN, der "could talk, suggest and stimulate
(so) brillantly"[35], daß "those who met him for the
first time were delighted by his conversation"[36], auf
sein Stottern, das "in order to understand what he
said, made the closest attention necessary"[37], angespro-
chen wurde. In diesem Zusammenhang wird folgende Anek-
dote[38] immer wieder erzählt: "Those who slighted him
usually regretted it, like the young man who asked him
wether he did not find stuttering a hinderrance. 'No,
Sir, it gives me time for reflection, and saves me
from answering impertinent questions'."[39] (Nach anderen
Autoren soll DARWIN gesagt haben: "... and saves me
from asking impertinent questions"[40], aber dies tut
wohl nichts zur Sache.)

Beim Sarkasmus des "eccentric Dr. Darwin"[41] wollen wir
uns aber nicht länger aufhalten, auch wenn der Spötter,
Ironiker und Satiriker, der mit Spott, ... auch sich
selbst keineswegs verschonte, immer wieder thematisiert
wurde.[42] Wichtiger sind DARWINs andere Charakteristika
- vor allem, wie erwähnt, seine "benevolence", die
ihm stets und (fast) allseits attestiert wurde.[43]
ERASMUS-Enkel CHARLES ROBERT schreibt und zitiert:
"One of his granddaughters has remarked to me, that
the term 'benevolent' has been associated with his
name ... This is perfectly true, for I have incessantly
met with this expression in letters and in many published
notices about him. To the word benevolent, sympathy is
generally added, and often generosity, as well as
hospitality. Mr. Edgeworth says: 'I have known him intimately during thirty-six years, and in that period
have witnessed innumerable instances of his benevolence.'[44] His life-long friend, Mr. Keir, wrote to my
father (May 12th, 1802) about his character as follows:
'I think all those who knew him, will allow that sympathy and benevolence were the most striking features.
He felt very sensibly for others, and, from his knowledge of human nature, he entered into their feelings and
sufferings in the different circumstances of their
constitution, character, health, sickness, and prejudice. In benevolence, he thought that almost all virtue
consisted. He despised the monkish abstinences and the
hypocritical pretensions which so often impose on the
world. The communication of happiness and the relief

of misery were by him held as the only standard of
moral merit. Though he extended his humanity to every
sentient being, it was not like that of some philosophers,
so diffused as to be of no effect; but his affection
was there warmest where it could be of most service to
his family and his friends, who will long remember the
constancy of his attachment and his zeal for their
welfare.'"45

Die Lunatiker-Freunde EDGEWORTH und KEIR sind nur
Beispiele dafür, wie ERASMUS DARWIN eingeschätzt wurde;
es gibt zahlreiche andere Beispiele ("all his friends
testify to this (benevolence) with an unexampled chorus
of praise"46), von denen wir hier nur zwei weitere
aufführen wollen; im ersten Beispiel wird der <u>Arzt</u>
ERASMUS DARWIN beschrieben, im zweiten kommt seine
Grundhaltung auch <u>pädagogisch</u> zum Ausdruck.

ANNA SEWARD sagte: "Professional generosity distinguished Dr. Darwin's medical practice. While resident in
Lichfield, to the priest and lay-vicars of its cathe-
dral, and their families, he always cheerfully gave
his advice, but never took fees from any of them.
Diligently, also, did he attend to the health of the
poor in that city, and afterwards at Derby, and supplied
their necessities by food, and all sort of charitable
assistance. In each of those towns, <u>his</u> was the cheerful
board of almost open-housed hospitality, without extravagance or parade; deeming ever the first unjust, the
latter unmanly. Generosity, wit, and science, were his
household gods."47

Zum zweiten Beispiel gibt PEARSON einen Brief ERASMUS
DARWINs wieder, zu dem er mit Recht betont: DARWINs
"essential sympathy and kindness of heart were never
more strikingly illustrated than in a letter he wrote
in 1767 to a gentleman who had consulted him about the
body of an illegitimate child, which had been murdered
by his mother." Der Brief lautet:

"Dear Sir,
Im am sorry you should think it necessary to make
any excuse for the Letter I this morning received from
you, - The Cause of Humanity needs no Apology to me
...
The Women that have committed this most unnatural
Crime, are real Objects of our greatest Pity; - their
Education has produced in them so much Modesty, or
Sense of Shame, yt this artificial Passion overturns
the very Instincts of Nature! What struggles must there
be in their Minds, what agonies! and at a Time when,
after the pains of Parturiton, Nature has designed
them the sweet consolation of giving Suck to a little
helpless Babe, that depends on them for its hourly
existence!
The cause of this most horrid crime is an Excess of
what is really a Virtue, of the Sense of Shame or
Modesty. Such is the condition of human Nature!

I have carefully[t] avoided the use of scientific terms in this letter, y[t] you might make any use of it you may think proper, and shall only add y[t] I am veryly convinced of the Truth of every part of it ..."49

Wir führen diese Charakterisierung hier nicht fort, zumal wir noch mehrmals am Rande darauf zu sprechen kommen. Es reicht hier aus, wenn wir mit KING-HELE zusammenfassend sagen: "Benevolence was the quality for which he was most famous."5o

Wir haben mit der Persönlichkeit ERASMUS DARWINs nun soweit bekanntgemacht, wie es uns im Rahmen der vorliegenden Thematik notwendig und nützlich erscheint, und damit zugleich einen Repräsentanten der Geschichte der empiristischen Pädagogik charakterisiert, dessen Originalität wohl hervorstechend ist (und damit der Geschichte der Pädagogik ein - anziehendes? - Kolorit verleiht).

Kommen wir nun 2. auf den Philosophen und Wissenschaftler ERASMUS DARWIN und seine Position innerhalb der englischen Aufklärung des 18. Jahrhunderts zu sprechen. Auch hier stoßen wir auf das Original, das wohl, wie bereits angedeutet, nur noch im Konkurrenten SAMUEL JOHNSON seinesgleichen fand.51

Als Original trat ERASMUS DARWIN in Konkurrenz zu SAMUEL JOHNSON; in seiner philosophisch-wissenschaftlichen Vielseitigkeit ähnelte er "Proteus" JOSEPH PRIESTLEY.52 DARWIN betätigte sich wissenschaftlich und praktisch auf zahlreichen Gebieten; "the most prominent member"53, "the most famous personality"54, "the leading spirit"55 der "festive philosophers of Birmingham"56 (also der Lunar Society, die selbst als "the most brilliant"57 der "provincial societies" anzusehen ist) war nicht nur ein weithin berühmter Arzt,58 sondern ein auf vielen Gebieten sehr bewanderter und hervorragender Gelehrter. "In spite of his practice, which made him spend the greater number of his days and nights in his carriage, he yet found time for poetry, science, philosophy, the arts, a large correspondence, innumerable mechanical experiments and inventions, and commercial development,"59 so daß er "occupied a leading place in the ideological development of the new industrial age."6o

Der vielseitige ERASMUS DARWIN war auch (empirischer) Pädagoge; in dieser Rolle ist er jedoch - wie wiesen bereits darauf hin61 - nicht sehr bekannt geworden, so daß sein "leading place" durch andere Leistungen begründet wurde, auf die wir nun kurz eingehen wollen, um damit auch den Pädagogen DARWIN (weiter) zu charakterisieren.

Der "extremely sociable and talkative"62 DARWIN beeinflußte zunächst als Person, als diskussionsfreudiger Anreger; schließlich trat er aber auch durch eine Reihe von Werken hervor, die ihn bekannt und berühmt machten.

Eine interessante zusammenfassende Charakterisierung bietet hier GOSSE:

"The greater part of the life of this remarkable man
was spent at Lichfield, where he pracitsed as a physician, and reigned as a local king of letters. From
1756 for nearly fifty years a clique of scientific and
literary people, male and female, surrounded the doctor,
and gave emphasis to the natural bent of his character;
in the Darwinian sphere,' as Lichfield was called, the
author of The Botanic Garden was confidently pointed
to as 'equal in science, superior in genius' to the
'arrogant' Dr. Samuel Johnson. It was in this provincial hotbed that in 1771 was begun, slowly polished
through nearly a quarter of a century, and in 1794,
published, the Zoonomia, Darwin's valuable treatise on
the laws of organic life, a work which is understood
to foreshadow in a singular degree the discoveries of
his illustrious descendant."63

Neben "The Botanic Garden", dessen erster Teil "The
Economy of Vegetation" 1791 nach dem zweiten Teil "The
Loves of Plants" (1789) erschienen ist, und "Zoonomia;
or, The Laws of Organic Life" (I. Teil 1794, II. und
III. Teil 1796) verfaßte DARWIN - wenn wir hier von
seiner pädagogischen Schrift "A Plan for the Conduct
of Female Education in Boarding Schools" (1797) absehen64
- zwei weitere große Werke 65, nämlich "Phytologia; or,
The Philosophy of Agriculture and Gardening" (1800)
und "The Temple of Nature; or, The Origin of Society"
(1803).66

Wir wollen hier nicht auf diese naturwissenschaftlichen Werke im Detail eingehen (insbesondere sehen wir
von einer Charakterisierung des Poeten DARWIN, von
einer Analyse seiner Dichtung ab ("The Botanic Garden"
und "The Temple of Nature" sind - von den zahlreichen
Anmerkungen abgesehen - in Versen abgefaßt)67), sondern
sie lediglich zur Kennzeichnung der philosophisch-wissenschaftlichen Position DARWINs heranziehen.

ERASMUS DARWIN, der Arzt, war vor allem Naturwissenschaftler, ein Repräsentant der Experimentalphilosophie
des 18. Jahrhunderts, die von seinem Lunatiker-Freund
PRIESTLEY wie folgt charakterisiert wird: "The object
of experimental philosophy is the knowledge of nature
in general, or more strictly, that of the properties
of natural substances, and of the changes of these
properties in different circumstances. This knowledge
can only be attained by experiment and observation."68

Die wissenschafltichen Werke DARWINs waren vor allem
naturwissenschaftlichen Inhalts (gleiches gilt auch
für viele seiner kleineren Schriften; auch in seinem
pädagogischen Werk spielen naturwissenschaftlich fundierte Aussagen, wie wir sehen werden, eine nicht
unbedeutende Rolle); er hatte jedoch vielseitige bzw.
umfassende philosophisch-wissenschaftliche Interessen,
denen er nachging und die er dokumentierte: "A keen
observer of both Man and Nature, he delighted in devi-
sing scientific theories to explain everything he saw.

Specialization was foreign to him [69]; he was the general
practitioner par excellence, famous in his own day as
a doctor, a scientist, a poet, an inventor and a talker.
He had a rare universality of mind, and an easy grasp
of physical and biological science." [70] "The Botanic
Garden and the posthumously published Temple of Nature
... provided a conspectus of existing scientific knowledge, seen in the light of his evolutionary philosophy
of life." [71] DARWIN "covered" also "the widest possible
area, from mechanics to philosophy, from poetry to
medicine" [72], "all knowledge was his province." [73] Er
war, wie wir heute sagen, "Generalist", nicht Spezialist, stets jedoch - eben als Naturwissenschaftler -
Empiriker, Experimentalist - Experimentalphilosoph:
"His experiments covered every field of human endeavour." [73]

Seine experimentalphilosophische Position hat DARWIN
selbst wie folgt charakterisiert: "As we are fashioned
and constituted by the niggard hand of Nature with
such imperfect and contracted faculties, with so few
and such imperfect senses; while the bodies, which
surround us, are indued with infinite variety of properties; with attractions, repulsions, gravitations,
exhalations, polarities, minuteness, irresistance,
&c., which are not cognizable by our dull organs of
sense, or not adapted to them; what are we to do?
shall we sit down contented with ignorance, and after
we have procured our food, sleep away our time like
the inhabitants of the woods and pastures? No, certainly! - since there is another was by which we may indirectly become acquainted with those properties of
bodies, which escape our senses; and that is by obser-
ving and registering their effects upon each other.
This is the tree of knowledge, whose fruit forbidden
to the brute creation has been plucked by the daring
hand of experimental philosophy." [74] Jedoch: er war kein
bloßer - wie man heute gerne zu sagen pflegt "positivi-
stischer" - Faktensammler, sondern er war Wissenschaftler, Philosoph, den ERASMUS-Enkel CHARLES ROBERT wie
folgt kennzeichnet: "Judging from his published works,
letters, and all that I have been able to gather about
him, the vividness of his imagination seems to have
been one of his pre-eminent characteristics. This led
to his great originality of thought, his prophetic
spirit both in science and in the mechanical arts, and
to his overpowering tendency to theorise and generali-
se. Nevertheless, his remarks ... on the value of experiments and the use of hypotheses show that he had the
true spirit of a philosopher. That he possessed uncommon powers of observation must be admitted. The diver-
sity of the subjects to which he attended is surprising." [75]

ERASMUS DARWIN war (im POPPERschen Sinne) ein "kühner Theoretiker" [76]; er hatte eine Vorliebe für "extrava-

gante Theorien", um die wissenschaftliche Erkenntnis
voranzutreiben. In der Einleitung zu "The Botanic
Garden" sagte er hierzu: "The general design of the
following sheets is to inlist Imagination under the
banner of Science; and to lead her votaries from the
looser analogies which dress out the imagery of poetry,
to the stricter ones, which form the ratiocination of
philosophy ... It may be proper here to apologize for
many of the subsequent conjectures on some articles of
natural philosophy, as not being supported by accurate
investigation or conclusive experiments. Extravagant
theories, however, in those parts of philosophy, where
our knowledge is yet imperfect, are not without their
use; as they encourage the execution of laborious
experiments or the investigation of ingenious deductions, to confirm or refute them."[77]

DARWINs wissenschaftsphilosophisches Programm war
also das von "Conjectures and Refutations" (POPPER),[78]
womit er sich - ceteris paribus! - wissenschaftsphilosophisch bereits auf der Höhe seiner Zeit befand.
Wissenschaftsphilosophisch war DARWIN - ceteris
paribus - auf der Höhe unserer Zeit; wissenschaftlich-
philosophisch war er ganz auf der Höhe unserer Zeit:
Er war "one of the few English writers who had become
thoroughly imbued with the rationalist spirit of the
enlightenment"[79], und er versuchte, die wissenschaftlichen Erkenntnisse zu verbreiten, deren seine Zeit
bedurfte, so eben zum Beispiel in "The Botanic Garden",
in dem er "popularized the latest discoveries of scientific investigation. In technical notes which elucida-
ted the processes suggested by his poetic images,
Darwin discussed current findings in various fields of
'natural philosophy' which we now call geology, mineralogy, botany, zoology, chemistry and physiology. An
inveterate system builder, Darwin organized these
facts within the framework of his highly unorthodox
scientific theories."[80]

Aber - wie bereits angedeutet - DARWIN war nicht nur
Wissenschaftler im engeren Sinne, sondern er war vor
allem auch ein begeisterter technischer Erfinder,[81] eine
Tatsache, die u.a. seine enge Freundschaft mit den
Lunatikern JOSIAH WEDGWOOD und RICHARD LOVELL EDGEWORTH
begründete und ihn insgesamt zu einem sehr typischen
Repräsentanten der Industriellen Revolution machte.
Zusammengefaßt: "He composed a complete outline of the
new science and technique brought forth in the industrial
revolution."[82]

Zum Abschluß der Behandlung des 2. Aspektes unserer
DARWIN-Charakterisierung sei noch darauf hingewiesen,
daß seine politische und religiöse Position keineswegs
unumstritten war: er wurde dem "King-and-Church-Estab-
lishment" zunehmend verdächtig;[83] er war, obwohl - wie
KING-HELE vermerkt - "not deeply interested in political

events"[84], ein Befürworter der Bestrebungen der Französischen Revolution; er unterstützte die amerikanische Unabhängigkeitsbewegung (war ein Bewunderer BENJAMIN FRANKLINs), wandte sich scharf gegen jede Form von Sklaverei, trat für eine Gefängnisreform ein etc., so daß seine Auffassungen vom Establishment durchaus als "radical and even subversive"[84] eingestuft werden konnten. - In religiöser Hinsicht wurde er immer wieder mit dem Verdacht belastet, areligiös, ein Atheist zu sein; dieser Verdacht war jedoch unbegründet. Sicher ist es zutreffend, daß ERASMUS DARWIN auch ein religiöser bzw. theologischer Skeptiker war; denn er war Rationalist und "rejected the claims of the Bible to supernatural authority." Gleichwohl: "he retained a form belief in a creative author of the universe", jedoch der Deist war der Auffassung, "that human affairs are not subject to the direct intervention of a personal God."[85]

Zwei Urteile über den politischen und religiösen Menschen DARWIN mögen zusammenfassend charakterisieren.

S.T. COLERIDGE (1772 - 1834) schrieb: "Derby is full of curiosities, the cotton, the silk mills, Wright, the painter, and Dr. Darwin, the everything, except the Christian! Dr. Darwin possesses, perhaps, a greater range of knowledge than any other man in Europe, and is the most inventive of philosophical men. He thinks in a new train on all subjects except religion ...Dr. Darwin is an extraordinary man, and received me very courteously - He had heard that I was a Unitarian and bantered incessantly on the subject of Religion ... When he talks on any other subject he is a wonderfully entertaining and instructive old men."[86]

CHARLES ROBERT DARWIN bietet uns folgende Beschreibung: "Dr. Darwin has been frequently called an atheist, whereas in every one of his works distinct expressions may be found showing that he fully believed in God as the Creator of the universe. For instance, in the 'Temple of Nature,' published posthumously, he writes: 'Perhaps all the productions of nature are in their progress to greater perfection! an idea countenanced by modern discoveries and deductions concerning the progressive formation of the solid parts of the terraqueous globe, and consonant to the dignity of the creator of all things.' He concludes one chapter in 'Zoonomia' with the words of the Psalmist: 'The heavens declare the Glory of God, and the firmament sheweth his handiwork.' He published an ode on the folly of atheism, with the motto 'I am fearfully and wonderfully made,' of which the first verse is as follows: -

> Dull atheist, could a giddy dance
> Of atoms lawless hurl'd
> Construct so wonderful, so wise,
> So harmonised a world?

With reference to morality he says[87] : 'The famous
sentence of Socrates, 'Know yourself,' ... however
wise it may be, seems to be rather of a selfish nature
... But the sacred maxims of the author of Christianity, 'Do as you would be done by,' and 'Love your neigh-
bour as yourself,' include all our duties of benevolence and morality; and, if sincerely obeyed by all nations, would a thousandfold multiply the present happiness
of mankind.' Although Dr. Darwin was certainly a theist
in the ordinary acception of the term, he disbelieved
in any revelation. Nor did he feel much respect for
unitarianism, for he used to say that 'unitarianism
was a feather-bed to catch a falling Christian.' Remembering through what an exciting period of history
Erasmus lived, it is singular how rarely there is more
than an allusion in his letters to politics. He would
now be called a liberal, or perhaps rather a radical.
He seems to have wished for the success of the north
American colonists in their war for independence; for
he writes to Wedgwood (Oct. 17, 1782): 'I hope Dr.
Franklin will live to see peace, to see America recline
under her own vine and fig-tree, turning her swords
into plough-shares, &c.' Like so many other persons,
he hailed the beginning of the French Revolution with
joy and triumph. Miss Seward, in a letter to Dr. Whalley,
dated May 18, 1792, says: 'I should indeed now begin
to fear for France; but Darwin yet asserts that, in
spite of all disasters, the cause of freedom will
triumph, and France become, ere long, an example prospe-
rous as great, to the surrounding nations.'"[88]
    Wir belassen es bei dieser - sehr unvollständigen! -
Beschreibung der wissenschaftlich-philosophischen
Position ERASMUS DARWINs, meinen aber, daß bereits
diese Darstellung einsichtig macht, daß DARWIN eine
sehr zentrale Position in der philosophisch-wissenschaft-
lich-technischen Entwicklung seiner Zeit innehaben
mußte, eine Position, die ihn auch - wie schon mehrmals
angedeutet - zu einem Interaktionszentrum machte. -
Wir kommen damit auf den 3. Aspekt der Beschreibung
des (Auch-)Pädagogen ERASMUS DARWIN.
    Hier ist zunächst darauf hinzuweisen, daß ERASMUS DAR-
WIN zahlreichen wissenschaftlichen Gesellschaften
angehörte bzw. solche (mit-)gründete und schon damit
aktiv an der philosophisch-wissenschaftlichen Diskussion
teilhatte; denn diese Gesellschaften ("throughout provincial England, where the industrial revolution was
really taking place, numerous local societies were
formed"[89]) spielten seinerzeit in England eine bedeutende Rolle im Zusammenhang mit dem wissenschaftlich-gesell-
schaftlichen Fortschritt - allen voran, wie gesagt,
die Lunar Society ("it represents almost a microcosm
of the industrial revolution"[89])
    Bereits 1761 wurde ERASMUS DARWIN "Fellow of the
Royal Society" (der überregionalen wissenschaftlichen

Organisation), und in den 70er Jahren war er Mitbegründer der Lunar Society, deren Vorläufer - der "Lunar
Circle" (SCHOFIELD) - relativ enge Beziehungen zur
Londoner "Society of Arts" hatte, in die auch DARWIN,
ohne Mitglied dieser Gesellschaft zu werden, integriert
war.[90] In Lichfield gründete er um 1770 die "Botanic
Society" (sie umfaßte allerdings - DARWIN inclusive -
nur drei Mitglieder) und 1784 in Derby die "Philosophical Society". Er war Mitglied der 1780 neu gegründeten
"American Philosophical Society of Promoting Useful
Knowledge", wurde 1784 Ehrenmitglied der "Literary and
Philosophical Society of Manchester"[91] und 1787 der "Medical Society" in London.

Schon in diesen Mitgliedschaften dokumentiert sich
das "Interaktionszentrum" ERASMUS DARWIN; es dokumentiert sich aber vor allem in seinen zahlreichen - mehr
oder minder mit diesen Gesellschaften verknüpften -
Freundschaften. Hier ist wiederum die Lunar Society
hervorzuheben, der lunatische Freundeskreis der "festive" oder "cast-iron-philosophers"[92], auf den wir uns
nun - aus thematischen Gründen - vor allem konzentrieren
wollen. Die Lunar Society war ein wichtiger Anregungs-
bereich für ERASMUS DARWIN und der Hauptadressat DARWIN-
scher "inventions" im weitesten Sinne. Die Lunar Society war schließlich, wie schon angedeutet, auch ein
pädagogisches Zentrum, und als solches ist es für uns
vor allem von Interesse.

Die Lunar Society war - wie bereits in der Einleitung
zu diesem Kapitel angedeutet - ein informeller wissenschaftlicher Gesprächszirkel, den DARWIN zusammen mit
WILLIAM SMALL (1734 - 1775)[93] und MATTHEW BOULTON (1728
- 1809)[94] ins Leben gerufen hatte. Der Lunar Society
gehörten während der ganzen Zeit ihres Bestehens nicht
mehr als 14 Mitglieder im engeren Sinne[95] an, und sie
bildeten eine "brilliant group of thinkers who played
such an important part in facilitating the new industrial
developments, and who were regarded as bumptious upstarts
by the sterile intellectuals of the ruling class."[96]

Wir haben bereits zwei Beschreibungen der Lunar
Society zitiert;[97] diese sollen nun noch durch eine
"Binnen-Beurteilung" und damit verbunden einige Perso-
nenbeschreibungen ergänzt werden. Bei dem Lunatiker
R.L. EDGEWORTH, der uns vor allem noch als Pädagoge
beschäftigen wird, heißt es in seinen "Memoirs" u.a.:
"Besides my friendship with Mr. Day, I about this
time formed an intimacy with Mr. Keir, of Birmingham,
a gentleman well known in the literary world. He had
served abroad, and had obtained the rank of captain;
but wisely despising the idleness of a soldier's life
in time of peace, he sold out of the army at the peace
of Fontainbleau, and turned the energy of his powerful
mind to science, with a view to make some discovery,
by which he might find interesting occupation. I became
acquainted with Mr. Keir, at the time when he was

employed in translating Macquer's Dictionary of Chemistry, a work which was rendered doubly valuable by the
notes of the translator ... By my means he became
acquainted with Mr. Day; and by means of Mr. Keir I
became acquainted with Dr. Small, of Birmingham, a man
esteemed by all who knew him, and by all who were
admitted to his friendship beloved with no common
enthusiasm. Dr. Small formed a link, which combined
Mr. Boulton, Mr. Watt, Dr. Darwin, Mr. Wedgwood, Mr.
Day, and myself, together - men of very different
characters, but all devoted to literature and science.
This mutual intimacy has never been broken but by
death; nor have any of the number failed to distinguish
themselves in science or literature. Some may think,
that I ought with due modesty to except myself. It is
not my object to write the lives of the gentlemen,
whom I have named as my particular friends; but I
cannot refrain from noticing the great variety of
intellect, which they possessed. Mr. Keir, with his
knowledge of the world, and good sense: Dr. Small,
with his benevolence and profound sagacity: Wedgwood,
with his unceasing industry, experimental variety, and
calm investigation: Boulton, with his mobility, quick
perception, and bold adventure: Watt, with his strong
inventive faculty, undeviating steadiness, and unboun-
ded resource: Darwin, with his imagination, science,
and poetical excellence: and Day, with his unwearied
research after truth, his integrity and eloquence: -
formed altogether such a society, as few men have had
the good fortune to live with; such an assemblage of
friends, as fewer still have had the happiness to
possess, and keep through life."[98] "A society of literary men, and a literary society, may be very different.
In the one, men give the result of their serious researches, and detail their deliberate thoughts. In the
other, the first hints of discoveries, the current
observations, and the mutual collision of ideas, are
of important utility. The knowledge of each member of
such a society becomes in time disseminated among the
whole body, and a certain esprit de corps, uncontamina-
ted with jealousy, in some degree combines the talents
of numbers to forward the views of a single person. I
have felt, ever since I belonged to this society, the
advantage of its conversation."[99]
    Alle philosophischen (speziell ethischen), wissenschaft-
lichen und technischen Probleme der Zeit der industriellen
Revolution wurden in der Lunar Society diskutiert, und
ERASMUS DARWIN war neben "the most famous scientist"
JOSEPH PRIESTLEY "its most famous personality",[100] deren
Ideen und wissenschaftliche Werke auch ein Produkt der
Lunar Society waren, ein Produkt der sehr engen Freundschaften, die ERASMUS DARWIN in der Lunar Society
pflegte. WEDGWOOD, WATT, BOULTON und andere lieferten
auf Anregung DARWINs Beiträge zu seinen Werken (speziell

"The Botanic Garden"), die dieser dann in Verse goß;
DARWIN nahm in zahlreichen Fußnoten auf Lunatiker Bezug,[101] so daß es kein Wunder war, daß - wie SCHOFIELD
schreibt - "Lunar praise for Darwin's work was lavish",
daß ihm ein "chorus of Lunatic admiration" folgte.[102]
Es ist durchaus begründet bzw. berechtigt zu sagen,
daß "The Botanic Garden" und andere Werke DARWINs den
Lunar-Society-Geist repräsentierten, und auch der Pädagoge DARWIN war ein lunatischer Pädagoge, worauf
bereits hingewiesen wurde[103] und auf den wir nun speziell
zu sprechen kommen wollen.
DARWIN war einer der lunatischen Pädagogen; auf
PRIESTLEY haben wir schon ausführlich verwiesen,[104] auf
EDGEWORTH und DAY werden wir in diesem Kapitel noch zu
sprechen kommen. Wichtig für uns ist hier, daß DARWIN
auch ein Repräsentant lunatischer Pädagogik war, der
zu den lunatischen Mit-Pädagogen enge Beziehungen
unterhielt und durch sie auch in pädagogischer Hinsicht
angeregt wurde.
Wir wollen nun mit SCHOFIELD das "pädagogische Umfeld"
der Lunar Society beschreiben und beispielhafte Einblicke
in pädagogische Auffassungen und Aktivitäten der Lunar
Society als ganzer geben (womit wir zugleich auch
schon speziell auf die Lunatiker-Pädagogen EDGEWORTH
und DAY verweisen).
SCHOFIELD beschreibt das pädagogische Klima und die
pädagogischen Umstände, die die Lunar Society beeinfluß-
ten, wie folgt:
"Charity schools, local grammar schools, and sometimes academies of higher education turned out increasing
numbers of artisans' and shopkeepers' children who
could and did read. The demand for books and pamphlets,
magazines, and newspapers became noticeably greater;
in the twenty-five years between 1750 and 1775 the
number of newspaper-tax stamps issued in Britain almost
doubled. This new reading public was predominantly
middle-class, many of them belonging to dissenting
churches which stressed the Puritan virtues of thrift
and hard work. These utilitarian virtues were emphasi-
zed in the academies organized by dissenters as substi-
tutes for the universities they could not attend. Dissenting academies made up for their lack of prestige
and refinement by the practicality of their curricula.
They provided, for the first time in England, formal
instruction in modern languages, in modern history, in
practical, commercial arithmetic, and, most significant-
ly, in the new, experimental sciences. These academies
flourished while the number of undergraduates and the
comparative value of education in the universities de-
clined. Middle-class Englishmen, trained in dissenting
schools, carried their new learning with them into the
bustle of their lives, demonstrating the usefulness of
knowledge and helping to pass it on. A flood of readers,
scientifically and practically oriented, provided a

market for semi-popular and useful books on science. Large numbers of simple texts and religio-scientific books were published to meet the demand. Scientific journals of a light and practical nature appeared, and encyclopaedias, dictionaries of arts and sciences, and similar multi-volumed compilations enjoyed a wide sale. This spreading interest in science and technology also supported an increasing number of itinerant lecturers in natural philosophy who made a modest living by touring the provincial towns to give subscription lectures and demonstrations on science."[105]

Dies war das pädagogische Umfeld der Lunatiker und speziell der lunatischen Pädagogen. SCHOFIELD bietet uns nun zwei ausführlichere Einblicke in die (in dieses pädagogische Umfeld integrierten) pädagogischen Auffassungen und Aktivitäten von Mitgliedern der Lunar Society und speziell auch DARWINs.

Im Hinblick auf die praktischen Interessen der Lunatiker, in denen sich deutlich der Geist des Jahrhunderts dokumentierte, heißt es bei SCHOFIELD unter anderem:

"During the period 1775 - 80 the personal ties between the Darwin and the Wedgwood families became particularly close. Darwin had become the Wedgwood family physician from quite early in their acquaintance, but now the families began regularly exchanging visits and the children lived as freely in one house as in the other. This friendship became more meaningful in their mutual efforts to educate their children. Although both Darwin and Wedgwood were more interested in education for women than most of their contemporaries, it was mainly the boys that presented the problem. Neither Darwin nor Wedgwood (nor Boulton, Watt, Galton, Priestley, or Edgeworth for that matter) thought very highly of the formal education available in England. In general, from secondary schools through the universities, the curricula were planned for gentlemen and the clergy, but Wedgwood's sons were destined for 'trade' and Darwin's for medicine. Darwin hat experienced education at Cambridge; he sent his son Charles to Oxford. Charles '... did not like the place ... thought ... that the vigour of the mind languished in the pursuit of classical elegance ... and sighed to be removed to the robuster exercise of the medical school of Edinburgh'. He was sent to Edinburgh in the fall of 1775. But Robert Waring Darwin and the Wedgwood boys were not yet ready for the college. The immediate problem was preparing them adequately at a secondary level. For many reasons it was decided that this should be done at home. In the spring of 1779 Darwin sent his son Robert Waring to stay at Etruria where John Warltire was giving private chemical lectures to Wedgwood's sons.[106] Throughout the summer and fall of 1779 Wedgwood and Darwin consulted about education. Darwin thought 'French and accounts'

more important than Latin for boys intended for trade
and Wedgwood agreed. He sent his sons to stay with
Darwin in Lichfield for a month while they studied
under a French prisoner-of-war Darwin had hired as a
tutor. On 18 December Wedgwood wrote to Bentley that
he had determined to hire the Frenchman for a year to
tutor French and drawing. His home school would be
attended by Wedgwood's three sons, John, Josiah, jun.,
and Tom, and his daughters, 'Sukey & Kithy'. They were
to study Latin for an hour a day just to prevent their
forgetting what they have', and spend the remainder of
their time on French, writing, drawing, and accounts.
And, with a hint of matters to come and of another
Lunar Society member concerned with education, Wedgwood
added, 'Mr. Edgeworth has begun a suit of books for
little children the first is in the press at Lchfd. He
begins with them at 6 years old, how far he means to
proceed with them I do not know, whether to 10, 20, or
60 I know not.' This is probably an early notice of
the book Harry and Lucy, projected by Richard Lovell
Edgeworth and his wife Honora. The book was postponed
at Honora's death and completed years later by Maria.
In a letter to Darwin of 27 December 1779 Wedgwood
completed the arrangements to hire the French master,
and the home school went into session. John Wedgwood,
the oldest son, was eventually sent to Warrington
Academy for a year (1782, the last year of Warrington's
existence) and John, Josiah, jun., and Tom attended
Edinburgh for a short time, but their education was
begun under the eyes of the Lunar Society."1o7
So kamen also sehr persönliche Gründe hinzu, daß die
wissenschaftliche Pädagogik in der Lunar Society eine
wichtige Rolle spielte, auch wenn - so schränkt SCHOFIELD
ein - "educational activities never became a persistent
project of the Society itself."1o8 Gleichwohl - so sagt
SCHOFIELD weiter - es waren genügend individuelle
Interessen für eine wissenschaftliche Beschäftigung
mit "useful education" und damit nützlicher Pädagogik
bei den Mitgliedern der Lunar Society vorhanden. Sie
war zwar keine pädagogische Gesellschaft, aber eine
Gesellschaft mit differenzierten pädagogischen Interessen und Aktivitäten,1o9 wie schließlich aus ihr gewichtige pädagogische Werke hervorgingen, so daß auch, wie
gesagt, begründet von einer Pädagogik der Lunar Society
gesprochen werden kann.
Im einzelnen heißt es bei SCHOFIELD - die Pädagogik
der Lunar Society zusammenfassend:
"The Lunar Society accepted the belief of 'englighte-
ned' practical men of the eighteenth century that
proper education was the ultimate cure for man's problems
and, in addition to particular care given the education
of their own children, their concern was extended to
include the children of working men through Priestley's
Birmingham School and the Lancasterian School plans of

Galton, Josiah Wedgwood, jun., and James Watt, jun.
Priestley had written texts and educational treatises,
Day's Sandford and Merton was avowedly didactic as was
Darwin's Botanic Garden. Darwin became further involved
in educational theory by establishing his two illegitimate daughters as mistresses of a girls' school. In
1797 he published A Plan for the Conduct of Female
Education in Boarding Schools as a guide and advertise-
ment for the school. Though he did not propose the
education of 'blue-stockings', but rather to produce
women with the 'mild and retiring virtues', his curriculum represents an approach to female education which
was quite liberal for his time. French, Italian, and
chemistry (in translations of Lavoisier and Fourcroy)
were to be included in the course of study, while
Sandford and Merton, Priestley's charts of history and
biography, Galton's bird book, several of the publications of Edgeworth's daughter Maria, the Botanic Garden,
and the translations of Linnaeus by 'a Society at
Lichfield' were all recommended as appropriate reading
for young ladies. The book was little noticed in England,
but was translated into German and reprinted, with
additions, in the United States 1798. Before the appearance of his own book, Darwin had proposed that Edgeworth write one. On 18 December 1796 Edgeworth answered,
'In one of your letters some time ago, you advised us
to read Dugald Stewart, and to write upon education.
Steward we have read with great profit and pleasure,
and we are writing on education.'[110] Darwin's encourage-
ment had not really been necessary, however, for Edgeworth had earlier found in the education of his family
greater incentive than either Lunar precedent or suggestion could provide. For this reason, his work in
education outweighs anything done by any other Lunar
member except Joseph Priestley."[111]
  Schließlich sei noch eine Bemerkung SCHOFIELDs zitiert,
die nochmals deutlich macht, daß - bei aller relativen
Eigenständigkeit der Pädagogen JOSEPH PRIESTLEY, RICHARD
LOVELL EDGEWORTH, THOMAS DAY und ERASMUS DARWIN - mit
Recht von einer Pädagogik der Lunar Society gesprochen
werden kann, innerhalb derer auch ERASMUS DARWIN eine
recht bedeutsame Rolle spielte:
  SCHOFIELD schreibt: "By the practical means of ratio-
nally applied education, progress was to be made toward
a predetermined goal - how very 'enlightened' his (Edgeworth's) ideas were! The pattern of experiment and
observation, the emphasis on science in his proposed
curriculum - science at a level to daunt modern parents,
to say nothing of their ten- to twelve-year-old children - the familiar Lunar names and references: Sandford
and Merton, the Botanic Garden and Zoonomia, Priestley,
Wedgwood, Watt, and Darwin; Franklin, Beddoes, Davy,
Percival, and David Hartley - all these emphasize that
Edgeworth found the origin of his ideas in the Lunar
Society."[112]

Wir schließen damit die Beschreibung der Person, Position und philosophisch-wissenschaftlichen Aktivitäten ERASMUS DARWINs ab. Auch wenn hier die empirische bzw. empiristisch-utilitaristische Pädagogik und in dieser speziell die Position DARWINs zur Diskussion steht, so war doch eine etwas ausführlichere Beschreibung seiner Person, Position und philosophisch-wissenschaftlichen Auffassungen notwendig; denn das Verständnis der Pädagogik DARWINs (u.a.) setzt die Kenntnis der experimentalphilosophischen Position als ganzer voraus: die Philosophen der englischen Aufklärung des 18. Jahrhunderts haben ihre (experimentalphilosophische) Pädagogik auf der Basis der Experimentalphilosophie entwickelt.

Kommen wir nun auf die empirische bzw. empiristisch-utilitaristische Pädagogik des Lunatikers ERASMUS DARWIN zu sprechen.

Hier ist zunächst einleitend, grundlegend und wiederholend anzumerken: ERASMUS DARWIN ist - neben PRIESTLEY, EDGEWORTH u.a. - ein Repräsentant der empirischen bzw. empiristisch-utilitaristischen Pädagogik (bzw. "science of education") und damit einer langen und differenzierten Tradition,[113] was aufgrund seiner sonstigen wissenschaftlichen Qualifikation, über die wir berichtet haben, auch nahelag. Er war, wie wir wissen, Arzt und Naturwissenschafter bzw. Experimentalphilosoph, und als solcher präsentierte er sich auch als Pädagoge (der Lunar Society, deren philosophisch-wissenschaftliches Engagement - den Erfordernissen der Zeit entsprechend - ein experimentalphilosophisches war).

Weiterhin: Empirische Pädagogik war seinerzeit umfassend empirisch-psychologisch fundiert (Pädagogik war angewandte Psychologie), und von der "natural science of the human mind"[114] müssen wir daher auch bei der Besprechung (bzw. Rekonstruktion) der DARWINschen (natural) science of education ausgehen.

Anschließend an die allgemeinere Charakterisierung des Naturwissenschaftlers DARWIN geben wir zunächst einen zusammenfassenden Hinweis auf die DARWINsche Psychologie mit HÖFFDING. Bei ihm heißt es: "Hartleys Theorie wurde ebenfalls" - wie von PRIESTLEY - "von einem anderen Naturforscher aufgenommen, von Erasmus Darwin ..., dem Großvater Charles Darwins, einem Arzte, der als Naturforscher, als Dichter und als Philosoph Talente besaß. In seinem Hauptwerke Zoonomia or the Laws of Organic Life ... erklärt er die Entstehung der Instinkte durch Erfahrung und Assoziation unter dem Einflusse des Selbsterhaltungsdranges und der Akkomodation an die Verhältnisse. Er geht weiter als Hartley, indem er ... Gewicht darauf legt, daß die auf diese Weise erworbenen Eigenschaften vererben können; die psychologische Assoziationslehre wird somit zu einer biologischen Evolutionslehre erweitert, die mit der einige Jahre später von Lamarck aufgestellten

Hypothese von der Entwicklung der Arten nicht wenig
gemein hat und ebenso wie diese die große Hypothese
vorbereitet, mit welcher sich der Name Darwin verknüpfen sollte."115
     Auch DARWIN schloß sich also wie Mit-Lunatiker und
-Pädagoge PRIESTLEY an HARTLEY[116] an, so daß PRIMER
mit Recht von einer "Hartley-Priestley-Darwin-School"[117]
spricht, auch wenn, wie dies schon bei HÖFFDING deutlich wird, DARWIN hier Eigenständigkeit attestiert
werden muß, was bereits der Lunatiker-Freund KEIR her-
vorhob: "From the minute observation which Dr. Darwin
has given or the laws of association, habits and phenomena of animal life, it is manifest that his system is
the result of the operation of his own mind."[118]
     Bevor wir auf Details der DARWINschen (Assoziations-)
Psychologie zu sprechen kommen, sei noch eine - auch
pädagogisch relevante - Zusammenfassung der eigenstän-
digen und sehr umfassend konzipierten Assoziationspsychologie DARWINs mit MARKUS gegeben. Bei ihm heißt es:
"Indem er (Darwin) unter Seele oder geistiger Substanz
das Lebensprinzip überhaupt verstanden wissen will und
so die Psychologie in eine Zoonomie verwandelt, dehnt
er die Herrschermacht der von Hume und Hartley anerkannten Associationsgesetze über das vegetative sowohl,
wie über das animale Leben aus. Auf Association und
Gewohnheit führt Darwin Empfindungen, Vorstellungen,
Willenshandlungen, Bewegungen und Leidenschaften, das
Selbstbewußtsein und die Ideen des Ich zurück, die
Association ist die Basis aller Künste und Wissenschaften, wie sie auch bei ihrer bisweiligen Unauflösbarkeit
vom größten Einfluß auf die Moralität, den Charakter
und den Intellekt des Menschen ist."[119]
     Recht ausführlich hat LOGAN die Psychologie DARWINs
behandelt, und zwar so, daß auch deren erziehungswissenschaftliche Relevanz deutlich wird. Der Einfachheit
(und Kürze) halber folgen wir hier LOGANs Darstellung
und Analyse der "Physiologischen Psychologie" DARWINs,
die dieser in seiner Zoonomia ("a medical treatise,
comprising an elaborate system of physiology"[120])entwik-
kelte und in der er davon ausgeht, "that all appetites
and all intellectual life can be explained on the
basis of physiology."[120] Die Physiologie ist für den
Arzt und Naturwissenschaftler DARWIN die Grundwissenschaft
der Psychologie, deren Hauptgegenstand "the intricate
moral and emotional life of mankind"[120] ist.
     Hier stand DARWIN - wie bereits mehrmals hervorgeho-
ben - ganz in der Tradition; seine Physiologische
Psychologie "is a product of the eighteenth-century
philosophy and science"[120], wobei DARWIN (mit HARTLEY
und PRIESTLEY) "begun where Locke left off."[120]
     LOGAN verweist hier auf LOCKEs Hinweise, mit denen
er seine Untersuchung des menschlichen Verstandes u.a.
einleitete: "I shall not at present meddle with the
Physical Consideration of the Mind; or trouble myself

to examine, wherein its Essence consists, or by what Motions of our Spirits, or Alterations of our Bodies, we come to have any Sensation by our Organs, or any Ideas in our Understandings; and whether those Ideas do in their Formation, any, or all of them, depend on Matter or no: These are Speculations, which, however curious and entertaining, I shall decline, as laying out of my Way in the Design I am now upon."[121]

HARTLEY und DARWIN (wie PRIESTLEY) fragen demgegenüber nach der physischen Basis psychischen Geschehens, "Hartley, with his theory of vibrations, and Darwin with his contractions, attempt to demonstrate how a material object does affect the mind, and how these motions once started by external stimuli, result in building up a great edifice of ideas and sensations, both real and imaginary."[122]

LOGAN zitiert nun elf Definitionen, die DARWIN in seiner Zoonomia gibt und die das Gerüst seiner Physiologischen Psychologie beschreiben. Da mit diesen Definitionen ein differenzierter Einblick in DARWINs Physiologische Psychologie (und damit in die Grundwissenschaft der science of education!) gegeben wird, zitieren wir (nach LOGAN) ausführlich:[123]

(1) "The word sensorium ... is designed to express not only the medullary part of the brain, spinal marrow, nerves, organs of sense, and the muscles; but also at the same time that living principle, or spirit of animation, which resides throughout the body, without being cognizable to our senses, except by its effects. The changes which occasionally take place in the sensorium, as during the exertions of the volition, or the sensations of pleasure and pain are termed sensorial motions ..." (vgl. hierzu auch Definition 6).

(2) "A nerve is a continuation of the medullary substance of the brain from the head or spine towards the other parts of the body, wrapped in its proper membrane.

(3) The muscular fibres are moving organs intermixed with that medullary substance, which is continued along the nerves ... They are indued with the power of contraction, are again elongated either by antagonistic muscles, by circulating fluids or by elestic ligaments ...

(4) The immediate organs of sense consist in like manner of moving fibres enveloped in the medullary substance above mentioned ...Hence when we speak of the contractions of the fibrous parts of the body, we shall mean both the contractions of the muscles, and those of the immediate organs of sense. These fibrous motions are thus distinguished from the sensorial motions" (vgl. Definitionen 1 und 6).

(5) "The external organs of sense are the coverings of the immediate organs of sense, and are mechanically adapted for the reception or transmission of peculiar bodies, or their qualities, as the cornea and humours of the eye, the tympanum of the ear, the cuticle of the fingers and tongue.

(6) The word idea has varous meanings in the writers of metaphysics; it is used here simply for those notions of external things, which our organs of sense bring us acquainted with originally, and it is defined a contraction, or motion, or configuration, of the fibres, which constitute the immediate organ of sense ... Synonymous with the word idea, we shall sometimes use the words sensual motion in contradistinction to muscular motion.

(7) The word perception includes both the action of the organ of sense in consequence of the impact of external objects, and our attention to that action; that is, it expresses both the motion of the organ of sense, or idea, and the pain or pleasure that succeeds or accompanies it.

(8) The pleasure or pain which necessarily accompanies all those perceptions or ideas which we attend to, either gradually subsides, or is succeeded by other fibrious motions. In the latter case, it is termed sensation ... The word sensation is used to express pleasure or pain only in the active state, by whatever means it is introduced into the system, without any reference to the stimulation of external objects.

(9) The vulgar use of the word memory is too unlimited for our purposes; those ideas which we voluntarily recall are termed ideas of recollection, as when we will to repeat the alphabet backwards. And those ideas which are suggested to us by preceding ideas are here termed ideas of suggestion, as whilst we repeat the alphabet in its usual order; when by habits previously acquired B is suggested by A, and C by B, without any effort of deliberation.

(10) The word association properly signifies a society or convention of things in some respects similar to each other. We never say in common language, that the effect is associated with the cause, though they necessarily accompany or succeed each other. Thus the contractions of our muscles and organs of sense may be said to be associated together, but cannot with propriety be said to be associated with irritations, or with volition, or with sensation, because they are caused by them ... When fibrous contractions succeed other fibrous contractions, the connection is termed association; when fibrous contractions succeed sensorial motions, the connection is termed causation; when fibrous and sensorial motions reciprocally introduce each other in progressive trains or tribes, it is termed catenation of animal motions. All these connections are said to be produced by habit; that is, by frequent repetition ...

(11) By the word stimulus is not only meant the application of external bodies to our organs of sense and muscular fibres, which excites into action the sensorial power termed irritation; but also pleasure

and pain, when they excite into action the sensorial power termed sensation; and desire or aversion, when they excite into action the power of volition; and lastly, the fibrous contractions which precede association ..."

Damit ist das (begriffliche) Bezugssystem der DARWINschen Physiologischen Psychologie und zugleich die Basis für die experimentalphilosophische science of education DARWINs konstituiert. Skizzieren wir nun - im Anschluß an LOGAN - die wesentlichen Annahmen der DARWINschen Psychologie.

Wie die Definitionen zeigen, ist "motion ... an essential principle in Darwinian psychology."124 In bezug auf die die "ideas" konstituierenden "motions of the organs of sense" (vgl. auch Definition 6) gibt Darwin folgende Beschreibung: "The motions of an organ of sense are a succession of configurations of that organ; these configurations succeed each other quicker or slower; and whatever configuration of this organ of sense, that is, whatever portion of the motion of it is, or has usually been, attended to, constitutes an idea."125

"Motion" kennzeichnet somit alles psychophysische Geschehen, für das DARWIN folgendes Gesetz formuliert:

(1) "The fibres which constitute the muscles and organs of sense possess a power of contraction."126

Im Zusammenhang mit diesem Gesetz stellt DARWIN dann folgende Theoreme auf:

(2) "The immediate cause of the contraction of animal fibres is the spirit of animation, an essence which resides in the brain and nerves, and which once stimulated, irritates the fibres into contraction."

(3) "The remote cause of the original contraction of animal fibres are bodies external to the moving organ, which stimulate the spirit of animation."

(4) "'A certain quantity of contraction of animal fibres, if it be perceived at all, produces pleasure; a greater or less quantity of contraction, if it be perceived at all, produces pain; these constitute sensation.'"

(5) "'A certain quantity of sensation produces desire or aversion; these constitute volition.'"

(6) "'All animal motions which have occurred at the same time, or in immediate succession, become so connected, that when one is reproduced, the other has a tendency to accompany or succeed it.' This phenomenon takes place in three different ways: by association, by causation, and by catenation of animal motions." (Vgl. bereits Definition 10.)127

Diese Gesetze basieren nun auf "four faculties of the sensorium, or four motions of the spirit of animation. These are:

(1) Irritation, which is the change of some part of the sensorium in consequence of the appulses of external

bodies; (2) Sensation, which is pleasure or pain produced by (1);(3) Volition, which is desire or aversion produced by (2); and (4) Association. These are the sensorial motions which are to be distinguished from the fibrous motions, the latter including the motions of the muscles and the organs of sense."[128]

Über "fibrous" und "sensorial motions" wird der Menschen Wissen um die Außenwelt konstituiert, prodzieren sie "ideas". Zusammengefaßt ist DARWINs Auffassung hier folgende:

"The figure of a given stimulus is impressed in miniature upon the spirit of animation, which in turn impresses this figure in miniature upon that part of the organ of sense which is affected by the stimulus, thus forming an idea which exactly resembles its external object. This is then communicated to the central part of the sensorium and we have perception.[129] Our knowledge of the world outside of us is acquired very much as if there were two small mirrors, the first reflecting the object, while the second takes up the reflection of the first."[130]

DARWIN unterscheidet nun vier Klassen von "ideas" (korrespondierend zu den "four faculties of the sensorium"), nämlich:

"'1. Irritative ideas are those, which are preceded by irritation, which is exited by objects external to the organs of sense: as the idea of that tree, which either I attend to, or which I shun in walking near it without attention. In the former case it is termed perception, in the latter it is termed simply a irritative idea.

2. Sensitive ideas are those, which are preceded by the sensation of pleasure or pain; as the ideas, which constitute our dreams or reveries, this is called imagination.

3. Voluntary ideas are those, which are preceded by voluntary exertion, as when I repeat the alphabet backwards: this is called recollection.

4. Associate ideas are those which are preceded by other ideas or muscular motions, as when we think over or repeat the alphabet by rote in its usual order; ... this is called suggestion.'"[131]

Diese sehr grobe Skizzierung der DARWINchen Physiologischen Psychologie möge im gegebenen Zusammenhang ausreichen. Es dürfte aber bereits deutlich geworden sein, daß DARWIN im Hinblick auf eine <u>Grundlegung der Pädagogik</u>[132] - unabhängig von der Bewährtheit seiner psychologischen Theorien - eine streng experimentalphilosophische bzw. empiristische Position einnimmt, eine Position, die ihn als Vertreter der empiristischen Tradition der Erziehungswissenschaft charakterisiert.[133]

DARWIN selbst zieht aus seiner Psychologie pädagogische Konsequenzen (seine Psychologie mündet, wie wir sehen werden, in Pädagogik ein); denn mit seinen psycho-

logischen Theorien erklärt er das Entstehen von "ideas",
"sensations" und "perceptions", erklärt er den "thin-
king process", auf den über "education" zum Zwecke der
Ausbildung von gewünschtem Verhalten bzw. "habits"
Einfluß zu nehmen versucht wird. Erziehen ist für
DARWIN das Handeln, über das die "external world" eines
Educanden so zu organisieren versucht wird, daß der
"process of thinking" zu Ergebnissen führt, die von
Erziehern intendiert werden; denn die Umwelt und speziell die erzieherische Umwelt ist es, die menschliches
Verhalten bestimmt.
Dieser psychologisch-pädagogische Zusammenhang sei
nun skizziert (wir bedienen uns hier abermals der
LOGANschen Zusammenfassung):
DARWIN geht - wie bereits angedeutet - von dem LOCKE-
schen Lehrsatz aus, "that 'it is certain that all our
ideas were originally acquired by our organs of sense;
for whatever excites our perception must be external
to the organ that perceives it, and we have no other
inlets to knowledge but by our perceptions.'"[134]
Von der - gegebenenfalls pädagogisch organisierten -
Umwelt hängt also die Struktur des "intricate net-work
of sensitive, voluntary, and associate ideas, which
act and react upon another"[134] ab,[135] wobei DARWIN - wie
schon erwähnt - drei Klassen von "ideas" unterscheidet ,
die er - nach LOGAN - wie folgt mit pädagogischen Kon-
quenzen charakterisiert:
"(1) Ideas of Imagination (Sensation): 'Many motions
of our organs of sense,' Darwin says, 'that were originally excited into action by irritation, become ...
more frequently causable by our sensations of pleasure
and pain. These motions are then termed the ideas of
imagination, and make up all the scenery and transac-
tions of our dreams. Thus when any painful or pleasurable sensations possess us, as of love, anger, fear;
whether in our sleep or in our waking hours, the ideas
that have been formerly excited by the objects of
these sensations, now vividly recur before us by their
connection with these sensations themselves.'
(2) Ideas of Recollection (Volition): When we experience pleasure or pain from sensitive ideas, we generally
wish to arrest and possess pleasure, or to banish and
avoid the pain. These are voluntary motions. Ideas of
recollection belong to this class; we will to re-excite
a certain train of ideas, as when we repeat the alphabet backwards, or 'when we make ourselves masters of
the history of mankind, or of the sciences they have
investigated.'
(3) Ideas of Association: Irritative ideas are frequently excited in tribes, as in viewing an orange we receive at one time the ideas of color, shape, smell, taste,
solidity, etc. These tribes become associated by habit
and form the complex ideas comprehended by the word
'orange.' Hence the word 'orange' revives in our mind
at once all of these originally irritative ideas. Or

we receive irritative ideas in trains, as when we
listen to a series of musical notes. Strike one of
these notes, and we may recall all the others. Also,
many sensitive ideas excited together become associated,
as when the idea of a brutal action calls before us
the idea of the man who perpetrated it. Finally, many
voluntary ideas become associated. 'In learning every
kind of science we voluntarily associate many tribes
and trains of ideas, which afterwards are ready for
all the puposes either of volition, sensation, or
irritation; and in some instances acquire indissoluble
habits of acting together, so as to affect our reasoning, and influence our actions. Hence, the necessity
of a good education'" (Hervorhebung L.R.).[136]
 Damit haben wir in unserer Darstellung die Pädagogik
als (natural) science of education ERASMUS DARWINs
erreicht und wenden uns nun seiner (im engen Sinne)
pädagogsichen Schrift "A Plan for the Conduct of Female
Education in Boarding Schools" zu, einer Schrift, die
in der Hauptperiode seiner wissenschaftlichen Publika-
tionstätigkeit geschrieben wurde und auch insofern im
Rahmen seiner sonstigen experimentalphilosophischen
Auffassungen gesehen werden muß.[137]
 Auf die Marginalität ERASMUS DARWINs in der Erziehungswissenschafts-Historie haben wir bereits verwiesen;[138]
zwar wird DARWIN hin und wieder auch als Pädagoge
erwähnt, sein "Plan" war jedoch kaum Gegenstand differenzierter Reflexion.
 Soweit wir wissen, hat lediglich SIMON DARWINs erziehungswissenschafts-historische Position etwas detaillierter gekennzeichnet (genauer, dessen Position als
"lunatischer Pädagoge"). SIMON schreibt (und stiftet
damit zugleich Zusammenhänge, die auch für uns wichtig
sein werden): "The educational ideas of Priestley and
Darwin, Edgeworth and Day, were based first on a definite conception of the kind of people education should
produce, of the moral qualities it should endeavour to
inculcate. Second, the possibility of shaping young
people by education was affirmed in the light of the
psychological theory of associationism which provided
a rational explanation of the learning process, and
the idea arose that education itself could become a
science. Third, depending on both these standpoints,
a curriculum was outlined, and methods of teaching
were advocated of a kind adapted both to the subject
matter proposed and to the needs of the child. Some of
these ideas were put into practice at the Warrington
and Manchester Academies, and, later, at Hackney College, the last of these institutions to come into being,
and also in the education given at home and in certain
private schools."[139]
 Es bestand also eine gemeinsame pädagogische Grund-
überzeugung der Lunatiker, wobei noch erwähnt werden
soll, daß ROUSSEAU für diese ein wichtiger Anreger

war, vor allem für DAY und EDGEWORTH, aber auch für
DARWIN, der einige Zeit zu ROUSSEAU in engerer Beziehung stand.[140] Bei KING-HELE heißt es hierzu: "The
interest in education was stimulated by Darwin's meeting
in 1766 with Rousseau ... Rousseau's Emile particularly
interested Darwin's friends: Wedgwood took some notice
of Rousseau's ideas in educating his children, and
Edgeworth brought up his eldest son on Rousseauistic
lines, not with very happy results."[141]

Kommen wir nun auf DARWINs Buch "A Plan for the
Conduct of Female Education ..." zu sprechen, zu dem,
wie KING-HELE bemerkt, "rather unexpected book", das
"can be best described as worthy, with a few flashes
of brilliance."[142] Der "Plan" ist, soweit überhaupt,[143]
als "common-sense-book"[144] in die Pädagogik-Geschichte
eingegangen; KING-HELE ordnet ihm auch einige Banali-
tät[144] zu, und Bewertungen wie die von ERASMUS-Enkel
CHARLES ROBERT, daß das Buch durch "little theorising"[145]
gekennzeichnet sei, mögen zu seiner erziehungswissenschaftlichen Randständigkeit beigetragen haben, obwohl
GARDINER andererseits mit Recht betont, daß der "Plan"
- speziell im Hinblick auf die Mädchen-Erziehung -
"the first serious attempt at giving system to the
school-curriculum"[146], daß die durch den "Plan" struktu-
rierte Schule seinerzeit eine "model school"[147] war, so
daß DARWIN "a place among the reformers of the boarding
-school"[148] zukomme.

Wie wir bereits anmerkten, war der "Plan" durch
private Umstände veranlaßt;[149] denn "in about 1793 he
arranged for his daughters Susan and Mary Parker to
set up a boarding school at Ashbourne, and they asked
him to help with the curriculum. They found his advice
very useful and persuaded him to publish his ideas."[150]
Wie GARDINER[151] kommt KING-HELE zu dem Urteil, daß
DARWINs pädagogisches Buch "a distinctive place in the
history of girls' education in England"[152] verdiene;
denn "Darwin was totally opposed to the conventional
idea that girls should be encouraged to become empty-
headed simpering misses, and he went a long way towards
the modern idea of equal treatment for boys and girls,
as well as anticipating many subsequent reforms in the
curriculum. His ideas had some practical effect too,
because many of the leading families in the Midlands
sent their girls to the Ashbourne school."[153]

DARWIN trat also für eine differenzierte und niveau-
volle Mädchenerziehung ein; er wandte sich dagegen,
"that some illiterate men have condemned the cultivation of the minds of the female sex, and have call'd
such in ridicule learned ladies; as if it was a reproach
to render themselves agreeable and useful. Where affec-
tation is join'd with learning, it becomes pedantry,
but this belongs oftener to the ignorant than to the
cultivated."[154]

DARWIN ist hier also, wie KING-HELE mit Recht vermerkt, seiner Zeit voraus ("well ahead of his time"[155]); er fordert auch im Rahmen der Mädchenerziehung die Beschäftigung mit wissenschaftlichen Gegenständen (Experimentalphilosophie) unter Einschluß praktischer Anschauung: "The various arts and manufactories, which adorn and enrich this country, should occasionally be shewn and explain'd to young persons, as so many ingenious parts of experimental philosophy; as well as from their immediately contributing to the convenience of life, and to the wealth of the nations, which have invented or established them. Of these are the cotton works on the river Derwent in Derbyshire; the potteries in Staffordshire; the iron-founderies of Coalbrooke Dale in Shropshire; the manufactories of Birmingham, Manchester, Nottingham; but these are not in the province of a boarding school, but might be advantageously exhibited to young ladies by their parents in the summer vacations."[156]

So weit zur mehr erziehungspolitischen Tendenz der DARWINschen Schrift; uns geht es im folgenden jedoch weniger um diesen Aspekt, sondern um die empiristisch-pädagogische Konzeption, und speziell unter diesem Gesichtspunkt wollen wir uns nun dem DARWINschen "Plan" zuwenden.

Hierbei ist zu beachten: Der "Plan" ist, wie wir bereits erfahren haben, für Erziehungs-Praktiker geschrieben worden ("with little theorising") und damit nicht mit dem speziellen Ziel der Konzeption einer systematischen Erziehungswissenschaft. Gleichwohl wollen wir versuchen, die empirische Pädagogik bzw. Erziehungswissenschaft DARWINs zu rekonstruieren (dies ist berechtigt; denn die Schrift ist durchaus wissenschaftlich fundiert, wissenschaftlich-pädagogisch angeregt[157] und erziehungswissenschaftlich konzipiert), weshalb wir uns auch nicht an DARWINs Gang der Abhandlung halten, sondern unsere Darstellung unter wissenschaftssystematischem Aspekt gliedern.

1. Erziehungsziele: Erziehen als spezifisches soziales Handeln ist auf die Realisation von positiv bewerteten Zuständen (Ziel-Zuständen) bei Educanden gerichtet.[159] Alles Erziehen wird somit durch Erziehungs-Ziele (als mentale Repräsentationen von positiv bewerteten Educanden-Zustädnen) geleitet, und alle Erziehungs-Planung wird mit dem Zweck realisiert, die Effektivität des Erziehens, also das Erreichen von Erziehungs-Ziel-Zuständen, möglichst zu sichern.

Entsprechend entwirft ERASMUS DARWIN einen Erziehungs-Plan ("A Plan for ..."), um die Erreichung der von ihm akzeptierten Educanden-Zustände zu sichern. Anders gewendet: DARWINs Ausführungen zu "Female Education" haben den Zweck, die von ihm akzeptierten Educanden-Zustände möglichst sicher erreichbar zu machen bzw.

anzugeben, wie Erzieher diese Ziel-Zustände möglichst
sicher realisieren können. Nochmals anders gewendet:
In seiner Schrift "A Plan für the Conduct of Female
Education ..." entwirft ERASMUS DARWIN einen Erziehungs-
Plan und versucht damit, das soziale Handeln Erziehen
rational zu fundieren.

In diesem Sinne ist DARWINs Schrift eine sehr moderne;
denn in ihr wird Erziehen als raionales (= planvolles)
soziales Handeln (bzw. intentionales Verhalten) begriffen, und es wird der Versuch unternommen, einen wissenschaftlich fundierten Erziehungs-Verhaltens- bzw.
Erziehungs-Organisations-Plan zu entwerfen. In dieser
Planung findet eine auf Erziehen hin spezifizierte
"gedankliche Vorwegnahme künftigen Handelns" statt;[160]
DARWIN konzipiert Erziehungs-Planung im Sinne moderner
Planungstheorie als "ausdrückliche und begründete
Festlegung ... von Zielen und zugehörigen Mitteln ...,
welche das zukünftige Verhalten eines angebbaren Perso-
nenkreises im Sinne optimaler Zielerreichung vorgrei-
fend, ausdrücklich und effektiv regeln und koordinieren
wollen."[161]

Fragen wir nun zunächst nach den Educanden-Zuständen,
die DARWIN akzeptiert, also nach seinen Erziehungszielen. Hier können wir nach DARWIN Erziehungsziele, die
für alle Menschen gelten sollen, von solchen unterscheiden, die er speziell für "Female Education" formuliert,
wobei DARWIN hier wiederum zwischen allgemeineren und
spezielleren Erziehungszielen unterscheidet - abgesehen
von den Zielen, die er mit speziellen Erziehungs- bzw.
Unterrichtsinhalten in Zusammenhang bringt.

Generell heißt es bei DARWIN: "The advantages of a
good education consist in uniting health and agility
of body with chearfulness and activity of mind;" ("ti-
midity is the companion of debility"[162]) "in superadding
graceful movements to the former, and agreeable tastes
to the latter; and in the acquirement of the rudiments
of such arts and sciences, as may amuse ourselves, or
gain us the esteem of others; with a strict attention
to the culture of morality and religion."[163]

Gute Erziehung", das heißt, Erziehung im Sinne der
DARWINschen Moralphilosophie (der Erziehung) führt
also zur Freude an sich selbst und zu sozialer Anerkennung, führt zu individuellem Glück (happiness), womit
ERASMUS DARWIN - wie bereits erwähnt - der (spezifisch
englischen) Utilitarismus-Tradition zuzuordnen ist
(ohne daß er sich selbst expressis verbis zu ihr bekennt):
"A good education", sagt er zusammenfassend, "furnishes
us with this inestimable treasure; it accompanies us
at home, travels with us abroad; delights us in solitu-
de, graces us in society; comforts us in misfortune,
guards us in prosperity; contributes to the happiness
of others, and ensures our own."[164]

Wir belassen es zunächst bei dieser Darstellung der
allgemeinen Erziehungsziele DARWINs - im Zusammenhang

mit der moralischen Erziehung kommen wir darauf nochmals
zurück - und wenden uns den spezielleren Zielen der
"Female Education" zu, in bezug auf die zum einen wohl
zu bemerken ist, daß DARWIN - wie sollte es anders
sein! - ein zeitgebundenes Bild der Frau hatte, jedoch
zum anderen die Frau durchaus als selbständiges, akti-
ves Wesen ansah und nicht als Regentin eines Puppenhei-
mes, an dem sich (u.a.) HENRIK IBSENs Gesellschaftskritik entzündete.[165] DARWINs Tendenz zu einer Auffassung
von Gleichberechtigung der Frau gegenüber dem Manne
kommt zum Beispiel in folgender Bemerkung klar zum
Ausdruck:
"As in male education the tedious acquirement of an-
tient languages for the purpose of studying poetry and
oratory is gradually giving way to the more useful
cultivation of modern sciences,[166] It may be of advantage to ladies of the rising generation to acquire an
outline of familiar knowledge; as they are in future
life to become companions; and one of the greatest
pleasures received in conversation consists in being
reciprocally well understood."[167]
Zu den Zielen der "Female Education" heißt es nun im
einzelnen: "The female character should possess the
mild and retiring virtues rather than the bold and
dazzling ones; great eminence in almost any thing is
sometimes injurious to a young lady; whose temper and
disposition should appear to be pliant rather than
robust; to be ready to take impressions rather than to
be decidedly mark'd; as great apparent strength of
character, however excellent, is liable to alarm both
her own and the other sex; and to create admiration
rather than affection."[168]
Diese - aus heutiger Sicht - mehr konservative (tradi-
tionelle) Rollenzuweisung wird von DARWIN jedoch differenziert, und wiederum zeigt sich die bereits vermerkte
Tendenz DARWINs, ein für seine Zeit recht modernes
Frauenbild zu skizzieren, für seine Zeit recht moderne
Erziehungsziele der "Female Education" zu akzeptieren.
An den soeben zitierten Text schließt sich nämlich
folgende Passage an:
"There are however situations in single life; in
which, after the completion of their school-education,
ladies may cultivate to any extent the fine arts or
the sciences for their amusement or instruction. And
there are situations in a married state; which may
call forth all the energies of the mind in the care,
education, or provision, for a family; which the inacti-
vity, folly, or death of a husband may render necessary.
Hence if to softness of manners, complacency of countenance, gentle unhurried motion, with a voice clear
and yet tender, the charms which enchant all hearts!
can be superadded internal strength and activity of
mind, capable to transact the business or combat the
evils of life; with a due sense of moral and religious

obligation; all is obtain'd, which education can supply; the female character becomes compleat, excites our
love, and commands our admiration."169

Und noch an anderer Stelle seines Erziehungsplanes
weist DARWIN auf Gemeinsamkeiten von Frau und Mann
hin, auf einen Dispositionsaufbau, der für beide Geschlechter gleich wertvoll ist: "That serene strength of
mind, which faces unavoidable danger with open eyes,
prepared to counteract or to bear the necessary evils
of life, is equally valuable as a male or female acquisition. This is term'd presence of mind; it depends on
our judgment of the real value of things; and on our
application of those causes, which contribute to turn
disagreeable circumstances to the best advantage; and
can therefore only be acquired by the general cultivation of good sense and of knowledge."17o

DARWIN erweist sich also durchaus als (pädagogischer)
Vorkämpfer für eine in bezug auf das männliche Geschlecht
gleichberechtigte Ausbildung des weiblichen Geschlechtes - bei (realistischer) Betonung geschlechtsspezifi-
scher Unterschiede - und kommt zu dem Schluß, daß die
Macht des weiblichen Geschlechtes sehr viel zur Verbesserung (meliorating) des menschlichen Charakters, der
menschlichen Gesellschaft insgesamt, beitragen kann,
wenn das weibliche Geschlecht gut erzogen wird. Findet
solche Erziehung statt, dann werden die Frauen sehr
viel zur moralischen Reform beitragen können, "an
event devoutly to be wished, and which would contribute
much to their own happiness."171

Damit dürften die allgemeinen Erziehungsziele und
speziell die für "Female Education", wie sie ERASMUS
DARWIN akzeptierte, deutlich geworden, damit dürfte
DARWINs Moralphilosophie der Erziehung umschrieben
sein. Wie bereits angedeutet, erhalten wir weitere
entsprechende Hinweise im Rahmen seiner Ausführungen
zur moralischen Erziehung, auf die wir nun eingehen
wollen und womit wir zu einem Kernstück seiner Pädagogik kommen, zumal DARWIN vor allem hier zahlreiche
Hinweise auf effektive erzieherische Verhaltensweisen
bzw. Erziehungsmittel gibt.

2. Moralische Erziehung: Im (Teil-)Plan für die
moralische Erziehung behandelt DARWIN vor allem fünf
Bereiche (departments), wobei er darauf hinweist, daß
er sich - aufgrund der dominant erziehungspraktischen
Intention seiner Schrift - nicht auf grundsätzliche
moralphilosophische Erörterungen einlassen will172:

"1. A sympathy with the pains and pleasures of others,
or compassion.
2. A strict regard to veracity.
3. Prudence, justice, chastity.
4. Fortitude.
5. Temperance."173

Sympathie mit den Leiden und Freuden anderer Wesen

ist nach DARWIN die Grundlage aller sozialen Tugenden;[174] die Tugend des Mitleidens (compassion) ist eine bedeutsame Grundlage des (sozialen) Wohlwollens (benevolence)[175]. Diese Tugend - sie schließt auch die Tierliebe ein[176] - muß daher gelernt werden; und deshalb "there should also be a plan in schools to promote the habit as well as the principle of benevolence",[177] wobei jedoch darauf zu achten ist, daß hier Extreme vermieden werden, damit es nicht zu einer Selbstschädigung kommt (also zu einem Effekt, der den Dispositionsaufbau schwächt): "Many pitiable objects must be seen in our journey through life, which we have not power to relieve. This then furnishes us with a barrier or line, where to stop; that is, we should endeavour to render our little pupils alive to sympathize with all remediable evils; and at the same time to arm them with fortitude to bear the sight of such irremediable evils, as the accidents of life must frequently present before their eyes."[177]

Um die Tugend des Wohlwollens zu lernen, um eine Disposition für wohlwollendes Verhalten aufzubauen, sollte also Erziehung dafür sorgen, daß die Educanden entsprechende Situationen erfahren; DARWIN plädiert für "a practical mode of producing a habit of benevolence in children."[177] Hierzu gehören zum Beispiel praktische Dienstleistungen (etwa für Arme) oder Beobachtungen im Hinblick auf wohlwollendes Verhalten und dessen Konsequnezen (Verfahren, über die uns insbesondere auch DARWIN-Freund THOMAS DAY, wie wir sehen werden, aufklärt): "A channel, in which this sympathy should be taught to flow, is in the observance of those attentions, which perpetually diffuse happiness by promoting by courtesy of behavior the cheerfulness, or forwarding by ready assistance the interests of those, whether equals, inferiors, or superiors; with whom every one happens to associate or reside: which constitutes the essential part of what is termed politeness of manners; and universally indicates a benevolent disposition."[178]

DARWIN führt in seinen Erziehungsplan also - wie wir heute formulieren - Verfahren des operanten Konditionierens oder des Verstärkungslernens und des Modell- oder Beobachtungs- oder Identifikationslernens ein[179] zum Zwecke des Aufbaues von Dispositionen für positiv bewertetes Verhalten, und er erweist sich damit, wie wir schon bei der Besprechung seiner Physiologischen Psychologie erfahren haben, eindeutig als Vertreter einer empirischn Pädagogik, einer natural science of education; denn, DARWIN fundiert seinen Erziehungsplan (und damit das Erziehen) über empirisch-lernpsychologisch) bewährte Erkenntnisse.

Dies gilt auch für den Aufbau der Disposition, wahrhaftig, ehrlich zu sein (veracity), in bezug worauf DARWIN einleitend sagt: "For the purpose of inculcating

a love of truth early in life the love of praise supp-
lies the most certain means."[180] Hier spricht DARWIN das
Verstärkungslernen[181] an; insbesondere über negative
soziale Konsequenzen wird nach seiner Auffassung diese
Disposition am effektivsten aufgebaut: "The disgrace
of telling a lie should be painted in vivid colours,
as totally destructive of the character of a lady or
gentleman, rendering them contemptible in the eyes of
the world: And the inconvenience of this detestable
habit of lying should be explain'd from it's preventing
their being believed, when they wish it."[182] (Man beach-
te: DARWIN empfiehlt hier nicht Bestrafung, sondern
Konsequenzen-Aufklärung; denn offensichtlich war er
sich der erzieherische Effektivität einschränkenden
negativen Nebenwirkungen der Bestrafung bewußt, womit
er sich abermals als "well ahead of his time" erweist![183])
  Und auch im Bereich dieses Dispositionsaufbaues ist
das Modellernen für DARWIN ein effektives Verfahren;
denn die "sincerity of character should be confirm'd
by the example of the governesses, who should themselves pay the most exact and scrupulous attention to
truth; they ... should not only punctually fulfil
their own promises, tho' to their incovenience, but
exact the same from their pupils in return."[184]
  DARWIN plädiert - wie gesagt - für Erfahrung, für
(erzieherische) Erfahrungs-Lenkung, weniger für (abstrak-
te) Belehrung; er präferiert Lernen am Erfolg und
Mißerfolg (operantes Konditionieren, Verstärkungslernen)
und Modell- oder Beobachtungs- oder Identifikationslernen, das er offensichtlich als Sonderform des Lernens
am Erfolg begreift.[185] Dies macht er mit einer zusammenfassenden Aussage deutlich:
  "The impressions on the mind made by recent examples
placed, as it were, before our eyes have so much more
durable effects, than the more abstracted ideas deliver'd in systems of moral philosophy; that I believe
the most efficacious method of inculcating the virtue
of prudence in respect to their own conduct is by
telling young people the ill consequences, which have
lately happen'd to others; whose persons or names they
are acquainted with."[186]
  Über das Lernen am Erfolg und Mißerfolg, über das
Beobachten bzw. Beachten von Verhaltenskonsequenzen
(gegebenenfalls beobachtet bei Modellpersonen, wodurch
Lernen über stellvertretende Verstärkung ermöglicht
wird) wird somit auch Klugheit (prudence) aufgebaut
und verstärkt (Klugheit als Wissen um Verhalten und
dessen jeweilige Effekte). In gleicher Weise sollen
nach DARWIN die Tugenden Gerechtigkeit (justice) und
Reinheit (Keuschheit, Einfachheit) (chastity) eingeübt
werden, nämlich "by pointing out by examples the public
punishment, or public disgrace, which certainly accompanies the breach of either of these important duties."[187]

Gleiches gilt für die Tugenden (und damit Erziehungsziele) des Mutes (fortitude)[188] und der Mäßigkeit (temperance)[189], auf deren Erörterung wir hier nicht weiter
eingehen wollen, da es uns nicht darum geht, alle Einzelheiten des DARWINschen Erziehungsplanes zu referieren, sondern - wie gesagt[190] - darum, seine Pädagogik
(Erziehungswissenschaft) im Grundsätzlichen darzustellen
und zu analysieren.
    Wenden wir uns nun speziell den von DARWIN vorgeschla-
genen Erziehungsverfahren (-mitteln) zu.
    3. Erziehungsverfahren: Im Rahmen der moralphilosophisch
zentrierten Ausführungen DARWINs waren wir bereits auf
die von ihm präferierten Erziehungs- bzw. Lernlenkungs-
verfahren eingegangen und haben erfahren, daß DARWINs
Erziehungsplan auf einer durchaus "modernen" Erziehungs-
bzw. Lernpsychologie basiert: ERASMUS DARWIN steht damit nicht nur in der utilitaristischen Tradition (englischer) Erziehungswissenschaft, sondern auch in der
empiristischen; er ist - wie schon hervorgehoben wurde
- Vertreter einer empirischen Pädagogik.
    Die Erziehungsmittel Lohn (Lob) und Strafe (Tadel)
sind seit jeher ein zentrales Thema erzieherischer
Überlegungen bzw. der Pädagogik. DARWIN widmet ihnen
ein besonderes Kapitel   , in dem er insbesondere zu
einer sehr kritischen Beurteilung der Strafpraxis
kommt, zu einer Beurteilung, die wiederum durch moderne
Erkenntnisse fundiert ist. FOPPA kommt (1965) zu dem
Schluß, daß eine Bestrafung "immer auch eine stark
affektive Komponente" besitzt, und "dieser affektive
Wert des Strafreizes kann ... zu nachhaltigen Störungen
des Anpassungsverhaltens führen."[192]
Durchaus entsprechend heißt es bei DARWIN: "It is the
custom of many schools to use some kinds of punishments,
which either give pain or disgrace to the delinquent,
as a fool's cap, or a meal of water gruel. The use of
these are seldom if ever necessary in schools for
young ladies, and are always attended with disagreeable
consequences, as they either diminish the character of
honour in the punish'd persons, sink their spirits, or
render them insensible to the opinions of others; or
injure their health: Insomuch that at some schools all
that can be acquired can scarcely compensate the loss
of cheerfulness, and degradation of mind, or bad health,
which their punishment produce."[193] Ähnlich wie FOPPA
kommt DARWIN zu dem Schluß: Bestrafung "gradually
destroys one of the greatest motives to good actions."[194]
DARWIN plädiert somit folgerichtig für einen sehr
behutsamen erzieherischen Umgang mit Bestrafungen und
für ein Steuern positiv bewerteter Verhaltensweisen über
positive Konsequenzen (Verstärker).
    Grundsätzlich geht DARWIN - wie alle empiristisch-uti-
litaristischen Moralphilosophen, Psychologen bzw.
Pädagogen - davon aus, daß "hope of reward and fear of
punishment" "govern the great world".[195] Daher bedeutet

Erziehen auch - wir bedienen uns modernerer Terminologie - Erwartungssteuerung, Steuerung von Belohnungs-
und Straferwartungen. Zu fragen ist nur, in welcher
Weise dies effektiv geschehen kann, um die Dispositionen aufzubauen bzw. die Erziehungsziel-Zustände zu erreichen, die von DARWIN (siehe die vorangehenden
Abschnitte) akzeptiert wurden. Es ist nämlich dann,
wenn man den Wert von Bestrafungen sehr skeptisch
beurteilen muß, die Frage zu stellen: "How then are
refractory children to be govern'd?"196
Bestrafungen, speziell Körperstrafen, sollten, wie
wir wissen nach DARWIN möglichst vermieden werden, da
sie letztlich das Individuum schädigen und sozial
herabsetzen mit der Konsequenz, daß es selbst nicht
motiviert ist, soziale Tugenden aufzubauen. Gerade aus
diesem Grunde rät DARWIN auch, Tadel und sogar Ermahun-
gen nicht öffentlich auszusprechen, Lob und Belohnungen
dagegen "in public" zu gewähren.
Entsprechend seiner anthropologisch-psychologischen
Grundannahme198 geht DARWIN davon aus, daß - abgesehen
von der Autorität des Erziehers - die sparsame Vergabe
von Lob und Tadel, von (sozialer) Achtung und Mißachtung, Anerkennung und Schande (esteem and disgrace)199
die wesentliche affektive Bedingung (bzw. Maßnahme)
für Verhaltenssteuerung ist. Solches erzieherisches
Verhalten ist nach DARWIN "zehnmal effektiver"199, als
es zum Beispiel (körperliche) Bestrafungen sind.200
Im Zusammenhang mit Achtung und Mißachtung kommt
DARWIN auch auf das Erziehungsmittel Wetteifer zu
sprechen, zu dem er ebenfalls eine differenzierte
psychologische Beurteilung abgibt: Wetteifer führt
häufig, sagt er, zu Neid und Haß, so daß es letztlich
effektiver ist, auf dieses Mittel, auch wenn es den
Fleiß anstacheln kann, zu verzichten.201 In bezug auf
das Problem "Lob und Tadel" weist DARWIN darauf hin,
daß gute Erziehung (im Unterschied zu "mistaken education") darauf ausgerichtet sein muß, Educanden zu der
Einsicht, dem Wissen zu verhelfen, daß nicht unmittelbare Vergnügungen die erstrebenswerten Verhaltensfolgen
sind, sondern daß Verhalten nach "future advantage"
bewertet werden sollte. DARWIN sagt: "Tho' some degree
of flattery may be used with success in teaching veracity to very young children, ... yet I think it should
be used very rarely indeed, and only on very important
occasions." Nur in "mistaken education ... pleasure or
vanity is made the immediate motive of action, and not
future advantage, or what is term'd duty."202
Es handelt sich hier um eine zentrale pädagogische
Grundlage (und Erkenntnis) utilitaristisch-empiristi-
scher Psychologie und Pädagogik. Bei BENTHAM zum
Beispiel lesen wir, daß die "Stärke der Seele" ("firmness
of soul/mind") dadurch charakterisiert ist, daß der
Mensch "weniger durch unmittelbare nahe Lust- und Unlust-
empfindungen bestimmt wird als durch größere entferntere
und ungewisse."203 In moderner lernpsychologischer Sprache

heißt dies: Es ist dafür zu sorgen, daß ein Mensch in die Lage versetzt wird, auf kurzfristige Verstärkungen zugunsten langfristiger zu verzichten, insbesondere dann, wenn kurzfristige Verstärkungen langfristig zu negativ zu bewertenden Wirkungen bzw. Konsequenzen führen. Kurz: Es ist (erzieherisch) dafür zu sorgen, daß der Mensch zur Selbstkontrolle (self-control) befähigt wird – nur dann wird er (utilitaristische Leitnorm) glücklich und trägt zum sozialen Glück (zum Glück möglichst vieler Menschen) bei.

Sehr klar kommt diese Position später bei dem "Auch-DARWIN-Schüler"[204] JAMES MILL zum Ausdruck, wenn dieser schreibt (und fordert): "Temperance or self-control is to be a chief virtue with him (the individual): he must learn to restrain desires, and, as far as possible, to assimilate his own pleasures and pains to those of his fellow-men."[205] "A perfect command, then, over a man's appetites and desires; the power of restraining them whenever they lead in a hurtful direction; that possession of himself which insures his judgement against the illusions of the passions, and enables him to pursue constantly what he deliberately approves, is indispensably requisite to enable him to produce the greatest possible quantity of happiness."[206]

Damit wird die Grundposition, daß der Mensch Lust sucht und Unlust zu vermeiden trachtet, nicht verlassen; im Gegenteil: der Mensch soll – durch Erziehung – dazu befähigt werden, größtmögliche Lust zu gewinnen, was allerdings nur möglich ist, wenn er durch sein Verhalten gleichzeitig zum Glück anderer beiträgt; denn nur dann werden die Mitmenschen davon absehen, sein Glück und seine Freiheit einzuschränken.[207]

Wie alle Utilitaristen so plädiert auch DARWIN für die Einübung von Selbstkontrolle. Damit dies erzieherisch gelingt, müssen allerdings die Erzieher selbst zur Selbstkontrolle befähigt sein und diese realisieren, womit DARWIN wiederum das Problem des Modellernens anspricht: "Self-government should also constantly appear in the character of those, who are to teach ... virtues to others."[208]

Dies reicht jedoch nicht aus; Selbstkontrolle, Verstärkungsaufschub sind nur dann möglich, wenn das Erwartungspotential des Educanden gestärkt wird, wenn der Educand über fundiertes Erwartungswissen verfügt. Anders gewendet: Der Educand muß ein Wissender (Aufgeklärter) hinsichtlich der Ereignisfolgen in der Realität sein; denn nur wenn diese Voraussetzung erfüllt ist, ist er auch in der Lage, Verhaltenswirkungen bzw. -konsequenzen adäquat einzuschätzen bzw. zu prognostizieren, ist er schließlich in der Lage, rationales Entscheidungsverhalten hinsichtlich seines Verhaltens zu realisieren.[209] Wissen und Erfahrung müssen also aufgebaut und gestärkt werden – DARWIN wie seine (empirisch-utilitaristischen) Zeitgenossen und Nachfolger waren empiristische Rationalisten.

Zitieren wir zur Erläuterung (auch das Traditionszu-
sammenhanges) nochmals JAMES MILL: "That intelligence
is one of the qualities in question will not be denied,
and may speedily be made to appear. To attain happiness
is the object: and, to attain it in the greatest possible degree, all the means to that end, which the
compass of nature affords, must be employed in the
most perfect possible manner. But all the means which
the compass of nature, or the system in which we are
placed, affords, can only be known by the most perfect
knowledge of that system. The highest measure of knowledge is therefore required. But mere knowledge is not
enough; a mere magazine of remembered facts is an
useless treasure. Amid the vast variety of known things,
there is needed a power of choosing, a power of discer-
ning which of them are conducive, which not, to the
ends we have in view."210

Wissensvermittlung (Vermittlung adäquaten Erwartungswissens) ist also zentraler Bestandteil der Erziehung
zum Glück; nur der Wissende ist letztlich in der Lage,
zum größtmöglichen Glück möglichst vieler Menschen
beizutragen;211 denn nur er weiß um die Bedingungen von
(erstrebten) Zuständen und speziell um Verhaltensfolgen
und ist somit in der Lage, rational fundiert sich für
ein Verhalten zu entscheiden, dessen Konsequenzen (aus
seiner Sicht) positiv sind, und Verhalten zu vermeiden,
von dem negative Konsequenzen zu erwarten sind.

Der Educand muß daher Realitätserkenntnisse gewinnen,
insbesondere Erkenntnisse über die soziale Realität. Er
muß "human nature in all the classes of life" kennenlernen, "not only as it should be, or as it may be
imagined to be, but as it really exists, since without
comparison there can be no judgment, and consequently
no real knowledge."212

Damit ist die Nützlichkeit von Wissen und entsprechend
von Wissensvermittlung (als spezifischer Erziehungsauf-
gabe) begründet, und es ist deshalb konsequent, daß
DARWIN der Wissensvermittlung in seinem Erziehungsplan
für Schulen (speziell Internate) einen breiten Raum
einräumt. Daß die Aufgabe der Schulen in hohem Maße
darin besteht, nützliches Wissen bzw., wie bereits
gezeigt, Prognosen (Erwartungen) fundierende Erkenntnisse zu vermitteln, stand für ERASMUS DARWIN außer
Frage, und insofern ist seine Pädagogik hoch aktuell
und ein Erinnern an sie produktiv; denn - zurückhaltend
formuliert - nicht immer war in der Moderne eine solche
Interpretation der Aufgabe der Institution Schule
selbstverständlich.-

Kommen wir daher nun zum Wissens- oder Fächerkanon,
den DARWIN für (Internats-)Schulen im Rahmen seiner
Erörterungen zu "Female Education" vorschlägt.

4. Wissensvermittlung: "The business of ... education
is to give the outline of many species of erudition,
or branches of knowledge."213   Diese Forderung gilt

nach DARWIN grundsätzlich und speziell auch für "Female Education", was wir bereits erörtert haben.[214] Dabei hat die Schule vor allem die Aufgabe der Einführung in die Wissenschaften und Künste (sciences and arts) mit dem Zweck, die Educanden zu befähigen, die Wissenschaften und Künste "weiter zu kultivieren" "at their future leisure without the assistance of a teacher, as may best suit their tastes or their situations."[215] Aber nicht nur für weitere Selbstbildung soll die Schule befähigen, sondern - wie ebenfalls bereits angedeutet - vor allem auch für die aktive Teilnahme an den lebenslang notwendigen Problemlösungen, an denen auch das weibliche Geschlecht zu beteiligen ist. Hier kommt DARWIN zu dem klaren und einfachen (wohl auch nicht immer beherzigten) Schluß (im Rahmen des Abschnittes, in dem er "conversation" erörtert): "Both to hear well, and to speak well, requires an extensive knowledge of things, as well as of the tastes and pursuits of mankind; and must therefore ultimately be the effect of a good education in general, rather than a particular article of it."[216] Kurz: Wer nichts weiß, kann weder gut zuhören noch produktive Beiträge zu Problemlösungen liefern; also ist es wiederum begründet, daß es notwendig ist, (in Schulen) umfangreiches nützliches Wissen zu vermitteln.

Es würde nun abermals zu weit führen, DARWINs Wissens- bzw. Fächerkanon hier detailliert zu referieren. Wir wollen uns mit wenigen bemerkenswerten, das heißt, charakteristischen Hinweisen begnügen, die uns geeignet erscheinen, das Bild des Pädagogen ERASMUS DARWIN zu vervollständigen.

Der Wissens- bzw. Fächerkanon, den DARWIN für "Female Education in Boarding Schools" vorschlägt, ist sehr umfangreich. Er behandelt Musik und Tanz, Lesen, Schreiben, Grammatik, Fremdsprachen, Arithmetik, Geographie und Astronomie, Geschichte, Naturgeschichte, Geschmackserziehung, Zeichnen und Sticken, Religion sowie Literatur. Zu all diesen Wissens- bzw. Lehr- und Lernbereichen macht DARWIN differenzierte Anmerkungen sowohl stofflicher wie didaktischer Art, die wir hier, - wie gesagt - keineswegs vollständig referieren wollen. In unserer auf das Grundsätzliche zentrierten Darstellung seien in diese nur entsprechende Ausführungen DARWINs einbezogen.

Das erste, was grundsätzlich hervorzuheben ist, ist die Tatsache, daß DARWIN, wie wir schon wiederholt angemerkt haben, mit seinem (o.a.) Fächerkanon wiederum deutlich macht, daß er "Female Education" keineswegs im Sinne enger traditioneller Mädchenbildung interpretiert. Schon die Übersicht zeigt deutlich, daß DARWIN nicht (nur) auf eine eng umgrenzte Hausfrauen- und Mutterrolle vorbereiten will, sondern auf eine aktive und selbständige Teilnahme am privaten und gesellschaft-

lichen Leben. Auch die Mathematik und die Naturwissenschaften nehmen deshalb neben Geschichte und Geographie
im Rahmen des Planes für "Female Education" einen
wichtigen Platz ein. Sogenannte typisch weibliche Beschäftigungen werden bei ihm nicht ausgespart, eine eigenständige bzw. besondere Rolle der Frau wird bei ihm
sogar betont, aber diese besondere Rolle mit ihren
besonderen Merkmalen ist in seinem Menschen- und Gesell-
schaftsbild keine zweit-, sondern - bezogen auf das
männliche Geschlecht - eine gleichrangige. Mit anderen
Worten: Wiederholt betont DARWIN zwar die (für ihn und
wohl bis heute - trotz mancher ideologisch besetzter
Gegenbeteuerungen - generell wünschenswerte) Besonder-
heit des weiblichen Charakters ("the female character
should possess the mild and retiring virtues rather
than the bold and dazzling ones"[217]), aber er fordert für
Mädchen (Frauen) ebenfalls umfassende Bildung, was
sich insbesondere in seiner Betonung des Bildungswertes
der realwissenschaftlichen Fächer zeigt. Wir belegen
dies mit einem ausführlichen Zitat aus DARWINs Kapitel
"Arts and Sciences", das auch den sehr praktischen
Bezug seiner Pädagogik deutlich macht und zugleich
eine Zusammenfassung unserer bisherigen Darstellung
bietet:

"Besides the acquisition of grammar, languages, and
common arithmetic; and besides a knowledge of geography,
civil history, and natural history, there are other
sciences, an outline of which might be taught to young
ladies of the higher classes of the school, or of more
inquiring minds, before or after they leave school;
which might not only afford them present amusement,
but might enable them at any future time to prosecute
any of them further, if inclination and opportunity
coincide, and, by enlarging their sphere of taste and
knowledge, would occasion them to be interested in the
conversation of a greater number and of more ingenious
men, and to interest them by their own conversation in
return.

1. An outline of Botany may be learnt from Lee's
introduction to botany, and from the translations of
the works of Linnaeus by a society at Lichfield; to
which might be added Curtis's botanical magazine,
which is a beautiful work, and of no great expence.
But there is a new treatise introductory to botany
call'd Botanic dialogues for the use of schools, well
adapted to this purpose, written by M.E. Jacson, a
lady well skill'd in botany ... And lastly I shall not
forbear to mention, that the philosophical part of
botany may be agreeably learnt from the notes to the
second volume of the Botanic garden, whether the poetry
be read or not.

2. An outline of Chemistry, which surprizes and
enchants us, may be learnt from the Elements of chemistry by Lavoisier ...; to which may be added a small

work of Fourcroy call'd the philosophy of Chemistry ... The acquirement of Chemistry should be preceded by a sketch of Mineralogy; which is not only an interesting branch of science, as it teaches the knowledges of diamonds and precious stones, and of the various mines of metals, coals, and salt; but because it explains also the difference of soils, and is thus concern'd in the theory and practice of agriculture ...

3. An outline of the sciences, to which Mathematics have generally been applied, as of astronomy, mechanics, hydrostatics, and optics, with the curious addition of electricity and magnetism, may best be acquired by attending the lectures in experimental philosophy, which are occasionally exhibited by itinerant philosophers; and which have almost exclusively acquired the name of natural philosophy. The books in common use for teaching these sciences are too difficult and abstruse for the study of young persons. Some parts of natural philosophy are render'd not unentertaining in the notes of the first volume of the Botanic garden, as the theory of meteors, and of winds; and an account of the strata of the earth; which nevertheless require too much attention for very young ladies; but may be read with pleasure after leaving school by those, who possess inquiring minds. It is to be wished that some writer of juvenile books would endeavour easily to explain the structure and use of the barometer, and thermometer, and of clocks and watches ..."[218]

Zum Schluß des Kapitels "Arts and Sciences" betont DARWIN, daß es sich bei diesen Gegenständen bzw. Wissenschaften durchaus um solche handelt, die auch in "Female Education" eine wichtige Rolle zu spielen haben, daß die Auffassung falsch sei, daß diese Inhalte nicht "necessary for female erudition"[219] seien. DARWINs abschließende Begründung haben wir bereits zitiert.[220]

DARWIN zielt also auf die realwissenschaftliche gebildete Frau (und selbstredend: den realwissenschaftlich gebildeten Mann): eine aktive und selbständige Position in der Gesellschaft kann man nur dann einnehmen, wenn man die Welt und die Gesellschaft hinreichend kennt, also über ein fundiertes Realitätsbewußtsein verfügt.

Solcher Weltkenntnis dienen - neben den bereits erwähnten Wissensgebieten - Fremdsprachen-, Literatur-, Geschichts- und Geographiekenntnisse. DARWIN plädiert hier vor allem auch für das Erlernen moderner Sprachen (hier stimmte er mit vielen seiner Zeitgenossen überein[221]), "as they are convenient for conversing with foreigners, who come hither, or in our travelling into other countries."[222] Geschichte und Geographie bieten raum-zeitliche Standorterkenntnisse, wobei "the history of mankind is connected with the knowledge of the earth, which they cultivate."[223] Und die (polite) Literatur bietet einen guten Einblick in das menschliche, speziell gesellschaftliche Leben. Hier ist jedoch, meint DARWIN, auch Vorsicht geboten, damit nicht eine "romantische" Weltsicht auf- und Realitätssinn abgebaut bzw. verhindert wird: "It must nevertheless be observed, that the excessive study of novels is universally an ill employment at any time of life; not only because such readers are liable to acquire a romantic taste; and to return from the flowery scenes of fiction to the common duties of life with a degree of regret: but because the high-wrought scenes of elegant distress display'd in novels have been found to blunt the feelings of such readers towards real objects of misery; which awaken only disgust in their minds instead of sentiments of pity or benevolence."[224] DARWIN wußte also um die Wirkung inadäquater Modelle (Idole)!

Wir belassen es bei dieser Skizzierung der Lehr-Lern-Inhalte, wie sie ERASMUS DARWIN vorschlägt, und gehen auch nicht auf die zahlreichen weiteren Hinweise ein, die DARWIN in diesem Zusammenhang auf Lehrverfahren gibt. Es sei nur nochmals vermerkt, daß DARWIN - wie dies ja bereits auch aus unserer Darstellung ersichtlich wurde - zahlreiche praktikable, weil empirisch gut fundierte Ratschläge gibt. DARWIN stand - wie mehrmals betont - ganz in der Tradition einer empirischen Pädagogik, was auch seine (wiederholten) Verweise auf die EDGEWORTHs, LOCKE oder PRIESTLEY belegen.

5. Gesundheitserziehung: Wie wir wissen, war ERASMUS DARWIN vor allem Arzt und Biologe, und er war, wie wir gezeigt haben, Physiologischer Psychologe, so daß es nicht verwundert, daß er dem medizinisch-hygienischen Bereich in seiner Pädagogik breiten Raum gibt. Fast ein Drittel seines Erziehungsplanes ist Problemen der Gesundheit gewidmet;[225] die Sektions-Überschriften bieten bereits einen Einblick in die differenzierte Behandlung dieses Gegenstandes: Exercise; Air, Bed-Rooms, Fire-Grates; Care of the Shape, Cold Bath; Dress, Ear-Rings, Powder; Lisping; Stammering; Squinting; Involuntary Motions; Swell'd Fingers, and Kibed Heels; Beds, Rheumatism; Diet, New Milk.

Sicher ist der Hinweis berechtigt, daß zu DARWINs Zeiten sehr elementare Ausführungen dieser Art dringend notwendig waren, daß gerade im Bereich der physischen Behandlung von Kindern (Schülern) medizinisch-hygienische Grundkenntnisse vermittelt werden mußten.[226] Gleichwohl: in "modernen" Pädagogiken wird den physischen Bedingungen des Erziehens keineswegs (immer) der Stellenwert zugeordnet, den sie wohl verdienen, wenn Erziehen effektiv sein soll. Auch Pädagogik-Studenten unserer Tage haben hier durchaus ein gehöriges Wissensdefizit aufzuweisen,[227] so daß der Ansatz DARWINs (vom medizinischen Kenntnisstand am Ende des 18. Jahrhunderts abgesehen) durchaus auch heute noch die Beachtung verdienen sollte, die er in seiner Zeit fand:

JAMES MILL behandelt - ausgehend von BENTHAM[228] -
zum Beispiel in seiner systematischen Darstellung der
Erziehungswissenschaft unter der Überschrift "Circumstances of the Physical Kind which operate upon the
Mind in the way of Education" ausführlich physische
Bedingungen des Lernens und Erziehens und bezieht sich
hier ausdrücklich auf ERASMUS DARWIN[229]:

"Three things are desirable with regard to the physical circumstances which operate in the way of education[230]
favourably or unfavourably; to collect them fully; to
appreciate them duly; and to place them in the order
which is most favourable for drawing from them practical rules. This is a service (common to the sciences
of education and mind) which has been very imperfectly
rendered. It has been chiefly reserved to medical men
to observe the physical circumstances which affect the
body and mind of man; but of medical men few have been
much skilled in the observation of mental phenomena,
or have thought themselves called upon to mark the
share which physical circumstances had in producing
them. There are indeed some, and those remarkable, exceptions. There is Dr. Darwin in our own country, and
M. Cabanis in France. They have both of them taken the
mind as a part at least of their study; and we are
highly indepted to them for the number and value of
their observations. They are both philosophers, in the
most important sense of the word; they both observed
nature for themselves, observed her attentively, and
with their view steadily directed to the proper end.[231]
But still it is not safe to rely upon them as guides.
They were in too great a haste to establish conclusions;
and were apt to let their belief run before their
evidence. They were not sufficiently careful to distinguish between the different degrees of evidence, and
to mark what is required to constitute proof. To do
this steadily seems, indeed, to be one of the rarest
of all endowments; and was much less the characteristic
of the two philosophers we have named, than a wide
range of knowledge, from which they collected the
facts, and great ingenuity in combining and applying
them. Dr. Darwin was the most remarkable, both for the
strength and the weakness of which we speak. The work
of Darwin, to which we chiefly allude, is the Zoonomia;
though important remarks to the same effect are scatte-
red in his other publications."[232]

JAMES MILL kritische Bemerkungen sind sicher berechtigt und müßten heute gewiß verschärft werden. Uns
geht es hier jedoch nicht um inhaltliche Details der
DARWINschen biologischen, physiologischen und gesund-
heitserzieherischen Auffassungen, sondern - wie erwähnt
- um seinen Ansatz, in der empirischen Pädagogik, in
der empirisch fundierten praktischen Erziehungslehre
bzw. in einem Praxis leitenden Erziehungsplan Probleme
der physischen Bedingungen des Erziehens und speziell

der Gesundheitserziehung differenziert zu berücksichtigen. Wie wir schon anmerkten, ist solche pädagogische
Vergangenheit heute dringend zu aktualisieren.

Wir ersparen uns somit auch hier Detailverweise; die
inhaltlichen Ausführungen DARWINs sind (selbstverständlich) sehr zeitgebunden und haben heute - vom grundsätzlichen Ansatz abgesehen - kaum einen praktischen Wert.

Wir schließen mit diesen Hinweisen die Darstellung
des DARWINschen Planes für "Female Education in Boarding
Schools", in dem sich seine empirische Pädagogik vor
allem repräsentiert, ab. Unser Referat dürfte deutlich
gemacht haben, daß auch ERASMUS DARWIN ein Platz in
der Geschichte der empirischen Pädagogik gebührt, daß
es somit gerechtfertigt ist, an den Lunatiker ERASMUS
DARWIN als nicht unbedeutenden empirischen Pädagogen
zu erinnern, daß es sinnvoll ist, auch hier eine Lücke
in der Geschichte der empirischen Pädagogik, innerhalb
derer ERASMUS DARWIN, soweit wir wissen, nicht (oder
nur sehr am Rande) vertreten ist, zu schließen.

Insgesamt konnten wir wohl zeigen, daß die empirische
Pädagogik ERASMUS DARWINs auch ein Werk der Lunar
Society - der "Lunatiker" - war und daß sich die sozialen Aktivitäten der Lunatiker auch hier dokumentier-
ten. Die Lunatiker beschäftigten sich als Praktische
Philosophen bzw. Praktische Wissenschaftler mit sehr
praktischen Problemen (das Zeitalter der Industriellen
Revolution gab sie auf; ein Problem wie die Rehabilitierung einer Praktischen Philosophie, das heute intensiv diskutiert wird,[233] war ihnen - auch aufgrund der
Traditionen der englischen Philosophie[234] - völlig
fremd), und ein wichtiges praktisches Problem war für
sie die Erziehung, insbesondere die Erziehung der
Kinder des sich immer mehr zur führenden Klasse entwik-
kelnden Bürgertums. Wenn später (1812) der BENTHAM-Schüler JAMES MILL eine Streitschrift mit dem Titel "Schools
for All, in Preference to Schools for Churchmen only"[235]
verfaßte, so war diese auch ein nachträgliches Symbol
für die Bestrebungen der Lunar Society.

"A Plan for the Conduct of Female Education ..." er-
wuchs also auch aus den philosophisch-wissenschaftlichen
Beziehungen ERASMUS DARWINs, und der Plan bietet nicht
nur einen guten Einblick in den Stand der wissenschaftlichen Fundierung Praktischer Pädagogik am Ende des
18. Jahrhunderts, sondern auch in die moralphilosophischen Auffassungen der Lunatiker bzw. empiristischen
Utilitaristen, denen es darum ging, die soziale Lage,
und dies heißt auch, den Bildungsstand der Bürger zu
verbessern. Das Greatest happiness-principle bzw. das
Utilitäts-Prinzip der empiristischen Utilitaristen war
hier Leitnorm (wie insbesondere PRIESTLEY betont hat),
eine Leitnorm, die auch von ERASMUS DARWIN akzeptiert
wurde. Hier ist besonders DARWINs "moderne" Auffassung
von der Rolle der Frau in der Gesellschaft hervorzuheben: nicht das vielzitierte Heimchen am Herd war sein

Leitbild, sondern die aktive und selbständige Frau in
Privatheit und Gesellschaft, wie sie zum Beispiel (!)
von MARIA EDGEWORTH, auf die wir zu sprechen kommen (vgl. Abschnitt 3.2.), im Umkreis der Lunatiker repräsentiert wurde.
Auf dieses Leitbild ist auch DARWINs Plan für "Female Education" bezogen, obwohl seine Aussagen und Vorschläge keineswegs nur für diesen Erziehungsbereich Geltung
beanspruchen (können), worauf ja Darwin selbst an verschiedenen Stellen seines Werkes hinweist.
Im Erziehungsplan expliziert DARWIN seine Erziehungsziele, die – wie bereits betont – aufzeigen, daß er,
ohne daß er es explizit macht, durchaus der utilitaristischen Tradition, die in der Lunar Society vor allem
von PRIESTLEY repräsentiert wurde, zuzurechnen ist. Er
beschreibt sehr ausführlich Detailziele, wodurch deutlich
wird, daß nach seiner Auffassung effektives und (empirisch) kontrolliertes Erziehen sowie eine begründete
Auswahl von Erziehungsverfahren nur möglich sind, wenn
klar definiert worden ist, welche Educanden-Zustände
durch das spezifische soziale Handeln "Erziehen" verwirk-
licht werden sollen. DARWINs Darstellung und Effektivi-
tätsanalyse der Erziehungsverfahren (des – in moderner
Terminologie – erzieherisch gesteuerten Verstärkungslernens oder Lernens am Erfolg und Mißerfolg, des Modell-
oder Imitationslernens, speziell des Belohnens und Be-
strafens) muten durchaus "modern" an und bezeugen die
gute psychologisch-empirische Fundierung seiner Praktischen Pädagogik, innerhalb derer es vor allem darum
geht, über die Bedingungen zu informieren, die hergestellt werden müssen, um die Educanden zu befähigen,
adäquate Erwartungen bzw. Prognosen (speziell im Hinblick
auf eigene Verhaltenskonsequenzen) zu realisieren.
Speziell die Probleme der Selbstkontrolle sowie die
Erörterung der sozialen Bedingungen des Lernens gehören
in jedes "moderne" Lehrbuch der Erziehung und ihrer
Wissenschaft – DARWIN hat diese Forderung bereits erfüllt.
Nochmals sei es daher wiederholt: Dem Lunatiker
ERASMUS DARWIN – einem "der galanten Titanen der Revolu-
tionsepoche"[236] – gebührt als nicht unbedeutendem empi-
rischen Pädagogen, als einem Pädagogen, der seine
Erziehungswissenschaft über eine Physiologische Psycho-
logie differenziert zu fundieren suchte, ein Platz in
der Geschichte der empirischen Pädagogik, speziell ein
Platz in der Geschichte empiristisch-utilitaristischen
Pädagogik Englands.
Mit der Darstellung der Pädagogik ERASMUS DARWINs
ist jedoch – wie bereits angedeutet – "lunatische
Pädagogik" keineswegs erschöpfend behandelt. DARWIN
war einer der lunatischen Pädagogen – neben JOSEPH
PRIESTLEY, RICHARD LOVELL EDGEWORTH und THOMAS DAY. –
Wenden wir uns nun R.L. EDGEWORTH – einem langjährigen
intimen Freund DARWINs – zu und damit einem Pädagogen,
der (zum Teil zusammen mit seiner Tochter MARIA) ein
recht umfängliches erziehungswissenschaftliches Oeuvre hinterließ.

3.2. Richard Lovell Edgeworth und Maria Edgeworth

Nach JOSEPH PRIESTLEY und ERASMUS DARWIN behandeln wir
nun einen weiteren exzeptionellen Vertreter empirischer
(bzw. experimenteller) Pädagogik, der ebenfalls (wie
wir schon erfahren haben) eng mit der Lunar Society
verbunden war, nämlich RICHARD LOVELL EDGEWORTH (1744
- 1817). Er ist vor allem als Pädagoge ausgewiesen;
denn er hat umfangreiche pädagogische Schriften hinterlassen, vor allem das zusammen mit seiner Tochter
MARIA (1767 - 1849) verfaßte zweibändige Werk "Practical
Education" (1798)[237], das unter dem durchaus zutreffenden Titel "Erziehungssystem" 1803 auch in Deutschland
erschien.[238]

Gleichwohl: EDGEWORTH bzw. die EDGEWORTHs haben in
der Geschichte der Pädagogik - wie PRIESTLEY und DARWIN
- ebenfalls nur eine relativ marginale Position behaupten können (allen Protagonisten empirischer Pädagogik
wurde ganz offensichtlich der Zugang zur Geschichte
der Pädagogik erschwert), wobei speziell bei den EDGE-
WORTHs mit eine Rolle spielt, daß sie häufig in eine
bloße ROUSSEAU-Nachfolge- bzw. -Interpretations-Posi-
tion gedrängt wurden.[239]

Jedoch: Ganz so randständig wie etwa DARWINs Position
ist die der EDGEWORTHs nicht; "sogar" in Deutschland
wurden sie berücksichtigt, allerdings nur, soweit wir
wissen, in Darstellungen zur Erziehungswissenschafts-
und Erziehungs-Historie Englands. Wir wollen aber
diese vergleichsweise günstige Situation nutzen und
einleitend aus zwei deutschen Darstellungen zitieren,
in denen auch deutlich wird, daß die EDGEWORTHs wichtige Repräsentanten der empirischen (experimentellen)
Pädagogik und speziell der empiristischen (englischen)
Tradition sind und keineswegs nur als bloße Rousseauianer angesehen werden sollten:

Knapp zusammenfassend heißt es bei MEISSNER: "Unter
Rousseauschem Einfluß steht ... Richard Lovell Edgeworth
..., der Vater der bekannten Romanschriftstellerin und
der Freund von Thomas Day. Er schreibt 1798 mit seiner
Tochter Maria zusammen eine pädagogische Schrift Practical Education, die neben einer starken Beziehung zu
Rousseau in erheblichem Maße von Locke beeinflußt ist.
Das gilt in erster Linie von der psychologischen Note,
die sich durch das ganze Buch hindurchzieht. Die Rousseausche Selbstentwicklung wird hier mit den strengen
psychologischen Gesetzen der Schule Hartleys und Reids
vereinigt."[240]

Ausführlicher äußert sich DRESSLER; über seine Darstellung erhalten wir zugleich eine hinreichend umfassende Charakterisierung der EDGEWORTHschen Pädagogik,
die als eine erste Vororientierung sehr dienlich ist.

"Einer der zunächst für Rousseau sehr begeisterten
englischen Erzieher war Richard Lovell Edgeworth.

Schon von seiner Mutter, 'die alles, was sich auf
Erziehung bezog, gelesen hatte',[241] war Edgeworth auf
die Wichtigkeit der Erziehung hingelenkt worden, persönliche Zuneigung zum Erzieherberuf kam hinzu, und die
Erziehung seiner eigenen achtzehn Kinder gab ihm nicht
nur reiche Gelegenheit, seine eigenen erzieherischen
Ansichten zu erproben, sondern bot ihm eine Fülle von
Beobachtungen und Erfahrungen, daß wir Edgeworth als
einen der vielseitigsten und besten englischen Erzie-
hungstheoretiker zu schätzen haben. Seine anfängliche
Schwärmerei für Rousseau führte ihn dazu, die im Emile
dargelegten Erziehungsgrundsätze an seinem eigenen
Sohne anzuwenden ...: jedoch die Erfahrungen, die er
hierbei machte, heilten ihn von seiner Rousseaubegei-
sterung und ließen ihn sich wieder mehr Locke zuwenden.
Die Zahl der Erziehungsschriften der Edgeworths -
später unterstützte seine geistreiche Tochter Maria
ihn in seinen Bestrebungen - ist recht hoch. Als sein
Hauptwerk darf wohl Practical Education ... angesehen
werden, besonderes Interesse beansprucht auch sein
umfangreiches Buch Professional Education ...[242]
   Der Hauptgrundsatz der Erziehung ist, Freude mit
allem zu verbinden, was dem Kinde frommt, und Schmerz
mit all dem, was das Kind schädigt. In der Erziehung
selbst ist die Gefahr, zu viel zu tun, viel größer,
als die, zu wenig zu tun; man soll der natürlichen
Entwicklung Raum geben, wenig Vorschriften aufstellen
und die Kinder die Folgen ihres Handelns frühzeitig
fühlen lassen. Das sind Rousseausche Gedanken; wer
sich aber nach Rousseau richtet, der wird natürlich
nach Locke lehren. So werden denn Lockes Gedanken oft
angeführt und mit wenig Ausnahmen rückhaltlos anerkannt.
Locke folgt man in der Auffassung über die erste Erziehung des Zöglings, in der Stellung zum Spiel und Spielzeug, in der starken Betonung des Beispiels, und vor
allem in der Behandlung des Aneignens von Benehmen und
Sitten. Aber ... kritiklos ... übernehmen die Edgeworths
Lockes Ansichten nicht. Lockes Rat, spielversessene
Kinder durch Überhäufung mit Spiel zu kurieren, wird
als something pernicious zurückgewiesen; man hält
Bacons Ansicht darüber für sittlicher. Dem von Locke
so sehr empfohlenen Tanzen steht man sehr skeptisch
gegenüber; auch über Lockes Ansicht von der Aufmerksamkeit und über seine stete Appellation an den Verstand
äußert man berechtigte Zweifel. Trotz aller Bedenken
über die Erziehung in den Public-Schools kommt man
schließlich wieder zu der Überzeugung, daß die Erziehung,
was insbesondere die Bildung anbelangt, in den Public-
Schools doch am besten gewährleistet ist, da man sich
allein da die learned languages sicher aneignen kann.
Wenn die Zustände daselbst noch so im argen liegen, so
ist dies Schuld der Eltern, die dafür zu sorgen haben,
daß die Zustände sich ändern ...
   Besonderes Interesse beansprucht das Werk Professional

Education (1808)[242], da es als ein erster Versuch einer wirklichen Berufserziehung (vocational education) in der englischen Erziehung anzusehen ist. Ausführlich wird darin dargelegt, was bei der Erziehung des Arztes, Richters usw. zu beachten sei." Es ist "interessant ..., daß Edgeworth in der Erziehung des Staatsmannes den althergebrachten Weg für durchaus angemessen hält, er soll zum tüchtigen Redner ausgebildet werden ..., soll sich Kenntnisse in englischer Geschichte, Geographie, Statistik aneignen. An Lebensbildern großer Staatsmänner soll er sein eigenes Leben bilden. Nach der Erziehung sollen Reisen durch das eigene und durch fremde Länder seinen Gesichtskreis erweitern; da für den zukünftigen englischen Staatsmann die klassische Bildung unentbehrlich ist, so eignen sich die Public-Schools am besten für seine Ausbildung ...

Sonst ist Edgeworth jedoch ein warmer Anwalt der Hauserziehung. Für die Haus- und Kleinkindererziehung schrieb er The Parents Assistant. Manche seiner darin vertretenen Ansichten erinnern an Fröbels Anschauungen über Kleinkindererziehung. Als Anhang zu diesem Buche schrieb Maria Edgeworth eine Menge moralisch wirkender Kindererzählungen als Ersatz für die nach ihrer Ansicht verwerflichen Märchen.[243] Schon 1778 hatte Edgeworth für seine eigenen Kindern in Harry and Lucy ein solches belehrendes Buch geschrieben,[244] welches 1783 ihren Hausfreund Thomas Day ... anregte zur Abfassung des ... wohl in Millionen von Exemplaren verbreiteten Kinderbuches: Sandford and Merton; ein Werk, was ähnlich wie Defoe's Family Instructor, aber für Kinder in angenehmer Unterhaltungsform allerlei Lebensweisheit und -wissen übermitteln will und sehr an Campes Kinderfreund erinnert.[245"246]

Mit diesen beiden Zitaten bzw. Charakterisierungen der Position der EDGEWORTHs ist zugleich die Tradition gekennzeichnet, in die diese Pädagogen integriert waren: Es ist die empiristisch-utilitaristische Tradition[247] von LOCKE über HARTLEY zu den Lunatikern, und diese Tradition setzte sich speziell auch im Rückgriff auf die EDGEWORTHs fort: BENTHAM, vermerkt OGDEN, "thought highly of Maria Edgeworth's Practical Education"[248]; JAMES MILL lobte "Practical Education" als Praxis-Buch sehr (vermißte jedoch eine geschlossene Theorie)[249]; GEORGE GROTE stützte seine Sozialisations- und Erziehungstheorie in nicht unwesentlichem Maße auf "Practical Education"[250] usf.[251]

Heute ist - wie bereits gesagt - die historische Rolle der EDGEWORTHs als empiristische Pädagogen relativ marginal, eine Feststellung, die aber weniger für England als speziell für Deutschland zutrifft, wo die empiristisch-utilitaristische Tradition englischer Pädagogik ja insgesamt kaum zur Kenntnis genommen wird.[252]

Nach dieser Erst-Orientierung über die Pädagogen RICHARD LOVELL und MARIA EDGEWORTH wollen wir uns nun

Details ihrer empirischen bzw. Experimental-Pädagogik
zuwenden; zuvor sei jedoch mit den Personen näher
bekanntgemacht (über RICHARD LOVELL haben wir ja bereits
einiges im Zusammenhang mit der Lunar Society und
ERASMUS DARWIN erfahren).[253]
RICHARD LOVELL EDGEWORTH hat ein interessantes und
sehr dynamisches Leben geführt, auf dessen Einzelheiten
wir hier nicht extensiv eingehen wollen, zumal Ergänzungen im Zusammenhang mit der Darstellung seiner Pädagogik
erfolgen werden. Es sei nur darauf hingewiesen, daß er
nach wechselnden Schul- und College-Besuchen, die wohl
nicht allzu erfolgreich waren, seit 1769 vor allem als
Gutsherr in Edgeworthstown (Irland) lebte (unterbrochen
von zahlreichen mehr oder minder langen Aufenthalten
in England, speziell in Lichfield), sich als Erfinder
und auch als (Erziehungs-)Politiker betätigte und vor
allem damit beschäftigt war, für seine große Familie
zu sorgen.
Zur Dynamik des Lebens von RICHARD LOVELL gehörten
insonderheit seine vier Ehen (1763 - 1773 war er mit
ANNA ELERS, 1773 - 1780 mit HONORA SNEYD, 1780 - 1797
mit ELIZABETH SNEYD und 1798 bis zu seinem Tode 1817
mit FRANCES ANNE BEAUFORT verheiratet), aus denen
insgesamt 22 Kinder hervorgingen, von denen jedoch
zwei bei der Geburt und zwei in sehr früher Kindheit
starben.[254] RICHARD LOVELL muß ein außerordentlich
fürsorgendes Familienoberhaupt gewesen sein, das sich
intensiv um seine Kinder kümmerte (daß RICHARD LOVELL
neun seiner Kinder überlebte, war für ihn eine überaus
schmerzliche Erfahrung) und speziell deren Erziehung
lenkte - was wohl vor allem - ähnlich wie bei ERASMUS
DARWIN - RICHARD LOVELL EDGEWORTHs Beschäftigung mit
der science of education erklärt. Kurz: Der Gutsherr
und Erfinder EDGEWORTH war notwendigerweise zeitlebens
(sein erster Sohn wurde geboren, als RICHARD LOVELL 19
Jahre alt war; sein jüngster Sohn wurde 1812 geboren)
auch praktizierender und reflektierender Pädagoge, und
seine pädagogischen Interessen gingen auch auf seine
älteste Tochter MARIA über, die - 1767 geboren - der
ersten Ehe RICHARD LOVELLs entstammte.
MARIA EDGEWORTH ist vor allem als Verfasserin von
Erzählungen ("novelist") bekannt geworden. Schon in
der Schule (in Derby und London) ging ihr ein guter
Ruf als "story-teller" voraus, und sie veröffentlichte
über Jahrzehnte hinweg zahlreiche Erzählungen-Bände
(speziell für Kinder), deren, wie STEPHEN sagt, "didac-
ticism ... has not prevented their permanent popularity."[255]
Im einzelnen: MARIA erhielt offensichtlich eine gute
Schulausbildung; sie lernte und sprach Französisch und
Italienisch (betätigte sich auch als Übersetzerin) und
wurde von ihrem Vater, zu dem sie stets ein sehr gutes
Verhältnis hatte, und auch von THOMAS DAY zum Schreiben
und zur Mitarbeit ermuntert. RICHARD LOVELL schrieb

zunächst zum Teil an ihren Werken mit, und in unserem
Zusammenhang ist speziell wichtig, daß es zwischen
Vater und Tochter zu einer wissenschaftlich-pädagogischen Zusammenarbeit kam, einer Zusammenarbeit, die
vor allem in "Practical Education" ihren Niederschlag
fand.

Wie der Vater so war auch seine älteste Tochter sehr
mit praktischer Erziehung befaßt; MARIA war (sie hatte
keine eigene Familie und lebte bis zu ihrem Tode 1849
- von Reiseunterbrechungen abgesehen - in Edgeworthstown)
häufig intensiv in der Erziehung ihrer vielen jüngeren
Geschwister engagiert bzw. mit dieser zeitweise selbständig betraut (speziell während der zum Teil jahrelan-
gen Abwesenheit der Eheleute EDGEWORTH). So ergab sich
auch im Falle der MARIA EDGEWORTH schon aus familiären
Gründen fast notwendig die Beschäftigung mit der "science of education" und in der "didactic literature".256

Es erübrigt sich im Rahmen unserer Thematik, auf
einzelne Lebensstationen MARIA EDGEWORTHs und auf ihre
vor allem literarischen Beziehungen (zum Beispiel zu
WALTER SCOTT) einzugehen. MARIA hat ein sehr stetes
Leben geführt, und sie erfreute sich hoher Achtung -
nicht nur als Schriftstellerin. Ihr Lebenszentrum war
Edgeworthstown bzw. die große EDGEWORTH-Familie, zu
der sie immer in sehr enger und harmonischer Beziehung
stand.

Die EDGEWORTH-Familie war gewissermaßen ein "empirisch-
pädagogisches Zentrum", das die Aktivitäten von Vater
RICHARD LOVELL und Tochter MARIA in hohem Maße bestimmte
und aus dem ein "Erziehungssystem" hervorging, dem wir
uns nun im einzelnen zuwenden wollen.

Dieses "empirisch-pädagogische Zentrum" entwickelte
sich erst, aber schon zu Beginn dieser Entwicklung -
EDGEWORTH war gerade das erste Mal Vater geworden -
beschäftigte sich der Zwanzigjährige mit pädagogischen
Problemen. Er stieß auf ROUSSEAUs "Emile", und EDGEWORTHs
Pädagogik nahm von hier, wie wir schon erfahren haben,
ihren Ausgang (womit sich bereits in der "vor-lunati-
schen" Zeit EDGEWORTHs eine Übereinstimmung mit anderen
lunatischen Pädagogen, für die ROUSSEAU ebenfalls ein
wichtiger Anreger war,257 zeigt). Da uns EDGEWORTH
diesen Ausgang und seine (frühe) ROUSSEAU-Schülerschaft
in seinen Memoirs ausführlich beschreibt und damit
zugleich ein Dokument für ROUSSEAUsche "Practical
Education" hinterließ, zitieren wir auführlich. In den
Memoirs heißt es:

"I married in 1763. My eldest son was born at Black-
Bourton, in Oxfordshire, in 1764. After my return from
Ireland in 1765, when I established myself at Hare
Hatch, I formed a strong desire to educate my son
according to the system of Rousseau. His Emile had
made a great impression on my young mind, as it had
done upon the imaginations of many far my superiors in
age and understanding. His work had then all the power

of novelty, as well as all the charms of eloquence; and when I compared the many plausible ideas it contains, with the obvious deficiencies and absurdities, that I saw in the treatment of children in almost every family, with which I was acquainted, I determined to make a fair trial of Rousseau's system. My wife complied with my wishes, and the body and mind of my son were to be left as much as possible to the education of nature and of accident.[258] I was but twenty-three years old, when I formed this resolution; I steadily pursued it for severeal years, notwithstanding the opposition with which I was embarrassed by my friends and relations, and the ridicule by which I became immediately assailed on all quarters. I dressed my son without stockings, with his arms bare, in a jacket and trowsers such as are quite common at present, but which were at that time novel and extraordinary. I succeeded in making him remarkably hardy: I also succeeded in making him fearless of danger, and, what is more difficult, capable of bearing privation of every sort. He had all the virtues of a child bred in the hut of a savage, and all the knowledge of things, which would well be acquired at an early age by a boy bred in civilized society. I say knowledge of things, for of books he had less knowledge at four or five years old, than most children have at that age. Of mechanics he had a clearer conception, and in the application of what he knew more invention, than any child I had then seen. He was bold, free, fearless, generous; he had a ready and keen use of all his senses, and of his judgement. But he was not disposed to obey: his exertions generally arose from his own will; and, though he was what is commonly called good-tempered and good-natured, though he generally pleased by his looks, demeanour, and conversation, he had too little deference for others, and he shewed an invincible dislike to control. With me, he was always what I wished; with others he was never any thing but what he wished to be himself. He was, by all who saw him, whether of the higher or lower classes, taken notice of; and by all considered as very clever."[259]

EDGEWORTH experimentierte also erzieherisch; seine empirische bzw. experimentelle Pädagogik nahm von ROUSSEAU ihren Ausgang; das ROUSSEAU-Experiment mit seinem Sohn war aber zugleich Anlaß für kritische Reflexion - und EDGEWORTHs anfängliche Begeisterung für ROUSSEAUs Pädagogik schwand: Weder war ROUSSEAU, dem EDGEWORTH seinen Sohn zwecks Begutachtung vorführte (1771), mit dem Ergebnis dieses Erziehungs-Experiments ganz zufrieden (das Erziehungs-Produkt war ROUSSEAU zu "englisch")[260], noch konnte EDGEWORTH selbst dieses Produkt seines etwa fünfjährigen Experiments insgesamt gutheißen.

EDGEWORTH schreibt in seinen Memoirs: "When I was engaged in the conduct of the public works at Lyons, I

had no leisure to attend sufficiently to my son. While
my friend, Mr. Day, remained with me, he was so kind
as to pay particular attention to him; but after Mr.
Day left us, my boy was under the care of a tutor,
whom I had brought from England. My son was then almost
nine years old; he had considerable abilities, uncommon
strength and hardiness of body, great vivacity, and
was not a little disposed to think and act for himself.
I had begun his education upon the mistaken principles
of Rousseau, and I had pursued them with as much steadiness, and, so far as they could be advantageous,
with as much success as I could desire. Whatever regarded the health, strength, and agility of my son, had
amply justified the system of my master; but I found
myself entangled in difficulties with regard to my
child's mind and temper. He was generous, brave, good-
natured, and what is commonly called good-tempered;
but he was scarcely to be controlled. It was difficult
to urge him to any thing that did not suit his fancy,
and more difficult to restrain him from what he wished
to follow. In short, he was self-willed, from a spirit
of independence, which had been inculcated by his
early education, and which he cherished the more from
the inexperience of his own powers. I must acknowledge,
with deep regret, not only the error of a theory,
which I had adopted at a very early age, when older
and wiser persons than myself had been dazzled by the
eloquence of Rousseau; but I must also reproach myself
with not having, after my arrival in France, paid as
much attention to my boy as I had done in England, or
as much was necessary to prevent the formation of
those habits, which could never afterwards be eradica-
ted."261

EDGEWORTH sah also sein "ROUSSEAU-Experiment" in
nicht unbeträchtlichem Maße als gescheitert an - abgesehen davon, daß er die Theorie ohnehin nicht ganz
befolgt hatte; denn in der England-Zeit hatte er offensichtlich "more attention" realisiert, als die Theorie
gestattete, aber nicht einmal dieses intentionale
erzieherische Verhalten hatte es zu verhindern vermocht,
"the error of a theory" hinreichend zu kompensieren.
EDGEWORTH wurde also - wie etwa DARWIN - ein zumindest
sehr skeptischer ROUSSEAUianer, womit er sich ebenfalls
als lunatischer Pädagoge erweist (wir kommen auf diese
Problematik - speziell auch im Zusammenhang mit der
Besprechung der DAYschen Pädagogik (vgl. Abschnitt
3.3.) - nochmals zurück), und sah sich veranlaßt, "to
warn other parents against the errors, which I .commit-
ted."262

Aufgrund seiner früheren Erfahrung mit Erziehung auf
der Basis der ROUSSEAUschen Theorie kam EDGEWORTH zu
dem Schluß, daß zu viel "education of nature and accident" bzw. zu wenig intentionale Erziehung (zu wenig
erzieherische "attention") letztlich zu Effekten führt,

die den Educanden selbst gefährden - aufgrund dessen "inexperience of his own powers". Daher erschien es EDGEWORTH notwendig, genauer darüber nachzudenken und kontrollierte Erfahrungen dahingehend zu machen und zu sammeln, wie Erziehung planvoll[263] organisiert werden muß, um negativ zu bewertende Lern-Effekte zu vermeiden.

Notwendig erschien es EDGEWORTH, eine "science of education", genauer: eine "experimental science of education" zu elaborieren - wozu ihn insbesondere auch seine zweite Frau HONORA anregte, die zugleich die ersten kontrollierten empirischen Daten für "Practical Education" lieferte.

Im Anhang zu "Practical Education" heißt es hierzu: "Several years ago a mother (Honora Edgeworth), who had a large family to educate, and who had turned her attention with much solicitude to the subject of education, resolved to write notes from day to day of all the trifling things which mark the progress of the mind in childhood. She was of opinion, that the art of education should be considered as an experimental science, and that many authors of great abilities had mistaken their road by following theory instead of practice. The title of 'Practical Education' was chosen by this lady, and prefixed to a little book for children, which she began, but did not live to finish. The few notes which remain of her writing are preserved, not only merely out of respect to her memory, but because it is thought that they may be useful. Her plan of keeping a register of the remarks of children has at intervals been pursued in her family."[264]

Aber nicht nur HONORA EDGEWORTH war hier Anregerin, sondern die gesamte experimentalphilosophische Umgebung, in der sich EDGEWORTH bewegte. Seit Mitte der sechziger Jahre war EDGEWORTH mit den Lunatikern in immer engere Beziehungen getreten; vor allem auch DARWIN war seinem "mechanical friend" außerordentlich zugetan.[265]

Die Lunar Society hatte den Experimentalismus zu ihrem Programm erhoben, und "the fever for experiment that possessed Edgeworth" führte auch dazu, daß "he carried his experiments into the domestic circle"[266] und daß "the greater part of Edgeworth's life was spent in a continuous educational process."[267] Diesen Prozeß lenkte EDGEWORTH zwar aufgrund eigener Konzepte und Erfahrungen, aber er war in hohem Maße auch lunatischer Pädagoge. SCHOFIELD faßt zusammen[268]: "Edgeworth found the origin of his ideas in the Lunar Society[269]. But if the attitude is typical of his century and the examples are derived from his Lunar associations, the development of the ideas and the selection of examples are characteristically Edgeworth's. In Practical Education he and Maria produced what has been described as '... the most important work on general pedagogy to appear in this country (England) between the publication

of Locke's Thoughts in 1693 and that of Herbert Spencer's
Essay on Education in 1861 ...'27o.''271

Kurz: Die EDGEWORTHs waren - wie ihre lunatischen
Pädagogen-Kollegen - eigenständige, gleichwohl lunatische und damit (!) experimentalphilosophische Pädagogen:
"It is above all the Edgeworths who base their educational practice on a full grasp of the achievements of
contemporary science"272 ; "Edgeworth's attitude was
strictly scientific" 273 ; "Edgeworth's standpoint is
that education is a science of observation"274.

Soweit zur erziehungswissenschafts-historischen und
generellen erziehungswissenschaftlichen Position der
EDGEWORTHs; kommen wir nun zu den Details ihres Systems
empirischer (experimenteller) Pädagogik, wobei wir uns
zunächst "Practical Education" zuwenden, dem grundlegen-
deren Werk, das auch bedeutend mehr Anerkennung und
Verbreitung fand als "Professional Education".

"Practical Education" war, wie bereits ausgeführt,
ein gemeinsames Werk von RICHARD LOVELL und MARIA
EDGEWORTH, das in England drei Auflagen erlebte und
auch ins Französische und Deutsche übersetzt wurde (in
Deutschland jedoch wenig Anklang fand). Die Konzeption
und die grundlegenden psychologisch-pädagogischen
Ideen stammten von RICHARD LOVELL, während seine Tochter, die von den 25 Kapiteln 19 schrieb, vor allem die
Ausführung übernahm. MARIA schreibt hierzu: "In the
work ... the principles of education were peculiarly
his ...; all the general ideas originated with him,
the illustrating and manufacturing them, if I may use
the expression, was mine."276

Wie ebenfalls schon erwähnt, war es das Ziel der
EDGEWORTHs, auf der Basis von "practical education"
("upon practice and experience"277) einen "plan of
education" zu entwerfen und damit zugleich Grundlagen
für die Elaborierung einer "experimental science of
education" zu bieten. Die EDGEWORTHs kommentieren: "To
make any progress in the art of education, it must be
patiently reduced to an experimental science278; we are
fully sensible of the extent and difficulty of this
undertaking, and we have not the arrogance to imagine,
that we have made any considerable progress in a work,
which the labours of many generations may, perhaps, be
insufficient to complete; but we lay before the public
the result of our experiments, and in many instances
the experiments themselves."279

Die EDGEWORTHs sahen "Practical Education" also auch
als ein Grundlagen- oder Ausgangswerk für die Entwicklung einer Experimentalpädagogik an; sie verfolgten
nicht nur praktische (erziehungs-anleitende), sondern
auch wissenschaftliche Zwecke, wohl wissend, daß sie
noch weitgehend am Anfang standen und Bescheidenheit
im Anspruch am Platze war. Die EDGEWORTHs sagen hierzu:
"The sketches we have hazarded upon these subjects may

to some appear too slight, and to others too abstruse
and tedious. To those who have explored the vast mines
of human knowledge, small specimens appear trifling
and contemptible, whilst the less accustomed eye is
somewhat dazzled and confused by the appearance even
of a small collection: but to the most enlightened
minds new combinations may be suggested by a new arrangement of materials, and the curiosity and enthusiasm
of the inexperienced may be awakened, and excited to
accurate and laborious researches."[280]

Gleichwohl, die EDGEWORTHs konnten auf bisherige
Überlegungen zu und Theorien über Erziehung zurückgreifen; ihr Werk war aus ihrer Sicht nicht nur Anfang,
aber eben auch noch nicht ein solches, mit dem eine
umfasende Theorie der Erziehung auf empirischer Grundlage geboten wurde (bzw. geboten werden konnte). Entsprechend heißt es über Arbeitsweise und Ausführung,
daß die Leser keine "new theory of education" erwarten,
aber auch nicht befüchten sollten, "that we have thrown
before them a heap of desultory remarks and experiments,
which lead to no general conclusions, and which tend
to the establishment of no useful principles.[281] We assure them that we have worked upon a regular plan, and
where we have failed of executing our design, it has
not been for want of labour or attention. Convinced
that it is the duty and the interest of all who write,
to inquire what others have said and thought upon the
subject of which they treat, we have examined attentively the works of others, that we might collect whatever knowledge they contain, and that we might neither
arrogate inventions which do not belong to us, nor
weary the public by repetition. Some useful and igeni-
ous essays may probably escaped our notice, but we
flatter ourselves, that our readers will not find
reason to accuse us of negligence, as we have perused
with diligent attention every work upon education,
that has obtained the sanction of time or of public
approbation, and, though we have never bound ourselves
to the letter, we hope, that we have been faithful to
the spirit of their authors. Without incumbering ourselves with any part of their systems which has not been
authorized by experience, we have steadily attempted
immediately to apply to practice such of their ideas
as we have thought useful; but whilst we have used the
thoughts of others, we have been anxious to avoid mean
plagiarism, and wherever we have borrowed, the debt
has been carefully acknowledged."[282]

Kommen wir nunmehr auf "Practical Education" zu sprechen; dabei werden wir nicht alle Details referieren,
sondern auf Grundsätzliches zentrieren; denn es geht
uns ja - wie wiederholt betont - um die Entwicklung
der empirischen Pädagogik, nicht um eine Darstellung
und Analyse von (speziellen) Praxisanleitungen, die
die EDGEWORTHs zahlreich geben und die - das sei aller-

dings betont - keineswegs stets als "überholt" angesehen werden sollten, was auch bei der Darstellung des Grundsätzlichen deutlich werden wird.[283]

Im ersten Kapitel von "Practical Education", in dem das Problem der Spielsachen für Kinder (toys) behandelt wird, geben die EDGEWORTHs bereits eine klare Beschreibung ihrer pädagogischen Position.[284] Sie bieten ein Plädoyer für die Beachtung der Selbsterfahrung und Selbsttätigkeit des Kindes: es soll nach ihrer Auffassung aus eigener Erfahrung lernen - unter Hilfestellung der Erzieher.

Ausgangspunkt der EDGEWORTHs ist die ROUSSEAUsche Position, allerdings mit der Einschränkung, daß das selbständige (natürliche) Lernen des Kindes erzieherisch (planvoll) unterstützt werden muß. Zwar gehen die EDGEWORTHs[285] davon aus, daß das Kind "the product of his circumstances" ist, aber sie erheben die Forderung, daß "these circumstances include a planned course of education" (im engen Sinne), und "here the way must be lighted by science."[286]

"The Edgeworths," so kommentiert SMITH und kennzeichnet damit deren Position in der Entwicklung der empirischen Pädagogik, "were the chief agents in popularising and adapting Rousseau's ideas", aber "Edgeworth had modified his earlier adoption of Rousseau's views, though the influence remained strong, and the resultant product was a synthesis of the ideas of Rousseau and Locke, worked out in the details of the teacher's familiar task. Edgeworth's standpoint is that education is a science of observation: we must shape the curriculum and teaching methods to the child's needs as we discover them in his growth. With Locke he regarded habit as all-important in moral training, and with Rousseau he urged that learning should be made more attractive, memory work diminished, sense-training emphasised and the child's self-activity constantly used ... The Edgeworth children got their experiences at first-hand."[287]

Kinder - davon gehen die EDGEWORTHs aus - lernen natürlicherweise durch den Umgang mit den Gegenständen ihrer Umgebung - jedoch: der Erzieher muß dafür sorgen, daß die Umgebung des Kindes so gestaltet ist, daß das Kind lernen kann, daß es zum selbsttätigen Erfahrungen-Machen angeregt wird; sie muß so gestaltet werden, daß des Kindes natürliche Wißbegierde ("pursuit of knowledge"[288]), die sich auch in der "pernicious love of play"[288] zeigt, seine Neugier ("laudable curiosity"[289]) befriedigt wird. Die EDGEWORTHs betonen sehr die Wichtigkeit solcher erzieherischer, nämlich die Lernwelt des Kindes organisierender, Aktivitäten - bei gleichzeitiger Empfehlung, sich mit direkter Einflußnahme zurückzuhalten. Nicht der Erwachsene, der Erzieher, mit seinen Erfahrungen, seinen Urteilen, seinen Gewohnheiten sollte Richtschnur für das Lernen des Kindes sein,

sondern die eigene Wahrnehmung, die eigene Erfahrung
des Kindes: "Being guided in his choice by the opinions
of others is dangerous. Instead of attending to his
own sensations, and learning from his own experience,
he acquires the habit of estimating his pleasures by
the taste and judgment of those who happen to be near
him."290 Und in diesem Sinne solte nach den EDGEWORTHs
der pädagogische (durch ROUSSEAUs Lehre fundierte)
Grundsatz beherzigt werden: "The danger of doing too
much in education is greater even than the danger of
doing too little."291

Diese Grundposition erläutern die EDGEWORTHs an Hand
des Problems Spiel und Spielzeug im ersten Kapitel von
"Practical Education".

Für das Spielzeug-Angebot - hier muß differenzierte
erzieherische Überlegung einsetzen; denn Spielsachen
sind Lernsachen 292 - wie für das Spielen = Lernen des
Kindes gilt grundsätzlich, daß es Selbttätigkeit bzw.
-erfahrung ermöglichen muß. Die Rolle des Erwachsenen
bzw. des Erziehers ist es hier, entsprechend geeignetes
Spielzeug zur Verfügung zu stellen und den Spiel- =
Erfahrungs- = Lernprozeß zeitlich-räumlich sowie ermun-
ternd zu unterstützen ("they should be assisted as
much as possible, and encouraged" 293). Durch solche
erzieherische Aktivität zeichnet sich der "philosophic
tutor"294 aus, in solcher Erziehung äußert sich seine
Würde ("dignity"294).

Es gilt also: Unter der Voraussetzung, daß man den
Wissenserwerb, speziell "a taste for science" 295 ,
fördern, "the powers of reason" kultivieren, die "inventive faculty" trainieren und mit all dem für des Kindes
"happiness" sorgen will, 296 ist es notwendig, die vom
Kind gezeigten Dispositionen zu kultivieren,297 seiner
Entwicklung zu folgen298 und damit das Verhalten des
Kindes und aller Umstände, unter denen es agiert,
genau zu beachten.299

Die Kenntnis des Kindes und seiner Entwicklung ist
also notwendig; die "art of education" bedarf - in
moderner Terminologie - exakter empirisch-entwicklungs-
und -lernpsychologischer Erkenntnisfundierung, wenn
sie erfolgreich sein soll. Anders gesagt: Es bedarf
einer empirischen "science of education", in der kontrollierte Beobachtungen systematisiert werden, innerhalb
derer das Bedingungsfeld der Umstände, unter denen das
Kind lernt, sorgfältig analysiert wird. Kurz: es bedarf
- nochmals in moderner Terminologie - einer genauen
Analyse des Lern- und Erziehungsfeldes als "vieldimen-
sionaler Faktorenkomplexion"300, also all der Umstände
bzw. Bedingungen, "which the sublime eye of the theorist
in education overlooks, which, nevertheless, are essential to practical education."301

Es soll also - so fordern die EDGEWORTHs - nicht em-
pirie-fern theoretisiert (spekuliert), sondern beobachtet und auf der Basis solcher Beobachtungen eine scien-

ce of education entwickelt werden. Beispielhaft-kritisch heißt es da: "We do not speak from vague theory; we have seen the daily pleasures of the work-bench, and the persevering eagerness with which young people work in wood, and brass, and iron, when tools are put into their hands at a proper age, and when their understanding has been previously taught the simple principles of mechanics."[302]

Die Erziehungswissenschaft - so können wir folgern - ist also nach der Auffassung der EDGEWORTHs nicht autonom zu konstituieren und zu elaborieren; sie bedarf vor allem psychologischer Erkenntnisse, und mit dieser Konzeption stehen die EDGEWORTHs ganz in der Tradition der empirischen Pädagogik ihrer "scientific community" - ausgehend von BACON, LOCKE, HARTLEY u.a. - und erweisen sich abermals als lunatische Pädagogen (PRIESTLEYscher und DARWINscher Provenienz). Zwar ist die empirische Basis des EDGEWORTHschen "Erziehungssystems" relativ schmal - wir kommen auf diese Problematik noch zurück -, gleichwohl war sie ausreichend, um eine empirisch fundierte science of education zu konstituieren (bzw. weiterzuentwickeln), um erfolgreiche "practical education" zu fundieren, was wir belegen wollen.[303]

Die EDGEWORTHs gehen von der Beobachtung (experience) aus, daß Kinder sich betätigen wollen, daß sie "naturally feel the want of occupation"[304], daß sie "idleness" als "pain" erleben.[305] Ihr Verhalten wird von einem "inquisitive genius" bestimmt[306], und die Erzieher sollten dieses natürlich angelegte Streben unterstützen und fördern. Kinder wollen ihre Welt erfahren, sich mit dieser auseinandersetzen - lernen. Die Funktion der Erzieher ist es, den Kindern solche Selbstbeschäftigung[307] zu ermöglichen, Mittel der Selbstbeschäftigung ("means of amusing themselves"[308]) zur Verfügung zu stellen und für ungestörtes Lernen im Spiel zu sorgen.

Nur wenn die Funktion des Erziehers so gesehen wird, werden - so die Auffassung der EDGEWORTHs - die natürlicherweise lernmotivierten Kinder erfolgreich lernen, das heißt, nützliche Kenntnisse bzw. eine adäquate Orientierung in der Welt erlangen.

Im einzelnen raten die EDGEWORTHs: Die Erzieher sollen dem Alter und den Lernmöglichkeiten des Kindes entsprechende Angebote machen - wobei man allerdings nicht zu ängstlich sein sollte. Zwar muß der Erzieher darauf achten, "to remove out of its way those things which can really hurt it,"[308] gleichwohl "this degree of care should not degenerate into cowardice; it is better that a child should tumble down or burn its fingers, than that it should not learn the use of its limbs and its senses."[309] Das Kind will lernen, es will entdecken, es will sich orientieren - daran sollte man es nicht unnötig oder überängstlich behindern, zumal - und da bieten die EDGEWORTHs eine wichtige Einsicht - der Erzieher durch solche Behinderungen selbst Nachteile erfährt.

Das Kind will lernen, es hat Freude am Lernen, am
Entdecken; entsprechend müssen die Spielsachen Entdek-
kungen ermöglichen, indem sie veränderbar, zerlegbar
sind; fertige Spielsachen - "what remains to be done?"[310]
- machen den "little philosopher" "unlucky"[311], und
die sorgsame Beachtung der "safety of his worthless playthings is thus purchased at the expence of his understanding."[312] Nur wenn das Kind so entdecken kann, wird es
lernen und sich nicht langweilen und somit nicht aggressiv werden und die Erwachsenen (Erzieher) stören! Nur
wer sich langweilt und damit nicht lernt, wer also -
wie die EDGEWORTHs deutlich formulieren - in vornehmer
Dummheit ("gentle dullness"[313]) verbleibt, ist zur Bos-
haftigkeit disponiert, so daß die Beschränkung der
(vergnüglichen) Selbsttätigkeit nicht nur die Kultivierung des Verstandes (s.o.), sondern auch das Erlernen
von Rechtschaffenheit ("intregrity"[314]) behindert.

Gewährenlassen, Ermuntern und Loben sind die Haupt-
funktionen des Erziehers beim selbsttätigen Lernen des
Kindes; nur wenn diese Funktionen erfüllt werden, wird
das Kind Freude am Spielen und damit am Lernen haben -
und diese ist die wesentliche Bedingung für effektives
Lernen.

Mehrmals betonen die EDGEWORTHs, daß man das spielen-
de = lernende Kind möglichst gewähren lassen solle,
daß sein Spielen = Lernen möglichst nicht unterbrochen
werden darf: "An infant should never be interrupted in
its operations; whilst it wishes to use its hands, we
should not be impatient to make it walk, or when it is
pacing with all the attention to its centre of gravity
that is exerted by a rope-dancer, suddenly arrest its
progress, and insist upon its pronouncing the scanty
vocabulary which we have compelled it to learn. When
children are busily trying experiments upon objects
within their reach, we should not, by way of saving
them trouble, break the course of their ideas, and totally prevent them from acquiring knowledge by their
own experience."[315] Unterbricht man das Kind bei seinen
Experimenten, bei seinem Erfahrungen-Machen, dann
lernt es nicht - und es wird aggressiv, lästig und
boshaft ("troublesome and mischievous"[316]); nur wer
Kindern Raum und Zeit für ihre Nachforschungen("inquiries") läßt, nur wer sie möglichst ungestört tätig
sein läßt, "will secure children from all those numerous
temptations to do mischief, to which the idle are
exposed."[317] Dieser Hinweis der Empiriker EDGEWORTH ist
aufschlußreich. Sie haben sehr genau beobachtet und
damit ihre Erziehungsempfehlungen empirisch-psychologisch zu fundieren versucht.[318]

Daß das Kind weiterhin der ermunternden und gegebenenfalls helfenden Aufmerksamkeit des Erziehers bedarf,
ist eine weitere lernpsychologische Erfahrung bzw.
Einsicht, die die EDGEWORTHs für die Fundierung von
effektiver "practical education" heranziehen.

Die EDGEWORTHs fordern, daß der Erzieher, speziell
der Vater, sich für die "daily occupations of his
children"[319] interessiert, an den Beschäftigungen des
Kindes so viel wie möglich teilnimmt, da er auf diese
Weise viel zum "advancement of their education"[319]
beitragen kann. Die EDGEWORTHs geben hier eine sehr
anschauliche Beschreibung des Gegensatzes zwischen einem vernünftigen (philosophischen) Erzieher und einem
pedantischen Schulmeister: "When a pedantic schoolmaster
sees a boy eagerly watching a paper kite, he observes,
'What a pity it is that children cannot be made to
mind their grammar as well as their kites!' and he
adds perhaps some peevish ejaculation on the natural
idleness of boys, and that pernicious love of play
against which he is doomed to wage perpetual war. A
man of sense will see the same sight with a different
eye; in this pernicious love of play he will discern
the symptoms of a love of science, and, instead of
deploring the natural idleness of children, he will
admire the activity which they display in the pursuit
of knowledge. He will feel that it is his business to
direct this activity; to furnish his pupil with materials
for fresh combinations, to put him, or to let him put
himself, in situations where he can make useful observations, and acquire that experience which cannot be
bought, and which no masters can communicate. It will
not beneath the dignity of a philosophic tutor to
consider the different effects, which the most common
plays of children have upon the habits of understanding
and temper ..."[320] Der Erzieher sollte sich also den
Kindern aufmerksam zuwenden und sie ermutigen und
damit in ihrer Selbsttätigkeit, in ihrem Lernen be-
bzw. verstärken: "We should associate cheerfulness,
and praise, and looks of approbation, with industry;
and whenever young people invent employments for themselves, they should be assisted as much as possible,
and encouraged."[321]
Damit sind wir bereits bei einer weiteren zentralen
lernpsychologischen Fundierung für "practical education".
Die EDGEWORTHs gehen davon aus - wir haben darauf
schon verwiesen -, daß Spielen bzw. alles Lernen Freude
(Vergnügen("pleasure")) bereiten muß, um effektiv zu
sein, und diesen - utilitaristischen - Ansatz verfolgen
sie durch die gesamte Darstellung ihres Erziehungssystems.[322] Wir verlassen damit die Behandlung des (ebenfalls grundlegenden) Problems der Selbsttätigkeit[323] und
wenden uns diesem (utilitaristischen) Prinzip zu, das
speziell im 9. Kapitel von "Practical Education" behandelt wird, und zwar unter dem Titel "On Rewards and
Punishments".
Ausgangspunkt und Grundlage der empiristisch-utilitaristischen Pädagogik der EDGEWORTHs ist (wie bei allen
englischen empiristischen[324] und speziell lunatischen
Pädagogen) das Greatest happiness-principle.[325] Die ED-

GEWORTHs bekennen ganz eindeutig: "We distinctly understand, that the greatest possible happiness of the
whole society must be the ultimate object of all just
legislation,"[326] und sie sind der Auffassung, daß das
Bestrafen ("the most disagreeable part of our business"[327])
nur auf der Basis der Akzeptierung des Greatest happiness-principle zu rechtfertigen ist. Das heißt: Strafe
ist generell nur dann legitimierbar, wenn sie "produc-
tive of happiness to society"[328] ist; "it is only by
the conviction that certain punishments are essential
to the general security[329] and happiness, that a person
of humanity can, or ought, to fortify his mind against
the natural feelings of compassion"[330], und dies gilt
insbesondere auch für den Bereich der Erziehung: dem
Kind muß klargemacht werden, daß "pain" seitens des
Erziehers nur deshalb notwendig ist, "to ensure future
advantage."[331]

Im einzelnen führen die EDGEWORTHs einleitend zum
pädagogischen Problem der Strafe aus: "It is the business of education to prevent crimes[332], and to prevent
all those habitual propensities which necessarily lead
to their commission.[333] The legislator can consider
only the large interests of society, the preceptor's
view is fixed upon the individual interests of his pupil. Fortunately both must ultimately agree. To secure
for his pupil the greatest possible quantity of happiness, taking in the whole of life, must be the wish of
the preceptor: this includes every thing. We immediately
perceive the connexion between that happiness, and
obedience to all the laws on which the prosperity of
society depends. We yet further perceive, that the
probability of our pupil's yielding not only an impli-
cit, but an habitual, rational, voluntary, happy obedience, to such laws, must arise from the connexion
which he believes, and feels that there exists, between
his social duties and his social happiness." Damit ist
zugleich das pädagogische Problem aufgeworfen, eine
praktisch-erzieherisch hoch bedeutsame Frage gestellt:
"How to induce this important belief is the question."[334]

Auf dieser Grundlage erörtern die EDGEWORTHs nun das
Straf- und Belohnungsproblem in der Pädagogik bzw. für
"practical education" (versuchen sie, die aufgeworfene
Frage begründet zu beantworten); und sie fundieren die
aus ihrer Sicht effektive Straf- und Belohnungs-Praxis
empirisch-lernpsychologisch, ausgehend von der Grundannahme, daß Verhaltensdispositionen über Konsequenzen-Er-
fahrungen und schließlich -Erwartungen auf- und abgebaut
werden,[335] worauf sie bereits auch schon im 1. Kapitel
im Zusammenhang mit dem Lernen durch Spielen zu sprechen
kamen: "Those who are precipitate, and not sufficiently
attentive to the consequences of their own actions, my
receive many salutary lessons at the draught or chess-
board, happy if they can learn prudence and foresight
by frequently losing the battle."[336]

Wir wenden uns nun detailliert dem Kapitel "On Rewards
and Punishments" zu, das heißt, wir folgen im einzelnen
dem erziehungs-psychologischen Argumentgang der EDGE-
WORTHs, um exemplarisch zu zeigen, wie sie empirische
Pädagogik verstanden und betrieben. Anders gewendet:
Das Kapitel "On Rewards and Punishments" ist ein bei-
spielhaftes für empiristisch-utilitaristische (und lunatische) Pädagogik; die Darstellung und Analyse
dieses Argumentganges ermöglicht es, EDGEWORTHs (lunatische) empirische Pädagogik so zu charakterisieren, daß
eine Gesamtdarstellung der EDGEWORTHschen Pädagogik im
gegebenen Rahmen überflüssig ist.337
    Im Zusammenhang mit der von den EDGEWORTHs begründe-
ten Forderung nach Selbsttätigkeit, nach selbständigem
(Spielen und) Lernen des Kindes bzw. im Zusammenhang
mit der von ihnen korrespondierend erhobenen Forderung
nach (möglichster) Zurückhaltung des Erziehers338 hatten
wir darauf verwiesen, daß die EDGEWORTHs dem Erzieher
- neben anderen noch zu erörternden Funktionen - vor
allem eine ermunternde und lobende Funktion zuweisen.
- Wie und unter welchen Bedingungen soll der Erzieher
nun - zurückhaltend! - ermuntern und loben und belohnen;
wie und unter welchen Bedingungen soll er strafen und
- vor allem! - Strafe vermeiden? Diese sind die
Fragen, die im Kapitel "On Rewards and Punishments" zu
beantworten versucht werden.
    Die EDGEWORTHs setzen mit der Erörterung des Problems
der Strafe ein - ausgehend von erfahrener bzw. beobach-
teter "practical education", in der das Bestrafen ein
Erziehungsmittel ist, zu dem sehr häufig - zu häufig
und zu unbedacht - gegriffen wird und von dem man
wissen müßte, was nach den EDGEWORTHs erwiesen ist,
nämlich, daß es nur bedingt geeignet ist, die Befolgung von Gesetzen zu sichern.339
    Aber: Strafen erscheinen den EDGEWORTHs notwendig
und auch - wie gesagt: mit Einschränkungen - effektiv,
vor allem in einem Alter, in dem es noch nicht möglich
ist, durch die Vernunft zu erziehen. In frühem Alter
muß das Kind per Assoziation Schädlichkeit oder Nützlichkeit seines Verhaltens erfahren, und für solche
Erfahrungslenkung (Lernlenkung) sind dem Erzieher
Belohnungen und - wie deutlich wird: leider - auch Bestrafungen dienlich: "Before we can govern by reason,
we can, by associating pain or pleasure with certain
actions, give habits; and these habits will be either
beneficial or hurtful to the pupil; we must, if they
be hurtful habits, conquer them by fresh punishments,
and thus we make the helpless child suffer for our
negligence and mistakes."340 Ja, es wurde deutlich: Im
Grunde lehnen die EDGEWORTHs Strafen als Erziehungsmittel ab; denn "hurtful habits" sind nach ihrer Auffassung
letztlich Effekte der Nachlässigkeit und Fehler der
Erzieher (sie hätten die Lernumwelt des Zu-Erziehenden

angemessener organisieren, andere Assoziationen stiften
müssen) - aber auch diese Nachlässigkeit und Fehler
sind wohl unvermeidbar.

Strafen ist somit ein wohl unvermeidliches, aber
möglichst sparsam und sehr reflektiert zu verwenden-
des Erziehungsmittel, um dem Erzieher notwendig erscheinende Assoziationen zu stiften, die Erwartungen beim
Kinde erzeugen, die das Vermeiden von negativ bewertetem Verhalten fundieren. Letztlich folgt aber der
Erzieher mit Bestrafungen auch alltäglichem Lernen -
er organisiert planvoll-reflektiert solches Lernen;
die EDGEWORTHs machen dies an Beispielen deutlich:
"When a young child puts his finger too near the
fire, he burns himself; the pain immediately follows
the action, they are associated together in the child's
memory; if he repeat the experiment often, and constantly with the same result, the association will be so
strongly formed, that the child will ever afterwards
expect these two things to happen together: whenever
he puts his finger into fire, he will expect to feel
pain: he will yet further, as these things regularly
follow one another, learn to think one the cause, and
the other the effect."[341] Von dieser empirischen Tatsache, die unbestreitbar erscheint, jedoch - nach EDGE-
WORTHs Auffassung - noch nicht geklärt ist,[342] ist auszugehen, und der Erzieher muß diesen Prozeß reflektiert nutzen, das heißt, er muß in gleicher Weise
verfahren bzw. die Bedingungen so organisieren, daß
der gleiche Effekt eintritt. Die (strafenden) Reaktionen eines Erziehers sind nämlich nur dann effektiv,
das heißt, führen zu erwünschten Assoziationen bzw.
Erwartungen, wenn a) die Reaktion bzw. Strafe dem
unerwünschten Verhalten unmittelbar (immediately)
folgt und wenn b) das Kind in der Lage ist, gleichförmige (uniform) Konsequenzen seines Verhaltens zu
erfahren.

Die EDGEWORTHs schreiben: "If the pain, which we
would associate with any action, do not immediately
follow it, the child does not understand us; if several
events happen nearly at the same time, it is impossible
that a child can at first distinguish which are the
causes and which are the effects. Suppose, that a
mother would teach her little son, that he must not
put his dirty shoes upon her clean sofa: if she frowns
upon him, or speaks to him in an angry tone, at the
instant that he sets his foot and shoe upon the sofa,
he desists; but he has only learned, that putting a
foot upon the sofa, and his mother's frown, follow
each other; his mother's frown, from former associations, gives him perhaps some pain, or the expectation
of some pain, and consequently he avoids repeating the
action which immediately preceded the frown. If, a
short time afterwards, the little boy, forgetting the
frown, accidentally gets upon the sofa without his

shoes, no evil follows; but it is not probable, that
he can by this single experiment discover, that his
shoes have made all the difference in the two cases.
Children are frequently so much puzzled by their
confused experience of impunity and punishment, that
they are quite at a loss how to conduct themselves.
Whenever our punishments are not made intelligible,
they are cruel; they give pain, without producing any
future advantage. To make punishment intelligible to
children, it must be not only immediately, but repeated-
ly and uniformly, associated with the actions which we
wish them to avoid."343
   Der Erzieher muß also, soll die Strafe effektiv
sein, sich dem Kinde verständlich (intelligible)
machen; das Kind muß in die Lage versetzt werden, klar
orientiert ein Verhalten einer als negativ erlebten
Konsequenz (Tadel, Strafe) zuzuordnen. Gelingt ihm
eine solche eindeutige Zuordnung (Assoziation) nicht,
dann führt dies bei ihm zur Desorientierung und schließlich zum Erleben von erzieherischer Ungerechtigkeit;
denn das Kind erlebt dann häufig Strafe für ein aus
seiner Sicht häufig nicht bestraftes Verhalten; es
erlebt damit Grausamkeit und Ungerechtigkeit. Das
Erziehungsmittel Strafe ist dann ineffektiv, ja, durch
seine Anwendung wird dann sogar vom Erzieher negativ
bewertetes Verhalten begünstigt; denn "where individuals are oppressed, or where they believe that they are
oppressed, they combine against their oppressors, and
oppose cunning and falsehood to power and force."344
"Unjust punishments do not effect their intended
purpose, because the pain is not associated with the
action which we would prohibit; but, on the contrary,
it is associated with the idea of our tyranny; it
consequently excites the sentiment of hatred towards
us, instead of aversion to the forbidden action."345
   Für die EDGEWORTHs handelt es sich hier um ein
zentrales erziehungswissenschaftliches wie -praktisches
Problem, und entsprechend bieten sie eine empirisch-psychologisch wohl fundierte erziehungswissenschaftliche
Straftheorie, in der es um die Lösung des Problems
geht, wie man stabile Erwartungen und entsprechend
stabile Verhaltensdispositionen bei Educanden aufbauen
kann: Die Educanden müssen "learn to expect"346,zu-
nächst auf der Basis unreflektierter Erfahrung
("they learn by experience"347), sodann auf der Basis
von Einsicht, indem die Erzieher "secure reason for
our friend"348: "As soon as children are able, in any
instance, to understand the meaning and nature of
punishment, it should in that instance be explained to
them. Just punishment is pain inflicted with the
reasonable hope of preventing greater pain in future."349
Auf dieses Ziel hin muß Erziehung durch Strafe angelegt
sein; nur dann gelingt es, daß "the pain will not be
associated with us, but, as it ought to be, with the

fault which was the real cause of it."[35o] Wiederum plädieren die EDGEWORTHs dafür, dem "natürlichen" Gang
(sozialen) Lernens zu folgen: "As much as possible we
should let children feel the natural consequences of
their own conduct. The natural consequence of speaking
truth is the being believed; the natural consequence
of falsehood is the loss of trust and confidence; the
natural consequence of all the useful virtues is
esteem, of all the amiable virtues love, of each of
the prudential virtues some peculiar advantage to
their possessor."[351] Daher ist sehr genau zu überlegen,
welche Konsequenzen der Erzieher einem Verhalten
folgen läßt, um dieses zu stärken oder abzubauen. Die
Konsequenzen müssen in einem "natürlichen", das heißt,
in einem vernünftig einsehbaren Verhältnis zum Verhalten stehen; "sinnlose Assoziationen" erweisen sich als
instabil, weil uneinsichtig[352]. Sehr klar erläutern
die EDGEWORTHs an einem Beispiel: "Plum-pudding is not
the appropriate reward of truth, or is the loss of it
the natural or necessary consequence of falsehood."[353]
    In moderner Terminologie ausgedrückt, geht es den
EDGEWORTHs darum, über die Anwendung des Erziehungsmittels Strafe (wie auch Belohnung) bei Educanden Informa-
tions- oder Gedächtnis- oder Verhaltenseinheiten[354]
auszubilden, die als kognitive Repräsentationen von
situativem Verhalten und seinen jeweiligen Konsequenzen
den Educanden befähigen, von Erziehern positiv bewertetes Verhalten zu realisieren bzw. (wie im Falle der
Strafe) negativ bewertetes Verhalten nicht zu realisieren bzw. zu vermeiden. Das Erziehungsverfahren ist -
wiederum in moderner Terminologie - das operante
Konditionieren, über dessen Anwendung der Educand in
die Lage versetzt werden soll, an Erfolgen und Mißerfolgen seines Verhaltens zu lernen, um Verhaltensdispositionen auf- bzw. abbauen zu können. Die empirisch-psychologisch fundierte Erziehungstheorie der EDGEWORTHs
läßt sich durchaus über moderne lernpsychologische
Theorien rekonstruieren, woran sich zeigt, auf welchem
fortgeschrittenen Status sich die EDGEWORTHsche empirische Pädagogik bereits befindet.[355] Dies wird sich
auch im folgenden weiter zeigen.
    Damit Verhaltens- bzw. Informationseinheiten gefe-
stigt, also zu "fixierten Relationen"   , das heißt,
zu bewährten Verhaltenseinheiten werden, muß, wie wir
bereits erfahren haben,[357] die Bedingung der Konstanz
oder Gleichförmigkeit (uniformity) erfüllt sein, das
heißt, der Educand muß in der Lage sein, damit er über
Erfolg bzw. Mißerfolg lernen (= Verhaltensdispositionen
auf- und abbauen) kann, Erfolg als positiv erlebte
Verhaltenskonsequenz und Mißerfolg als negativ erlebte
Verhaltenskonsequenz dem Verhalten eindeutig zuzuordnen.
Daraus folgt für das erzieherische Verhalten (als entsprechende Lernhilfe): "Let each good and bad quality
have its proper share of praise and blame, and let the

consequences of each follow as constantly as possible. That young people may form a steady judgment of the danger of any vice, they must uniformly perceive, that certain painful consequences result from its practice."[358]

Die Befolgung dieses empirisch-psychologisch fundierten Grundsatzes der Erziehung hat jedoch ihre Schwierigkeiten - und wiederum wird nun deutlich werden, wie exakt und elaboriert die EDGEWORTHs ihre Erziehungstheorie (hier die spezielle Erziehungsmitteltheorie = Straftheorie) fundieren.

Nicht nur der Erzieher in einer gegebenen Situation ist beeinflussende Instanz, sondern die gesamte Umgebung des Educanden und alle seine bisherigen Erfahrungen spielen dahingehend eine Rolle, ob bestimmte Erziehungsverfahren überhaupt effektiv sein können. Im einzelnen: Die EDGEWORTHs haben uns intensiv darauf hingewiesen, daß die Effektivität des Erziehens (speziell des Strafens) davon abhängt, daß Educanden in die Lage versetzt werden, gleichförmige Erfahrungen zu machen, um stabile Orientierungen bzw. Erwartungen ausbilden zu können.[359] Das bedeutet zugleich, daß die Educanden möglichst nicht einander ausschließende Konsequenzen ihres Verhaltens erfahren, was jedoch häufig dadurch gegeben ist, daß sie sich in Erziehungsfeldern befinden, innerhalb derer unterschiedliche soziale (beeinflussende) Instanzen unterschiedlich auf Educandenverhalten reagieren, was besonders dann bedeutsam ist, wenn diese unterschiedlichen Instanzen als gleich mächtig angesehen werden müssen. Die Effektivität des Erziehens bzw. einer erzieherischen Maßnahme bzw. der Anwendung eines Erziehungsmittels (zum Beispiel der Strafe) ist also von den Situationsvariablen abhängig, das heißt, von den weiteren Bedingungen, die eine Erziehungssituation konstituieren, innerhalb derer eine erzieherische Maßnahme realisiert wird. Daraus wieder folgt, daß ein Erzieher nicht nur über wirksame Erziehungsmittel verfügen muß, sondern auch über Wissen hinsichtlich der jeweiligen situativen Bedingungen und deren Beeinflussungsmöglichkeiten.

Reflexionen über diese Erziehungsfeld-Problematik durchziehen das gesamte Buch "Practical Education" 36o ; im Kapitel über Belohnungen und Strafen wird folgende grundsätzliche Überlegung angestellt:

"Let us suppose a child to be educated by a variety of persons, all differing in their tastes and tempers, and in their notions of right and wrong; all having the power to reward and punish their common pupil. What must this pupil become? A mixture of incongruous characters; superstitious, enthusiastic, indolent, and perhaps profligate: superstitious, because his own contradictory experience would expose him to fear without reason; enthusiastic, because he would from the same cause form absurd expectations; indolent, be-

cause the will of others has been the measure of his
happiness, and his own exertions have never procured
him any certain reward; profligate, because, probably
from the confused variety of his moral lessons, he has
at last concluded that right and wrong are but unmeaning
words. Let us change the destiny of this child, by
changing his education."361

Die EDGEWORTHs stellen nun Überlegungen dahingehend
an, wie die Ineffektivität des Erziehens einer Person
aufgehoben werden kann. Die Konsequenz lautet zunächst
allgemein: Es muß das erzieherische Umfeld verändert
werden, um Störvariablen auszuschalten bzw. Beeinflus-
sungswirkungen, die den Effekt einer erzieherischen
Maßnahme neutralisieren. Wir wollen nun nicht die
Effektivität der vorgeschlagenen Maßnahmen erörtern,
sondern lediglich zeigen, wie differenziert die EDGE-
WORTHs ihre empirische Pädagogik elaboriert haben.

Im Anschluß an die soeben geschilderte Situation
schlagen sie zum Beispiel vor: "Place him (the child,
the pupil) under the sole care of a person of an
enlarged capacity, and a steady mind; who ... in the
distribution of reward and punishment, of praise and
blame, will be prompt, exact, invariable."362

Allgemeiner formuliert: Es muß die Mächtigkeitsver-
teilung ("the power to reward and punish") im Erziehungsfeld verändert werden - durch Konzentration der
Erziehung und des Educanden auf eine Person, oder (die
EDGEWORTHs waren Empiriker und damit Realisten!) es
muß der Versuch unternommen werden, Einmütigkeit im
Erziehungsfeld bzw. zwischen den Erziehern herzustellen:

Nach den EDGEWORTHs ist es daher - zweiter Vorschlag
- von großer Wichtigkeit, "that the members of the
family must entirely agree in their sentiments, or at
least" - auch hier zeigt sich viel Realitätssinn! -
"in the conduct of the children under their care."363
Ist solche Übereinstimmung nicht vorhanden, dann ist
die Erziehungssituation im Hinblick auf ihre Effektivität hoffnungslos("there is no hope"364); denn "young people perceive very quickly, whether there is unanimi-
ty in their government; they make out an alphabet of
looks with unerring precision, and decipher with
amazing ingenuity all that is for their interest to
understand. When children are blamed or punished, they
always know pretty well who pities them, who thinks
that they are in the wrong, and who thinks that they
are in the right; and thus the influence of public
opinion is what ultimately governs. If children find
that, when mamma is displeased, grandmamma comforts
them, they will console themselves readily under this
partial disgrace, and they will suspect others of caprice, instead of ever blaming themselves. They will
feel little confidence in their own experience, or in
the assertions of others; they will think that there
is always some chance of escape amongst the multitude
of laws and lawgivers."364

Aber auch dieser Vorschlag, ist er befolgbar, bzw. diese Maßnahme darf nicht isoliert betrachtet werden. Empirisch gesehen, ist das Erziehungsfeld noch differenzierter, die "erzieherisch bedeutsame Wirklichkeit"[365] ist komplexer. So sind zum Beispiel Bekannte oder das Gesinde einer erziehenden Familie in die pädagogischen Überlegungen hinsichtlich einer effektiven Erziehungspraxis einzubeziehen.[366]

Auch Bekannte und Gesinde einer Familie sind den Educanden und damit den Erziehungsprozeß beeinflussende Instanzen, und diese müssen daher in bezug auf ihre Wirksamkeit bei der Erziehungsplanung ("plan of education"[367]) berücksichtigt werden, auch wenn es gegebenenfalls schwierig ist und schwerfällt (wiederum zeigt sich der pädagogische Realismus der EDGEWORTHs), Bekannte in ihrem Einfluß zurückzudrängen. Da jedoch Bekannte generell nicht vermieden werden können und damit Einfluß prinzipiell gegeben ist, muß zumindest dafür gesorgt werden, daß auch in diesem erweiterten Erziehungsfeld die Kinder nicht gegensätzliche und damit sie desorientierende Einflüsse erfahren, zum Beispiel dadurch, daß unterschiedliche Auffassungen über ihre Erziehung in ihrem Beisein erörtert werden.[368]

Dies gilt jedoch - und damit weisen die EDGEWORTHs auf ein weiteres Problem hin - nur solange, wie die Kinder nicht "can perfectly understand the whole of the subject"[368]. Ist dies der Fall, ist die Entwicklung des Educanden entsprechend vorangeschritten, dann ist es sogar notwendig, ihn mit unterschiedlichen Einflüssen bzw. Meinungen zu konfrontieren, damit er in die Lage versetzt wird, sich ein selbständiges Urteil zu bilden. "As young people grow up, the greater variety of opinions they hear upon all subjects the better; they will then form the habit of judging for themselves."[369]

Was erzieherisch unter Effektivitätsgesichtspunkten also erlaubt bzw. geboten ist, ist abhängig vom jeweiligen Entwicklungsstand des Educanden, vom Fortschritt in seiner Lerngeschichte,[370] womit auf eine weitere wichtige Bedingung bzw. Einflußgröße aufmerksam gemacht ist, die in der Erziehungsplanung Berücksichtigung finden muß.

Einfacher einerseits, schwieriger andererseits ist die Lösung des Problems, das mit dem Einfluß des Gesindes aufgegeben ist. Wir wollen auf dieses auch sehr zeitgebundene Problem nicht detailliert eingehen, sondern auch hier lediglich zeigen, daß die EDGEWORTHs sehr differenziert die "erzieherisch bedeutsame Wirklichkeit" analysierten und pädagogische Überlegungen dahingehend anstellten, wie diese Wirklichkeit so gestaltet werden kann, daß effektives Erziehen begünstigt ist.

Grundsätzlich gehen die EDGEWORTHs davon aus, daß der Einfluß des Gesindes so weit wie irgend möglich

zurückzudrängen ist - aufgrund der gegebenen Machtstruk-
tur ist das Gesinde leichter in Schranken zu weisen
als Bekannte! -, jedoch nicht deshalb, weil vom Gesinde
grundsätzlich effektives Erziehen störende Einflüsse
ausgehen, sondern deshalb, weil das Gesinde selbst -
die EDGEWORTHs argumentierten unter den gesellschaftlichen Bedingungen des 18. Jahrhunderts! - noch nicht
so erzogen ist, daß von ihm im Sinne der EDGEWORTHs
positive Einflüsse ausgehen können. Anders formuliert:
Effektives Erziehen setzt unter anderem den erzogenen
Erzieher voraus,[371] und so heißt es dann problemspezi-
fisch und im Hinblick auf die sozialpolitische Position
der EDGEWORTHs aufschlußreich: "What has been said of
the understanding and dispositions of servants, relates
only to servants as they are now educated. Their vices
and their ignorance arise from the same causes, the
want of education. They are not a separate cast in
society doomed to ignorance, or degraded by inherent
vice; they are capable, they are desirious of instruction. Let them be well educated, and the difference in
their conduct and understanding will repay society for
the trouble of the undertaking."[372,373]
    Abermals ergibt sich die generelle Konsequenz:
Effektives Erziehen ist nicht nur abhängig vom Erzieher,
sondern von den Bedingungen des jeweiligen Erziehungsfeldes, das unter anderem nur dann effektiv für effektives Erziehen organisiert werden kann, wenn zugleich
das Erzogensein der beteiligten sozialen Instanzen
intendiert und realisiert wird.
    Aber - ein weiteres Problem - nicht nur gleichförmiges
Verhalten des Erziehers gegenüber einem Educanden und
möglichste Einmütigkeit und möglichst gleiches Verhalten der das Erziehungsfeld eines Educanden konstitu-
ierenden (Bezugs-)Personen erforderlich, sondern auch möglichst gleiches Verhalten
dieser Personen gegenüber unterschiedlichen Personen
(in gleichen bzw. ähnlichen Situationen): es trägt
auch zur Desorientierung des Educanden bei, wenn
dieser erlebt, daß die gleiche Person in gleichen
Situationen unterschiedliches Verhalten realisiert. So
heißt es u.a.: "If children observe that their parents
deceive common acquaintance, by pretending to like the
company, and to esteem the characters, of those whom
they really think disagreeable and contemptible, how
can they learn to respect truth? how can children
believe in the praise of their parents, if they detect
them in continual flattery towards indifferent people?"[374]
Solche Erzieher können von den Educanden nicht als
Beispiele, als positiv wirksame Modelle, akzeptiert
werden; dafür ist es notwendig, "that parents ..., in
all their conversation in private and in public, set
their children the uniform example of truth and integrity."[375]

Zwar - darauf weisen die EDGEWORTHs nachdrücklich hin - kann man nicht davon ausgehen, "that the example of parents can alone produce this effect",[375] (hier: Wahrheitsliebe; allgemein: positiv bewertete Verhaltens-dispositionen), aber es handelt sich um eine Bedingung im Erziehungsfeld, die beachtet werden muß - neben der Berücksichtigung weiterer Bedingungen: "a number of other circumstances must be combined"[375](siehe oben).

Nochmals sei betont, wie differenziert die empirische Pädagogik der EDGEWORTHs fundiert ist; das erzieherische Handeln des Erziehers ist für sie nur eine Bedingung innerhalb eines differenzierten Bedingungskomplexes, der analysiert und beachtet werden muß, wenn effektives Erziehen effektiv soll geplant werden können. Bevor wir in diesem Zusammenhang auf Grundsätzliches empiri-scher Pädagogik zu sprechen kommen, seien in Auswahl weitere Aspekte des EDGEWORTHschen Erziehungssystems besprochen - zur weiteren Charakterisierung eines dif-ferenziert fundierten Systems empirischer Aufklärungs-pädagogik im 18. Jahrhundert.

Wenden wir uns nun - im Rahmen einer Auswahl! - den Überlegungen zu, die die EDGEWORTHs im Hinblick auf das ihnen sympathischere[376] und effektiver erscheinende Erziehungsmittel Belohnung anstellen.[377]

Was für die Anwendung des Erziehungsmittels Strafe (Tadel) gilt, gilt - ceteris paribus - auch für die Anwendung des Erziehungsmittels Belohnung (Lob), so daß wir im folgenden nicht nochmals auf die bereits erörterten Erziehungsfeld-Variablen eingehen müssen, die auch die Wirksamkeit des Erziehungsmittels Belohnung beeinflussen. Im Zusammenhang mit der Erörterung des Belohnungs-Problems geben die EDGEWORTHs jedoch weitere Hinweise, die hier referiert werden sollen, zumal sich diese zu einer recht differenzierten Theorie der Belohnung hin ordnen lassen.[378]

Grundsätzlich gilt, daß die EDGEWORTHs Lob und Belohnung gegenüber Tadel und Bestrafung präferieren - und zwar unter dem Aspekt der größeren erzieherischen Effektivität von Belohnung gegenüber Bestrafung. Beispielhaft heißt es: "By associating pleasure with those things which we first desire children to do, we should make them necessarily like to obey; on the contrary, if we begin by ordering them to do what is difficult and disagreeable to them, they must dislike obedience."[379]

Im einzelnen begründen die EDGEWORTHs ihre Präferenz wie folgt: "It has been a question, whether mankind are most governed by hope or by fear, by rewards or by punishments. This question, like many others which have occasioned tedious debates, turns chiefly upon words. Hope and fear are sometimes used to denote mixed and sometimes unmixed passions. Those who speak of them as unmixed passions, cannot have accurately examined their own feelings. The probability of good produces hope; the probability of evil excites fear; and as this probability appears less or greater, more remote or nearer to us, the mind fluctuates between the opposite passions. When the probability increases on either side, so does the corresponding passion. Since these passions seldom exist in absolute separation from one another, it appears that we cannot philosophically speak of either as an independent motive: to the question therefore, 'which governs mankind the most, hope or fear?' we cannot give an explicit answer. When we would determine upon the probability of any good or evil, we are insensibly influenced, not only by the view of the circumstances before us, but also by our previous habits; we judge not only by the general laws of human events, but also by our own individual experience. If we have been usually successful, we are inclined to hope; have we been accustomed to misfortunes, we are hence disposed to fear ... Hope exites the mind to exertion; fear represses all activity. As a preventative from vice you may employ fear; to restrain the excesses of all the furious passions it is useful and necessary: but would you rouse the energies of virtue, you must inspire and invigorate the soul with hope."[380]

Hoch bedeutsam in dieser Aussage ist, daß frühes Lernen im Hinblick auf den Aufbau der Disposition, zu hoffen oder zu fürchten, sehr wichtig ist, so daß pädagogisch gilt: Wollen wir Hoffnung begünstigen, was für das zukünftige Glück des Educanden nützlich erscheint, dann sollten ihm positive Erfahrungen - gegebenenfalls vermittelt durch Lob oder Belohnung - ermöglicht werden. Jedoch: dieser einfache bzw. generelle Grundsatz ist nicht ausreichend, um effektives Erziehen mit dem Mittel der Belohnung zu fundieren. Um generelle Aussagen "useful in education" zu machen, bedarf es einer eingehenden Prüfung dessen, war für "different pupils, and in different circumstances" angemessen ist.[381]

Es ist - mit anderen Worten - sehr genau zu überlegen, unter welchen Bedingungen und auf welche Art ein Educand Belohnung erfahren und welche Belohnungssituation ein Erzieher gegebenenfalls organisieren soll.

Generell akzeptieren die EDGEWORTHs hier den Grundsatz, daß die effektivste Belohnung "natural reward"[382] ist, da durch sie der Educand unabhängig von der Belohnung anderer Menschen werden kann, da er durch sie in die Lage versetzt wird, sich selbst zu verstärken (in moderner Terminologie), "satisfied with his own approbation"[383] zu sein (in den Worten EDGEWORTHs). Der (erzieherisch gelenkte) Weg sollte also - nochmals in moderner Terminologie - von der Fremdverstärkung zur Selbstverstärkung führen, und dies setzt voraus, daß der Erzieher das Erziehungsfeld des Educanden so organisiert, daß dieser möglichst viel Belohnung (Verstärkung) durch sich selbst bzw. durch seine Tätigkeit erfährt: Der Erfolg einer Tätigkeit bereitet Vergnügen (wirkt damit als Verstärker), so daß erzieherisch dafür zu sorgen ist, daß der Educand möglichst häufig "the pleasure of success"[384] erfahren kann.

Fremdverstärkung ist nach Auffassung der EDGEWORTHs notwendig, aber sie sollte zugunsten der Selbstverstärkung zunehmend abgebaut werden, wobei zudem gilt, daß die Fremdverstärkung angemessen und quasi natürlich erfolgen sollte,[385] damit sie nicht einerseits eines Tages unrealisierbar wird und damit sie andererseits nützlich für die Zukunft des Educanden ist. Eine "gilt coach" als Belohnung zu versprechen, zieht die Konsequenz nach sich, daß schließlich fortlaufend "some new and larger reward" zur Aufmunterung "must be proffered",[386] und zudem ist solches Belohnen unangemessen – der Quantität wie der Qualität nach. "Natürlich" ist vor allem die Anerkennung durch andere Menschen (sofern sie Autorität besitzen), zumal man ohne die Achtung anderer Menschen nicht glücklich wird[387]: "The pleasure of being esteemed, and trusted, is early felt, and the consciousness of deserving confidence is delightful to children."[388]

Auch wenn man in der Erziehung – speziell kleiner Kinder – nicht auf Belohnungen als Erziehungsmittel verzichten kann und (soziale) Anerkennung durchaus als Erziehungsmittel einsetzen sollte, so ist es – meinen die EDGEWORTHs – doch Hauptaufgabe der Erzieher, zunehmend dafür zu sorgen, daß der Educand durch eigene Tätigkeiten Selbstverstärkung erfährt, indem er mit diesen Erfolge verknüpfen kann (und entsprechende Assoziationen bzw. Verhaltenseinheiten speichert).

Den Weg von der Fremdverstärkung zur Selbstverstärkung bei gleichzeitiger Anwendung des Erziehungsmittels "soziale Anerkennung" beschreiben die EDGEWORTHs wie folgt (wir zitieren sehr ausführlich, da dieser Text auch zugleich weitgehend bisher zum Belohnen Gesagtes zusammenfaßt und außerdem das empirische Fundieren des Erziehens demonstriert):

"Whatever is connected with pain or pleasure commands our attention; but to make this general observation useful in education, we must examine what degrees of stimulus are necessary for different pupils, and in different circumstances. We have formerly observed, that it is not prudent early to use violent or continual stimulus, either of a painful or a pleasurable nature, to excite children to application, because we should by an intemperate use of these weaken the mind, and because we may with a little patience obtain all we wish without these expedients. Besides these reasons, there is another potent argument against using violent motives to excite attention; such motives frequently disturb and dissipate the very attention which they attempt to fix. If a child be threatened with severe punishment, or flattered with the promise of some

delicious reward, in order to induce his performance
of any particular task, he desires instantly to perform
the task: but this desire will not ensure his success;
unless he has previously acquired the habit of voluntary exertion, he will not be able to turn his mind from
his ardent wishes, even to the means of accomplishing
them ... The greater his hope or fear, the greater the
difficulty of his employing himself. To teach any new
habit or art, we must not employ any alarming excitements: small, certain, regularly recurring motives,
which interest, but which do not distract the mind,
are evidently the best ... It is impossible to explain
this subject so as to be of use, without descending to
minute particulars. When a mother says to her little
daughter, as she places on the table before her a
bunch of ripe cherries, 'Tell me, my dear, how many
cherries are there, and I will give them to you?' -
the child's attention is fixed instantly; there is a
sufficient motive, not a motive which excites any violent passions, but which raises just such a degree of
hope as is necessary to produce attention. The little
girl, if she knows from experience that her mother's
promise will be kept, and that her own patience is
likely to succeed, counts the cherries carefully, has
her reward, and upon the next similar trial she will
from this success be still more disposed to exert her
attention. The pleasure of eating cherries, associated
with the pleasure of success, will balance the pain of
a few moments prolonged application, and by degrees
the cherries may be withdrawn, the association of
pleasure will remain. Objects or thoughts, that have
been associated with pleasure, retain the power of
pleasing; as the needle touched by the loadstone
acquires polarity, and retains it long after the loadstone is withdrawn. Whenever attention is habitually
raised by the power of association, we could be
careful to withdraw all the excitements that were
originally used, because these are now unnecessary;
and, as we have formerly observed, the steady rule
with respect to stimulus should be to give the least
possible quantity that will produce the effect we
want. Success is a great pleasure; as soon as children
become sensible to this pleasure, that is to say, when
they have tasted it two or three times, they will
exert their attention merely with the hope of succeeding. We have seen a little boy of three years old,
frowning with attention for several minutes together,
whilst he was trying to clasp and unclasp a lady's
bracelet; his whole soul was intent upon the business,
he neither saw or heard any thing else that passed in
the room, though several people were talking, and some
happened to be looking at him. The pleasure of success,
when he had clasped the bracelet, was quite sufficient;
he looked for no praise, though he was perhaps pleased

with the sympathy that was shewn in his success.
Sympathy is a better reward for young children in such
circumstances than praise, because it does not excite
vanity, and it is connected with benevolent feelings;
besides, it is not so violent a stiumulus as applau-
se."389
Damit ist der Weg von der Belohnung als Fremdverstärkung zum Erfolgserlebnis als Selbstverstärkung beschrieben - ausgehend von beobachteten Fällen (im Rahmen
einer empirisch gestützten Erziehung und Pädagogik).
Die zentrale (empirische) Hypothese, von der die EDGE-
WORTHs ausgehen, lautet: Wenn ein Educand für ein
Verhalten positive Konsequenzen erwartet oder erfährt,
dann wird er disponiert sein bzw. ist er disponiert,
dieses Verhalten (weiterhin) zu realisieren. Die Funktion des Erziehers ist es, entweder positive Konsequenzen für von ihm positiv bewertetes Verhalten anzubieten
(Belohnung, Lob, Anerkennung, Sympathie) oder dem Educanden Tätigkeiten zu ermöglichen bzw. ihn zu Tätigkeiten zu ermuntern, mit denen dieser erfolgreich sein
wird, um sich auf diese Weise selbst Belohnungen in
der Form von Erfolgen zu verschaffen. Die zweite
Variante des Erziehens ist die von den EDGEWORTHs
präferierte, da sie - wie schon gesagt - den Effekt
hat, Educanden zu selbständiger und zugleich sozial
anerkannter Lebensführung zu befähigen.
In beiden Fällen ist der Erzieher durchaus aktiv; im
ersten direkt, im zweiten indirekt - auch dann, wenn
er eine Tätigkeit, die dem Educanden Erfolg verschafft,
nicht herbeiführt. Es ist oft erzieherisch durchaus
angemessen, lediglich darauf zu achten, daß vom
Educanden selbst gewählten Beschäftigungen ("amusements
of his own selection"390) beibehalten bzw. nicht
gestört werden.
Es soll hier nicht auf weitere Details der EDGEWORTH-
schen Belohnungstheorie, in der - wie gezeigt - zahlreiche "moderne" Erkenntnisse enthalten sind, eingegangen werden; unsere Darstellung hatte auch hier nur den
Zweck, eine Konzeption von empirischer Pädagogik zu
illustrieren bzw. deutlich zu machen, welche gewichtige Entwicklung die empirische Pädagogik bereits vor
zweihundert Jahren durchlief und wie weit ihre Elaborierung schon vorangeschritten war. Dies soll nun -
wie angekündigt - weiter über Grundsätzliches erläutert
werden, und zwar speziell über Hinweise auf die -
wiederum modern gesprochen - differenzierte technologische Konzeption der empirischen Pädagogik der EDGEWORTHs.
Wir hatten bereits im Zusammenhang mit den Hinweisen,
die die EDGEWORTHs in bezug auf die Beachtung der
Erziehungsfeld-Variablen geben, erfahren, daß die
EDGEWORTHs empirisch begründet empfehlen, stets die
Umstände zu beachten, unter denen erzogen wird; denn
erfolgt solche Beachtung und eine Analyse der Wirksamkeit der Umstände nicht, dann wird die Erfolgsaussicht

des Erziehens vermindert. Auf diese technologische
Problematik bzw. auf die Frage, welche Wissensbestände
aktiviert werden müssen, um effektives Erziehen effektiv fundieren zu können, kommen die EDGEWORTHs wiederholt zu sprechen, und sie nehmen damit ein Problem
auf, das wir bereits im Zusammenhang mit der PRIESTLEY-
schen Pädagogik behandelt haben.[391]
Häufig wird in "Practical Education" Wert auf die
Feststellung gelegt, daß die Realisation einer spezifischen Erziehungsmaßnahme, und dies heißt, die Anwendung
eines allgemeinen Grundsatzes (principle[392], axiom[393]),
einer allgemeinen Theorie[394] oder Vorschrift (general
precept[395]), nicht ausreicht, ihre Effektivität zu
gewährleisten, sondern daß weitere Bedingungen der An-
wendungssituation berücksichtigt bzw. beeinflußt
werden müssen. Anders gewendet: Es müssen in der die
Erziehungsmaßnahme fundierenden Theorie die Bedingungen berücksichtigt werden, unter denen die Maßnahme
überhaupt erst zur Wirkung kommen kann bzw. unter
denen deren Wirksamkeit gestört oder neutralisiert
wird. Geschieht dies nicht, wird also die die Erziehungsmaßnahme fundierende Theorie nicht entsprechend erweitert bzw. differenziert, dann werden die Erzieher
"always be disappointed in whatever plan of education
they may pursue."[396]
Die EDGEWORTHs bemerken daher grundsätzlich: "Those
who are actually engaged in practical education, will
not ... be satisfied with general precepts, and, however plausible any theory may appear, they are well
aware, that its utility must depend upon a variety of
small circumstances to which the writers of theories
often neglect to advert."[396]
Notwendig für die effektive Fundierung effektiven
Erziehens sind daher differenzierte Theorien - nicht
einfache, also Theorien, die mehr Informationen enthalten als einfache Grundsätze, die somit auch über die
Variablen Auskunft geben, die die Anwendung eines
"Grundsatzes" in ihrer Wirksamkeit stören bzw. neutralisieren. Es ist zu risikoreich, einen Grundsatz anzuwenden, bevor "we are not ... provided with a sufficient
number of facts to apply our theory to practice."[397]
Um also eine erstrebte Wirkung hervorzubringen, ist es
nicht zureichend, eine bestimmte Maßnahme zu realisieren, sondern es muß "a number of other circumstances
... be combined."[398]
Wir erläutern mit einem Beispiel der EDGEWORTHs:
"When precept and example counteract one another,
there is no hope of success. Nor can the utmost severity effect any useful purpose, whilst the daily experience of the pupil contradicts his preceptor's lessons."
Das bedeutet: Die Vorschrift (Unterweisung) eines Lehrers wird in ihrer Wirksamkeit durch die Bedingung
"Lehrerverhalten" gegebenenfalls neutralisiert, so daß
die Wirkung der Bedingung "Lehrerverhalten" als zusätz-

liche in den Erziehungsplan einbezogen werden muß.
Anders gewendet: Erst wenn die Bedingung "gleichsinni-
ges Beispiel" auch erfüllt ist, kann die Erziehungsmaßnahme "Vorschrift/Unterweisung" überhaupt effektiv
wirksam werden. "In fact, severity is seldom necessary
in a well conducted education. The smallest possible
degree of pain, which can in any case produce the
required effect, is indisputably the just measure of
punishment which ought to be inflicted in any given
case." Ob ein bestimmtes Mittel angewendet werden
sollte und wie es angewendet werden muß, um einen
bestimmten Effekt zu erzielen, ist also davon abhängig,
welche sonstigen Maßnahmen realisiert werden und
welche Erfahrungen der Educand bisher hat machen
können, welche Lerngeschichte er durchlaufen hat. Von
dem bisher erworbenen bzw. aufgebauten Dispositionenge-
füge hängt es also ab, ob und wie eine bestimmte
erzieherische Maßnahme realisiert werden sollte. Entsprechend gilt: "We must attend to every circumstance
which can diminish the quantity of pain, without
lessening the efficacy of punishment."[399] Wir müssen
nämlich - darauf wurde schon wiederholt verwiesen -
davon ausgehen, daß das Strafen auch negativ zu bewertende (Neben-)Wirkungen hat, so daß wir eben unter
Beachtung dieser Möglichkeit die Strafe möglichst
gering halten sollten. Denn: was nützt es, einen positiv bewerteten Zustand zu erzeugen, wenn zugleich auch
negativ zu bewertende (Neben-)Effekte auftreten?
Entsprechend sind - in moderner Terminologie - deontische Überlegungen bei der Fundierung einer Erziehungsmaßnahme anzustellen. Das bedeutet konkret: Es ist zu
ermitteln, ob nicht alternative Erziehungsmaßnahmen
ebenfalls effektiv sind, und zwar alternative Maßnahmen,
die keine negativ zu bewertenden (Neben-)Effekte haben
(bzw. weniger oder nicht so negativ zu bewertende),
deren Anwendung also nicht (oder weniger) (Neben-)Ef-
fekte erzeugt, die mit anderen Ziel-Zuständen des
Erziehers unverträglich sind. Solche Überlegungen und
Versuche sind auch deshalb begründet, weil man davon
ausgehen kann bzw. durch Erfahrung (from experience[400])
ermittelt hat, "that there are several circumstances
which operate uniformly to this purpose."[400]
  Zusammengefaßt: Bei der Anwendung eines Erziehungsmittels, das effektiv erscheint, müssen - unter Effektivitätsgesichtspunkten! - die situativen Umstände und
ihre Wirkungen berücksichtigt werden; es müssen die
möglichen Nebenwirkungen auf ihre deontische Verträg-
lichkeit hin abgewogen werden, und es muß unter Berücksichtigung dieser Variablen gefragt werden, welche
Maßnahmen ceteris paribus die effektivsten sind. Eine
begründete Entscheidung für eine Maßnahme bzw. ein
Mittel wird somit ermöglicht.
  Damit haben die EDGEWORTHs - wenn auch rudimentär
und noch nicht systematisiert - ein Erziehungs-Techno-

logie-Konzept entwickelt, das "modernen" Anforderungen
durchaus "standhält" und das sich in seiner (empiristisch-utilitaristischen) Weiterentwicklung als sehr
produktiv erwiesen hat.[401]
Die EDGEWORTHs haben - dies sollte gezeigt werden -
eine streng empirisch(-experimentelle) Konzeption der
Pädagogik verfolgt und durchgehalten. Sie gingen davon
aus, daß "practical education" nur dann effektiv
geleistet werden kann, wenn eine strenge Beachtung des
komplexen Tatsachen-Gefüges erzieherischer Situationen
und Maßnahmen realisiert wird und wenn empirisch fundierte Theorien entwickelt und überprüft werden.
Damit haben - darauf wurde bereits verwiesen[402] -
die EDGEWORTHs das Ziel verfolgt, in der Pädagogik
bzw. Erziehungswissenschaft die Verfahren anzuwenden,
die sich in anderen Wissenschaften bewährt haben, um
so die Pädagogik zu einer Wissenschaft (science) zu
entwickeln. Die EDGEWORTHs haben den Versuch gemacht,
ihre Erziehungstechnologie "upon practice and experience"[403] zu fundieren, und diese Bemühung sollte nicht
deshalb als geringe angesehen werden, weil sie lediglich innerhalb einer (großen) Familie unternommen
wurde. Es ist nämlich hier durchaus die Frage berechtigt: Wann und wo stehen schon über viele Jahre hinweg
ständig die gleichen "Versuchspersonen" in unterschiedlichen Situationen zur Beobachtung und zu Versuchen
zur Verfügung? U.E. haben die EDGEWORTHs jedenfalls
einen bemerkenswerten Langzeitversuch unternommen. Das
Erziehungsfeld der EDGEWORTHs war zwar kein repräsenta-
tives, dafür aber ein genau und über lange Zeiträume
hinweg zu kontrollierendes und somit - vor allem auf
dem damaligen Stande der Entwicklung der Erziehungswissenschaft - ein durchaus anregendes bzw.   produktives,[404] wie wohl bereits unsere (Auswahl-)Darstellung
des EDGEWORTHschen Erziehungssystems deutlich gemacht
haben dürfte. Immerhin versetzte dieses Erziehungsfeld
bzw. der empirisch-wissenschaftliche Umgang mit diesem
die EDGEWORTHs in die Lage, differenzierte Fundierungen für Erziehungsmaßnahmen zu elaborieren, ständig zu
korrigieren und damit die Pädagogik - zumindest im Ansatz - zu einer Wissenschaft zu machen.[405] Entsprechend
heißt es in "Practical Education":
"It has been remarked, that men who have begun by
forming suppositions, are inclined to adapt and to
compress their consequent observations to the measure
of their theories; they have been negligent in collecting facts, and have not condescended to try experiments. This disposition of mind, during a long period
of time, retarded improvement, and knowledge was
confined to a few peremptory maxims, and exclusive
principles. The necessity of collecting facts, and of
trying experiments, was at length perceived, and in
all the sciences this mode has lately prevailed:
consequently, we have now on many subjects a treasure

of accumulated facts"[406], und entsprechend ist auch die Erziehungswissenchaft als streng empirische Disziplin weiterzuentwickeln.

Wir schließen damit unsere Hinweise zum Grundsätzlichen der EDGEWORTHschen Erziehungswissenschaft bzw. ihres "Erziehungssystems" ab. Viele - durchaus interessante bzw. für die Entwicklung der empirischen Pädagogik innerhalb der englischen Aufklärungsphilosophie illustrative - Details lassen wir hier unberücksichtigt (eine angemessene Würdigung des EDGEWORTHschen Erziehungssystems unter Berücksichtigung weiterer Arbeiten der EDGEWORTHs erforderte letztlich eine Monographie). Wir wollen lediglich noch ein Problem aufgreifen, das die EDGEWORTHs in "Practical Education" durchaus ausführlich behandeln, nämlich das der Mädchenerziehung, mit Bezug auf die sie - wie andere Lunatiker[407] - recht bemerkenswerte Auffassungen vertraten, deren Kenntnisnahme geeignet sein kann, den Abbau noch heute beliebter Vorurteile gegenüber der Tradition der Aufklärung und (!) der empirischen Pädagogik zu begünstigen. (Daß wir durch die folgenden Hinweise auch Ergänzungen hinsichtlich der grundsätzlichen pädagogischen Auffassungen der EDGEWORTHs erhalten, versteht sich von selbst.)

Bevor wir auf den differenzierten Ansatz, den die EDGEWORTHs mit Bezug auf die Mädchenerziehung verfolgen, eingehen, seien zunächst einige klare Positionsbestimmungen gegeben.

Grundsätzlich plädieren die EDGEWORTHs dafür, daß "by no means ... women should yield their better judgment to their fathers or husbands",[408] und auch deshalb sehen es die EDGEWORTHs als notwendig an, daß auch Mädchen bzw. Frauen "cultivate their reasoning powers, and ... acquire tastes for science and literature".[409] Konsequenz: "The enlargement of understanding in the fair sex which must result from their increasing knowledge",[410] soll erzieherisch angestrebt werden.

Damit ist eine klare Position bezogen. Eine gründliche Mädchenerziehung, eine umfassende - auch wissenschaftliche - Ausbildung wird für notwendig gehalten, und insofern sollen zwischen dem männlichen und dem weiblichen Geschlecht keine Unterschiede gemacht werden.[411]

"The cultivation of the understanding both of men and women"[412] ist für die EDGEWORTHs das Ziel der Erziehung, deren wissenschaftliche Fundierung sie intendieren. Die Mädchenerziehung gibt jedoch noch spezifische Probleme auf - bedingt zum einen durch die (triviale) Tatsache, daß sich Frauen von Männern unterscheiden,[413] zum anderen aber auch durch die damalige gesellschaftliche Situation der Frau.

Hier nun setzt auch EDGEWORTHs Detailerörterung ein (und macht beispielhaft deutlich, daß in der EDGEWORTHschen empirischen Pädagogik auch erziehungssoziologische Aspekte nicht ausgeklammert werden); sie stellen zunächst fest, daß "women are peculiarly restrained in their situation[414] and in their employments, by the customs of society".[414] aber sie warnen auch davor, im Hinblick auf die tatsächlichen und üblichen Beschäftigungen der Frau (zu große) Einschränkungen anzustreben - im Gegenteil: "They should rather be encouraged ... to cultivate those tastes which can attach them to their home, and which can preserve them from the miseries of dissipation."[414] Wiederholt haben wir schon auf den pädagogischen Realismus der EDGEWORTHs verwiesen, und dieser dokumentiert sich auch im hier thematischen erziehungssoziologischen Zusammenhang: Die Rolle der Frau muß nach der Auffassung EDGEWORTHs verbessert werden - aber unter Beachtung gegebener Verhältnisse, die nicht ohne Schaden für alle zu schnell verändert werden dürfen (dieses "would be cruel"[414]). Daß solche Veränderungen durch eine intensivere Erziehung bzw. Ausbildung des weiblichen Geschlechtes eintreten würden, wußten die EDGEWORTHs sehr genau, aber sie warnten davor, sich über gegebene Bedingungen vorschnell hinwegzusetzen, womit sie eine pädagogische Position einnahmen, die das Attribut "rational" wohl verdient und die irrationalerweise bis in die Moderne hinein aufgrund ideologischer Fixierung häufig nicht eingenommen wurde.[415]

Die Frage für die EDGEWORTHs lautet daher: Wie kann die Situation der Frau unter den gegebenen Bedingungen zu ihrem und der Gesellschaft Nutzen durch eine intensivere Erziehung bzw. Ausbildung verbessert werden?

Negativ formuliert ergibt sich: Die bisherige Erziehung bzw. Ausbildung war relativ nutzlos; die bisher üblichen "accomplishments" - üblich vor allem in den "besseren Kreisen" - waren lediglich temporäre und zeitvergeudende Beschäftigungen, die der Rolle und den Aufgaben der Frau im Erwachsenenalter[416] wenig nützlich waren und - vor allem - sein werden. Die EDGEWORTHs kritisieren daher die alleinige Zentrierung der Mädchenerziehung auf Tanzen, Musizieren, Zeichnen etc. (zumal diese Tätigkeiten in der Regel nicht zu Kenntnissen und Fertigkeiten[417] führen, die über ihren Zentreuungswert hinausgehen) und weisen darauf hin, daß solche Erziehung nicht mehr der Zeit bzw. den gesellschaftlichen Umständen adäquat ist: die Beschäftigungen bzw. Erziehungsmittel "were admirable in their day, but their day is over."[418] Erforderlich ist eine allgemeinere, grundlegendere Ausbildung für alle Mädchen, vor allem im Hinblick darauf, daß sie sich im Erwachsenenalter vornehmlich erzieherisch (sei es als "governess" oder als Mutter) betätigen werden.[419] Für diese Rolle vor allem ("with a view to this profession"[420]) ist es erforderlich, "to excite women to cultivate their talents, and their understandings"[420]; nur wenn dies geschieht, wird der Prozeß "to the happiness of society in general"[421] befördert - ein Zustand, der für die utilitaristischen Pädagogen Leitwert war. Daher: "Women

should have their understandings cultivated and enlarged
as much as possible; that the happiness of domestic
life, the virtues and the powers of pleasing in the female sex, the yet more desirable power of attaching
those worthy of their love and esteem, will be increased
by the judicious cultivation of the female understanding,
more than by all the modern gallantry or ancient chival-
ry could devise in favour of the sex."422

Wir geben nun eine Zusammenfassung der erziehungssozio-
logisch fundierten Kritik der EDGEWORTHs im Hinblick
auf praktizierte "female education" und eine Zusammenfassung der pädagogischen Ziele, die die EDGEWORTHs in
diesem Bereich akzeptierten. Aus diesem Text (vgl. vor
allem auch den abschließenden Hinweis!) wird nochmals
ganz deutlich, daß die EDGEWORTHs für das weibliche Geschlecht eine ebenso umfassende Erziehung fordern wie
für das männliche Geschlecht, womit sich abschließend
bestätigt, was zu Beginn dieser speziellen Erörterung
festgestellt wurde, nämlich daß die Erziehungstheorie
der EDGEWORTHs "equally to the cultivation of the
understanding both of men and of women"423 entworfen
wurde. Im einzelnen heißt es ("peculiar to female
education"):

"From the study of the learned languages women by custom, fortunately for them, are exempted: of ancient
literature they may, in translations which are acknowledged to be excellent, obtain a sufficient knowledge,
without paying too much time and labour for this classic
pleasure. Confused notions from fashionable publications,
from periodical papers, and comedies, have made their
way into common conversation, and thence have assumed
an appearance of authority, and have been extremely di-
sadvantageous to female education. Sentiment and ridicule have conspired to represent reason, knowledge, and
science, as unsuitable or dangerous to women; yet at
the same time wit, and superficial acquirements in
literature, have been the object of admiration in
society; so that this dangerous inference has been
drawn almost without our perceiving its fallacy, that
superficial knowledge is more desirable in women than
accurate knowledge. This principle must lead to innumerable errors; it must produce continual contradictions
in the course of education: instead of making women
more reasonable, and less presuming, it will render
them at once arrogant and ignorant; full of pretensions,
incapable of application, and unfit to hear themselves
convinced. Whatever young women learn, let them be
taught accurately; let them know ever so little apparently, they will know much if they have learnt that
little well. A girl who runs through a course of natural
history, hears something about chemistry, has been
taught something of botany, and who knows but just
enough of these to make her fancy that she is well informed, is in a miserable situation, in danger of

becoming ridiculous, and insupportably tiresome to men
of sense and science. But let a woman know any one
thing completely, and she will have sufficient understanding to learn more, and to apply what she has been
taught so as to interest men of generosity and genius
in her favour. The knowledge of the general principles
of any science is very different from superficial knowledge of the science; perhaps, from not attending to
this distinction, or from not understanding it, may
have failed in female education. Some attempt will be
made to mark this distinction practically, when we come
to speak of the cultivation of the memory, inventions,
and judgment. Not intelligent preceptress will, it is
hoped, find any difficulty in the application of the
observations they may meet with in the chapters on imagination, sympathy and sensibility, vanity, and temper.
The masculine pronoun he, has been used for grammatical
convenience, not at all because we agree with the
prejudiced, and uncourteous grammarian, who asserts
'that the masculine is the more worthy gender'."424
    Auch diese Hinweise auf das Teil-Erziehungssystem
"female education" haben deutlich gemacht, daß die
EDGEWORTHs mit "Practical Education" die Konstituierung
und Elaborierung einer empirisch-(hier: erziehungssozio-
logisch-)utilitaristischen   Erziehungswissenschaft
("science of education") intendierten, daß sie davon
ausgingen, daß nur eine empirisch (das heißt: erziehungs-
psychologisch und -soziologisch) fundierte Erziehungswissenschaft für Educanden und ihr soziales Umfeld
nützlich sein kann (utilitaristischer Aspekt). Die
"science of education" war für die EDGEWORTHs eine
empirische Sozialwissenschaft in einem durchaus modernen
Sinne; denn sie faßten diese Wissenschaft - wie gerade
im Zusammenhang mit "female education" deutlich geworden
sein dürfte - als "eine Subwissenschaft der integrierten
Wissenschaften vom sozialen Verhalten ... der Menschen"425
auf und waren damit bedeutsame (wenngleich nicht hinreichend beachtete) Wegbereiter dieser Wissenschaft,
was wir mit unserem Referat haben zeigen wollen.426
    Diese Feststellung könnte nun weiter durch eine
Besprechung des zweiten pädagogischen Hauptwerkes
RICHARD LOVELL EDGEWORTHs, "Essays on Professional Education"427, umfänglich belegt werden. Auch dieses Werk
ist - und damit schließen wir unmittelbar an die letzten
Erörterungen an - speziell erziehungs-soziologisch
fundiert - selbstverständlich sehr zeitgebunden, aber
diese (triviale) Feststellung ist für unseren Zusammenhang abermals wenig bedeutsam, da es uns ja darum geht,
aufzuweisen, daß es sich bei der EDGEWORTHschen Pädagogik bereits um eine solche handelt, die empirisch und
speziell auch empirisch-soziologisch zu fundieren
versucht wurde.
    Da "Professional Education" eine spezifische Fortset-
zung von "Practical Education" ist,428 ist es in unserem

Rahmen nicht notwendig, dieses Werk umfänglich zu referieren. Es genügt hier nur nochmals der allgemeine Hinweis, daß (die) EDGEWORTH(s) den Versuch unternahm(en),
eine differenzierte Erziehungswissenschaft als anwen-
dungsorientierte und nützliche Wissenschaft zu entwik-
keln, von der in "Professional Education" lediglich ein
spezifischer Bereich thematisiert wird, nämlich der der
beruflichen Erziehung und - dies wird betont - der (wie
wir heute sagen) lebenslangen Weiterbildung; denn "no
error can be more fatal to a young man, than the belief
that education terminates with childhood. In fact, a
wise and truly great man will continue to improve
himself to the latest period of life."429
Es würde hier - wie gesagt - zu weit führen, Details
zu referieren, zumal - und hier wird der o.a. Hinweis
auf die Zeitgebundenheit dieses Werkes bedeutsam -
diese Details (die einzelnen Empfehlungen etc.) sehr
auf die gesellschaftliche und speziell pädagogische
Situation bezogen sind, in der EDGEWORTH lebte bzw. mit
der er sich auseinandersetzte.
Um dies zu illustrieren, sei beispielhaft nur auf
einen pädagogischen Rat EDGEWORTHs verwiesen - wobei
uns dieses Beispiel zugleich dazu dient, zum nächsten
Lunatiker-Pädagogen und EDGEWORTH-Freund THOMAS DAY
überzuleiten.
Der demokratischen Tendenzen durchaus zugeneigte,
aber unter dem Eindruck der Exzesse der Französischen
Revolution stehende EDGEWORTH 43o rät im Hinblick auf
die pädagogische Verwendung des DAYschen Erziehungsromans "Sandford and Merton" 431:
"Among moral fictions, Sandford and Merton may be recommended, as likeley to inspire manly feelings, and to
form the character to fortitude, courage, truth, and
all the virtues of a patriot and a soldier.432 This work
has some defects; but it will be easy to prevent their
doing harm to the young reader. The prejudice against
gentlemen, which pervades the book, may be rendered
harmless, or rather advantageous, by pointing out that
the author uses the word gentlemen improperly as a term
of reproach, and that he intends it to denote helpless,
indolent, effeminate, or luxurious persons, who think
that their rank or fortune exempts them from all useful
exertion. Sandford and Merton was written before the
French revolution, and at a time, when there was reason
to dread, that the luxurious and effeminate manners,
which were then fashionable in France, should spread to
the nobility of England, and debase the manly character
of Britons; fearing this danger, the author endeavoured
to counteract it by all his powers of eloquence and
ridicule."433 In einer Anmerkung zu diesem Text ergänzt
EDGEWORTH: "The author can assert from his own private
acquaintance with the philanthropy and good sense of
Mr. Day, had he lived to see the event of the French
revolution, he would in Sandford and Merton have guarded

his pupils against those democratic principles, which
confound distinctions in society, with as much eagerness
and ability as he has displayed to convince them, that
rank and wealth, without virtue or knowledge, cannot
prevent their possessors from being ridiculous or
contemptible."[434]
    Damit haben wir uns THOMAS DAY, dem (im engeren
Sinne) vierten Pädagogen der Lunar Society, genähert;
wenden wir uns nun seiner Pädagogik, die in dem Erziehungsroman "Sandford and Merton" ihren Niederschlag
gefunden hat, zu.

3.3. Thomas Day

Es wurde bereits darauf hingewiesen,[435] daß THOMAS DAY
zu seiner Zeit ein bekannter und vielbeachteter (pädagogischer) Schriftsteller war; als Pädagoge hat er jedoch
in der Geschichte dieser Wissenschaft - wie PRIESTLEY,
ERASMUS DARWIN und EDGEWORTH - keine bedeutsame Position einnehmen können.
    Machen wir zunächst mit THOMAS DAY (1748 - 1789), dem
Lunatiker und engen ERASMUS DARWIN- und EDGEWORTH-Freund,
bekannt; hierbei stützen wir uns vor allem auf die
Biographie des weiteren Lunatiker-Freundes JAMES KEIR
(1735 - 1820)[436], auf L. STEPHENs Kurz-Biographie[437]
und auf das Kapitel "Day" in PEARSONs ERASMUS DARWIN-
Biographie[438]
    DAY wurde am 22. Juni 1748 als Sohn wohlhabender
Eltern in London geboren. Sein Vater ("collector of customs" im Londoner Hafen) starb, als THOMAS DAY ein
Jahr alt war, so daß "the care of his education, and
the honour of having so well succeeded in it, devolved
to his mother, who, principally for the sake of her
son's health, removed to Stoke-Newington. At this place
he was put to a child's school; and when of proper age,
he was sent to the Charter-house, where he received the
rudiments of his education under a master well known
for ability and discipline, Dr. Crusius. Having remained
eight or nine years at this school, he was removed at
the age of sixteen to Oxford, and entered as a gentle-
man-commoner at Corpus Christi College."[439]
    Am Oxford-College verblieb DAY drei Jahre und widmete
sich vor allem dem Studium der (Moral-)Philosophie:
"The main object of his academical pursuits was the
discovery of moral truths, which he investigated with
the severity of logical induction and the depth of
metaphysical research."[440]
    Das Oxford-Studium betrieb DAY nur zum Zwecke der
Selbstvervollkommnung; als wohlhabender junger Mann -
das Erbe seines Vaters sicherte ihm ein ökonomisch
sorgloses Leben, und zudem verabscheute er jede luxuri-
öse Lebensweise - strebte er keinen Beruf an, und so
verließ er Oxford auch ohne einen akademischen Abschluß.

Bereits während der Oxford-Periode machte DAY die Bekanntschaft RICHARD LOVELL EDGEWORTHs, und die sich entwickelnde Freundschaft (zwischen zwei sehr gegensätzlichen Charakteren [441]) sollte auf DAYs Leben einen großen Einfluß haben, zumal DAY durch EDGEWORTH bald auch die Bekanntschaft ERASMUS DARWINs machte, woraus sich wiederum eine sehr enge Freundschaft entwickelte, die ebenfalls von bestimmendem Einfluß auf DAY war, wenngleich auch hier zwei sehr unterschiedliche Persönlichkeiten aufeinandertrafen.[442] Jedenfalls war nunmehr die persönliche Basis für "Lunatische Pädagogik" gegeben, das heißt, für ein in den Grundzügen gemeinsames pädagogisches Konzept der Lunatiker, das SIMON (wir greifen in unserer Darstellung hier voraus) wie folgt beschreibt:

"The educational ideas of Priestley and Darwin, Edgeworth and Day, were based first on a definite conception of the kind of people education should produce, of the moral qualities it should endeavour to inculcate. Second, the possibility of shaping young people by education was affirmed in the light of the psychological theory of associationism which provided a rational explanation of the learning process, and the idea arose that education itself could become a science. Third, depending on both these standpoints, a curriculum was outlined, and methods of teaching were advocated of a kind adapted both to the subject matter proposed and to the needs of the child",[443] womit (auch) belegt ist, daß DAY ein wichtiger Repräsentant der Tradition der empirischen bzw. experimentellen Pädagogik ("science of education") ist.

Auch wenn wir hier noch nicht im Detail auf DAYs Pädagogik eingehen wollen, so sind doch pädagogische Probleme (wie bei PRIESTLEY und EDGEWORTH) letztlich von seinem Lebenslauf nicht abtrennbar. Eine weitere Begegnung wurde für DAY hoch bedeutsam, nämlich die mit den Schriften ROUSSEAUs. 1761 - 1762 waren "Nouvelle Héloise", "Contrat social" und "Emile" erschienen. Diese Schriften hatten großen Einfluß auf die Intellektuellen Europas und wurden von diesen intensiv diskutiert - so auch speziell von EDGEWORTH und DAY.

Über den generellen Einfluß der Schriften ROUSSEAUs auf DAY sagt PEARSON: "Having left Oxford, Day now had to choose a career. For some years he had been soaking himself in Rousseau, with the result that he wished to work for the melioration of mankind - so he began to study the science of medicine. But in a little while he came to the conclusion that the risk of prescribing wrong medicines far outweighed the good he might do by administering the right ones, and he turned his attention to law. In his opinion bad laws produced bad people, and he was anxious to scrap the feudal absurdities in which the good laws had become entangled. He therefore entered the Temple and began a course of study with this desirable end in view."[444] Jedoch auch die-

ses Studium führte nicht zu einer Berufsausübung,
obwohl er als Anwalt zugelassen wurde: "Not being ambi-
tious of the emoluments and honours with which that
profession abounds, he never practised as a counsellor
or pleader."445 Gleichwohl stützten der Einfluß ROUSSEAUs
und das rechtswissenschaftliche Studium seine moralisch-
politischen Ambitionen, genauer: seine Aktivitäten als
politisch-philosophischer Schriftsteller. "His political
writings ..., especially his Dialogue between a Justice
of Peace and a Farmer (1784) shew that he possessed
much legal knowledge, particularly what relates to important constitutional or general questions."446
    Da wir auf den "Rousseauianer" DAY noch zu sprechen
kommen, belassen wir es zunächst bei diesen Hinweisen,
die jedoch auch im Rahmen der Schilderung von DAYs
Lebenslauf zu erweitern sind, indem wir nun auf eine
pädagogische Aktivität, ein "experiment on female
education"447, zu sprechen kommen, das für DAY typisch
ist, ihn charakterisiert, seinen Lebenslauf für seine
engere und weitere Umgebung so interessant machte und
abermals zeigt, daß die Darstellung seines Lebenslaufes
auch durchgängig als "pädagogische Biographie" aufzufas-
sen ist.
    Wir haben schon erfahren, daß DAYs Einstellung und
Beziehungen zum weiblichen Geschlecht durchaus problema-
tisch waren. Hierzu vermerkt PEARSON: "Though Day was
suspicious of the female sex, and recoiled from the Ca-
puan horrors of a minuet, he never so far abandoned
hope in humanity as to believe there were no women
worthy of him. Indeed, a large portion of his life was
spent in the search for a lady 'wiser than the rest of
her sex, who should feel for him the most romantic and
everlasting attachment - a paragon, who should forget
the follies and vanities of her sex for him.'"448
    In dieser für ihn problematischen Situation kam nun
DAY auf die Idee, seine spezifischen persönlichen
Bedürfnisse und seine moralischen Auffassungen dadurch
miteinander in Einklang zu bringen, daß er den Versuch
machen wollte, sich eine Ehefrau nach seinen Vorstellungen bzw. Erwartungen heranzuerziehen.
    PEARSON charakterisiert DAYs Situation und Entschluß
zusammenfassend wie folgt: "Day never lost sight of the
fact that he was, first and foremost, a human being;
and as (we hear from Keir) he retained throughout life
'a strong detestation of female seduction,' it became
more and more necessary that he should marry. The
problem was not without difficulties. 'He proposed,'
says Keir, 'to unite the purity of female virtue with
the fortitude and hardness of constitution of a Spartan
virgin, and with a simplicity of taste that should
despise the frivolous vanities, the effeminate manners
and the dissipated pleasures' which, in the opinion of
Rousseau, disgraced the female character of the age.
Further, 'he resolved' - Anna Seward informs us - 'that

his wife should have a taste for literature and science, for moral and patriotic philosophy. So might she be his companion in that retirement to which he had destined himself, and assist him in forming the minds of his children to stubborn virtue and high exertion' - for he 'loved to mould the infant and youthful mind.' Among other things, he wanted his wife to be as 'simple as a mountain girl, in her dress, her diet, and her manners; fearless and intrepid as the Spartan wives and Roman heroines.' He came to the conclusion that the eighteenth century was strangely lacking in such damsels as he pictured. Anna Seward herself admits that 'there was no finding such a creature ready made,' so we are not driven to take Day's partial word for it. Regretfully, therefore, he decided to 'mould some infant into the being his fancy had imaged.'"449

Entsprechend diesem auch sehr persönlich motivierten pädagogischen Vorhaben wählte sich DAY ("armed with credentials of his moral probity"450) in zwei Findelhäusern (in Shrewsbury und London) ein elf- und ein zwölfjähriges Mädchen aus, die er SABRINA SIDNEY und LUCRETIA nannte. Die rechtlichen Bedingungen beschreibt PEARSON wie folgt: "Both girls were obtained on written conditions, for which Mr. Bicknel" - ein Anwalt und Freund DAYs - "was the surety, viz. that within a year" - wir schreiben das Jahr 1768, DAY war also 20 Jahre alt - "Day should apprentice one of them to some trade and support her till she married or set up in business for herself, when he should give her £ 400. The other he fully intended to retain and educate with a view to marrying her; but if, later on, he decided not to marry her, he promised to maintain her in some 'creditable family' until she married, when he undertook to give her £ 500. During the process of education, he 'solemnly engaged never to violate her innocence.'"451

Auf die pädagogischen Aspekte und Probleme des DAYschen "Experiments" wollen wir hier noch nicht eingehen. Es sei nur so viel gesagt, daß DAYs pädagogische Aktivitäten nicht zu dem von ihm intendierten Effekt führten. Weder LUCRETIA noch SABRINA entwickelten sich letztlich so, daß DAY eine für wert hielt, die Mutter seiner Kinder zu werden, auch wenn SABRINA hier einen Vorsprung hatte und DAY mehrmals ernsthaft erwog, sie zu heiraten.

Wir übergehen hier - wie gesagt - Einzelheiten, um zunächst DAYs Lebenslauf weiter zu referieren. Das Problem einer Heirat bzw. der für ihn stets problematische Umgang mit Frauen ließ ihn mehrere Mißerfolge in dieser Hinsicht erleben452 - bis es Dr. SMALL - dem Mitbegründer der Lunar Society453 - gelang, seinen Freund DAY mit ESTHER MILNES bekanntzumachen, die er schließlich 1778 - nach Überwindung zahlreicher Skrupel und durch diese bedingter Schwierigkeiten - heiratete.

PEARSON faßt - zugleich DAY charakterisierend - zusammen: "Mr. Day ... was charmed with Miss Milnes,

and commenced a courtship which any other man would
have concluded in a few months. The lady loved and
admired him. He loved and admired the lady. But 'there
were a thousand small preliminaries to be adjusted ...
There was no subject of opinion or speculation which he
did not, previously to his marriage, discuss with his
intended bride.' After several years spent in conversation and correspondence over the many knotty points
that arose during their intercourse, and the innumerable
subjects, from poetry to poverty, on which it was
desirable they should agree, they married. But that did
not prevent them from talking: they went on discussing
politics and metaphysics and such-like themes until
their contract was terminated by death."454

Der - wie schon ewähnt - durchaus wohlhabende DAY
führte mit seiner Frau ein zurückgezogenes, spartani-
sches, allen modernen Luxus verachtendes Leben, zunächst
in Hampstead, sodann auf einem kleinen Gut in der Nähe
von Abridge (Essex) und schließlich in Anningley in der
Nähe von Chertsey. "Here his wife was made to realize
that she had not married him for the mere fun of the
thing. She was allowed no servant, no carriage, no luxury of any sort ... 'We have no right to luxuries,'
said Thomas, 'while the poor want bread.'"455 "He was
always very kind to the poor and ran his farm more as a
philanthropic institution than as a paying concern. He
paid his labourers better wages in the winter than in
the summer, because they wanted 'more comforts at this
severe season of the year.' And, naturally, he was much
disliked by the surrounding farmers, who were opposed
to the principle of philanthropic farming."456

DAY war durch und durch Humanist (auch wenn sich sein
"idealistic outlook on life" zusehends abschwächte456);
er trat für die Ausweitung des Wahlrechts und andere
soziale Reformen ein, er wandte sich vehement gegen die
Sklaverei in Amerika und war insgesamt ein Kritiker
seiner Gesellschaft, was sich auch in seinen pädagogischen Auffassungen ausdrückte, worauf wir zu sprechen
kommen werden.

DAYs frühes Lebensende war - wenn wir PEARSON folgen
- gewissermaßen Produkt seiner Lebensauffassungen bzw.
- seiner pädagogischen Theorien. PEARSON schreibt: "His
death was due to a theory, which he held with the
utmost tenacity, that animals could be controlled by
kindness. Whenever a horse was unruly or vicious, it
was due, he said, to ill-usage from man. He endeavoured
therefore to train a horse for himself by gentle means.
On 28 September, 1789, he mounted it and started off on
a visit to his mother. But the animal had not been
broken in and shied at something near Wargrave. It
plunged fiercely, would not respond to kindness, and
Day was flung from the saddle on to his head. He died
almost at once."457

Wir beschließen damit die Lebensbeschreibung und wenden uns nun dem Pädagogen THOMAS DAY zu. Die bisher gegebene Charakterisierung DAYs ist auch für die Charakterisierung des Pädagogen wichtig; denn DAY war ein Mensch (fast) ohne Widersprüche; der radikale Humanist und Gesellschaftskritiker repräsentierte sich vor allem auch im Pädagogen DAY - im lunatischen Pädagogen DAY: "Thomas Day advanced radical educational and social ideas in The History of Sandford and Merton (1783-9), first begun in collaboration with his friend Edgeworth, one of the most popular children's book of all time."458 Aber nicht nur EDGEWORTH war DAYs pädagogischer Mitstreiter, sondern solche waren auch die Lunatiker PRIESTLEY und DARWIN, wie wir bereits erfahren haben.459

Wie EDGEWORTH so nahm der Pädagoge DAY, wie bereits vermerkt,460 von ROUSSEAU seinen Ausgang, was aufgrund des DAYschen ethischen Idealismus bzw. Rigorismus sowie seiner gesellschaftskritischen Haltung seinerzeit auch nahelag. Zwar war der Einfluß ROUSSEAUs auf dem Kontinent stärker als in England; DAY aber wurde von den ROUSSEAUschen Ideen intensiv ergriffen, so daß er (zunächst mit DAVID WILLIAMS und R.L. EDGEWORTH) die englischen ROUSSEAU-Enthusiasten repräsentierte461 und zu den Pädagogen gehörte, die ROUSSEAUs Pädagogik (und Sozialphilosophie) in England verbreiteten.462 KEIR merkt in seiner DAY-Biographie (kritisch) an: "A youthful and active mind thus inflamed with the enthusiasm of virtue, but undirected by the wisdom which experience alone can give, could not avoid falling into some of those delusions which have been created by heated imagination, or by the sophistry of hypocrites. It is no wonder then, that at this period he was led, like many others, by the seductive eloquence of Rousseau, into worlds of fancy respecting education."463

Seine Begeisterung für ROUSSEAU bestätigt DAY selbst sehr eindringlich in einem Brief an EDGEWORTH aus dem Jahre 1769. In diesem Brief, in dem er sich auch sehr befriedigt über den Fortgang seines Experimentes mit SABRINA und LUCRETIA äußert, sagt er über ROUSSEAU: "You and I agree perfectly in our fundamental principles. Health of body and employment - moderation of the passions - agreeable society and good temper, hoc satis est donasse Jovem. Were all the books in the world to be destroyed, except scientific books (which I except, not to affront you) the second book I should wish to save, after the Bible, would be Rousseau's Emilius. It is indeed a most extraordinary work - the more I read, the more I admire - Rousseau alone, with a perspicuity more than mortal, has been able at once to look through the human heart, and discover the secret sources and combinations of the passions. Every page is big with important truth. In respect to your child,464 I know of only one danger, which is, that you may enlarge his

ideas too fast. To yield without murmuring to necessity, to exert properly the faculties of nature, to be
unbiassed by prejudice, are the simple foundations of
every thing that is great, good, sublime - 'Excellent
Rousseau!' first of humankind! Behold a system, which,
preserving to man all the faculties, and the excellences,
and the liberty of his nature, preserves a medium
between the brutality and ignorance of a savage, and
the corruptions of society! Remember, it will never be
too late to enlighten the understanding ..."465

Diese Äußerung ist bezeichnend für DAY, zugleich aber
ebenso für lunatische Pädagogik; denn diese hatte auch
ROUSSEAUsche Komponenten. Die lunatischen Pädagogen
waren mehr oder minder Rousseauianer, sie waren mehr
oder minder skeptische Rousseauianer,466 und DAY war
unter ihnen wohl derjenige, der den Erziehungsideen
ROUSSEAUs am nächsten stand. Nach SIMON war DAYs Erziehungsroman "The History of Sandford and Merton",467
"written to popularize Rousseau's educational method",468
und - so MEIGS et al. - "Harry Sandford is, of course,
as close to being Emile as an English background and a
somewhat clumsy English hand can compass."469

THOMAS DAY, Lunar Society und ROUSSEAU - gehen wir
zunächst diesem Zusammenhang nach. SCHOFIELDs sehr
gründliche Untersuchung der Entwicklung der Lunar
Society und ihrer Pädagogik470 gibt uns hier wichtige
Hinweise, die uns einerseits lunatische Pädagogik unter
Einschluß der Pädagogik DAYs verdeutlichen und andererseits die Eigenständigkeit der Pädagogik DAYs zeigen.
Einleitend-zusammenfassend heißt es bei SCHOFIELD: "In
his studies of man, Day adopted the beliefs, popular
with contemporary reformers, of Rousseau. His admiration
for the concepts of the natural man were carried to an
extreme in his own life which non of the other Lunar
members cared to follow, but they did share his enthusiasm for Rousseau's Emile471 ... For the other members
of the Lunar circle, with more pressing interests in
education, Emile had a more practical appeal."472

Die engere Beziehung DAYs zum "Lunar circle" (dem
Vorläufer der Lunar Society) wurde vor allem auch
pädagogisch initiiert und fundiert, und zwar durch das
"pädagogische Experiment" DAYs, vom dem bereits die
Rede war.473 SCHOFIELD schreibt hierzu (und gibt damit
zugleich zahlreiche Hinweise auf die "pädagogische
Kommunikation" der Lunatiker):

"Day's most direct association with the Lunar circle
was the result of his extraordinary experiment in
female education. Edgeworth wrote of him, '... he
expected that, with a person neither formed by nature,
nor cultivated by art, to please, he should win some
female wiser than the rest of her sex, who should feel
for him the most romantic and everlasting attachment ...'474 Day was looking for a woman who was attractive and well educated, but, scorning society, would
live with him a withdrawn, spartan existence in the

service of mankind. When his proposal was rejected by
Edgeworth's sister, he determined to train a wife to
meet his standards. Late in 1768, after visiting Darwin
at Lichfield and meeting Boulton and Dr. Small, Day
went to London, and there adopted two girls (eleven und
twelve years old) from foundling-homes, to train according to the precepts of Rousseau, until one of the two
would become fit for him to marry. He began his matrimo-
nial school by taking his pupils to France, where their
ignorance of the language would prevent their corruption
by polite society. This scheme was an abject failure -
the girls would accept personal care only from someone
speaking English - and Day returned to England. Deciding
that one of his pupils could never be moulded to his
satisfaction, he apprenticed her to a shopkeeper, sett-
ling on her three or four hundred pounds, which obtained a husband for her. The other girl he retained as a
pupil and, looking for a convenient place to continue
his experiment, decided upon Lichfield. There he would
be near his friend, Doctor Darwin, and, more important
still, near Dr. Small. Day remained near Lichfield for
most of 1770 and 1771. During that period, Lichfield
society accepted his curious establishment with surprising complacency."475

Den für DAY unbefriedigenden Ausgang seines ROUSSEAU-
Experiments haben wir bereits beschrieben. DAYs ROUSSEAU-
Enthusiasmus erlitt denn auch dank erziehungspraktischer
Erfahrungen und Einsichten Einschränkungen - jedoch, er
blieb (leicht gemäßigt) Rousseauianer. KEIR gibt folgen-
de Beschreibung der DAYschen pädagogischen Erfahrungen:

In seinem "experiment on female education ... he proposed to unite the purity of female virtue with the
fortitude and hardiness of constitution of a Spartan
virgin, and with a simplicity of taste that should
despise the frivolous vanities, the effeminate manners,
and the dissipated pleausures, which, according to
Rousseau's declamation, constitute the female character
of the present age.476 With this view he received into
his guardianship two female children, whom he intended
to educate himself according to his preconceived system.
And he actually proceeded, during some years, in the
excution of this project. The experience, which had at
first been wanting to him, at length gave him convincing
proofs of the impracticability of this mode of education,
while his acquired knowledge of mankind suggested
doubts of its expediency. Finding himself obliged to
relinquish his project of forming Rousseau's children
of nature in the center of England, he nevertheless
continued these children under his protection and main-
tenance, and gave them such education as this kingdom
affords. It is not improbable, that at the time when
Mr. Day undertook to educate, according to his own
ideas, these two female children, being himself but
young, he might entertain some expectation of marrying

one of them. But when he had relinquished that scheme,
and had delivered them up, while they were yet children,
to a boarding school, they were then no longer <u>children</u>
<u>of nature</u>, but of <u>the world</u>, and they could retain none
of the specific differences which distinguished them
from others, and on which any expectations, that he
might have originally formed, could have been groun-
des."477

DAYs Erziehungs-Experiment führte also nach KEIR zu
dem Produkt "no longer child of nature, but of the
world" - aber die ROUSSEAUsche Fundamentalkonzeption
wurde von DAY weiterhin akzeptiert, was sich speziell
auch in seinem Erziehungsroman (bzw. pädagogischen
Werk) "The History of Sandford and Merton", dem wir uns
nun zuwenden wollen, dokumentiert: "<u>Sandford</u> <u>and</u> <u>Merton</u>
... shows, obviously, the influence of Rousseau's theo-
ries of education and society."478 DAY blieb also
seiner Ausgangsposition verpflichtet, Lunatiker zwar,
jedoch in Eigenständigkeit. Beispielhaft vermerkt
hierzu PEARSON: "Darwin was a realist; Day was an idea-
list."479

Leiten wir in die Besprechung von DAYs "<u>The</u> <u>History</u>
<u>of</u> <u>Sandford</u> <u>and</u> <u>Merton</u>" biographisch mit einer Charak-
terisierung KEIRs ein. Bei ihm heißt es:

"In consequence of his opinion of the prevailing
manners, and with a view to guard the rising generation
against the infection of the ostentatious luxury and
effeminacy, which, amid many excellent qualities,
characterise the present age, he wrote the history of
<u>Sandford</u> <u>and</u> <u>Merton</u>. Despairing of the effects of
reason or even of ridicule on those who have already
acquired their habits, he hoped to make some impression
on the untained minds of youth. He did not consider the
present age as defective, but perhaps superior to any
other in humane and generous inclinations,480 although
these are too often rendered ineffectual by habitual
expences and imaginary necessities: and it did not appear to him therefore that the many ingenious books
written lately for children, which principally inculcate humanity and generosity, were sufficient and adequate to all the ends required in the forming of youth.
The evil which ought principally to be guarded against,
because it is the most predominant, is effeminacy of
manners. In this age we fail more from want of strength
and firmness, than of sensibility; more from the defect
of those habits of fortitude, patience and self controul, by which men are enabled to be what they approve,
than from the prevalence of any vicious propensity.
Accordingly, the hero of this excellent novel is not,
as in most of these compositions, a person of noble or
princely birth in disguise, but a <u>young</u> <u>peasant</u>, whose
body is hardened by toil, who is enured to patience by
the fatigues and abstinence of a laborious country
life; whose fortitude is confirmed by the habit of

exertion; whose appetite whetted by hunger prefers the plainest food to the incitements of luxury; happy in the free and natural exercise of his mind and body, he feels not the want of the factitious pleasures of an opulent station, nor is he dazzled with its splendor; while humanity , forgiveness of injuries and generosity flow from his breast without effort. These manly virtues in young <u>Sandford</u>[481] are contrasted by the feebler character of <u>Merton</u>, a boy bred up in opulence, effeminate indulgence, and the pride of wealth and station; whose natural good dispositions, yielding often to the soothings of vanity, are at last confirmed by the wisdom of a tutor, and by the example of the superior merit of the little peasant. It is in this light of counteracting the effeminacy and imbecility of the present manners, that the history of Sandford and Merton seems in merit and in effect to rise above any other work that has been written for children: and it will ever remain a monument of the benevolent and unambitious application of Mr. Day's genius to the good of mankind ... The unambitious but benevolent employment of his time in writing books for children proves that <u>utility</u>, rather than the display of talent, was the motive of his writings. The same inference may be also drawn from his other publications,[482] the subjects of all which were such as his mind was most strongly impressed with, and which influenced his conduct in life; some object of general humanity, of public right, or of reformation of manners."[483]

In "The History of Sandford and Merton" legte DAY also seine Erziehungsgrundsätze und speziell seine Moralphilosophie der Erziehung nieder - geschrieben für Kinder, jedoch nicht nur für diese. Der Text enthält zahlreiche pädagogische (bzw. erziehungswissenschaftliche) Bemerkungen und auch Passagen "on the subject of education in general"[484] die jedoch in einigen Ausgaben nicht enthalten sind.[485] DAY selbst betrachtete sein Werk <u>auch</u> als erziehungswissenschaftliches - als erziehungswissenschaftliche Abhandlung im Zusammenhang mit einem Kinderbuch. Im Vorwort sagt er: "I have ... to add, that I hope nobody will consider this work as a treatise on education: I have unavoidably expressed some ideas upon this subject."[486] Auf jeden Fall legt das Werk eine detaillierte pädagogische Analyse nahe.[487]

Bevor wir jedoch in diese Analyse des "wesentlich didaktischen"[487] Buches der "didactic school" ROUSSEAUs[488] eintreten, sei ganz knapp der Inhalt wiedergegeben.

Wie bereits angedeutet,[489] sind die Helden des DAYschen Erziehungsromans der Bauernjunge Harry Sandford und der aus begütertem Hause stammende Tommy Merton; beide Kinder sind etwa sechs Jahre alt. Sie lernen einander dadurch kennen, daß Harry dem Tommy zu Hilfe kam, als dieser von einer Schlange angefallen wurde. Von

diesem Tage an entwickelte sich zwischen den beiden
Kindern eine Freundschaft, die sie - trotz zahlreicher
Konflikte und Rückschläge - immer mehr zueinander
führte - zugleich gelenkt und gefördert durch Mr.
Barlow, einen Geistlichen. Mr. Barlow war zunächst
Lehrer von Harry und wurde schließlich auch Lehrer bzw.
Erzieher von Tommy, als dessen Vater erkannte, daß es
für Tommy nützlich wäre, eine ebenso gute Erziehung zu
erfahren wie Harry, von dessen Können und Wissen Mr.
Merton sehr angetan war. Der Roman beschreibt nun die
Entwicklung der Kinder unter dem erzieherischen Einfluß
von Mr. Barlow, wobei es DAY vor allem auf die Darstellung der Entwicklung von Tommy Merton ankommt, um zu
zeigen, wie aus einem verwöhnten und letztlich lebensun-
tüchtigen Kinde unter fördernden Bedingungen - Harry
übernimmt für Tommy Modellfunktion - ein tüchtiger und
nützlicher Mensch werden kann.
        Es erübrigt sich hier, auf Details des Inhaltes von
"Sandford und Merton" einzugehen; die "story" ist
einfach (und unterhaltend[490]); uns kommt es auf die
pädagogische Intention bzw. die pädagogische Konzeption
DAYs an, die SIMON wie folgt zusammenfassend beschreibt:
"The story concerns the reclamation and education of
Tommy Merton, a boy with a naturally good disposition
but corrupted by the wealth, extravagance and values of
upper-class society. Tommy is taken from his home and
brought under the constant educative care and control
of a tutor, Mr. Barlow, and so also under the influence
of Harry Sandford, a farmer's son who is a paragon of
all natural virtue. The account of his re-education,
which is not without setbacks, is interpersed with a
variety of stories - which Day finds in sources ranging
from Plutarch to the latest <u>Memoirs</u> of the Manchester
Literary and Philosophical Society[491] - each of which
is not only instructive (and indeed still interesting),
but specifically chosen to illustrate Day's notions of
truly moral, or immoral, behavior. From the start of
the book to its close, therefore, the reader never
ceases to be concerned with the fundamental question as
to what is and what is not a moral act - how one ought
to behave."[492]
        Wir wollen nun die Pädagogik DAYs aufgrund seiner
Ausführungen im Erziehungsroman "The History of Sandford
and Merton" darstellen; genauer: wir wollen versuchen,
die Theorie von "practical education", die DAY in
seinem Erziehungsroman entwirft, hinreichend systematisch zu rekonstruieren.
        Wie kann moralisch akzeptierbares, also für Menschen
nützliches Verhalten gelernt und seine Erlernung erzieherisch unterstützt werden? Diese ist die zentrale
Frage, die DAY beschäftigt und die er mit den Mitteln
des Erziehungsromans zu beantworten sucht.
        Ausgangspunkt für die Beantwortung dieser Frage ist,

wie wir bereits mehrmals hervorgehoben haben, die ROUS-
SEAUsche Erziehungstheorie, in der folgende Vorausset-
zung akzeptiert wird:
"Alles ist gut, wie es hervorgeht aus den Händen des
Urhebers der Dinge; alles entartet unter den Händen des
Menschen."493
Spezialisiert auf Tommy und Harry thematisiert auch
DAY diese Voraussetzung, wenn er darauf hinweist, daß
Tommy "was naturally a very good-natured boy, but
unfortunately had been spoiled by to much indulgence,"494
was letztlich auch ihn selbst unglücklich ("fretful and
unhappy"495) gemacht habe, weil "he had been suffered
to acquire many bad habits, that sometimes prevented
them (the very good dispositions) from appearing."496 Anders der "good-natured" Harry: Er wächst in einer
natürlichen Umgebung auf ("always accustomed to run
about in the fields"497), weshalb er auch497 obwohl
nicht "so delicately shaped as Master Merton"497 - "had
an honest, good-natured countenance, which made every
body love him."497
Beide Kinder haben - so vermerkt DAY - "good dispositions", aber die jeweiligen Umgebungsbedingungen haben498
bewirkt, daß der eine - Tommy - dank seiner Erziehung
jedermann unsympathisch und selbst unglücklich war,
während der andere - Harry - dank seiner Freiheit in
natürlicher Umgebung und in Auseinandersetzung mit
dieser Umgebung und ihren natürlichen Forderungen und
Zwängen zur "most honest, obliging creature in the
world" wurde, die "never discontented" war.499
DAY akzeptierte also - wie ROUSSEAU und zum Beispiel der
Lunatiker-Pädagoge PRIESTLEY500 - einen "educational
determinism", den SIMON wie folgt beschreibt und kommentiert:
"Sandford and Merton, indeed Rousseau's Emile, may be
regarded as expositions of educational determinism in
this sense. The story of the two dogs who develop
opposite characteristics in different environments, and
whose characters change diametrically when they are ex-
changed,501 is paralleled by the change in Tommy Merton
as he moves first to Mr. Barlow's house, then back to
his own and finally to Harry Sandford's. Each exchange
has its necessary effect; Tommy is the product of his
circumstances - nor could it be otherwise."5o2
Zu den das Lernen von Individuen determinierenden
(Umgebungs-)Bedingungen gehören jedoch - dies darf
keinesfalls übersehen werden - auch die Aktivitäten,
durch die ein Individuum bewußt beeinflußt wird; zu den
determinierenden Bedingungen gehört also auch das
Erziehen.
Ein Individuum lernt nicht nur über die Verarbeitung
nicht-erzieherisch gesteuerter ("zufällig" auftretender)
Umwelt-Reize (in diesem Zusammenhang wurde in der empiristischen Tradition ein sehr weiter Erziehungs-Begriff
verwendet5o3), sondern auch unter erzieherischem Einfluß,

und dieser Einfluß ist auch im Hinblick auf die Entwicklung positiv bewerteter Verhaltensweisen, im Hinblick auf die Ausbildung eines nützlichen Individuums hoch bedeutsam, ja, <u>notwendig</u>, weshalb eben eine "<u>science</u> of education" elaboriert werden muß.

Mit Recht setzt deshalb SIMON seinen Text[504] wie folgt fort: "But these circumstances include a planned course of education, the educator's purpose brought to bear through specific methods of teaching. Here the way must be lighted by science",[505] weshalb auch - wie bereits mehrmals hervorgehoben - die Lunatiker (die mehr oder minder gemäßigten Anhänger ROUSSEAUs) die Entwicklung einer experimentellen Erziehungswissenschaft favorisierten - auch THOMAS DAY, in dessen Erziehungsroman der <u>Erzieher</u> (Mr. Barlow) eine zentrale Rolle spielt.

Um das (wissenschaftliche)Problem der (auch intentionalen) Erziehung ging es ja DAY, auch wenn er, wie wir bereits hörten, keine geschlossene und systematische Abhandlung vorlegen wollte (ohne jedoch einige grundsätzliche Bemerkungen "vermeiden" zu können.)[506] Er wandte sich - nach eigenem Bekunden - vor allem an[507] Kinder, aber ebenso betont an Eltern bzw. Erzieher, wie er dies auch im Vorwort zu "Sandford and Merton"[508] deutlich macht.

Setzen wir daher im Rahmen unserer pädagogischen Analyse auch mit DAYs grundsätzlichen pädagogischen Ausführungen ein. DAY legt sie dem Harry- und Tommy-Erzieher,[509] Mr. Barlow, in den Mund, als dieser von Tommys Vater, für den "the education and improvement of his[510] son were objects of ... much importance", in ein pädagogisches Gespräch gezogen wird - zu dem Zwecke, daß er sich Tommys erzieherisch annehme, damit dieser ein ebensolches Maß an Förderung erfahre wie Harry Sandford, dessen Erziehung Mr. Barlow ja bereits - verglichen mit Tommy unter sehr viel günstigeren Umständen[511] - übernommen hatte.

Mr. Barlow versucht zunächst, seine (scheinbare) Unfähigkeit im Hinblick auf die Erziehung eines Kindes aus der "vornehmeren Gesellschaft" darzutun, womit DAY zugleich darauf hinweist, daß "persons of fashion" aufgrund der gesellschaftlichen Bedingungen letztlich verdorben werden - im Gegensatz zu Personen aus der "vulgar class". DAYs sozialpolitische Auffassungen - die Auffassungen eines "Radikalen", eines Demokraten - werden hier deutlich, Auffassungen, die - wie wir bereits hörten - beim pädagogischen Lunatiker-Kollegen R.L. EDGEWORTH auf Vorbehalte stießen.[512]

Die Gesellschaftskritik DAYs wird hier überaus deutlich; der Rousseauianer DAY zeigt, wie Menschen "unter den Händen des Menschen entarten"[513] können. Im einzelnen läßt er Mr. Barlow sagen:

"I should be little worthy of the distinguished regard with which you treat me, did I not with the

greatest sincerity assure you, that I feel myself
totally unqualified for such a task. I am, sir, a minister of the Gospel, and I would not exchange that character, and the severe duties it enjoins, for any other
situation in life. But you must be sensible, that the
retired manner of life which I have led for these
twenty years, in consequence of my profession, at a
distance from the gaieties of the capital and the refi-
nements of polite life, is little adopted to form such
a tutor as the manners and opinions of the world require
for your son. Gentlemen in your situation of life are
accustomed to divide the world into two general classes;
those that are persons of fashion, and those that are
not. The first class contains every thing that is
valuable in life; and therefore their manners, their
prejudices, their very vices, must be inculcated upon
the minds of children from the earliest period of
infancy: the second comprehends the great body of mankind, who, under the general name of the vulgar, are
represented as being only objects of contempt and disgust, and scarcely worth to be put on a footing with
the very beasts that contribute to the pleasure and
convenience of their superiors."514
DAYs Kritik an den "superiors" ist - wie ersichtlich
- sehr scharf; er geht davon aus, daß der Bestand
dieser Gesellschaftsschicht nur gesichert werden kann,
wenn die Kinder der "persons of fashion" frühzeitig und
konsequent eine Erziehung erfahren, durch die ihnen
Vorurteile und Laster eingeschärft ("inculcated") und
durch die sie befähigt werden, die "vulgar class"
(deren Funktion es ist, für die Vergnügungen und Bequem-
lichkeiten der "superiors" zu sorgen) zu verachten.
Mr. Merton, auf den sich offensichtlich Mr. Barlows
erzieherische Bemühungen zunächst richten (die Behauptung seiner Inkompetenz für die Erziehung in der besseren Gesellschaft ist also durchaus nur vordergründig),
kann dessen Diagnose selbstverständlich nur eingeschränkt,
genauer: unter Ausschluß seiner Familie, zustimmen. Mr.
Barlow verteidigt jedoch seine Position, von der aus er
die gesellschaftlichen "distinctions" nicht akzeptieren
kann, ja, von der aus er auf die Seite der Armen treten
muß; denn zum einen ist "the Christian religion ... the
religion of the poor"515, und zum anderen hat Mr. Barlow die wissenschaftliche Wahrheit auf seiner Seite;
denn Moral ist - nach seiner Auffassung - vor allem und
notwendig (!) bei den Armen zu finden, so daß es die
Armen sind, die zur notwendigen (!) Verbesserung der
gesellschaftlichen Verhältnisse beitragen: "Those who
engross the riches and advantages of this world are too
much employed with their pleasures and ambition, to be
much interested about any system, either of religion,
or of morals: they too frequently feel a species of
habitual intoxication, which excludes every serious
thought, and makes them view with indifference every

thing but the present moment. Those, on the contrary, to whom all the hardships and miseries of this world are allotted as their natural portion, - those who eat the bread in bitterness, and drink the waters of afflic-tion, have more interest in futurity, and are therefore more prepared to receive the promises of the Gospel."515

Die vornehme, die reiche Gesellschaft also ist es, die von der Moral fortführt und den "natürlichen" Fort-schritt hemmt - weil sie ein unnatürliches Leben führt. "Poverty" dagegen, "that is to say, a state of labour and frequent self-denial, is the natural state of man; it is the state of all in the happiest and most equal governments, the state of nearly all in every country; it is a state in which all the faculties both of body and mind are always found to devolop themselves with the most advantage, and in which the moral feelings have generally the greatest influence. The accumulation of riches, on the contrary, can never increase, but by increasing poverty and degradation of those whom Heaven has created equal: a thousand cottages are thrown down to afford space for a single palace."516

Mr. Barlow fühlt sich also nicht kompetent, in und für die Unmoral = Unnatur zu erziehen; er will und muß Mr. Merton zeigen, "how little I must be qualified to educate a young gentleman intended to move in that sphere."517 Mr. Barlow sieht die Funktion der Erziehung darin, den Fortgang der natürlichen "benevolence"518 zu unterstützen; Erziehung ist für ihn eine Funktion des "benevolent determinism"519, und diese Funktion kann nur erfüllt werden in "the education of a farmer, or a mechanic", nicht in der "of a modern gentleman."52o

Die erzieherischen Bemühungen Mr. Balows haben Erfolg: "'Sir,' replied Mr. Merton, 'there is nothing which I now hear from you which does not increase my esteem of your character, and my desire to engage your assistance. Permit me only to ask, whether, in the present state of things, a difference of conditions and an inequality of fortune are not necessary, and, if necessary, I should infer, not contrary to the spirit of Christianity?'"521

Mr. Barlow soll also offensichtlich in der Erziehung des Mr. Merton fortfahren - und damit kann DAY seine pädagogischen (und erziehungspolitischen) Grundanschau-ungen weiter darlegen.

Mr. Barlow - und dies heißt: THOMAS DAY - geht, wie gesagt, von der Konzeption eines "benevolent determinism" (= "natural determinism") aus, unter dem das weltliche bzw. speziell menschliche Geschehen fortschreitet und zu "an ideal state of perfection"522 gelangt, auch wenn Mensch und Gesellschaft von diesem Ziel- bzw. Glücks-Zu-stand noch (weit) entfernt sind und dieser Prozeß nicht geradlinig bzw. ohne Rückschläge verläuft. Da Mr. Merton darüber unterrichtet werden und eine Analyse der gegenwärtigen, keineswegs idealen Zustände erhalten will, begibt sich Mr. Barlow in die Rolle des Lehrenden, der Mr. Merton im Rahmen eines (sokratisch geführten) Lehrgespräches aufklärt.

Mr. Barlow geht es um die Lösung des Problems, wie
man den Fortschritt zu einer vollkommenen Gesellschaft,
zu einem vollkommenen Menschen (zur "perfectibility of
man"[521]) beschleunigen bzw. von Rückschlägen möglichst
befreien kann, wie - pädagogisch gewendet - Menschen
lernen können, ihrer Vollkommenheits- oder Glücksbestim-
mung, dem "benevolent determinism", zu folgen. Nach
einigen Hinweisen und Vergleichen führt Mr. Barlow(-DAY)
gegenüber seinem Schüler Mr. Merton pädagogisch-grund-
sätzlich aus:
"You will perceive, that the precepts of the Christian
religion are founded upon the most perfect knowledge of
the human heart, as they furnish a continual barrier
against the most destructive passions, and the most
subversive of human happiness. Your own concessions
sufficiently prove, that it would have been equally
derogatory to truth, and the common interests of the
species, to have made the slightest concessions, in
favour either of human pride or sensuality. Your extensive acquaintance with mankind will sufficiently convince you how prone the generality are to give an unboun-
ded loose to these two passions: neither the continual
experience of their own weakness, nor the fatal effects
which are produced by vicious indulgences, has yet been
capable of teaching them either humility or moderation."[522]
"Natural experience" - unter unnatürlichen Bedingungen, speziell unter den Bedingungen der vornehmen
Gesellschaft! - ist also nicht ausreichend, um den
Menschen auf den Weg zur Vollkommenheit zu führen;
"natural education" - unter unnatürlichen Bedingungen!
- lenkt ihn nicht zum Ideal, da der Mensch seinen
unmittelbaren Strebungen nachgeben muß, weil er nicht
die Nachteile gegenwärtigen kurzfristigen Glücks gegenüber den Vorteilen wirklichen langfristigen Glücks
erfahren hat - die Gesellschaft behindert hier. Daher
muß - so werden wir erfahren - gesellschaftlich unbeein-
flußte Erfahrung möglich bzw. ermöglicht werden, wobei
letzteres bedeutet, daß "natural experience" bzw.
"natural education" "artificial" gesteuert, was
insbesondere unter den gegebenen gesellschaftlichen unnatürlichen Bedingungen notwendig ist.[523] "Artificial
educators" sind also notwendig; diese können aber nur
effektiv im Hinblick auf die Erreichung eines Glücks-
oder Vollkommenheits-Zustandes erziehen, wenn sie
aufgeklärt sind, also (s.o.) über "perfect knowledge of
the human heart" verfügen. Daraus ergibt sich wiederum:
benötigt wird eine empirische Erziehungswissenschaft ("science of education"), über deren Informationen der Erzieher in die Lage versetzt wird, "natural education" "artificial"-effektiv zu steuern.
Mr. Barlow sagt weiter: "What then could the wisest
legislator do,[524] more useful, more benevolent, more
necessary, than to establish general rules of conduct,

which have a continual tendency to restore moral and
natural order (Hervorhebung L.R.), and to diminish the
wild inequality produced by pride and avarice?[525] Nor
is there any greater danger that these precepts should
be too rigidly observed, than that the bulk of mankind
should injure themselves by too abstemious a temperance.
All that can be expected from human weakness, even in
working after the most perfect model, is barely to
arrive at mediocrity; and were the model less perfect,
or the duties less severe, there is the greatest reason
to think, that even that mediocrity would never be
attained. Examine the conduct of those who are placed at
a disstance from all labour and fatigue, and you will
find the most trifling exertions act upon their imaginations with the same force as the most insuperable
difficulties.[526] If I have now succeeded in laying down
the genuine principles of Christian morality, I appre-
hend, it will not be difficult to deduce the duty of
one who takes upon him the office of its minister and
interpreter.[527] He can no more have a right to alter
the slightest of its principles, than a magistrate can
be justified in giving false interpretations to the
laws. The more the corruptions of the world increase,
the greater the obligation that he should oppose himself
to their course; and he can no more relax in his opposition, than the pilot can abandon the helm, because the
winds and the waves begin to augment their fury. Should
he be despised, or neglected by all the rest of the human species, let him still persist in bearing testimony
to the truth, both in his precepts and example: the
cause of virtue is not desperate while it retains a
single friend; should it even sink for ever, it is
enough for him to have discharged his duty. – But,
although he is thus restricted as to what he shall
teach, I do not assert that it is improper for him to
use his understanding and experience as to the manner
of his instructions. He is strictly bound never to
teach any thing contrary to the purest morality; but he
is not bound always to teach that morality in its greatest extent. In that respect, he may use the wisdom of
the serpent, though guided by the innocence of the
dove. If, therefore, he sees the reign of prejudice and
corruptions so firmly estabished that men would be
offended with the genuine simplicity of the Gospel, and
the purity of its primeval doctrines, he may so far
moderate their rigour, as to prevent them from entirely disgusting weak and luxurious minds. If we cannot
effect the greatest possible perfection, it is still a
material point to preserve from the grossest vices.[528] A
physician that practises amongst the great may certainly
be excused, though he should not be continually advising
the exercise, the regimen of the poor; not that the
doctrine is not true, but that there would not be the
smallest probability of its ever being adopted. But al-

though he never assents to that luxurious method of
life, which he is continually obliged to see, he may
content himself with only inculcating those restric-
tions, which even the luxurious may submit to, if they
possess the smallest portion of understanding. Should
he succeed thus far, there is no reason for his stopping
in his career, or not enforcing a superior degree of
temperance; but should it be difficult to persuade even
so slight a restriction, he could hope for no success,
were he to preach up a Spartan or a Roman diet. Thus
the Christian minister may certainly use his own discre-
tion in the mode of conveying his instructions; and it
is permitted him to employ all his knowledge of the
human heart in reclaiming men from their vices, and
winning them over to the cause of virtue. By the severity of his own manners, he may sufficiently evince the
motives of his conduct; nor can he, by any means, hope
for more success, than if he shows that he practises
more than he preaches, and uses a greater degree of
indulgence to the failings of others than he requires
for his own."529
Damit sind die moralphilosophischen und auch normen-
wissenschaftlichen530 Grundlagen der DAYschen Pädagogik
bzw. Erziehungswissenschaft beschrieben.
Zusammengefaßt gilt: Der Mensch entwickelt sich dann
zum moralischen, und dies heißt, glücklichen und sozial
nützlichen Menschen, wenn er seiner Natur folgen kann,
genauer: wenn seine Umwelt so beschaffen ist, daß er
dem "benevolent determinism" folgen kann. Da diese
Umwelt jedoch so nicht beschaffen ist, müssen besondere
Vorkehrungen - zum Beispiel solche der "artificial education" - getroffen werden. Damit nun Erzieher effektive "artificial education" leisten können, ist es notwendig, daß sie um die Natur des Menschen (und damit auch
um "natural education") genau wissen, und dies wiederum
erfordert die Entwicklung einer "natural science of the
human mind" (HARTLEY, PRIESTLEY531) und darauf aufbauend
einer "science" bzw. "art of education", über deren Anwendung "artificial education" so realisiert werden
kann, daß die Menchen für "natural = moral conduct of
life" disponiert werden.
Damit ist die pädagogische bzw. erziehungswissenschaftliche Grundkonzeption der Lunatiker und somit auch DAYs
bzw. - umfassender - der empiristisch-utilitaristischen
Aufklärungsphilosophen und -pädagogen des 18. Jahrhunderts in England abermals skizziert. DAY gibt nun
weitere spezielle Erläuterungen, indem er Mr. Barlow
gegenüber Mr. Merton, der der Konzeption rückhaltlos
zustimmt ("nothing ... can be more rational or moderate
than these sentiments"532) u.a. sagen läßt:
Erziehen ist unter den gegebenen gesellschaftlichen
Umständen "the most important duty"533, jedoch zugleich
eine sehr schwierige Aufgabe, ja, eine Aufgabe, die in
dieser Gesellschaft nur sehr schwer zu erfüllen ist;

denn "it is out of the power of any individual ... to prevent the mass of mankind from acquiring prejudices and corruptions"[534], zumal dieses Lernen unter den gegebenen determinierenden gesellschaftlichen Bedingungen sehr intensiv und bereits in sehr früher Kindheit erfolgt.[535]

Erziehung zur Tugend und damit zum Glück des Menschen erscheint Mr. Barlow(-DAY) <u>fast</u> unmöglich; die gegensteuernde Macht der erzieherisch bedeutsamen Wirklichkeit[536] <u>fast</u> unüberwindlich - jedoch es bleibt etwas Hoffnung, auch für Tommy Merton: "Let us then not lose the important moment of human life, when it is possible to flatter ourselves with some hopes of success in giving good impressions: they may succeed; they may either preserve a young man from gross immorality, or have a tendency to reform him, when the first ardour of youth is past. If we neglect this awful moment, which can never return; with the view which, I must confess, I have of modern manners, it appears to me like launching a vessel in the midst of a storm, without a compass and without a pilot."[537]

Jedoch, wie gesagt, es bleibt etwas Hoffnung, so daß Mr. Merton "seinen Erzieher" abermals bittet, die Erziehung Tommys zu übernehmen: "I will deliver my son into your hands, upon your own conditions."[537]

Mr. Barlow ist nunmehr so weit, Mr. Merton seine Bedingungen mitzuteilen, Bedingungen, die erfüllt sein müssen, damit Tommys Erziehung doch (noch) gelingen kann. Was muß geschehen? Nun, Tommy muß neuen (determinierenden) erzieherischen Bedingungen ausgesetzt werden; die für Tommy bedeutsame erzieherische Umwelt (bzw. Lernumwelt) muß umstrukturiert werden; die bisherigen Lernbedingungen müssen (weitestgehend) ausgeschaltet, neue Einflüsse müssen ermöglicht werden. Mr. Barlow sagt: "I am contented to take your son for some months under my care, and to endeavour by every means within my power to improve him. But there is one circumstance which is indispensable, that you permit me to have the pleasure of serving you as a friend. If you approve of my ideas and conduct, I will keep him as long as you desire. In the mean time, as there are, I fear, some little circumstances, which have grown up by too much tenderness and indulgence, to be altered in his character, I think that I shall possess more of the necessary influence and authority, if I, for the present, appear to him and your family rather in the light of a friend than of a schoolmaster."[538]

Mr. Merton stimmt den Bedingungen bzw. dem Plan Mr. Barlows nunmehr (etwas notgedrungen) zu, "and little Tommy was accordingly sent the next day to the vicarage, which was at the distance of about two miles from his father's house."[539] Tommy kommt also unter die erzieherische Obhut Mr. Barlows bzw. Harry Sandfords, der unter der erzieherischen Lenkung Mr. Barlows Modellfunktion

für Tommy übernehmen soll,[540] da Harry ja unter "natürlichen" Bedingungen in der Lage ist, einen "natural =
moral conduct of life" zu realisieren.

Der folgende Text des DAYschen Erziehungsromans
"Sandford and Merton" ist nun eine ausführliche Beschreibung der erzieherischen Aktivitäten Mr. Barlows bzw.
seiner erzieherischen Arrangements, seiner Strukturierung der Lernumwelt Tommys, über die dieser in die Lage
versetzt wird, sich zu einem glücklichen und nützlichen
Menschen zu entwickeln.

Wir wollen nun die (empirisch fundierte) Erziehungstheorie, die DAY Mr. Barlow in "Sandford and Merton"
anwenden läßt, rekonstruieren, das heißt, aus "Sandford
and Merton" DAYs Erziehungstheorie extrahieren. Dies
ist möglich, da diese "History" voller grundsätzlicher
und ganz praktischer pädagogischer Hinweise ist.[541]

Ausgangspunkt ist für DAY, wie wir schon mehrmals
aufzeigten, die Annahme prinzipiell guter natürlicher
Anlagen des Menschen (ROUSSEAU); da diese Natur jedoch
aufgrund der jeweiligen Umstände (Umwelt) grundsätzlich
in der Gefahr ist zu entarten,[542] ist Erziehen notwendig
und damit Pflicht[543] und hat den Zweck, die guten Anlagen bzw. Dispositionen der Menschen zu erhalten, zu
aktivieren bzw. wieder zur Wirksamkeit zu bringen. Mit
anderen Worten: Überläßt man ein Wesen sich selbst,
dann steht es in der Gefahr, über die Umgebungseinflüsse ("natural education") verdorben zu werden, so daß
Erziehen als Unterstützen der Entwicklung der natürlichen Anlagen, des Lernens notwendig ist. Gelungene Erziehung ist damit gelungene Anpassung an die Natur der
Menschen schlechthin[544] (denn jeder Mensch "is naturally
as good as his fellow-creature"[545]), und Erziehen muß
gelingen, wenn die Menschen glücklich werden und zum
gegenseitigen Nutzen handeln können sollen. Nochmals
anders gewendet: Gute Erziehung ist solche, in der die
(gute) Natur der Menschen (weiter) kultiviert wird[546] bzw.
in der dafür gesorgt wird, daß diese Natur nicht (mehr)
durch Umwelteinflüsse geschändet ("dishonoured"[547])
wird. Erziehung ist somit eine Art Naturmedizin[548],
durch die "the slumbering powers of ... constitution"
"geweckt"[549] werden.

Hier stellt sich nun die Frage: Was heißt "gute" Anlage, "gute" Natur? Konkreter: Was bedeutet es, wenn
DAY sagt, daß Harry, der "positive" Romanheld, "possessed ... natural politeness and good-nature"[550] und daß
Tommy, der "problematische" Romanheld, eigentlich einen
Charakter habe, der durch "natural goodness"[551] ausgezeich-
net sei bzw. "natural very good dispositions"[552] besitze,
deren Aktualisierung lediglich aufgrund schlechter Umwelteinflüsse, die die Entwicklung von "bad habits"[553] begünstigt haben, behindert werde? In welchem Verhalten
zeigen sich also nach DAY die "good dispositions", wie
drückt sich "natural goodness" aus?

Zunächst kann man mit DAY sagen: Die "good dispositi-
ons", die "natural goodness" zeigen sich im tugendhaften
Verhalten (so daß der Rückschluß gilt: der Mensch ist
von Natur aus zu tugendhaftem Verhalten disponiert).
Welches Verhalten aber ist tugendhaft, in welchem
Verhalten zeigt sich Tugend (virtue)?

Hierauf gibt DAY eine utilitaristische Antwort [554],
nämlich dahingehend, daß tugendhaftes Verhalten nützliches Verhalten ist, wobei nützliches Verhalten daran
erkennbar ist, daß es dem Verhaltensrealisator oder den
Mitmenschen Freude bzw. Vergnügen (pleasure) und damit
(allgemein) Glück (happiness) bereite. - Diesem Zusammenhang ist zunächst nachzugehen.

Allgemein gilt für DAY (als Utilitarist), daß der
Mensch nur dann glücklich ist und nur dann soziale
Anerkennung erhält, wenn er "useful" ist[555] - und "useful"
ist er nur dann, wenn er "constant assiduity"[556] realisiert, die der Hervorbringung lebenswichtiger = nützlicher Güter dient, wenn er weiß, daß der Mensch "dishonoured" wird "by that indolence which renders him a burthen
to his fellow-creatures, not by that industry which is
necessary to the support of his species."[557]

Damit mündet die Problemerörterung bereits in eine
pädagogische ein; denn es ist zu fragen: Wie lernt es
der Mensch, seine Nützlichkeit zu erkennen? Wie lernt
er es, nützlich und damit glücklich zu sein? Und: Wie
kann dieser Lernprozeß gegebenenfalls (also dann, wenn
die Umstände diesen Lernprozeß in seiner Effektivität
gefährden) erzieherisch unterstützt werden?

DAY erläutert das Lernen (und die erzieherische
Unterstützung) nutzloser und nützlicher Verhaltensweisen in "Sandford and Merton" wiederholt und eindringlich
(und für manchen Geschmack sicher ein wenig penetrant[558])
am Leben, Lernen und Verhalten der Reichen und Armen,
wobei seine Sympathie ganz eindeutig den Armen gilt, da
diese - aufgrund günstiger (!) Umstände - ein nützliches,
also ein den Menschen Nutzen bringendes Leben führen,
weshalb denn auch Tommy, der Junker aus reichem und ad-
ligem Hause, nur bei dem (relativ) armen Bauern Sandford
tugendhaftes = nützliches Verhalten erlernt bzw. nutzloses Verhalten, das nur Tommys Stand angemessen erscheint, verlernt - wenn auch unter nicht geringen
Schwierigkeiten, da die Lernbedingungen für nutzloses,
ja, (sozial-)schädliches Verhalten immer wieder wirksam werden.

Grundsätzlich gilt nach DAY: Die Menschen, die "have
neither learned to employ themselves in any thing
useful, nor to improve their minds", können letztlich
nicht glücklich werden - und dies gilt vor allem für
die Reichen, nicht für die Armen; denn die Umstände
zwingen die Armen, nützlich und damit glücklich zu
sein, während die Umstände der Reichen eine Lebensführung begünstigen, die nicht mit nützlichen Beschäftigun-

gen ausgefüllt ist und damit schließlich unglücklich macht, auch wenn die Reichen sich temporär glücklich fühlen. Da der Reichen "whole happiness consists in idleness and finery", sind sie nie "contented in any place"; da sie verweichlicht aufgezogen worden sind ("brought up with too much delicacy"), können sie Natürlichkeit ("natural exercise") nicht ertragen - und "they learn to tremble at every trifling change of the seasons."[559] Die Armen dagegen, die arbeiten und damit nützlich sind (bzw. sein müssen), können glücklich sein - sofern sie nicht durch die Reichen daran gehindert werden. (Im Reichtum der oberen Klasse liegt nach DAY das Unglück der Armen begründet, nicht in den Armen selbst; denn die Reichen sind es, die nicht zu nützlicher Beschäftigung erzogen worden sind ("not brought up to produce any thing useful"[560]) und es deshalb als Ziel ihres Wissens und ihrer Erziehung ("great object of all their knowledge and education"[560]) ansehen, "to waste, to consume, to destroy, to dissipate, what was produced by others."[560])

Damit nun also Erziehung zum Guten, zur Tugend bzw. Nützlichkeit gelingen kann, müssen Bedingungen gegeben sein bzw. hergestellt werden, unter denen der Nutzen und damit das Glück der Arbeit erlebt werden kann - und entsprechend muß Tommy, der durch die Umstände seiner Klasse verdorben ist, zur Natur, zur Arbeit, zur nützlichen Beschäftigung und damit zum Glück (zurück-)geführt werden. Diese ist die Aufgabe, die der Erzieher Mr. Barlow in "Sandford und Merton" übernimmt.

Der Erziehungsplan Mr. Barlows ist nun durch folgende empirisch-lernpsychologische Theorie fundiert: Der Mensch ist natürlicherweise disponiert, situationsspezifisch das Verhalten zu realisieren, von dem er annimmt bzw. erwartet, daß er mit seiner Realisierung einen aus seiner Sicht positiven Effekt erzielt, und positive Verhaltenseffekte sind solche, die für den Verhaltensrealisator nützliche sind bzw. ihm Freude (pleasure) oder Glück (happiness) verschaffen. Der Mensch ist somit disponiert (motiviert), entsprechendes Verhalten zu erlernen bzw. Lernprozesse zu durchlaufen, deren Effekte ihn befähigen, nützliches Verhalten zu realisieren.

Um daher Menschen nützliches Verhalten erlernen zu lassen bzw. um ihnen effektiv beim Erlernen solchen Verhaltens behilflich sein zu können (pädagogischer Aspekt), ist es notwendig, Educanden positive und auch negative Verhaltenskonsequenzen erleben zu lassen. Nur auf diese Weise wird ein Educand in die Lage versetzt bzw. befähigt, Erwartungen auszubilden und zu festigen. Anders gewendet: Um nützliches = tugendhaftes Verhalten zu erlernen, muß der Educand positive Erwartungen mit tugendhaftem und negative Erwartungen mit nicht-tugendhaftem Verhalten verknüpfen (assoziieren) können, was voraussetzt, daß er entsprechende Erfahrungen machen kann. Entsprechend muß der Erzieher die Lernumwelt (die

Lernbedingungen) so gestalten, daß der Educand mit vom
Erzieher positiv bewertetem Verhalten positive und mit
vom Erzieher negativ bewertetem Verhalten negative Ef-
fekte verknüpfen kann.[561]
Hier stellt sich nun allerdings (abermals) die Frage:
Wieso zeigt der Mensch auch nicht-nützliches = nicht-tugendhaftes = displeasure bewirkendes Verhalten, wenn
er doch von Natur aus und damit stets motiviert ist,
Nutzen bzw. Freude zu erlangen und Schaden bzw. Schmerzen zu vermeiden?[562] Anders gewendet: Wieso zeigt der
Mensch auch nicht-tugendhaftes Verhalten, obwohl er zur
Tugend determiniert ist?
Hierauf ist mit den Utilitaristen bzw. den Lunatikern
(unter Einschluß DAYs) zu antworten: Der Mensch zeigt
deshalb auch nicht-tugendhaftes Verhalten, weil er
damit vermeintlichen Nutzen bzw. vermeintliche Freude
erlangt, weil er nicht weiß, daß der erlangte Nutzen,
die erlangte Freude nur scheinbare sind, bzw. weil er
auf kurzfristige oder unmittelbare Freude fixiert ist,
ohne zu wissen, daß er damit langfristig wichtigeren
Nutzens, größerer Freude verlustig geht.[563]
Und hier setzt nun auch die Funktion des Erziehers
ein, nämlich den Educanden dahingehend zu belehren bzw.
ihm modellhaft Erfahrungen dahingehend zu vermitteln,
daß er zu der Einsicht, zu dem Wissen gelangt, daß es
häufig ratsam ist, auf unmittelbare positive Verhaltenskonsequenzen zugunsten langfristigen Nutzens zu verzichten. Mr. Barlows zahlreiche (sokratische) Gespräche,
die er mit seinen Educanden führt, haben den Zweck,
solche Erfahrung bzw. Einsicht zu vermitteln.
Soweit unsere einleitenden grundsätzlichen Hinweise
zu Mr. Barlows bzw. DAYs Fundierung der Erziehungspraxis;
erläutern wir nun an Hand von Textstellen aus "Sandford
and Merton".
In diesem Erziehungsroman werden wir (u.a.) durchgängig über von Mr. Barlow erzieherisch gelenkte Lernprozesse Tommys unterrichtet, wobei diese Lernprozesse -
gemäß dem Erziehungsplan Mr. Barlows - in der Regel
folgende Sequenzen aufweisen:
1. Mr. Barlow, der Erzieher, gestaltet die Lernumwelt
Tommys so, daß dieser immer wieder in Situationen
gerät, in denen er handeln und sehr intensive Konsequenzen seines Handelns erfahren muß.
2. Im Anschluß an eine jeweilige Erfahrung (in der
Regel erlebt Tommy negative Handlungskonsequenzen und
ist betroffen bzw. unzufrieden) regt Mr. Barlow Tommy
an, über sein Handeln und dessen Konsequenzen nachzudenken; durch Fragen und Hinweise bringt Mr. Barlow Tommy
dazu, über seine gemachten Erfahrungen zu reflektieren
und (generalisierte) Erwartungen auszubilden und zu
formulieren.
3. Mr. Barlow bietet - im Anschluß an die von Tommy
selbst erfahrene und reflektierte Situation bzw. bezogen

auf diese Situation - eine Erzählung bzw. "story",
innerhalb derer ähnliche Verhaltenserfahrungen modellhaft repräsentiert sind und reflektiert werden.
4. Mr. Barlow führt im Anschluß an eine Erzählung mit
Tommy ein sokratisches Gespräch, im Verlaufe dessen
Tommy zur Formulierung allgemeiner Einsichten bzw.
nützlicher Verhaltensregeln bzw. -normen geführt wird.
Beispiel:
1. Tommy macht im Umgang mit einem Tier die Erfahrung,
daß er Verhalten realisiert hat, das bei dem Tier nicht
zu Reaktionen führte, die Tommy realisiert sehen wollte.
2. Tommy ist unzufrieden und daher motiviert zu
ergründen, warum sein Umgang mit dem Tier erfolglos
war. Mr. Barlow ist Tommy dabei behilflich, sich das
Verhalten des Tieres erklärbar zu machen, und führt
Tommy im Verlaufe eines Gespräches zu der Einsicht, daß
er gegenüber dem Tier ein inadäquates Verhalten gezeigt
hat, so daß keine positiven Konsequenzen zu erwarten
waren.
3. Mr. Barlow bietet eine Erzählung über Kinder, die
sich u.a. gegenüber Tieren angemessen bzw. unangemessen
verhalten haben und positive bzw. negative Verhaltenskonsequenzen erfuhren.
4. Mr. Barlow wertet mit Tommy die Erzählung aus und
läßt ihn Einsichten bezüglich angemessenen bzw. unange-
messenen Verhaltens aufgrund fundierter Erwartungen
formulieren.
Auf diese Weise erfährt Tommy in den unterschiedlichsten Situationen (und damit natürlicherweise), welches
Verhalten situationsspezifisch angemessen ist, um die
Effekte herbeizuführen, die intendiert werden; speziell
erfährt er, daß er mit seinem Verhalten nur dann erfolgreich sein kann, wenn er empirisch fundierte Erwartungen
ausgebildet hat und gemäß diesen Erwartungen handelt.
Ganz allgemein wird der Mensch über solches Lernen zu
der Einsicht geführt, daß für den Menschen der Grundsatz
gilt: "The more knowledge he acquires, the better."564
Anders gewendet: Der Mensch muß sich möglichst viel
"knowledge" erwerben, und dies heißt, Wissen um Ursachen
und Wirkungen, speziell um Verhalten (als Ursache) und
seine Konsequenzen (als Verhaltenswirkungen), damit er
angemessen bzw. erfolgreich (= zu seinem und anderer
Menschen Nutzen) handeln und damit Unglück vermeiden
kann. Kurz: Wer situationsspezifisch weiß, wie er
erfolgreich handeln kann, dem braucht nicht bange zu
sein, und der ist somit auch nicht unglücklich. Entsprechend heißt es denn auch in einer Erzählung, in der
über Schiffbrüchige berichtet wird, die sich erfolgreich
der Gefahr, von Bären angegriffen zu werden, erwehren
können: "When these men found they were so well able to
defend themselves against the bears, they might no
longer be afraid of them; and, not being afraid, they
would not be unhappy."565

Der Mensch benötigt also Wirkungs- und speziell
Handlungs-Wirkungs-Wissen, um zu seinem Nutzen und
Glück begründete Erwartungen ausbilden und festigen zu
können - er braucht "useful knowledge", die das Produkt
entweder von "nature oder von "study and philosophy"[566]
ist, und "upon the most accurate theory and experience"
begründet (founded) sein muß.[567]
Richtiges Wissen ist nützlich, bringt Glück; Mangel
an Wissen, "inexperience" führt zu Mißerfolgen, Gefahren
und Leiden,[568] weshalb Mr. Barlow dem Tommy auch dringend rät: "The best way is not to meddle with any thing
till you are perfectly acquainted with its nature."[569]
Erfahrung (Experimentalphilosophie[570]) begründet nützliches Wissen, zu dessen Erwerbung der Mensch genötigt
ist, um sicher und glücklich zu leben: "A superiority
of knowledge" ist "of ... much use"[571]; der Mensch muß
wissen, wie er mit dieser Welt zu seinem Nutzen umgehen
kann ("a man should know how to do every thing in the
world"[572]). Entsprechend heißt es in der belehrenden
Erzählung über "Sophron und Tigranes":
"Destined as we are to inhabit this globe of earth,
it is our interest to be acquainted with its nature and
the properties of its productions. For this reason, I
particularly examined all the vegetables which are
capable of becoming the food of man, or of the various
animals which contribute to his support; I studied
their qualities, the soil in which they delighted, and
the improvements which might be made in every species.
I sometimes wandered among the neighbouring mountains,
and wherever the fall of rocks, or the repeated violence
of torrents, had borne away the soil, I considered,
with silent admiration, the various substances which we
call by the common name of earth. These I used to
collect and mingle with the mould of my own garden; by
which means I frequently made useful discoveries in
fertilizing the soil, and increasing the quantity of
food. I also considered the qualities of the air which
sorrounds and sustains all living animals; I particularly remarked the noxious or salutary effects it is able
to produce upon their constitutions: and, by these
means, was frequently enabled to give useful counsels
to all the neighbourhood."[573]
Reflektierte Erfahrung, systematisches Experimentieren
mit der Natur führen also zu "useful knowledge" - nicht
"speculations", auch wenn diese "sublime and consolatory
to the human heart" sind.[573] Untersuchungen sind nützlich
und belohnen, weil durch sie fundiert ein sicherer Umgang mit der Natur und nützlicher Dienst am Menschen
ermöglicht wird: "By thus rendering my services useful
to my fellow-creatures," heißt es in der Erzählung
weiter, "I received the purest reward which can attend
the increase of knowledge; the consciousness of perfor-
ming my duty."[574]

Entsprechend ist es die Aufgabe des Erziehers, Hilfe
beim Erfahrungen-Machen, beim Aufbau von Erwartungen zu
bieten - sei es durch Herstellung entsprechender Lernsituationen, sei es durch Belehrung, also durch Vermittlung von "useful knowledge". Und somit gilt nach DAY:
Gut erzogen ("well brought up") ist derjenige, der
befähigt ist, "to do any thing useful"575 - und Nützliches zu tun bzw. zu erreichen, ist zugleich der Lohn -
modern gesprochen: die Verstärkung - für den Akteur,
weshalb Erziehen im oben angeführten Sinne dann gelingt,
wenn der Educand in die Lage versetzt wird, nützliche
Verhaltenskonsequenzen zu erwarten bzw. zu erfahren, um
entsprechende Verhaltensdispositionen aufbauen und
festigen zu können. (DAYs Erziehungstheorie ist, wie
wir hier abermals erkennen, empirisch-lernpsychologisch
wohlfundiert - ebenso wie die Erziehungstheorien PRIEST-
LEYs, DARWINs und der EDGEWORTHs.576)
    Damit jedoch Erziehung gelingt, muß die Voraussetzung
erfüllt sein, daß der Educand mit nützlichen Dingen
(Arbeiten) beschäftigt wird, daß er nicht von der
"Natur" getrennt wird, daß er Erfahrungen mit der
Befriedigung der grundlegenden menschlichen Bedürfnisse
macht - weshalb eben auch Tommy aus der Natur-Abstinenz
der vornehmen Gesellschaft herausgenommen und zur Natur
zurückgeführt (ROUSSEAU577) werden muß. In der Naturbe-
zogenheit der arbeitenden (armen) Menschen entdeckt
Tommy den Nutzen der Arbeit; in dieser Situation bzw.
in der Folge entsprechender Lern- oder Erfahrungsprozes-
se kommt er zu dem Schluß: "I now plainly perceive that
a man may be of much more consequence by improving his
mind in various kinds of knowledge, even though he is
poor, than by all the finery and magnificence he can
acquire."578
    Diese Problematik wird nun in "Sandford and Merton"
durchgehend auch an Hand des sozialen Verhaltens erörtert mit dem Zweck zu zeigen, wie der Educand zu einem
moralisch wertvollen, das heißt, guten und brauchbaren
bzw. nützlichen Menschen werden kann. Erziehungsziel
ist der nützliche und damit gute Mensch;579 denn der nützliche Mensch wird sozial bevorzugt; er vor allem genießt
soziale Anerkennung.580 Im einzelnen:
    Ausgangspunkt ist für DAY hier das, was innerhalb der
empiristisch-utilitaristischen Tradition später (speziell expliziert von GEORGE GROTE581) "social reprocity"
genannt wurde. Alle Utilitaristen sind von der sozialen
Funktionalität von social reprocity ausgegangen.582 und
haben damit (modern gesprochen: aufbauend auf der
lernpsychologischen Theorie der Gegenseitigkeits-Verstär-
kung) ein moral-wissenschaftliches Fundament für die
Forderung nach moralischem sozialen Verhalten gelegt.
    Die lernpsychologischen Theoreme lauten (in moderner
Formulierung): 1. Wenn Menschen für sie nützliches
soziales Verhalten eines Menschen erfahren, dann sind
sie motiviert, dieses Verhalten zu belohnen bzw. zu

verstärken, also sich ihrerseits nützlich gegenüber
diesem Menschen zu verhalten. 2. Wenn ein Mensch für
ein bestimmtes soziales Verhalten (soziale) Verstärkung
erwarten kann bzw. erfährt, dann ist er motiviert,
dieses Verhalten (abermals) zu realisieren.

Pädagogische Konsequenz (mit den Worten DAYs): Der
Educand muß "the importance and necessity of doing good
to others, if we wish them to do the same to us"[583], erfahren bzw. einsehen.

Der Mensch ist als soziales Wesen auf andere Menschen
angewiesen, und er wird nur dann von ihnen Nutzen
haben, Gutes erfahren und sicher leben, wenn er sich
ihnen gegenüber nützlich verhält. Kurz: Moralisch
wertvolles Verhalten ist für jedermann nützlich und
daher vernünftig, ist eine Notwendigkeit und daher eine
Pflicht.

Im Anschluß an die Erzählungen vom "good-natured" und
"ill-natured little boy"[584] stellt Tommy fest (sieht
Tommy ein): "The one little boy was good-natured; and
therefore every thing he met became his friend, and
assisted him in return: the other, who was ill-natured,
made every thing his enemy, and therefore he met with
nothing but misfortunes and vexations, and nobody
seemed to feel any compassion for him."[585] Mr. Barlow, der
Erzieher, versucht im Gespräch mit Tommy, diese Einsicht
zu festigen, und bietet eine klare utilitaristische
(und empirisch fundierte), von Tommy aufgrund seiner
eigenen Erfahrungen nachvollziehbare Argumentation:
"Nobody is loved in this world, unless he loves others
and does good to them; and nobody can tell but one time
or other he may want the assistance of the meanest and
lowest: therefore every sensible man will behave well
to every thing around him: he will behave well, because
it is his duty to do it, because every benevolent
person feels the greatest pleasure in doing good, and
even because it is his own interest to make as many
friends as possible. No one can tell, however secure
his present situation may appear, how soon it may
alter, and he may have occasion for the compassion of
those who are now infinitely below him."[586]

Wohl verstandenes Eigeninteresse macht es also notwendig, sich gegenüber anderen Menschn nützlich zu verhalten: wer "pleasure" und "security" für sich erlangen
will, muß anderen "pleasure" machen und "security"
gewähren – muß ihnen also nützlich sein. Diese ist die
Kernannahme der utilitaristischen und empiristischen
"moral science" und damit Erziehungstheorie. Mit anderen
Worten: Der einzelne Mensch vermehrt seinen eigenen
Nutzen, wenn er anderen Menschen nützlich ist; er lebt
nur dann glücklich und sicher, wenn die anderen Menschen
möglichst glücklich sind. So wird, wie HELVETIUS formulierte, "das Interesse des Einzelnen mit dem Allgemeinen"
verbunden "und die Tugend auf dem Vorteil jedes Individuums begründet."[587]

Durch solche Erziehung bzw. solche Einsichten kommt Tommy am Ende seiner Erziehung (durch Mr. Barlow) zu dem Schluß, daß er gelernt habe, "how much better it is to be useful than rich or fine; how much more amiable to be good than to be great."588

Aber dieser Lernprozeß Tommys verlief nicht ohne Schwierigkeiten, nicht ohne Störungen und Rückschläge. Der Erzieher wie der Educand mußten eindringlich erfahren, in welch' hohem Maße die jeweiligen Umstände bzw. Lernbedingungen wirksam sind, wie notwendig daher eine intensive, konsequente und dauerhafte Erziehung ist, wenn gegenläufige (störende) Bedingungen wirksam werden. Der Mensch und damit auch sein Lernen sind determiniert durch die jeweiligen Umstände,589 und auch der bereits "gut erzogene Mensch"590 kann negativ beeinflußt werden, wenn neue Bedingungen entsprechend wirksam sind und ihn zur Nutzlosigkeit und Bosheit verführen. Es ist stets notwendig, im Rahmen der Erziehung von der Schwäche der menschlichen Natur auszugehen,591 also von einem Menschen, der schädlichen Eindrücken ausgesetzt ist und unterliegt, der sich von augenblicklichen Vergnügungen verführen läßt - zumal wenn er nicht - wie der "natürliche" Mensch, hier: Harry - erfahren hat und somit weiß, daß er sich auf diese Weise späterer bzw. langfristiger Vorteile begibt.592 Diese Lern- und Erziehungsproblematik demonstriert und erörtert DAY in "Sandford and Merton" sehr ausführlich, indem er Tommys "instability"593 beschreibt und erklärt.

Wie wir bereits mehrmals erfahren haben, ist DAYs Erziehungstheorie durch das Lerngesetz des operanten Konditionierens bzw. durch das Verstärkungsgesetz fundiert: Es wird das Verhalten (die Verhaltensdisposition) aufgebaut und gefestigt, das (die) vom Akteur mit positiven Konsequenzen verknüpft wird, und es wird das Verhalten (die Verhaltensdisposition) nicht aufgebaut bzw. wieder abgebaut, das (die) vom Akteur mit negativen Konsequenzen verknüpft wird.

Daher muß - pädagogischer Aspekt - versucht werden, entsprechende Assoziationen zu stiften und zu festigen, um auf diese Weise "firmness" (of soul) zu erreichen; denn "the greater part of all bad conduct springs rather from want of firmness than from any settled propensity to evil."594 Ist solche "firmness" nicht erreicht bzw. erzieherisch aufgebaut, dann ist der Mensch - und speziell der junge Mensch - disponiert, allen unmittelbaren Verstärkungen nachzugeben. Mit anderen Worten: Die Gefahr, daß der Mensch allen gerade einmal auftretenden Verlockungen ("pleasures") folgt, kann nur vermieden bzw. reduziert werden, wenn der Mensch (Educand) in die Lage versetzt wird, stabile und adäquate Erwartungen aufgrund häufiger gleichförmiger Erfahrungen595 mit vom Erzieher positiv bewerteten Verstärkungen aufzubauen und zu festigen, wobei gilt: Die vom Erzieher positiv bewerteten Verhaltenskonsequenzen sind solche, die für

Educanden (dauerhaft) nützlich sind bzw. die anderen
Menschen und damit reziprok auch dem Educanden nützen.
Wechseln dagegen die (verhaltensdeterminierenden)
Umwelteinflüsse so, daß der Educand einander ausschlies-
sende (wenngleich für ihn positive) Erfahrungen macht,
befindet er sich also - modern gesprochen - nicht in
einem stabilen Sozialisationsfeld, das gleichförmige
Erfahrungen machen läßt, dann kann er kein adäquates
(nützliches) stabiles Erfahrungswissen erlangen,596 dann
zeigt er "instability" und läuft Gefahr, vom Bösen
("evil") verführt zu werden, wenn dieses ihm momentan
"pleasure" verschafft, also Verstärkerwirkung hat.
   Eine solche Entwicklung bzw. gegenläufige Sozialisation weist DAY an Tommy - dem problematischen Educanden
- auf. Indem DAY Tommy das Erziehungs- bzw. Sozialisationsfeld wechseln läßt, wird aufgezeigt, wie (scheinbare) "pleasures" aufgrund mangelhaften adäquaten
Erwartungswissens und unter spezifischem Gruppen- bzw.
Sozialisationsdruck zu negativ zu bewertenden (= nicht
dem individuellen und sozialen Nutzen dienenden) Verhaltensweisen führen (bzw. solche Verhaltensweisen determinieren).597,598
   Bei Mr. Barlow - dem guten = nützlichen Erzieher zu
nützlichem = moralisch wertvollem Verhalten - hatte
Tommy gelernt, daß nützliches Verhalten, das durch
adäquate Erwartungen fundiert ist, belohnt wird, zu
eigener Sicherheit und eigenem Nutzen führt, und zwar
langfristig. Tommy hatte gelernt (eingesehen), wie
nützlich zuverlässiges (adäquates) Wissen ist, wie
solches Wissen dem eigenen Nutzen dient, wie es geeignet
ist, nützliches Verhalten auch für andere Menschen zu
begründen, was wiederum dem eigenen Nutzen, der eigenen
Sicherheit dient: Tommys "heart expanded in the same
proportion that his knowledge improved."599
   Tommy sah also unter der erzieherischen Lenkung Mr.
Barlows ein (erfuhr): Wer kein adäquates Wissen von den
Natur- und sozialen Vorgängen besitzt, der lebt gefähr-
lich, da ihm Verhalten begünstigt wird, das eigenen
Schaden herbeiführt bzw. nicht abwendet oder anderen
Menschen schadet und somit auch Nachteile für sich
selbst erzeugt ("no one can long hurt others with impunity"600).
   Da nun der Erzieher (Mr. Barlow) um das Nützliche
weiß, lenkt er planvoll die Erfahrung (den Wissensaufbau)
des Educanden so, daß bei diesem Assoziationen zwischen
Verhalten und individuellen wie sozialen Konsequenzen
gestiftet und gefestigt werden, und auf diese Weise
lernt der Educand (lernt Tommy), welches Verhalten
individuell und sozial nützlich und welches Verhalten
individuell und sozial schädlich ist. Indem zum Beispiel
Mr. Barlow Tommy nicht belohnt, wenn dieser kein nützliches Verhalten zeigt,601 erfährt Tommy, daß nicht-nützliches Verhalten (bzw. das Unterlassen nützlichen
Verhaltens) zu eigenem Mißvergnügen führt; indem der

Erzieher nützliches Verhalten belohnt, erfährt der Educand das Vergnügen, das die gute Tat erzeugt. Unter diesen Voraussetzungen gelingt Erziehung, führt durch sie gelenktes Lernen zur Bildung eines nützlichen, also guten und damit sozial anerkannten und akzeptierten Menschen.[602]

Ein solcher Prozeß bedarf aber der Konsequenz, Intensität und Dauer. Ist "adequate and useful knowledge" nicht gefestigt, dann besteht die Gefahr der Verführung durch scheinbar positive Konsequenzen, und diese Gefahr wird erhöht, wenn der Educand, ohne entsprechend gefestigt zu sein, (auch) unter in diesem Sinne ungünstige Lernbedingungen in der erzieherisch bedeutsamen Wirklichkeit[603] gerät und dort Verstärkungen (Belohnungen) bzw. keine negativen Konsequenzen (Bestrafungen) für nichtnützliches Verhalten erfährt.

In eine solche Beeinflussungs- bzw. Lern-Gesamtsituation gerät Tommy: Noch nicht ausgerüstet mit umfassendem nützlichen Wissen, noch nicht ausgerüstet mit gefestigten Gewohnheiten im Tun des Nützlichen (ihre Ausbildung ist Ziel der Erziehung[604]) erliegt Tommy den scheinbaren Belohnungen in einer neuen Umgebung, die ihn zu nutzlosem, ja, schädigendem Verhalten verführt:

Tommy kehrt in sein Elternhaus, in die vornehme Gesellschaft, zurück, und seine Erziehung erfährt Rückschläge; die noch schwache Natur kann den Verführungen nicht widerstehen; Tommys Abwehrbereitschaft gegen schädliche Einflüsse ist noch nicht kräftig genug.

Tommy fällt also in seine alten Gewohnheiten zurück, und das durch sie bestimmte Verhalten wird in der neuen (alten) Lernumgebung kräftig verstärkt. Ausführlich beschreibt DAY die neue (alte) Situation der verderblichen Erziehung wie folgt:

"Tommy himself had now completely ... thrown aside all that he had learned during his residence with Mr. Barlow: he had contracted an infinite fondness for all those scenes of dissipation which his new friends daily described to him; and began to be convinced that one of the most important things in life is a fashionable dress. In this most rational sentiment he had been confirmed by almost all the young ladies with whom he had conversed since his return home. The distinctions of character, relative to virtue and understanding, which had been with so much pains inculcated upon his mind, seemed here to be entirely unheeded. No one took the trouble of examining the real principles or motives from which any human being acted; while the most minute attention was continually given to what regarded merely the outside. He observed that the omission of every duty towards our fellow-creatures was not only excused, but even to a certain degree admired, provided it was joined with a certain fashionable appearance; while the most perfect probity, or integrity, was mentioned with coldness or disgust, and frequently with open ridicule,

if unconnected with a brilliant appearance. As to all
the common virtues of life, such as industry, economy,
a punctuality in discharging our obligations, or keeping
our words, these were qualities which were treated as
fit for none but vulgar. Mr. Barlow, he found, had been
utterly mistaken in all the principles which he had
ever inculcated. 'The human species,' Mr. Barlow used
to say, 'can only be supplied with food and necessaries
by a constant assiduity in cultivating the earth, and
providing for their mutual wants. It is by labour that
every thing is produced: without labour, these fertile
fields, which are now adorned with all the luxuriance
of plenty, would be converted into barren heaths or
impenetrable thickets; these meadows, now the support
of a thousand herds of cattle, would be covered with
stagnated waters, that would not only render them unin-
habitable by beasts, but corrupt the air with pestilen-
tial vapours; and even these innumerable flocks of
sheep, that feed along the hills, would disappear
immediately on the cessation of that cultivation, which
can alone support them, and secure their existence. For
this reason, labour is the first and most indispensable
duty of the human species, from which non one can have
a right entirely to withdraw himself.' - But however
true might be these principles, they were so totally
inconsistent with the conduct and opinion of Tommy's
new friends, that it was not possible for him long to
remember their force.[605] He had been nearly a month
with a few young gentlemen and ladies of his own rank;
and, instead of their being brought up to produce any
thing useful, he found that the great object of all
their knowledge and education was only to waste, to
consume, to destroy, to dissipate, what was produced by
others: he even found, that this inability to assist
either themselves or others seemed to be a <u>merit</u> upon
which every one valued himself extremely:
so that an individual who could not exist without
having two attendants to wait upon him was superior to
him that had only one; but was obliged in turn to yield
to another who required four. And, indeed, this new
system seemed much more easy than the old one: for,
instead of giving himself any trouble about his manners
or understanding, he might with safety indulge all his
caprices; give way to all his passions; be humorsome,
haughty, unjust, and selfish to the extreme; he might
be ungrateful to his friends, disobedient to his parents,
a glutton, an ignorant blockhead; in short, every thing
which to plain sense appears most frivolous or contemptible; without incurring the least imputation, provided
his hair hung fashionably about his ears, his buckles
were sufficiently large, and his politeness to the
ladies unimpeached."[606]

Tommy war also in eine Erziehungssituation gekommen,
in der er erneut umlernte, weil er ständig für nutzlo-

ses Verhalten verstärkt wurde. Der Beifall, den er für
sein neues angepaßtes Verhalten erhielt, erfüllte ihn
mit Selbstvertrauen;607 "the repeated assurance which
he received that he was indeed a little prodigy, began
to convince him that he really was so",608 und so lernte
er, "that nothing spoils the face more than intense
reflection."609

Tommy war also erneut determiniert, nichts zu lernen,
und eben diese Situation machte ihn immer schwächer,
das heißt, empfänglicher in bezug auf die Belohnungen,
die er für nutzloses Verhalten empfing. Eine Gegendetermination wurde wirksam; er vergaß "useful knowledge"
(die Nützlichkeit dieses Wissens bestätigte sich in der
neuen Umgebung nicht, ja, "reflections", die das Aussehen beeinträchtigten, erwiesen sich als schädlich, und
somit "he wisely determined to forget it"609), und seine
Motivation für den Erwerb von "useful knowledge" wurde
ausgeschaltet; denn solche Motivation ist nur dann
realisiert, wenn der Lernende erfährt bzw. erkennt, daß
er mit Wissensdefiziten Nachteile erfährt bzw. Unbequem-
lichkeiten (troubles) auf sich nehmen muß.610

Harry - unter "natürlichen" Lernbedingungen aufwach-
send - erfuhr bzw. erkannte im alltäglichen Umgang mit
der Natur, mit der Notwendigkeit, (selbst) primäre
Lebensbedürfnisse befriedigen zu müssen, daß der Erwerb
von "useful knowledge" Voraussetzung dafür ist, daß man
Notsituationen vermeiden bzw. beseitigen kann. Tommy -
in der neuen (alten) Bequemlichkeit, abgeschirmt von
den lebenserhaltenden und damit -notwendigen Verrichtun-
gen - benötigte kein Wissen mehr, um eine ihn befriedi-
gende Situation herzustellen, und so wurde seine Lernmo-
tivation geschwächt, da er die Nützlichkeit von Wissen
nicht mehr erfuhr. Sein Leben und seine Vergnügungen
wurden auch ohne Arbeit, ohne die Anwendung von "useful
knowledge" gesichert; er erlebte keine Nachteile in der
Folge von Wissensdefiziten, und so war er nicht (mehr)
motiviert, solche Defizite zu reduzieren bzw. zu beseitigen.

Damit hat DAY seine Lern- (und Erziehungs-)Theorie
implizit auch über ("moderne") empirisch bewährte moti-
vationspsychologische (bzw. verhaltenstheoretische)
Erkenntnisse fundiert: Der Mensch ist dann zu spezifischem Verhalten - zum Beispiel Lernen bzw. Wissenserwerb
und -festigung - motiviert, wenn er eine Diskrepanz
zwischen seiner Ist- und Soll-Lage perzipiert. Solche
Diskrepanzen, die sich in erlebter Unsicherheit und
Unzufriedenheit, in erlebtem Mißvergnügen und Unglück
repräsentieren,611 motivieren zur Realisation Diskrepanzen vermeidenden oder reduzierenden Verhaltens612 bzw. zum
Erwerb von Wissen, über das entsprechendes Verhalten so
fundiert werden kann, daß es schließlich als effektives
im Hinblick auf Diskrepanz-Vermeidung oder -Reduktion
eingeschätzt wird.613

Mit diesen Hinweisen schließen wir die Darstellung
der DAYschen Pädagogik ab; ihre zentralen Elemente
dürften hinreichend gekennzeichnet und erläutert sein,
so daß es sich erübrigt, auf weitere Einzelheiten des
Erziehungsromans "The History of Sandford and Merton"
einzugehen. Uns geht es hier - wie bereits wiederholt
betont - um Grundsätzliches, um die Darstellung der
zentralen Entwicklungslinien der empirischen (empiri-
tisch-utilitaristischen) Pädagogik der englischen
Aufklärungsphilosophie des 18. Jahrhunderts, nicht um
die umfassende Darstellung und Analyse einzelner Bücher.
"Sandford and Merton" ist - dies dürfte bereits durch
das hier vorliegende Referat deutlich geworden sein -
voller empirisch gut bewährter lern- und erziehungspsy-
chologischer Einsichten bzw. Erkenntnisse und damit ein
wichtiges Dokument für die Entwicklung der empirischen,
genauer: empiristisch-utilitaristischen Pädagogik - für
deren wissenschaftliche (scientific) Fundierung und
moralische Ausrichtung, die ihrerseits wissenschaftlich
(über eine "moral science") zu begründen versucht
wurde. Ganz speziell ist die DAYsche Pädagogik eine
repräsentative, gleichwohl eigenständige Ausprägung der
lunatischen Pädagogik. Lunatisch war DAY insonderheit
als empiristisch-utilitaristischer Pädagoge, eigenständig als - allerdings auch kritischer - Schüler ROUSSEAUs.
Der Einfluß ROUSSEAUs ist zwar bei allen lunatischen
Pädagogen feststellbar, in besonderem Maße jedoch bei
DAY.614 - ROUSSEAUs Erziehungsroman "Emile" hat großen
Einfluß auf die Pädagogik gehabt; in Darstellungen zur
Geschichte der Pädagogik nimmt ROUSSEAU stets eine
bedeutsame Position ein. Der DAYsche Erziehungsroman
"The History of Sandford and Merton" hat keinen (großen)
Einfluß auf die Pädagogik gehabt, folgt man den Darstel-
lungen zur Geschichte der Pädagogik, wo DAY nur selten
(und in deutschen Darstellungen, soweit wir wissen,
überhaupt nicht) erwähnt wird. Die Nichtbeachtung des
Pädagogen DAY halten wir für wenig begründet, für
unproduktiv; seine Beachtung halten wir für nützlich,
gehört er doch zu den wichtigen Mitbegründern und
Repräsentanten der empiristischen Pädagogik - einer
Pädagogik allerdings, die als auch dezidiert utilitaristische anscheinend nach wie vor mehr der Ver- als
Beachtung für wert gehalten wird, so daß es geradezu
als selbstverständlich erscheint, daß auch DAY mit
PRIESTLEY, E. DARWIN, den EDGEWORTHs, BENTHAM, JAMES
MILL etc. etc. in die historische Vergessenheit geriet,
. die aufzuheben wir uns mit den "Philosophischen Studien
zur Geschichte der empirischen Pädagogik" zum Ziele
gesetzt haben.
    Mit der Behandlung der DAYschen Pädagogik ist die
Darstellung der empiristisch-utilitaristischen Pädagogik
bzw. Erziehungswissenschaft der Lunatiker, die zum
Hauptrepräsentanten der empiristischen Aufklärungspädagogik des 18. Jahrhunderts in England und Auch-Lunatiker
JOSEPH PRIESTLEY in sehr enger Beziehung standen,
abgeschlossen.

Anmerkungen

1 Vgl. hierzu vor allem: H.C. Bolton, The Lunar
Society, or The Festive Philosophers of Birmingham
One Hundred Years Ago. In: H.C. Bolton (ed.),
Scientific Correspondence of Joseph Priestley. New
York 1892 (Reprint: New York 1969). S. 194 - 219;
R.E. Schofield. The Lunar Society of Birmingham.
A Social History of Provincial Science and Industry
in Eighteenth-Century England. Oxford 1963. (Dieses
Buch ist das Ergebnis der bisher wohl umfassendsten
und gründlichsten Untersuchung über die Lunar
Society.) Eine knappe illustrative Schilderung
bietet P. Ritchie-Calder, Ein Elitezirkel vor 200
Jahren: Die Lunar Society von Birmingham. In:
Spektrum der Wissenschaft (1982)8. S. 102 - 111,
und Homyard beschreibt die Position der Lunar So-
ciety (und ihrer wichtigsten Mitglieder) in "John-
son's England" (E. Homyard, Science, Mathematics,
and Astronomy. In: A.S. Turberville (ed.), Johnson's
England. An Account of the Life & Manners of his
Age. Vol. II. Oxford 1933. Insbs. S. 244 f.).
Zahlreiche detaillierte Hinweise finden sich
weiterhin in: D. King-Hele (ed.), The Letters of
Erasmus Darwin. Cambridge 1981.
2 Zur Pädagogik der Lunar Society vgl. bereits: L.
Rössner, Die Pädagogik des englischen Experimentalphilosophen Joseph Priestley. Philosophische
Studien zur Geschichte der empirischen Pädagogik
III. Frankfurt a.M.-Bern-New York 1986. S. 50 - 72
und S. 111 - 119; L. Rössner, Die Pädagogik des
Lunatikers Erasmus Darwin. Ein Beitrag zur Geschichte der empirischen Pädagogik. Braunschweiger
Studien zur Erziehungs- und Sozialarbeitswissenschaft. Band 13. Braunschweig 1984. S. 29 - 35.
3 Vgl. oben Abschnitt 2.1.
4 1826 wurde sogar speziell eine "Society for the
Diffusion of Useful Knowledge" gegründet, die ab
1831 (für fünf Jahre) auch "The Quarterly Journal
of Education" publizierte. Diese Gesellschaft
wurde speziell von den Utilitaristen unterstützt.
Vgl. M. Vaughan, M.S. Archer, Social conflict and
educational change in England and France 1789 -
1848. Cambridge 1971. S. 39 et passim.
5 Wir geben hier nur eine sehr knappe Charakterisierung.
Im übrigen sei auf die in den Anmerkungen 1 und 2
angegebene Literatur verwiesen sowie auf einschlägige Ausführungen, die im folgenden im Zusammenhang
mit der Behandlung der "lunatischen Pädagogen" gemacht werden.
6 F.W. Gibbs, Joseph Priestley. Adventurer in Science and Champion of Truth. London-Edinburgh 1965.
S. 140 f.

7 Ritchie-Calder, Ein Elitezirkel vor 200 Jahren.
a.a.O. (Anm. 1). S. 108 f.
8 Vgl. E. Darwin, A Plan for the Conduct of Female
Education in Boarding Schools. Derby 1797. Reprint:
Yorkshire, England-New York, USA 1968. - Die
erziehungswissenschafts-historische Rolle Erasmus
Darwins ist, wie gesagt, mehr oder minder marginal;
denn es finden sich in der Literatur schon einige
Hinweise auf ihn als Pädagogen. So wird er in dieser
Rolle in Zusammenhang mit Priestley, Edgeworth,
Day u.a. von Simon erwähnt (vgl. B. Simon, Studies
in the History of Education 1780 - 1870. London
1969⁴. S. 50 ff., S. 55 f.); etwas ausführlicher
geht Gardiner auf den "Plan" ein und hebt seine
Progressivität hervor (vgl. D. Gardiner, English
Girlhood at School. A Study of Women's Education
through twelve Centuries. London 1929. S. 347 f.
et passim). Logan kommt in seiner Darstellung
(vgl. J.V. Logan, The Poetry and Aesthetics of
Erasmus Darwin (1936). Reprint: New York 1972) auf
Darwins Pädagogik lediglich hin und wieder implizit
zu sprechen (vgl. zum Beispiel S. 40 f.), obwohl
dies auch unter dem Aspekt der Loganschen Thematik
nahegelegen hätte. und obwohl Logan die empirisch
(-experimentelle) Physiologische Psychologie
Darwins sehr ausführlich referiert und analysiert
(vgl. speziell S. 21 - 45). Noch auffälliger ist
jedoch die Vernachlässigung der Darwinschen Pädagogik in allgemeineren Biographien. Pearson geht in
seiner Darwin-Biographie nur äußerst kurz auf den
Pädagogen Darwin ein (vgl. H. Pearson, Doctor Darwin. New York 1930. S. 147 f.), und gleiches gilt
für King-Heles Biographie (vgl. D. King-Hele,
Erasmus Darwin. London 1962. S. 36 f.). In seiner
Edition von Darwin-Schriften widmet sich King-Hele
jedoch dem "Plan" differenziert. Bezeichnenderweise wird die Besprechung allerdings mit dem folgenden Satz eingeleitet: "As a pleasant introduction
to Darwin's weightier works, we have his little
book A Plan for the Conduct of Female Education in
Boarding Schools (1797)." (D. King-Hele (ed.), The
Essential Writings of Erasmus Darwin. London 1968.
S. 51; vgl. weiterhin S. 51 - 60 sowie S. 17).
9 Eine marginale Position Erasmus Darwins in erzie-
hungswissenschafts-historischer Hinsicht ist u.E.
noch heute diagnostizierbar; eine Marginalität
seiner wissenschafts-historischen Position insgesamt war ebenfalls für lange Zeit feststellbar,
ist jedoch seit etwa 50 Jahren im Abbau begriffen.
(Er war lange "der von einer undankbaren Nachwelt
vergessene," heißt es bei Brandl, der wohl als einer der ersten in diesem Jahrhundert wieder auf
Erasmus Darwin aufmerksam machte. Vgl. L. Brandl,

Erasmus Darwin, ein englischer Naturdichter des
18. Jahrhunderts. In: Germanisch-Romanische Monats-
hefte 1 (1909). S. 623.) Zu der mehr als hundertjäh-
rigen Kaum-Beachtung Erasmus Darwins und seines
Werkes mag sehr beigetragen haben, daß er der
Großvater des hoch berühmten Charles Robert Darwin
(1809 - 1882) war, der - mit Sicherheit ungewollt!
- seinen von ihm verehrten Großvater im wissenschafts-historischen Schatten verschwinden ließ,
ja ihn in die Position der Mittelmäßigkeit drängte
("the greater figure of his grandson Charles has
almost obscured this bulky giant" (N. Barlow,
Erasmus Darwin, F.R.S. In: Notes and Records of
the Royal Society of London 14(1959). S. 85)), eine Tatsache, die zum Beispiel zur Fundierung
folgender bemerkenswerter Theorie herangezogen
wurde: Es "trifft ... die Beobachtung zu, daß die
Natur augenscheinlich das Genie nicht auf den
ersten Blick zustandebringt. Ein Geschlecht pflanzt
sich durch Mittelmäßigkeiten fort, bis es endlich
einmal plötzlich einen recht ungewöhnlichen Menschen erzeugt. Aber erst die nächste Generation,
der Sohn erst wird zum wahrhaften Genie. Man denke
an Darwins Vater ..." (H.W. Singer, Dante Gabriel
Rossetti. Die Kunst. Band 41. Berlin o.J. S. 4.)
Noch 1962 traf Crowther die Feststellung "Erasmus
Darwin occupied a leading place in the ideological
development of the new industrial age by his own
achievements, but his historical significance, like that of Wedgwood, has been enhanced through being a grandfather of Charles Darwin" (J.G. Crowther,
Scientists of the Industrial Revolution. London
1962. S. 254; vgl. auch: King-Hele, Erasmus Darwin.
a.a.O. (Anm. 8). S. 3; C.D. Darlington, Darwin's
Place in History. Oxford 1959. S. 63), aber diese
Feststellung ist, wie gesagt, so nicht mehr zutreffend; denn es hat eine Reaktualisierung des Werkes
von Erasmus Darwin stattgefunden - speziell jedoch
in naturwissenschaftlicher Hinsicht! Vgl. dazu zusammenfassend: I. Primer, Erasmus Darwin's Temple
of Nature: Progress, Evolution, and the Eleusinan
Mysteries. In: Journal of the History of Ideas 25
(1964). S. 58 f. Zur Neubewertung der naturwissenschaftlichen Theorien Darwins vgl. neben Primers
Arbeit zum Beispiel auch: J. Harrison, Erasmus
Darwin's View of Evolution. In: Journal of the History
of Ideas 32(1971)1; R.N. Ross, "To Charm Thy
Curious Eye": Erasmus Darwin's Poetry at the
Vestibule of Knowledge. In: Ebenda.

10 Vgl. zum vorliegenden Abschnitt bereits: Rössner, Die
Pädagogik des Lunatikers Erasmus Darwin. a.a.O.
(Anm. 2).

11 In unserer Darwin-Biographie (wie auch im 2. und

3. Unterabschnitt) weisen wir - von Zitaten abgesehen - nicht jede Einzelheit nach. Wir haben uns u.a. auf folgende (biographischen) Schriften gestützt: L. Stephen, Darwin, Erasmus. In: The Dictionary of National Biography. From the Earliest Times to 1900. Volume V. Oxford 1882 ff. (Reprint: Oxford 1949 f.). S. 534 - 537; Ch. Darwin, Preliminary Notice: Life of Erasmus Darwin. In: E. Krause, Erasmus Darwin. London 1879. S. III f., S. 1 - 127; Pearson, Doctor Darwin. a.a.O. (Anm. 8); King-Hele, Erasmus Darwin. a.a.O. (Anm. 8), speziell S. 13 - 45; King-Hele, The Essential Writings of Erasmus Darwin. a.a.O. (Anm. 8). S. 13 - 50; Logan, The Poetry and Aesthetics of Erasmus Darwin. a.a.O. (Anm. 8), speziell S. 1 - 20; M. Ashmun, The Singing Swan. An Account of Anna Seward and Her Acquaintance with Dr. Johnson, Boswell, & Others of Their Time. New Haven etc. 1931. S. 10 - 13 et passim; Crowther, Scientists of the Industrial Revolution. a.a.O. (Anm. 9). S. 254 - 266 et passim.

12 E. Darwin in einem Brief an Dr. Okes (1754). Zitiert nach: Ch. Darwin, Preliminary Notice. a.a.O. (Anm. 11). S. 14.

13 Ebenda S. 4.

14 Diese Kennzeichnung ist durchaus zutreffend und gilt nicht nur für den Lunatiker Erasmus Darwin, sondern allgemein für die Wissenschaftler und Technologen des 18. Jahrhunderts in England. Vgl. hierzu: I.B. Cohen, The Eighteenth-Century Origins of the Concept of Scientific Revolution. In: Journal of the History of Ideas XXXVII (1976). Speziell S. 284 - 288.

15 Pearson, Doctor Darwin. a.a.O. (Anm. 8). S. 85. (Das Zitat stammt aus: E. Meteyard, The Life of Josiah Wedgwood from his Private Correspondence and Family Papers. Vol. I. London 1865 (Neuausgabe: London 1970). S. 403.) - Vgl. auch die ausführliche Beschreibung des Arztes Erasmus Darwin in Chapter X der Pearson-Biographie, die übrigens zahlreiche interessante Informationen über den Menschen, Wissenschaftler und Poeten Erasmus Darwin enthält, die aus nicht publizierten Materialien gewonnen wurden. Pearson hatte zu solchen Quellen Zugang; denn er ist ein "Lunar-Society-Abkömmling": "Three of the members - Erasmus Darwin, James Keir, and Samuel Galton - were my great - (three times) grandfathers, which accounts for the fact that I have had access to unpublished material" (ebenda S. VIII).

16 So R.W. Lightbown in: Introduction zur 1970-Ausgabe von Meteyards Life of Josiah Wedgwood. o.S.

17 Meteyard, The Life of Josiah Wedgwood. a.a.O. (Anm. 15). S. 404.

18 Pearson, Doctor Darwin. a.a.O. (Anm. 8). S. 174 f.

19 Pearson (ebenda S. 95) vermerkt: "Their (Wedgwood's and Darwin's) friendship indeed was epoch-making. For the potter's daughter, Susannah, married the doctor's son, Robert, and the result of their union was Charles Darwin."

20 King-Hele, Erasmus Darwin. a.a.O. (Anm. 8). S. 26 f.

21 Pearson, Doctor Darwin. a.a.O. (Anm. 8). S. 154.

22 H.P.B.S., Preface zu: Darwin, A Plan for the Conduct of Female Education ... a.a.O. (Anm. 8). S. III.

23 Ch. Darwin, Preliminary Notice. a.a.O. (Anm. 11). S. 88.

24 Pearson, Doctor Darwin. a.a.O. (Anm. 8). S. 154.

25 Ebenda S. 8 f.

26 Crowther, Scientists of the Industrial Revolution. a.a.O. (Anm. 9). S. 258 f.

27 Darwin wurde und blieb ein mäßig konsequenter Anti-alkoholiker ("He was a strong advocate of temperance, and for many years an almost total abstainer. He confined himself to English wines, possibly to minimise the temptation to excess." (Stephen, Darwin, Erasmus. a.a.O. (Anm. 11). S. 535.)), machte jedoch aus diesem Standpunkt - seinem Charakter gemäß - keine Weltanschauung. In seiner Werbung für "temperance" muß er aber recht erfolgreich gewesen sein: "Maria Edgeworth reported that most of the gentry in his own and neighbouring counties became water-drinkers." (King-Hele, Erasmus Darwin. a.a.O. (Anm. 8). S. 33.)

28 Crowther, Scientists of the Industrial Revolution. a.a.O. (Anm. 9). S. 258.

29 Vgl. zu M.A. Schimmelpenninck und ihrer Beziehung zu Darwin im einzelnen: Pearson, Doctor Darwin. a.a.O. (Anm. 8). Chapter VIII.

30 Zitiert nach ebenda S. 134 f.

31 Das Essen war für Erasmus Darwin - so wird immer wieder über ihn berichtet - eine wichtige und vergnügliche Tätigkeit, die er auch allen anderen Menschen zum Zwecke ihrer Gesunderhaltung nachdrücklich empfahl ("He genuinely believed that heavy eating promoted good health" (King-Hele, Erasmus Darwin. a.a.O. (Anm. 8). S. 34)). Nach M.A. Schimmelpenninck leitete er seine Definition des Menschen mit dem Satz "Man is an eating animal ..." ein (zitiert nach: Pearson, Doctor Darwin. a.a.O. (Anm. 8). S. 142), und dies war offensichtlich nicht nur so dahingesagt, zumal er sich erinnerte, "that in the Middle Ages Erasmus was the patron of the abdomen". (King-Hele, Erasmus Darwin. a.a.O. (Anm. 8). S. 34.) Er selbst jedenfalls befolgte seine Empfehlung intensiv, wie M.A. Schimmelpenninck zu berichten weiß: "With ... various ... anekdotes, did Dr. Darwin beguile the time whilst the dishes in his vicinity were rapidly emptied; but what was my astonishment when, at the end of the three hours during

which the meal had lasted, he expressed his joy at
hearing the dressing-bell, and hoped dinner would
soon be announced." (Zitiert nach: Pearson, Doctor
Darwin. a.a.O. (Anm. 8). S. 136; zu weiteren diesbezüglichen situativ variierten Einzelheiten vgl.
ebenda S. 135, S. 233 sowie King-Hele, Erasmus Darwin. a.a.O. (Anm. 8). S. 34.)

32 King-Hele, Erasmus Darwin. a.a.O. (Anm. 8). S. 29 f.

33 Barlow, Erasmus Darwin. a.a.O. (Anm. 9). S. 85.

34 Ritchie-Calder, Ein Elitezirkel vor 200 Jahren. a.
a.O. (Anm. 1). S. 105.

35 Crowther, Scientists of the Industrial Revolution.
a.a.O. (Anm. 9). S. 262.

36 King-Hele, Erasmus Darwin. a.a.O. (Anm. 8). S. 16.

37 M.A. Schimmelpenninck, zitiert nach: Pearson,
Doctor Darwin. a.a.O. (Anm. 8). S. 135.

38 Alle Biographien oder auch kürzere Darwin-Beschrei-
bungen sind voll von Anekdoten über ihn. Vgl. hierzu vor allem: Pearson, Doctor Darwin. a.a.O. (Anm.
8). Chapter III.

39 Crowther, Scientists of the Industrial Revolution.
a.a.O. (Anm. 9). S. 259.

40 Vgl. Ritchie-Calder, Ein Elitezirkel vor 200 Jahren
a.a.O. (Anm. 1). S. 105; Ch. Darwin, Preliminary
Notice. a.a.O. (Anm. 11). S. 40.

41 Bolton, The Lunar Society. a.a.O. (Anm. 1). S. 205.

42 Vgl. hierzu zum Beispiel: Pearson, Doctor Darwin.
a.a.O. (Anm. 8). S. 16; King-Hele, Erasmus Darwin.
a.a.O. (Anm. 8). S. 16.

43 Darwin war allseits sehr beliebt; auch seine unortho-
doxen wissenschaftlichen und religiösen Auffassungen
- wir kommen darauf zu sprechen - wurden zumindest
bis 1790 auch seitens konservativer Kreise toleriert.
(Vgl. hierzu: N. Garfinkle, Science and Religion in
England, 1790 - 1800. The Critical Response to the
Work of Erasmus Darwin. In: Journal of the History
of Ideas XVI(1955).) - Darwin hatte wohl nur einen
bedeutsamen Gegner (nicht Feind), nämlich den
berühmten und umstrittenen Dr. Samuel Johnson (1709
- 1784), und zwar aus gutem Grunde: Darwin war für
Johnson eine beachtenswerte Konkurrenz. Johnson
"and Darwin took a hearty dislike to each other,
each being accustomed to dominate the company they
were in, and each refusing to defer to the other"
(Crowther, Scientists of the Industrial Revolution.
a.a.O. (Anm. 9). S. 259). Der gebürtige Lichfiel-
der, Johnson, und der Patriarch von Lichfield,
Darwin, "worthy to fill the gap left by Johnson's
departure twenty years before, and to preserve
Lichfield's reputation as the home of tyrannical
talkers" (King-Hele, Erasmus Darwin. a.a.O. (Anm.
8). S. 16), waren sich in mancher Hinsicht wohl zu
ähnlich, um einander recht zu mögen, weshalb sie
auch Zusammentreffen vermieden, wenn Johnson bei

den Sewards in Lichfield zu Gast war. "It is a pity," schreibt Erasmus-Enkel Charles Robert, "that Dr. Johnson in his visits to Lichfield rarely met Dr. Darwin; but they seem to have disliked each other cordially, and to have felt that if they met they would have quarrelled like two dogs" (Ch. Darwin, Preliminary Notice. a.a.O. (Anm. 11). S. 40 f.). Offensichtlich war Johnson "none too pleased to find a sage as weighty and positive as himself in possession of the field, especially since Darwin was unconventional enough to despise both Christianity and alcoholic drink" (King-Hele, The Essential Writings of Erasmus Darwin. a.a.O. (Anm. 8). S. 15); Johnson "must have been a little chagrined to find in this obscure provincial town a sage ... as little inclined to yield in argument, whose 'powers of wit, satire and peculiar humour ... gained him strong ascendancy in private society' (R.L. Edgeworth)" (King-Hele, Erasmus Darwin. a.a.O. (Anm 8).S. 23). (Weitere Hinweise zum gespannten, aber zumindest für den Außenstehenden durchaus amüsanten Verhältnis zwischen Erasmus Darwin und Samuel Johnson finden sich u.a. in: Pearson, Doctor Darwin. a.a.O. (Anm. 8). S. 9, S. 19 - 22, S. 98.)

44 Vgl. auch: R.L. Edgeworth, Memoirs. Begun by Himself and Concluded by his Daughter Maria Edgeworth. Vol. I. London 1820. S. 164.

45 Ch. Darwin, Preliminary Notice. a.a.O. (Anm. 11). S. 34 ff.; vgl. auch: Pearson, Doctor Darwin. a.a.O. (Anm. 8). S. 32 f. und King-Hele, The Essential Writings of Erasmus Darwin. a.a.O. (Anm. 8). S. 43 f.

46 Pearson, Doctor Darwin. a.a.O. (Anm. 8). S. 32.

47 Zitiert nach ebenda S. 33 (vgl. auch den Anmerkung 18 korrespondierenden Text).

48 Ebenda S. 33 f.

49 Ebenda S. 34.

50 King-Hele, Erasmus Darwin. a.a.O. (Anm. 8). S. 17.

51 Wenn Nicolson von Johnson sagt, daß "dessen Gestalt rittlings auf dem achtzehnten Jahrhundert thront" (H. Nicolson, Das Zeitalter der Vernunft. Wien-München-Basel 1961. S. 366), so gilt dies wohl auch für Erasmus Darwin, dessen "Geistesblitze ... mit Donnergrollen auf die Nachwelt niedergehen sollten" (N.N., Darwin. Ein Mord wird gestanden. In: Der Spiegel 16(1962)52. S. 55 f.) wie Johnsons "Aussprüche ... durch die Jahrhunderte wie das Donnern ferner Geschütze (hallen)" (Nicolson, Das Zeitalter der Vernunft. o.a. S. 378).

52 Vgl. hierzu zusammenfassend: Rössner, Die Pädagogik des englischen Experimentalphilosophen Joseph Priestley. a.a.O. (Anm. 2). S. 10 - 15.

53 L. Stephen, The English Utilitarians. Vol. I: Jeremy Bentham. London 1900. S. 66.

54 Schofield, The Lunar Society of Birmingham. a.a.O.
   (Anm. 1). S. 203.
55 Barlow, Erasmus Darwin. a.a.O. (Anm. 9). S. 88.
56 Bolton, The Lunar Society. a.a.O. (Anm. 1). S. 195.
57 Crowther, Scientists of the Industrial Revolution. a.
   a.O. (Anm. 9). S. 153.
58 Darwins sehr angesehener Londoner Kollege Dr.
   Warren bezeichnete ihn als "the greatest physician
   in the world" (vgl. u.a. Pearson, Doctor Darwin.
   a.a.O. (Anm. 8). S. 181). "As the years passed and
   Darwin's experience grew, so did his fame as a doctor" (King-Hele, Erasmus Darwin. a.a.O. (Anm. 8).
   S. 28); "Darwin's fame as a doctor became prodigious
   ..., and patients came from all over the country
   and from the Continent" (ebenda S. 32). Vgl. weiterhin Anmerkung 15 und korrespondierenden Text.
59 Pearson, Doctor Darwin. a.a.O. (Anm. 8). S. 86.
60 Crowther, Scientists of the Industrial Revolution.
   a.a.O. (Anm. 9). S. 254.
61 Vgl. bereits Anmerkungen 8 und 9.
62 Barlow, Erasmus Darwin. a.a.O. (Anm. 9). S. 85.
63 E. Gosse, A History of Eighteenth Century Literature
   (1660 - 1780). London (1889) 1930. S. 328. - Einen
   differenzierten Überblick über die - unterschiedlich
   interpretierte - wissenschaftshistorische Position
   E. Darwins im Rahmen der Entwicklung des Darwinis-
   mus in Europa bietet: F. Mondella, La teoria dell'
   evoluzione e l'opera di Charles Darwin. In: L. Geymonat, Storia del pensiero filosofico e scientifico.
   Volume quinto: Dall'Ottocento al Novecento. Milano
   1975^3.
64 Vgl. Anmerkung 8.
65 Eine Übersicht über weitere Schriften Darwins
   bieten u.a.: King-Hele, The Essential Writings of
   Erasmus Darwin. a.a.O. (Anm. 8). S. 205 und Logan,
   The Poetry and Aesthetics of Erasmus Darwin. a.a.O.
   (Anm. 8). S. 152 ff. Es erscheint uns in unserem
   thematischen Zusammenhang nicht notwendig, auf
   diese detaillierter hinzuweisen.
66 Eine genaue Übersicht über die Ausgaben bietet:
   Logan, The Poetry and Aesthetics of Erasmus Darwin.
   a.a.O. (Anm. 8). S. 150 ff. - Die einzige in diesem
   Jahrhundert erschienene Werk-Auswahl hat King-Hele
   herausgegeben (The Essential Writings of Erasmus
   Darwin. a.a.O. (Anm. 8)); Hassler hält diese Auswahl
   (King-Hele "only anthologizes little snippets of
   verse") für wenig geglückt (vgl. D.M. Hassler, The
   Comedian as the Letter D: Erasmus Darwin's Comic
   Materialism. The Hague 1973. S. 81); gleichwohl
   bietet diese (kommentierte) Auswahl einen hinreichend
   umfassenden Überblick, und sie gibt zahlreiche
   Hinweise auf die philosophisch-wissenschaftliche
   Position Erasmus Darwins, speziell auf den Arzt,
   Biologen, Pädagogen, ... Darwin.

67 Der Poet Erasmus Darwin war und ist sehr umstritten.
Schirmer hält Darwins Dichtung "bei aller Fortschritt-
lichkeit des Inhalts" schlicht für einen "Geschmacks-
irrtum" (W. Schirmer, Kurze Geschichte der englischen Literatur. Von den Anfängen bis zur Gegenwart.
Halle a.S. 1945. S. 186), während ihn der Lunatiker-
Freund R.L. Edgeworth für einen überragenden, ja,
den größten Dichter überhaupt hielt. 1790 schrieb
Edgeworth an Darwin: "I have felt such continued,
such increasing admiration in reading the 'Loves of
the Plants', that I dare not express my enthusiasm,
lest you should suspect me of that tendency to
exaggeration, with which you used to charge me. I
may, however, without wounding your delicacy, say,
that it has silenced for ever the complaints of
poets, who lament that Homer, Milton, Shakespeare,
and a few classics, had left nothing new to describe,
and that elegant imitation of imitations was all
that could be expected in modern poetry. I have
seen nobody since it has been published, except my
own family; and amongst my domestic critics, who
are not readily pleased, I hear nothing but praise
and congratulation. To have my name in a note is,
in my opinion, to have it immortal." (Edgeworth,
Memoirs. Vol. II. a.a.O. (Anm. 44). S. 131.) Aber
auch bei den Zeitgenossen herrschte keineswegs
Übereinstimmung, wie zum Beispiel ein Brief William
Godwins an seinen Schwiegersohn P.B. Shelley belegt.
Dort heißt es: "You have what appears to me a false
taste in poetry. You love a perpetual sparkle and
glitterung, such as to be found in Darwin ..." (Zitiert nach: D. Locke, A fantasy of reason. The life
and thought of William Godwin. London-Boston-Henly
1980. S. 251.) – Auf jeden Fall war "Dr. Darwin's
fame as a great Poet short-lived" (Barlow, Erasmus
Darwin. a.a.O. (Anm. 9). S. 91) – der Geschmack än-
derte sich, wie Erasmus-Enkel Charles Robert vermu-
tete: "Notwithstanding the former high estimation
of his poetry by men of all kinds in England, no
one of the present generation reads, as it appears,
a single line of it. So complete a reversal of
judgment within a few years is a remarkable phenomenon." (Ch. Darwin, Preliminary Notice. a.a.O. (Anm.
11). S. 95.) Darwins Dichtung blieb jedoch andererseits ein interessantes Phänomen, das bis in die
Gegenwart hinein literaturwissenschaftliche und
-philosophische Analysen und Reflexionen veranlaßte.
Wir wollen hier nicht auf Einzelheiten eingehen; es
sei nur darauf hingewiesen, daß Darwin – "the poet
of the decadence" (Gosse, A History of Eighteenth
Century Literature. a.a.O. (Anm. 63). S. 10), "the
typical example of ... decadent literature" (L. Cazamian, Modern Times (1660 – 1963). In: E. Legouis

et al., A History of English Literature. London
1964. S. 960) – mit seiner poetischen Darstellung
wissenschaftlicher Theorien bzw. Lehren zum einen
einem Zeitgeschmack entgegenkam (vgl. ebenda), auf
auf den er auch aus didaktischen Gründen Rücksicht
nahm, und zum anderen mit der Verbindung von Poesie
und Wissenschaft (Philosophie) seine Auffassung von
Wissenschaft repräsentierte. – Darwin verfolgte "a
didactic versification of scientific ideas" (Primer,
Erasmus Darwin's Temple of Nature. a.a.O. (Anm. 9).
S. 76), er schrieb "Lehrgedichte" ("wobei die
Poesie dann wohl nicht immer zum besten fuhr" (W.
Bölsche, Charles Darwin. Ein Lebensbild. Leipzig 1898.
S. 19 f.)); der "technical poet" (A.H. Thompson, A
History of English Literature, and of the Chief
English Writers, Founded upon the Manual of Thomas
B. Shaw. London 1903[2]. S. 526) verband mit seinen
poetischen "pictures" eine Einladung "to 'the
Generality of Readers' to enter the vestibule which
otherwise would have been closed to them" (Ross,
"To Charm Thy Curious Eye". a.a.O. (Anm. 9). S. 386).
Zugleich aber repräsentierte, wie gesagt, die
poetische Fassung der wissenschaftlichen Aussagen
Darwins Sicht der Natur: "Darwin is choosing to
image the progress of nature by means of a mystery
religion" (E. Sewell, The Orphic Voice. Poetry and
Natural History. New Haven 1960. S. 174). Dichtung
ist philosophischer (wissenschaftlicher) und mytholo-
gischer Ausdruck zugleich (vgl. ebenda S. 176, S.
201 f.); die "mythological method" (vgl. ebenda S.
184, S. 224 f.) – repräsentiert in Dichtung – ist
ein Mittel, Natur in ihrem unabschließbaren Prozeß
angemessen zu interpretieren, sie als ganze zu erfassen (vgl. ebenda S. 176): "Orphic Voice" (vgl.
u.a. ebenda S. 243): "Orpheus is for Darwin the ty-
pe figure of his journey through nature and time,
an evolutionary study of natural forms in the grand
manner. The Orpheus-Eurydice figure which Darwin
gives us ends in failure, but it ties love and life
and death and poetry and power in one, as the motive force behind that journey of exploration" (ebenda
S. 251). – Auf weitere Einzelheiten sei hier, wie
gesagt, nicht eingegangen, auch nicht auf unterschiedliche Aspekte dieser Interpretation der
"didactic poetry", der Lehrgedichte Darwins. Wir
verweisen hier auf Sewells sowie auf Primers o.a.
Schriften und auf Hassler, The Comedian as the Letter D. a.a.O. (Anm. 66), speziell S. 81 ff. Knappe
zusammenfassende Darstellungen der "eigenartigen
Lehrgedichte" Darwins, des "Botanic Garden" und des
"Temple of Nature", und damit zugleich des "umfassenden Weltbildes" Darwins finden sich bei Brandl.
Vgl. die in Anmerkung 9 zitierte Abhandlung sowie:

L. Brandl, Erasmus Darwins Temple of Nature. In:
Wiener Beiträge zur englischen Philologie XVI(1902);
L. Brandl, Erasmus Darwins Botanic Garden. In:
Ebendort XXX(1909).

68 J. Priestley, Heads of Lectures on a Course of Experimental Philosophy, particularly including
Chemistry. London 1794 (Reprint: New York 1970). S.
1. Zur Experimentalphilosophie des 18. Jahrhunderts
(speziell in England) vgl. grundlegend: G. Böhme,
W. v.d. Daele, W. Krohn, Experimentelle Philosophie.
Ursprünge autonomer Wissenschaftsentwicklung.
Frankfurt a.M. 1977; speziell (für unseren Zusammenhang): Rössner, Die Pädagogik des englischen Experimentalphilosophen Joseph Priestley. a.a.O. (Anm.
2). S. 153 - 170.

69 Vgl. bereits den Anmerkung 52 korrespondierenden Text.

70 King-Hele, Erasmus Darwin. a.a.O. (Anm. 8). S. 1.

71 Ebenda S. 3.

72 Ebenda S. 4.

73 Pearson, Doctor Darwin. a.a.O. (Anm. 8). S. 32.

74 Zitiert nach: Ch. Darwin, Preliminary Notice.
a.a.O. (Anm. 11). S. 55 f. (Vgl. auch Pearson, Doctor Darwin. a.a.O. (Anm. 8). S. 201 f.) Darwin gab
diese Charakterisierung anläßlich der ersten Sitzung
der von ihm gegründeten Philosophical Society of
Derby im Juli 1784. - Zur experimentalphilosophischen
Position Darwins vgl. u.a. auch: C. D. Darlington,
Darwin's Place in History. Oxford 1959. S. 12; Barlow, Erasmus Darwin. a.a.O. (Anm. 9). S. 92 f.; Sewell, The Orphic Voice. a.a.O. (Anm. 67). S. 176,
S. 241.

75 Ch. Darwin, Preliminary Notice. a.a.O. (Anm. 11).
S. 48 f. - Thomas Brown (1778 - 1820; schottischer
Philosoph, Assoziationspsychologe) kennzeichnete
(in "Observations on the Zoonomia of Erasmus Darwin",
Edinburgh 1798) Darwins Methode als die des "hypothetical reasoning", "a method", wie McCosh vermerkt,
"carried still further, but with a more carefully
observed body of facts to support it, by his illustrious grandson, Charles Darwin." (J. McCosh, The
Scottish Philosophy biographical, expository,
critical, from Hutcheson to Hamilton. London 1875
(Reprint: Hildesheim 1966). S. 319.) Über die Funktion der Hypothese, des "hypothetical reasoning",
hatte man seinerzeit (u.a. unter den Lunatikern)
bereits sehr klare Vorstellungen entwickelt. So
hatte zum Beispiel Priestley (wir fassen mit Hartog
zusammen) "a clear vision of the value of hypothesis in scientific investigation. Every experiment,
he tells us, in which there is any design, is made
to ascertain some hypotheses, for an hypothesis is
nothing more than a preconceived idea of an event.
An hypothesis absolutely verified ceases to be ter-

med such, and is considered as a fact. Hypotheses lead persons to try a variety of experiments in order to ascertain them, and in these experiments new facts generally arise which serve to correct the hypothesis which gave rise to them. By this method of successive approximations we may hope to discover all the facts and to form a perfect theory of them." (P. Hartog, Joseph Priestley and his Place in the History of Science. In: Proceedings of the Royal Institution of Great Britain. Vol. XXVI (1929-1931). S. 400 f.) Vgl. im einzelnen weiterhin: Rössner, Die Pädagogik des englischen Experimentalphilosophen Joseph Priestley. a.a.O. (Anm. 2). S. 181 - 184 et passim.

76 Popper schließt sich durchaus an Erasmus Darwin an, wenn er sagt (ohne Darwin zu zitieren): Das methodologische Prinzip "ist ein Prinzip, das die Aufstellung von kühnen Hypothesen verlangt, die neue Beobachtungsgebiete aufschließen, anstelle der vorsichtigen Verallgemeinerungen der 'gegebenen' Beachtungen, wie sie (seit Bacon) das Idol der naiven Empiristen sind." (K.R. Popper, Objektive Erkenntnis. Ein evolutionärer Entwurf. Hamburg 1973. S. 384.) " "Die Methode der Wissenschaft ist die Methode der kühnen Vermutungen und der sinnreichen und ernsthaften Versuche, sie zu widerlegen" (ebenda S. 95). "Eine Theorie ist umso kühner, je größer ihr Gehalt ist. Sie ist auch umso riskanter" (ebenda S. 67).

77 Zitiert nach: E. Krause, The Scientific Works of Erasmus Darwin. In: Krause, Erasmus Darwin. a.a.O. (Anm. 11). S. 139 f.; vgl. auch: Crowther, Scientists of the Industrial Revolution. a.a.O. (Anm. 9). S. 254 f. Zu den "extravaganten Theorien" vgl. auch: Garfinkle, Science and Religion in England. a.a.O. (Anm. 43). S. 377.

78 Vgl. (u.a.) K.R. Popper, Science: Conjectures and Refutations. In: Conjectures and Refutations. The Growth of Scientific Knowledge. London 1969[3].

79 Garfinkle, Science and Religion in England. a.a.O. (Anm. 43). S. 377.

80 Ebenda. - Auf Darwin als Evolutionstheoretiker und damit Vorläufer seines Enkels Charles Robert wollen wir hier nicht eingehen; dies führte zu weit von unserem Thema ab, auch wurde diese Position Erasmus Darwins in der Literatur immer wieder behandelt bzw. diskutiert. Vgl. hierzu zusammenfassend u.a.: Harrison, Erasmus Darwin's View of Evolution. a.a.O. (Anm. 9); B. Glass, O. Temkin, W.L. Strauss (eds), Forerunners of Darwin: 1745 - 1859. Baltimore 1968[4]. Außerordentlich interessant und informativ ist hier auch G.B. Shaws Vorwort "Die fünf Dezennien des Unglaubens" zu "Zurück zu Methusalem" ("Back to Methuselah"). "Ein metabiologischer Pentateuch". Zürich 1947.

81 Wedgwood und Darwin "used to discuss Erasmus's many inventions. He designed and constructed the model of a windmill for mixing clay and for grinding colours, for use in Josiah's Pottery works" (Barlow, Erasmus Darwin. a.a.O. (Anm. 9). s. 89). "The construction of canals figured large in the Darwin-Wedgwood correspondence. Dr. Darwin was fascinated by the theory of transport and harnessing of waterways, while Wedgwood knew the practical needs of transport in his Staffordshire pottery. Theory and practice were interwoven in their active lives" (ebenda S. 90; gerade diese Planung und Ausführung eines Kanals für die Midlands dokumentieren Darwins Engagement in der Industriellen Revolution. Vgl. hierzu die ausführliche Beschreibung in: Meteyard, The Life of Josiah Wedgwood. Vol. I. a.a.O. (Anm. 15). S. 406 – 437). Darwins "innate mechanical inventiveness was in tune with the current philosophy of a mechanically organized universe ... His Commonplace Book reflects his mind seething with ideas, frivolous, as well as useful" (vgl. hierzu Darwins zeichnerische Entwürfe, teilweise wiedergegeben in: King-Hele, The Essential Writings of Erasmus Darwin. a.a.O. (Anm. 8), jeweils nach S. 96, S. 128, S. 160). "A luminous harpsichord engrossed him, by which 'the luminous music would soon become a language similar to sonorous music'. He set up devices in his own house; a weather-vane had operated through his ceiling on a dial; a speaking tube from his study to the kitchen ... He made a speaking machine that could say 'Ma-ma' and 'Pa-pa', and he designed a ferry-boat to cross the river Derwent from his house in Fell Street in Derby to his orchard on the other side. His mind gloried in mechanical inventions, and his Commonplace Book is filled with diagrams ranging from 'Fictitious spiders' worked by magnetism, to artesian wells and water-closets; ploughs, diving bells, weighing machines, canal locks, windmills, are all figured with new principles of his own design. Such matters were discussed at Philosophical Societies – philosophy was apt to dwell on mundane themes in those days of glaring physical ills, when the newly-discovered powers of steam gave a promise of a Golden Age" (ebenda S. 91).

82 Crowther, Scientists of the Industrial Revolution. a.a.O. (Anm. 9). S. 266; vgl. bereits Anmerkung 9.

83 Im Hinblick auf die Veränderung der Bewertung der Darwinschen Schriften zu seiner Zeit vgl. zusammenfassend insbesondere: Garfinkle, Science and Religion in England. a.a.O. (Anm. 43). Vgl. auch Anmerkung 43.

84 King-Hele, Erasmus Darwin. a.a.O. (Anm. 8). S. 40.

85 Garfinkle, Science and Religion in England. a.a.O.
   (Anm. 43). S. 377.
86 In einem Brief aus dem Jahre 1796 zitiert nach:
   King-Hele, The Essential Writings of Erasmus Darwin.
   a.a.O. (Anm. 8). S. 47.
87 In "The Temple of Nature".
88 Ch. Darwin, Preliminary Notie. a.a.O. (Anm. 11). S.
   43 ff.
89 R.E. Schofield, The Society of Arts and the Lunar Society of Birmingham (I). In: Journal of the Royal
   Society of Arts CVII (1959). S. 513. Heer charakterisiert die Lunatiker als reformsüchtige Linkstheolo-
   gen und Naturforscher", denen als "Patriarch der
   Arzt, Philosoph und Dichter Erasmus Darwin ... prä-
   sidierte." (F. Heer, Europäische Geistesgeschichte.
   Stuttgart 1957. S. 448 und S. 464.)
90 Vgl. Schofield, The Society of Arts ... o.a. S. 513.
91 Siehe oben S. 49 ff.
92 Vgl. Fr. Smith, A History of English Elementary
   Education. 1760 - 1902. London 1931 (Reprint: New
   York 1970). S. 67.
93 William Small war Arzt, ging 1758 nach Amerika,
   lehrte dort am "College of William and Mary" in
   Williamsburg (Virginia) zunächst als Mathematiker
   und wurde schließlich Professor für "natural philosophy" (einer seiner Schüler war Thomas Jefferson).
   1764 ging der Schotte Small zurück nach Schottland,
   schloß in Aberdeen seine medizinischen Studien ab
   und ließ sich dann als Arzt in Birmingham nieder.
94 Matthew Boulton, ein enger Freund Benjamin Franklins,
   war Ingenieur, der sich als Fabrikbesitzer (der
   Soho-Werke in Birmingham) mit James Watt (1736 -
   1819), einem weiteren Lunatiker, zusammenschloß.
   (Auch Small war Teilhaber der Firma.)
95 Vgl. hierzu im einzelnen: R.W. Schofield, Membership
   of the Lunar Society of Birmingham. In: Annals of
   Science 12(1956) sowie die in Anmerkung 1 angegebene Literatur. Neben den bereits genannten Mitgliedern führt Schofield folgende auf: Thomas Day (1748
   - 1789), Richard Lovell Edgeworth (1744 - 1817),
   William Withering (1741 - 1799), James Keir (1735 -
   1814), Joseph Priestley (1733 - 1804), Robert Augu-
   stus Johnson (1745 - 1799), Samuel Galton jun.
   (1753 - 1832), Jonathan Stokes (1755 - 1831),
   Josiah Wedgwood (1730 - 1795) und John Whitehurst
   (1713 - 1788). Neben diesen Mitgliedern nahmen
   zahlreiche Gäste, die zum Teil sehr einflußreich
   waren, an Sitzungen der Lunar Society teil.
96 J. Lindsay, Introduction. In: J. Lindsay (ed.), Autobiography of Joseph Priestley. Bath 1970. S. 25.
97 Vgl. die den Anmerkungen 6 und 7 korrespondierenden
   Texte.
98 Edgeworth, Memoirs. Vol. I. a.a.O. (Anm. 44). S.
   184 ff.

99 Ebenda S. 188 f.
100 Schofield, The Lunar Society of Birmingham. a.a.O.
(Anm. 1). S. 203.
101 Vgl. hierzu zum Beispiel auch den in Anmerkung 67
zitierten Brief Edgeworths an Darwin.
102 Schofield, The Lunar Society of Birmingham. a.a.O.
(Anm. 1). S. 207.
103 Vgl. bereits den Anmerkung 7 korrespondierenden Text.
104 Vgl. das zweite Kapitel dieses Buches sowie: Rössner,
Die Pädagogik des englischen Experimentalphilosophen
Joseph Priestley. a.a.O. (Anm. 2).
105 Schofield, The Lunar Society of Birmingham. a.a.O.
(Anm. 1). S. 10 f.
106 Auch hier gab es umfassendere lunatische pädagogisch-
praktische Zusammenarbeit: John Waltire (Naturwissenschaftler, reisender Lehrer für Experimentalphilosophie und Freund Priestleys) war von Priestley
für die naturwissenschaftliche, speziell chemische
Ausbildung der Wedgwood- und Darwin-Kinder empfohlen
worden. Auf diese Weise wurde zugleich das "pädagogische Terrain" der Lunar Society vergrößert; denn
Waltire wurde auf diese Weise "a frequent associate
of the Lunar group". (Schofield, The Lunar Society
of Birmingham. a.a.O. (Anm. 1). S. 187.)
107 Ebenda S. 131 f. Vgl. hierzu auch Darwins Brief an
Wedgwood (Dezember 1779) und King-Heles Kommentar.
In: King-Hele, The Letters of Erasmus Darwin.
a.a.O. (Anm. 1). S. 99.
108 Schofield, The Lunar Society ... o.a. S. 404.
109 Ein anderes Beispiel für intensive pädagogisch-prak-
tische Zusammenarbeit bildeten Matthew Boulton und
James Watt in bezug auf einen gemeinsamen Erziehungsplan für ihre Söhne. Vgl. hierzu im einzelnen: E.
Robinson, Training Captains of Industry: The Education of Matthew Robinson Boulton (1770 - 1842) and
the Younger James Watt (1769 - 1848). In: Annals of
Science X(1954)4. S. 301 - 313.
110 Es sei aus diesem Brief noch weiter zitiert, da damit die pädagogische Position und Autorität Darwins
verdeutlicht werden können: "Maria recurs frequently to your authority in a chapter on 'attention',
and has, I think - pardon my paternal partiality,
managed your gigantic weapons with as much adroit-
ness, as could be expected from a dwarf ... She
would write to ask you some questions, if she dared."
Edgeworth, Memoirs. Vol. II. a.a.O. (Anm. 44). S.
173 f.
111 Schofield, The Lunar Society of Birmingham. a.a.O.
(anm. 1). S. 404 f.
112 Ebenda S. 408.
113 Zu dieser Tradition vgl. - neben unserer Priestley-
Monographie (siehe Anmerkung 2) - die Gesamtdarstellung: L. Rössner, Die Pädagogik der empiristisch-
utilitaristischen Philosophie Englands im 19. Jahr-

hundert. Philosophische Studien zur Geschichte der empirischen Pädagogik II. Frankfurt a.M.-Bern-New York 1984. Vgl. weiterhin: L. Rössner, Bemerkungen zur englischen experimentalphilosophischen Tradition der empirischen Pädagogik. In: L. Rössner (Hrsg.), Empirische Pädagogik I. Abhandlungen zu ihrer Geschichte. Braunschweiger Studien zur Erziehungs- und Sozialarbeitswissenschaft. Band 17. Braunschweig 1985.

114 Auch für Priestley war, wie wir auch im 2. Kapitel dieser Schrift ausführten, Grundlage aller Pädagogik die "natural" bzw. "experimental philosophy of the human mind". Mit anderen Worten: Die Grundlage aller Erziehungswissenschaft (science of education) war für Priestley die naturwissenschaftliche (experimentalphilosophische bzw. experimentelle) Psychologie. Vgl. im einzelnen: Rössner, Die Pädagogik des englischen Experimentalphilosophen Joseph Priestley. a.a.O. (Anm. 2). S. 179, S. 226, S. 235, S. 384 et passim.

115 H. Höffding, Geschichte der neueren Philosophie. Eine Darstellung der Geschichte der Philosophie von dem Ende der Renaissance bis zu unseren Tagen. Erster Band. Leipzig 1921². S. 457. - Auf das Problem des Darwinschen Lamarckismus (in Verbindung mit der Assoziationspsychologie) gehen wir hier nicht ein, auch nicht auf die Entwicklung zu Charles Robert Darwin, der dazu vermerkte: "Es ist merkwürdig, in wie hohem Grade mein Großvater Erasmus Darwin die Ideen Lamarcks und deren unrichtige Begründung in seiner im Jahre 1794 erschienenen 'Zoonomie' ... antizipierte." (Ch. Darwin, Die Entstehung der Arten durch natürliche Zuchtwahl oder die Erhaltung der bevorzugten Rassen im Kampfe ums Dasein (1859). Halle a.S. o.J. (1910). S. XIII (Anmerkung 1).)

116 Vgl. oben S. 29 - 35.

117 Primer, Erasmus Darwin's Temple of Nature. a.a.O. (Anm. 9). S. 74.

118 Keir in einem Brief an den Erasmus-Darwin-Sohn Robert Waring vom 12. Mai 1802. Zitiert nach: Ch. Darwin, Preliminary Notice. a.a.O. (Anm. 11). S. 14.

119 D.F. Markus, Die Associationstheorien im XVIII. Jahrhundert. Halle a.S. 1901 (Reprint: Hildesheim-Zürich-New York 1985). S. 45.

120 Logan, The Poetry and Aesthetics of Erasmus Darwin. a.a.O. (Anm. 8). S. 21.

121 Wir haben hier ausführlicher zitiert als Logan (vgl. ebenda S. 21 f.) nach: J. Locke, An Essay Concerning Human Understanding (1690). Volume I. London 1788¹⁸. S. 1 f. (Book I, Chap. I, § 2).

122 Logan, The Poetry and Aesthetics of Erasmus Darwin. a.a.O. (Anm. 8). S. 22.

123 Vgl. ebenda S. 22 - 25.

124 Ebenda S. 25.

125 Ebenda S. 25 f. - Logan merkt hier - und dies ist für die Kennzeichnung der experimentalpsychologischen wie -pädagogischen Position Darwins wichtig - an: "To demonstrate these views, Dr. Darwin records a series of experiments which would suggest a modern psychological laboratory" (ebenda S. 26, vgl. auch S. 33). Vgl. hierzu auch: Pearson, Doctor Darwin. a.a.O. (Anm. 8). S. 196; King-Hele, The Essential Writings of Erasmus Darwin. a.a.O. (Anm. 8). S. 35.

126 Logan, The Poetry and Aesthetics of Erasmus Darwin. a.a.O. (Anm. 8). S. 26.

127 Ebenda S. 26 f.

128 Ebenda S. 27.

129 Vgl. Definitionen 6 und 7.

130 Logan, The Poetry and Aesthetics of Erasmus Darwin. a.a.O. (Anm. 8). S. 32.

131 Ebenda S. 32 f.

132 Vgl. den Anmerkung 114 korrespondierenden Text.

133 Vgl. Anmerkung 113 und korrespondierenden Text.

134 Logan, The Poetry and Aesthetics of Erasmus Darwin. a.a.O. (Anm. 8). S. 39.

135 Vgl. hierzu auch: Simon, Studies in the History of Education. a.a.O. (Anm. 8). S. 55.

136 Logan, The Poetry and Aesthetics of Erasmus Darwin. a.a.O. (Anm. 8). S. 40 f.

137 Vgl. bereits unsere einleitenden Bemerkungen zu diesem Abschnitt sowie Anmerkung 8.

138 Vgl. nochmals Anmerkung 8.

139 Simon, Studies in the History of Education. a.a.O. (Anm. 8). S. 38.

140 Charles Robert Darwin schreibt hierzu: "He occasionally corresponded with Rousseau, with whom he became acquainted in an old manner, but none of their letters have been preserved. Rousseau was living in 1766 at Mr. Davenport's house, Wootton Hall, and used to spend much of his time 'in the well-known cave upon the terrace in melancholy contemplation.' He disliked being interrupted, so Dr. Darwin, who was then a stranger to him, sauntered by the cave, and minutely examined a plant growing in front of it. This drew forth Rousseau, who was interested in botany, and they conversed together, and afterwards corresponded during several years." (Ch. Darwin, Preliminary Notice. a.a.O. (Anm. 11). S. 27 f.)

141 King-Hele, The Essential Writings of Erasmus Darwin. a.a.O. (Anm. 8). S. 17. An anderer Stelle schreibt King-Hele: "Though Darwin had many ideas similar to Rousseau's, especially on Nature-study and education, he does not seem to have been directly influenced." (King-Hele, Erasmus Darwin. a.a.O. (Anm. 8). S. 20.) Die Ähnlichkeit Rousseauscher und Darwinscher pädagogischer Auffassungen kommt bei diesem in folgenden Worten zum Ausdruck (Darwin äußert sich hier über die Erziehung seiner eigenen Kinder): "If you

would not have your children arrogant, conceited,
and hypocritical, do not let them perceive that you
are continually watching and attending to them; nor
can you keep that perpetual watch <u>without</u> their
perceiving it. Inspire them with a di<u>sd</u>ain of mean-
ness, falsehood, and promisebreaking; but do not
try to effect this purpose by precept and declamation, but, as occasion rises, by expressed contempt
of such as commit those faults, whether it be themselves or others. Teach them benevolence and industry by your own example, for children are emulous
to acquire the habits of advanced life, and attach
to them an idea of dignity and importance." (Zitiert
nach: Pearson, Doctor Darwin. a.a.O. (Anm. 8). S.
147.)

142 King-Hele, Erasmus Darwin. a.a.O. (Anm. 8). S. 37.

143 Vgl. auch: Ch. Darwin, Preliminary Notice. a.a.O.
(Anm. 11). S. 115.

144 Vgl. Ch. Darwin, Preliminary Notice. a.a.O. (Anm.
11). S. 115; King-Hele, Erasmus Darwin. a.a.O.
(Anm. 8). S. 36 und S. 60 (vgl. auch King-Heles
Hinweis, zitiert in Anmerkung 8).

145 Ch. Darwin, Preliminary Notice. a.a.O. (Anm. 11).
S. 115. Auch Stephen bemerkt zu Darwins pädagogischer Schrift lediglich, daß sie "some sensible remarks" enthalte (Stephen, Darwin, Erasmus. a.a.O.
(Anm. 11). S. 536), und es ist bezeichnend, daß
Krause den "Plan" nicht erwähnt; er rechnete diesen
also nicht zu den wissenschaftlichen Werken Darwins
(vgl. Krause, Erasmus Darwin. a.a.O. (Anm. 11)).

146 Gardiner, English Girlhood at School. a.a.O. (Anm.
8). S. 347; vgl. auch S. 432.

147 Ebenda S. 348.

148 Ebenda S. 354.

149 Vgl. die den Anmerkungen 22 - 24 korrespondierenden
Texte.

150 King-Hele, The Essential Writings of Erasmus Darwin.
a.a.O. (Anm. 8). S. 51.

151 Vgl. den Anmerkung 148 korrespondierenden Text.

152 King-Hele, The Essential Writings of Erasmus Darwin.
a.a.O. (Anm. 8). S. 51. - King-Heles Edition ist,
wenn wir von unserer eigenen Abhandlung absehen
(vgl. Anmerkung 2), die einzige Schrift, die wir
ausfindig machen konnten, in der Darwins "Plan"
ausführlicher zur Sprache kommt (vgl. auch Anmerkung
8).

153 Ebenda; vgl. auch S. 53 und S. 60 sowie: D. King-
Hele, Introduction. In: King-Hele, The Letters of
Erasmus Darwin. a.a.O. (Anm. 1). S. XIII.

154 Darwin, A Plan for the Conduct of Female Education
... a.a.O. (Anm. 8). S. 39 f. - Auch diese Auffassung dokumentiert übrigens <u>lunatische</u> Pädagogik.
Wie Darwin so trat zum Beispiel auch Priestley für
eine intensive Erziehung des weiblichen Geschlechtes

ein, die der des männlichen Geschlechtes keineswegs
nachstehen sollte. Vgl. Rössner, Die Pädagogik des
englischen Experimentalphilosophen Joseph Priestley.
a.a.O. (Anm. 2). S. 341.

155 King-Hele, The Essential Writings of Erasmus Darwin.
a.a.O. (Anm. 8). S. 54.

156 Darwin, A Plan for the Conduct of Female Education
... a.a.O. (Anm. 8). S. 43.

157 Hierzu nochmals ein zusammenfassender Hinweis, wie
ihn der Herausgeber der Neuausgabe des "Plans"
gibt: "Erasmus Darwin was also a poet ..., a philosopher, an inventor, and a friend of Joseph Priestley and of Richard Lovell Edgeworth, through whom
he became acquainted with Thomas Day, the author of
Sandford and Merton. He met Jean-Jacques Rousseau
in 1766 and their correspondence left its mark on
A Plan for the Conduct of Female Education. This
Essay was anticipated in fiction some fifty years
previously with the publication, in 1749, of Sarah
Fielding's The Governess, or The Little Female Aca-
cemy." (Vgl. hierzu auch: Gardiner, English Girlhood
at School. a.a.O. (Anm. 8). S. 348 f.) "The nine
little girls at Mrs. Teachum's school learned
through trial and error 'how early young People
might obtain great Knowledge, if their Minds were
free from foolish Anxieties about Trifles, and properly employed on their own Improvement.' What Mrs.
Teachum's school was in fancy, the Misses Parker's
school, through its mentor Dr. Darwin, attempted in
fact." (H.P.B.S., Preface. In: Darwin, A Plan for
the Conduct of Female Education ... a.a.O. (Anm. 8).
S. IV.)

158 Auf das Problem der Systematisierung, des Systemden-
kens in Philosophie und Wissenschaft, wollen wir
hier nicht eingehen, das heißt, wir begründen unse-
re Gliederung nicht. Wir verweisen hierzu auf die
umfänglichen Analysen von Dingler und in jüngerer
Zeit auf die von Stachowiak. Vgl. im einzelnen: H.
Dingler, Das System. Das philosophisch-rationale
Grundproblem und die exakte Methode der Philosophie.
München 1930. Insbs. S. 19 - 24; H. Dingler, Der
Zusammenbruch der Wissenschaft und der Primat der
Philosophie. München 1931². Insbs. III. Kapitel; H.
Stachowiak, Allgemeine Modelltheorie. Wien-New York
1973. Passim (siehe S. 478 f.).

159 Ein solcher Begriff von Erziehung wurde bereits in
der "lunatischen Pädagogik" verwendet. Speziell
Priestley hat unter "artificial education" (im Gegensatz zu "natural education") eine solche Fassung
des Erziehungsbegriffes akzeptiert. Vgl. hierzu im
einzelnen: Rössner, Die Pädagogik des englischen
Experimentalphilosophen Joseph Priestley. a.a.O.
(Anm. 2). S. 299 - 304, S. 384 - 387, S. 400 - 404
et passim sowie in dieser Schrift S. 68 ff.

160 H. Stachowiak, Grundriß einer Planungstheorie. In: Kommunikation VI/1(1970). S. 1.

161 Fr. H. Tenbruck, Zur Kritik der planenden Vernunft. Freiburg-München 1972. S. 145.

162 Darwin, A Plan für the Conduct of Female Education ...a.a.O. (Anm. 8). S. 56 f.

163 Ebenda S. 10.

164 Ebenda S. 118.

165 Vgl. bereits die den Anmerkungen 154 und 156 korrespondierenden Texte.

166 Hierzu drei Erläuterungen von Simon, mit denen zugleich nochmals lunatische Pädagogik charakterisiert wird: "The Edgeworths, Darwin and Day lay great emphasis on science and its practical application." (Simon, Studies in the History of Education. a.a.O. (Anm. 8). S. 50.) "Priestley defined his educational aim as the provision of a 'proper course of studies' for young gentlemen 'designed to fill the principal stations of active life', one which would fit youth 'for the business of manhood'. This stress on 'active life', the 'business of manhood', is typical of the Lunar Society outlook. To men fully involved in the scientific and industrial, the social, religious and philosophical issues of the time, life had many facets. What drew all these together was, above all, science. In all the writings with which we are concerned, the emphasis on science - on the understanding of nature and its laws - is all-pervading. This emphasis extended to an attempt to understand the nature of childen, and then to seeking means to develop that nature in a human and moral direction. Here, the influence of Rousseau's works, which expressed a point of view diametrically opposite to that of prevailing educational practice, was at first decisive" (ebenda S. 38 f.). Und speziell (über den Lunar-Kreis hinausgehend): "Paine and Godwin ..., Mary Wollstonecarft, the Edgeworths, Thomas Day, Erasmus Darwin, Joseph Priestley, called for a scientific education, stressed the need for a secular morality and attacked the dead languages." (B. Simon, Introduction. In: B. Simon (ed.), The Radical Tradition in Education in Britain. London 1972. S. 13.) Zum "pädagogischen Hintergrund", auf dem diese Auffassungen entstanden, vergleiche die illustrative Beschreibung bei: Ch. Mallet, Education, Schools and Universities. In: Turberville, Johnson's England. Vol. II. a.a.O. (Anm. 1). Insbs. S. 221 ff.

167 Darwin, A Plan for the Conduct of Female Education ... a.a.O. (Anm. 8). S. 44 f.

168 Ebenda S. 10.

169 Ebenda S. 10 f.

170 Ebenda S. 55 f.

171 Ebenda S. 67.

172 Darwin vermerkt hierzu lediglich einleitend: "The criterion of moral duties has been variously delivered by different writers: Expediency, by which is meant whatever increases the sum of public happiness, is by some called the criterion of virtue; and whatever diminishes that sum is term'd vice. By others the happiness or miserey of the individual, if rightly understood, is said to be the bond of moral obligation. And lastly, by others the will of God is said to constitute the sole criterion of virtue and vice" (ebenda S. 45). Darwin vertrat die erste, die utilitaristische Position, der die Lunatiker (mehr oder minder) verpflichtet waren und die insbesondere zum Beispiel von Priestley vertreten wurde. Vgl. hierzu u.a. seinen Essay on the First Principles of Government; and on the Nature of Political, Civil, and Religious Liberty. London 1768. Insbs. S. 17 ff.

173 Darwin, A Plan for the Conduct of Female Education... a.a.O. (Anm. 8). S. 46.

174 Vgl. ebenda.

175 Vgl. ebenda S. 47.

176 Vgl. ebenda S. 48.

177 Ebenda S. 49.

178 Ebenda S. 50.

179 Vgl. zum Modellernen das letzte Zitat oder den Hinweis: "The manner of communicating this benevolent sympathy to children consists in expressing our own sympathy, when any thing cruel presents itself" (ebenda S. 47). (Vgl. auch die den Anmerkungen 183 und 185 korrespondierenden Texte.)

180 Ebenda S. 50.

181 Wir kommen auf dieses Erziehungsverfahren noch gesondert zurück. Vgl. "3. Erziehungsverfahren".

182 Darwin, A Plan for the Conduct of Female Education ... a.a.O. (Anm. 8). S. 51.

183 Vgl. hierzu ebenfalls "3. Erziehungsverfahren".

184 Darwin, A Plan for the Conduct of Female Education ... a.a.O. (Anm. 8). S. 52.

185 Vgl. zusammenfassend: P. Immisch, L. Rössner, Verhaltens-Korrektur in Lerngruppen. München-Basel 1975. S. 74 - 78, wo gezeigt wird, daß Darwins Auffassung gut begründet ist.

186 Darwin, A Plan for the Conduct of Female Education a.a.O. (Anm. 8). S. 53. - Darwin geht hier von der heute empirisch gut bestätigten Annahme aus, daß das Imitations- bzw. Modellernen insbesondere dann realisiert wird, wenn die imitierende Person Ähnlichkeit zwischen sich und der Modellperson perzipiert ("Identifikationslernen"). Auf diese Weise wird stellvertretende Verstärkung ermöglicht (vgl. Anmerkung 185 und korrespondierenden Text).

187 Darwin, A Plan for the Conduct of Female Education ... a.a.O. (Anm. 8). S. 54.

188 Vgl. ebenda S. 55 - 58.
189 Vgl. ebenda S. 58 f.
190 Vgl. die den Anmerkungen 157 und 158 korrespondierenden Texte.
191 Vgl. Section XXX in: Darwin, A Plan for the Conduct
of Female Education ... a.a.O. (Anm. 8).
192 K. Foppa, Lernen, Gedächtnis, Verhalten. Ergebnisse
und Probleme der Lernpsychologie. Köln-Berlin 1968³.
S. 85.
193 Darwin, A Plan for the Conduct of Female Education
... a.a.O. (Anm. 8). S. 87 f.
194 Ebenda S. 88.
195 Ebenda S. 89. - Hier steht Darwin - wie gesagt -
ganz in der empiristisch-utilitaristischen Tradition. "Lust und Schmerz sind die Triebkräfte der
Welt", "diesen flieht er (der Mensch), jene erstrebt
er," sagt Helvétius, einer der Lehrer des Hauptbe-
gründers der empiristisch-utilitaristischen Philo-
sophen-Schule in England, Jeremy Bentham. (Cl. A.
Helvétius, Vom Menschen, seinen geistigen Fähigkeiten und seiner Erziehung (1772). Frankfurt a.M. 1972.
S. 138, S. 199.) Bentham selbst interpretierte
Erziehung (und Gesetzgebung) als die soziale(n)
Handlungsinstanz(en), über die die Erwartungen der
Menschen, ihre Hoffnungen und Befürchtungen, speziell ihre Belohnungs- und Straferwartungen, zu
regeln seien. Vgl. u.a.: J. Bentham, The Theory of
Legislation (1802). London 1931. Insbs. S. 148 f.
Hier ist weiterhin auf das System der Erziehungswissenschaft zu verweisen, das der Bentham-Schüler James Mill auf der Basis einer Erwartungs-, speziell
Belohnungs- und Straferwartungspsychologie entwikkelte. Vgl. J. Mill, Education (1818). In: W.H.
Burston (ed.), James Mill on Education. Cambridge
1969. - Insgesamt ist wohl die Behauptung begründet,
daß mit diesem Ansatz englische empirische Moralleh-
re insgesamt repräsentiert wird: "Nothing is more
natural than for every one to desire to be happy,"
heißt es in "The Guardian" (No 31 vom 16. April 1713.
Zitiert nach Ausgabe: The Guardian. Volume the
First. London 1750. S. 161); "there is a restless
Endeavour in the Mind of Man after Happiness. This
Appetite is wrought into the Original Frame of our
Nature, and exerts itself in all Parts of the Crea-
tion that are endued with any degree of Thought and
Sense," lesen wir in der gleichen Zeitschrift (No.
83 vom 16. Juni 1713. In: Ebenda. Volume the Second.
S. 7). Entsprechend versucht der Mensch, stets im
Zustand der Hoffnung zu leben; denn "no kind of li-
fe is so happy as that which is full of hope, espe-
cially when hope is well grounded" (The Spectator.
No 471 vom 30. August 1712. Zitiert nach Ausgabe:
The Spectator. Volume the Sixth. London 1767. S.295);

"hope quickens all the still part of life, and
keeps the mind awake in her most remiss and indolent
hours" (ebenda S. 294). Der Mensch will glücklich
sein, und deshalb ist es auch tugendhaft bzw. die
Essenz der Tugend, glücklich zu machen: "To communicate happiness is the characteristic of virtue"
(The Adventurer. No 37 vom 13. März 1753. Zitiert
nach Ausgabe: The Adventurer. Volume the Second.
London 1754². S. 8); "virtue" ist "the means of making happy" (The Spectator. No 243 vom 8. Dezember
1711. Zitiert nach Ausgabe: The Spectator. Volume
the Third. London 1767. S. 283). Wir haben hier aus
drei berühmten Zeitschriften der englischen Aufklärung zitiert, aus Zeitschriften, die u.E. englische
Lebens- und Moralauffassung repräsentativ widerspie-
geln (vgl. hierzu zusammenfassend: A.C. Baugh, A
Literary History of England. New York-London 1948.
S. 875 - 880, S. 1051). Eine genaue Durchsicht der
Beiträge in diesen Zeitschriften bietet sehr zahlreiche Bestätigungen dafür, daß unsere o.a. Behauptung
begründet ist. - Zum pädagogischen Gesamtzusammen-
hang vgl. Rössner, Die Pädagogik der empiristisch-
utilitaristischen Philosophie Englands im 19. Jahrhundert. a.a.O. (Anm. 113). Zu den psychologischen
Grundlagen bei Darwin vgl. den Anmerkung 127 korrespondierenden Text (8).

196 Darwin, A Plan for the Conduct of Female Education
... a.a.O. (Anm. 8). S. 89.

197 Vgl. ebenda S. 88.

198 Vgl. den Anmerkung 195 korrespondierenden Text.

199 Darwin, A Plan for the Conduct of Female Education
a.a.O. (Anm. 8). S. 89.

200 Darwin bezieht sich hier auf John Locke, der ähnliche Auffassungen vertrat und sich insbesondere
ebenso deutlich gegen das Erziehungsmittel der körperlichen Bestrafung aussprach, weil es ineffektiv
sei. Auch hinsichtlich der Wirkungen von Lob und
Tadel bzw. sozialer Achtung und Mißachtung bezieht
sich Darwin auf Locke. Vgl. J. Locke, Some Thoughts
Concerning Education (1684/1693). New Edition: London o.J. Insbs. §§ 43 - 62 (S. 110 - 124). Vgl.
Darwin, A Plan for the Conduct of Female Education
... a.a.O. (Anm. 8). S. 89 f.

201 Vgl. ebenda S. 90. - Diese Auffassung Darwins wird
durch moderne anthropologisch-psychologische Erkenntnisse gestützt. Vgl. u.a.: I. Eibl-Eibesfeldt,
Krieg und Frieden aus der Sicht der Verhaltensforschung. München-Zürich 1975. S. 99 ff. Eine differenzierte Analyse der Beziehungen zwischen Wettbewerb und Neid, die den vorsichtig abwägenden Standpunkt Darwins bestätigt, bietet; H. Schoeck, Der
Neid. Eine Theorie der Gesellschaft. Freiburg-München 1966. S. 27 - 31.

202 Darwin, A Plan for the Conduct of Female Education
... a.a.O. (Anm. 8). S. 90 f.
203 J. Bentham, Prinzipien der Gesetzgebung (1789).
Köln 1833 (Reprint: Frankfurt a.M. 1966). S. 48.
Vgl. auch: J. Bentham, An Introduction to the Principles of Morals and Legislation (1780/1789). New
York 1948. S. 48; Bentham, The Theory of Legislation.
a.a.O. (Anm. 195). S. 34.
204 Vgl. J. Mill, Education. a.a.O. (Anm. 195). S. 73,
S. 76; vgl. weiterhin: L. Stephen, The English Utilitarians. Vol. II: James Mill. London 1900. S. 289
sowie den Anmerkung 231 korrespondierenden Text.
205 Nach W.L. Davidson, Political Thought in England.
The Utilitarians from Bentham to Mill. London-New
York-Toronto 1915. S. 129.
206 J. Mill, Education. a.a.O. (Anm. 195). S. 63.
207 Dieses Problem spielt unter dem Stichwort "social
reciprocity" im empiristischen Utilitarismus,
speziell auch unter pädagogischen Aspekten, eine
zentrale Rolle und wird von Priestley und vor allem
später von George Grote, John Austin und Alexander
Bain erörtert. Vgl. unter "Reziprozität" in: Rössner,
Die Pädagogik der empiristisch-utilitaristischen
Philosophie Englands im 19. Jahrhundert. a.a.O.
(Anm. 113) und Rössner, Die Pädagogik des englischen
Experimentalphilosophen Joseph Priestley. a.a.O.
(Anm. 2).
208 Darwin, A Plan for the Conduct of Female Education
...a.a.O. (Anm. 8). S. 59.
209 Speziell Darwins lunatischer Pädagogen-Kollege
Priestley hat - wie ausgeführt - auf diesen Grundsätzen seine Pädagogik aufgebaut. Vgl. unter dem
Stichwort Erwartung(s...) in: Rössner, Die Pädagogik
des englischen Experimentalphilosophen Joseph
Priestley. a.a.O. (Anm. 2) sowie oben S. 66 ff., S.
72 f. et passim.
210 J. Mill, Education. a.a.O. (Anm. 195). S. 62.
211 Vgl. hierzu oben S. 59.
212 Darwin, A Plan for the Conduct of Female Education ...
a.a.O. (Anm. 8). S. 37.
213 Ebenda S. 39.
214 Vgl. oben das zu den Erziehungszielen Gesagte.
215 Darwin, A Plan for the Conduct of Female Education
... a.a.O. (Anm. 8). S. 39; vgl. auch S. 40.
216 Ebenda S. 64.
217 Ebenda S. 10 (vgl. bereits den Anmerkung 168 korrespondierenden Text).
218 Ebenda S. 40 ff. (Im übrigen sei auch auf den
Anmerkung 156 korrespondierenden Text verwiesen,
der ebenfalls dem Kapitel "Arts and Sciences"
entnommen ist.)
219 Ebenda S. 44.
220 Vgl. den Anmerkung 167 korrespondierenden Text.

221 Vgl. bereits Anmerkung 166.
222 Darwin, A Plan for the Conduct of Female Education
... a.a.O (Anm. 8). S. 18. - Hier ist daran zu
erinnern, daß das Reisen in der Form der "Grand
Tour" seinerzeit "the crown on an English gentleman's education" (G.M. Trevelyan, Englishmen and
Italians. Some Aspects of their Relations Past and
Present. In: The Proceedings of the British Academy
9 (1919). S. 94) war (vgl. auch: Rössner, Die Pädagogik des englischen Experimentalphilosophen
Joseph Priestley. a.a.O. (Anm. 2). S. 367 - 370).
Darwin wollte offensichtlich auch "Female Education"
auf diese Weise gekrönt wissen.
223 Darwin, A Plan for the Conduct of Female Education
... a.a.O. (Anm. 8). S. 22.
224 Ebenda S. 37.
225 Vgl. ebenda S. 68 - 85, S. 94 - 112.
226 Bezeichnend ist hierfür ein Beispiel aus dem (pädagogischen) Umfeld Darwins. Ausgerechnet über Maria
Edgeworth wird berichtet: "She suffered much from
attempts to increase her growth by mechanical devices, including hanging by the neck. In spite of
this ingenious contrivance she always remained
small." (L. Stephen, Edgeworth, Maria. In: The Dictionary of National Biography. From the Earliest
Times to 1900. Volume VI. Oxford 1882 ff. (Reprint:
1949 f.). S. 380.)
227 Auch Fachpädagogen, zum Beispiel Lehrer, aber auch
an wissenschaftlichen Hochschulen ausgebildete So-
zialarbeiter, die "soziotherapeutisch" tätig werden,
erfahren keine (zum Beispiel) physiologische Grund-
ausbildung! Noch zu Beginn unseres Jahrhunderts
wurden in pädagogische Lehrbücher Physiologische
Grundlagen als notwendiger Lernbereich aufgenommen.
Vgl. zum Beispiel: K. Heilmann, Handbuch der Pädagogik nach den neuen Lehrplänen bearbeitet. I. Band.
Berlin 1915^{18}; Fr. Paulsen, Pädagogik. Stuttgart-
Berlin 1912^5. Im Rahmen der hier behandelten Tradition empirischer Pädagogik vgl. (neben der Erziehungswissenschaft James Mills (vgl. den Anmerkung
232 korrespondierenden Text)): A Bain, Erziehung
als Wissenschaft. Leipzig 1880. S. 11 - 14 et
passim.
228 Vgl. zum Beispiel: Bentham, Prinzipien der Gesetzgebung. a.a.O. (Anm. 203). S. 45 ff., S. 54 ff.
229 Vgl. hierzu auch: E. Halévy, The Growth of Philosophic Radicalism. London 1972. S. 288; A. Bain,
James Mill. A. Biography. London 1882. S. 249.
230 James Mill verwendet - wie in der empiristisch-utilitaristischen Philosophie (sehr häufig) üblich -
einen sehr weiten Erziehungsbegriff, den er von
Helvétius übernommen hat. Dieser formulierte zum
Beispiel: "Die Objekte der Umwelt (sind) die wirklichen Erzieher." (Helvétius, Vom Menschen, seinen

geistigen Fähigkeiten und seiner Erziehung. a.a.O. (Anm. 195). S. 46.) Vgl. bei James Mill, Education. a.a.O. (Anm. 195). S. 41 f. Eine explizite Unterscheidung zwischen engem und weitem Erziehungsbegriff findet sich bei Priestley (vgl. Anmerkung 159) und vor allem bei John Stuart Mill, wenngleich auch dieser keine klare Position hinsichtlich der Präferierung des weiten oder engen Erziehungsbegriffs bezieht. Vgl. J. St. Mill, Inaugural Address. London 1867. S. 4 f. Darwin verwendet (vgl. den Anmerkung 159 korrespondierenden Text) implizit einen engen Erziehungsbegriff, das heißt, er interpretiert "Erziehen" im Sinne (intentionaler) sozialer Handlungen, die auf Lernsteuerungen bezogen sind.

231 Hier wird vom empiristisch-utilitaristischen Erziehungswissenschaftler James Mill Erasmus Darwin eine wichtige Position in der Entwicklung der empirischen Erziehungswissenschaft zugeordnet; Mill macht (im Folgetext) deutlich, daß man auf Darwins Grundlagen aufbauen könne und müsse, daß diese weiter zu entwickeln seien.

232 Mill, Education. a.a.O. (Anm. 195). S. 72 f.; vgl. auch S. 76.

233 Vgl. hierzu zum Beispiel: H. Lenk, Pragmatische Philosophie. Plädoyers und Beispiele für eine praxisnahe Philosophie und Wissenschaftstheorie. Hamburg 1975; H. Lenk, Bemerkungen zu einer "praktischen" Rehabilitierung der praktischen Philosophie aufgrund der Planungsdiskussion. In: Erklärung, Prognose, Planung. Skizzen zu Brennpunktproblemen der Wissenschaftstheorie. Freiburg 1972.

234 Vgl. zusammenfassend: G. Gawlick, Über einige Charakteristika der britischen Philosophie des 18. Jahrhunderts. In: Studia Leibnitiana XV(1983)1.

235 In: Burston, James Mill on Education. a.a.O. (Anm. 195).

236 N. N., Darwin. Ein Mord wird gestanden. In: Der Spiegel 16(1962)52. S. 55.

237 Vgl. M. Edgeworth, R.L. Edgeworth, Practical Education. Vol. I and II. London 1798. Das Werk erschien später unter dem Titel "Essays on Practical Education".

238 Vgl. Edgeworth's Erziehungssystem. Göttingen 1803. (Die Edgeworths verwenden den Begriff "system of practical education" selbst. Vgl. Practical Education. Vol. I. a.a.O. (Anm. 237). S. 219.)

239 So schreibt zum Beispiel O. Visentini, daß "Practical Education" nicht originär sei, sondern dazu diene, die pädagogischen Prinzipien Rousseaus zu verbreiten. vgl. O. Visentini, Edgeworth, Maria. In: Enciclopedia Filosofica. Volume I. Venezia-Roma 1957. Sp. 1806. (Bezeichnend ist übrigens, daß Visentini Richard Lovell Edgeworth überhaupt nicht erwähnt, also auch nicht als Mitautor von "Practical Education".)

240 P. Meissner, Die Reform des englischen höheren
Schulwesens im 19. Jahrhundert. Leipzig 1929. S. 211.
(Von einer Detail-Interpretation des Meissnerschen
Textes sehen wir ab.)

241 Auf die Ansichten, die Edgeworths Mutter über
Erziehung hatte, und auf ihre Erziehungspraktiken,
die offensichtlich für Edgeworth Vorbildcharakter
hatten, geht er in seinen Memoirs sehr ausführlich
ein. Vgl. hierzu: Edgeworth, Memoirs. Vol. I. .a.a.
O. (Anm. 44). S. 22 - 41.

242 Vgl. R.L. Edgeworth, Essays on Professional Education (1808). London 1812[2].

243 Diese Angaben sind nicht ganz korrekt. Die Sammlung
von Erzählungen "The Parent's Assistant, or, Stories
for Children" (1796; in 6 Volumes 1800; New Edition:
London 1815) wurde von Maria Edgeworth geschrieben.
Es handelt sich nicht um ein pädagogisches Buch Richard Lovells. Gleichwohl ist es zutreffend, daß er
in hohem Maße in der pädagogischen Tendenz der Erzählungen mitbestimmend war: In "The Parent's
Assistant" Maria Edgeworth "continued to illustrate
the maxims of her father" (A.J.C. Hare (ed.), The
Life and Letters of Maria Edgworth (1894). Volume
I. Freeport-New York 1971.S.43); "the stories ...
were children's stories for children, even though
the morals were Mr. Edgeworth's" (N.N., Edgeworth,
Maria. In: The Encyclopaedia Britannica. Volume
VIII. New York 1910[11]. S.934); R.L. Edgeworth "had
peculiar views of his own on methods of education.
She (Maria Edgeworth) shared his opinions and made
use of them in their Parent's Assistant ...; moreover,
she allowed him to retouch her books and introduce
propagandist passages of his own" (Thompson, A History of English Literature. a.a.O.(Anm. 67). S. 643).

244 "Harry and Lucy" waren Erzählungen, die R.L. Edge-
worth und seine zweite Frau Honora verfaßten. Diese
"stories" hatten "something of the nature of Mrs.
Barbauld's Lessons" (C. Meigs, A.Th. Eaton, E. Nes-
bitt, R.H. Viguers, A Critical History of
Literature. New York 1953. S. 91; vgl. bereits den
Anmerkung 124 des 2. Abschnittes korrespondierenden
Text) und wurden in den "Early Lessons" von Maria
Edgeworth 1801 publiziert. Maria setzte diese Serie
von Erzählungen in weiteren Teilen der "Early
Lessons" (1813, 1822, 1825) fort. Vgl. hierzu im
einzelnen: I.C. Clarke, Maria Edgeworth. Her Family
and Friends. London etc. 1949. S. 95, S. 139; Hare,
The Life and Letters of Maria Edgeworth. a.a.O.
(Anm. 243). Volume I: S. 75, S. 229; Volume II: S.
431 f., S. 482). "Harry and Lucy" ist vor allem
deshalb in unserem Zusammenhang bedeutsam, weil
diese "stories" auch typisch für einen größeren
Kreis von hier behandelten Pädagogen sind.

245 Auf Day und "Sandford and Merton" kommen wir im

nächsten Abschnitt (3.3.) ausführlich zu sprechen,
so daß wir hier nicht kommentieren.

246 B. Dreßler, Geschichte der englischen Erziehung.
Leipzig-Berlin 1928. S. 154 ff.

247 Das utilitaristische Moment kommt bereits in Dreß-
lers Charakterisierung deutlich zum Ausdruck,
weshalb Edgeworth von Birchenough mit Recht auch
als "utilitarian" gekennzeichnet wird (vgl. Ch.
Birchenough, History of Elementary Education in
England and Wales. From 1800 to the Present Day.
London 1925². S. 268). Auf die empiristische Position kommen wir noch ausführlich zu sprechen: Die
Edgeworths werden in der gesamten einschlägigen Literatur als die (Mit-)Begründer der Experimentalpädagogik angesehen. Vgl. im knappen Überblick: R.R.
Rusk, Experimental Education. London-New York-Toronto 1929. S. 2.

248 C.K. Ogden, Notes. In: Bentham, The Theory of
Legislation. a.a.O. (Anm. 195). S. 530.

249 J. Mill, Education. a.a.O. (Anm. 195). S. 98.

250 Vgl. G. Grote, Idea of Ethical Philosophy. In:
Fragments on Ethical Subjects. Being a Selection
from his Posthumous Papers. London 1876 (Reprint:
New York 1971). S. 108.

251 Vgl. die entsprechenden Hinweise in: Rössner, Die
Pädagogik der empiristisch-utilitaristischen Philosophie Englands im 19. Jahrhundert. a.a.O. (Anm.113).

252 Mit den "Philosophischen Studien ..." wollen wir ja
dieses scientific lag - speziell in der Pädagogik -
überwinden helfen. - Ausführlichere Hinweise auf
auf die Edgeworths finden sich bereits in: Rössner,
Die Pädagogik des englischen Experimentalphilosophen
Joseph Priestley. a.a.O. (Anm. 2); des weiteren ist
zu verweisen auf: H. Schütz, Edgeworth's "Practical
Education". Ein experimentalpädagogischer Ansatz im
18. Jahrhundert. In: Rössner, Empirische Pädagogik
I. a.a.O. (Anm. 113).

253 Wir werden wir wiederum nicht jede Einzelheit
nachweisen. Wir haben uns auf folgende Schriften
gestützt: a) Richard Lovell Edgeworth: Memoirs.
a.a.O. (Anm. 44 und 67); L. Stephen, Edgeworth, Richard Lovell. In: The Dicitionary of National Biography. From the Earliest Times to 1900. Volume VI.
Oxford 1882 ff. (Reprint: Oxford 1949 f.). S. 383 ff.;
Pearson, Doctor Darwin. a.a.O. (Anm. 8). Chapter IV
et passim; N.N., Edgeworth, Richard Lovell. In: The
Encyclopaedia Britannica. Volume VIII. New York 1910[11].
S. 935 f. b) Maria Edgeworth: Hare, The Life and
Letters of Maria Edgworth. a.a.O. (Anm. 243); Clar-
ke, Maria Edgeworth. a.a.O. (Anm. 244); L. Stephen,
Edgeworth, Maria. a.a.O. (Anm. 226). S. 380 ff.; N.
N., Edgeworth, Maria. In: The Encyclopaedia Britan-
nica. a.a.O. (Anm. 243). Diverse Hinweise auf beide

finden sich in großer Zahl außerdem in: Schofield,
The Lunar Society of Birmingham. a.a.O. (Anm. 1);
Ashmun, The Singing Swan. a.a.O. (Anm. 11).

254 Eine genaue Übersicht über die Familien von Richard
Lovell Edgeworth (die Angaben in der Literatur sind
nicht immer korrekt) findet sich in: Clarke, Maria
Edgeworth. a.a.O. (Anm. 244). S. 6.

255 Stephen, Edgeworth, Maria. a.a.O. (Anm. 226). S. 382.

256 Auf die zahlreichen "stories" bzw. Sammlungen von
"stories" und andere literarische Werke Maria Edgeworths gehen wir hier nicht ein. Sie hinterließ ein
sehr umfangreiches Oevre (die erste Sammelausgabe
der Erzählungen erschien bereits 1825 in 14 Bänden),
und dieses hatte eine sehr große Verbreitung. Neben
den "Letters to Literary Ladies" (1805), mit denen
Maria Edgeworth für "female education" plädierte,
seien hier nur die "Early Lessons" und "Moral
Tales" (1801), die "Popular Tales" (1804) sowie die
"Tales from Fashionable Life" (1809 und 1812) und
"Castle Rackrent" (1800) (für erwachsene Leser) erwähnt. Eine Übersicht findet sich in: R.L. Edgeworth,
Memoirs. Vol. II. a.a.O. (Anm. 67). S. 494). Auf
pädagogische Implikationen der "didactic stories"
kommen wir noch zurück; im übrigen sei (u.a.)
verwiesen auf: Meigs, Eaton, Nesbitt, Viguers, A
Critical History of Children's Literature. a.a.O.
(Anm. 244). S. 91 - 96; W.L. Renwick, English Literature. 1789 - 1815. Oxford 1974[3]. S. 70 - 75.

257 Vgl. bereits die den Anmerkungen 140 und 141 korrespondierenden Texte.

258 Edgeworth verwendet hier - im Anschluß an Rousseau
- einen weiten Erziehungs-Begriff. Vgl. bereits Anmerkung 230.

259 Edgeworth, Memoirs. Vol. I. a.a.O. (Anm. 44). S.
177 ff. Vgl. hierzu auch: Schofield, The Lunar
Society of Birmingham. a.a.O. (Anm. 1). S. 54 f.;
Simon, Studies in the History of Education. a.a.O.
(Anm. 8). S. 39 f.; Rössner, Die Pädagogik des
Lunatikers Erasmus Darwin. a.a.O. (Anm. 2). S. 29
und S. 68 f.

260 Auch hier bietet Edgeworth ein aufschlußreiches
Rousseau-Dokument. In den Memoirs schreibt Edgeworth:
"I must not here omit a remarkable circumstance,
which ought to be recorded in justice to Rousseau's
penetration in judging of children. In passing
through Paris at this time (1771), we went to see
him: he took a good deal of notice of my boy; I asked him to tell me any thing that struck him in the
child's manners or conversation. He took my son
with him in his usual morning's walk, and when he
came back, Rousseau told me, that, as far as he
could judge from two hours observation, he thought
him a boy of abilities, which had been well cultiva-

ted; and that in particular his answers to some questions on history proved, contrary to the opinion given in Emilius and Sophia, that history can be advantageously learned by children, if it be taught reasonably, and not merely by rote. 'But,' said Rousseau, 'I remark in your son a propensity to party prejudice, which will be a great blemish in his character.' I asked how he could in so short a time form so decided an opinion. He told me, that, whenever my son saw a handsome horse, or a handsome carriage in the street, he always exclaimed, 'That is an English horse, or an English carriage!' And that, even down to a pair of shoe-buckles, every thing that appeared to be good of its kind was always pronounced by him to be English. 'This sort of party prejudice,' said Rousseau, "if suffered to become a ruling motive in his mind, will lead to a thousand evils: for not only will his own country, his own village, or club, or even a knot of his private acquaintance, be the object of his exclusive admiration; but he will be governed by his companions, whatever they may be, and they will become the arbiters of his destiny.' In fact, the boy had the species of party spirit, which Rousseau remarked, and this prophecy, as after events proved, shewed his sagacity." (Edgeworth, Memoirs. Vol. I. a.a.O. (Anm. 44). S. 258 f.)

261 Ebenda S. 273 f. Vgl. hierzu auch: W.J. McCallister, The Growth of Freedom in Education. A Critical Interpretation of some Historical Views. London 1931. S. 259 - 264.

262 Ebenda S. 274. - Zur kritischen Auseinandersetzung der Edgeworths mit Rousseau vgl. zum Beispiel: Practical Education. Vol. I. a.a.O. (Anm. 237). S. 177 f.; Essays on Professional Education. a.a.O. (Anm. 242). S. 130 f., S. 135.

263 Die Edgeworths verstanden ihr Buch "Practical Education" expressis verbis als "plan of education". Vgl. Edgeworth, Practical Education. Vol. II. a.a.O. (Anm. 237). Z.B. S. 713. In diesem Zusammenhang betont Edgeworth an anderer Stelle die relative Effektivität eines solchen Planes bzw. von intentionaler Erziehung, da diese innerhalb eines Feldes von zahlreichen weiteren Bedingungen erfolge (wir kommen darauf zurück; vgl. die den Anmerkungen 300 und 301 korrespondierenden Texte): "Parents should observe, that the power of education, great as it is, cannot, even in the most judicious hands, and with the most vigilant care, command all those external, accidental circumstances, which, influencing early associations, produce taste, and predilection for certain pursuits. In carrying into practice any plan of education, much must be left to the operation of what we call chance, that is,

to events of which we do not know the cause, or
have not the control." (Edgeworth, Essays on Professional Education. a.a.O. (Anm. 242). S. 22.) Vgl.
auch: Practical Education. Vol. I. a.a.O. (Anm. 237).
S. 196, S. 219.
264 Edgeworth, Practical Education. Vol. II. a.a.O.
(Anm. 237). S. 733 f. - In den "Essays on Professional Education" (a.a.O. (Anm. 242). S. 29) findet
sich ein ähnlicher Hinweis. Im Zusammenhang mit der
Besprechung der Erziehung an Jesuiten-Schulen
schreibt Edgeworth: "There are some particulars in
their plan of education which might be advantageously imitated. For example, their custom of keeping
notes and registers of all the facts, that could
throw light upon the characters, moral and intellectual, of their pupils. The art of education might
be improved, and might be exalted to the dignity
and security of a science (Hervorhebung L. R.), by
keeping such registers of facts relative to the
early history of the human mind." - Vgl. hierzu
u.a. auch: Simon, Studies in the History of Education. a.a.O. (Anm. 8). S. 46 f.; J. W. Adamson,
English Education 1789 - 1902 (1930). Cambridge 1964.
S. 96 ff. Adamson verweist (an anderer Stelle)
darauf, daß die Edgeworths mit ihrem Ansatz umfassen-
derer europäischer Tradition zugehörten: "Kant,
Basedow, E.C. Trapp (1745 - 1818) and others of the
Philanthropinist movement suggested the construction
of a theory of education upon an experimental
basis, and the Edgeworth family experimented with
that purpose in view." (J.W. Adamson, A Short
History of Education. Cambridge 1919. S. 350; vgl.
auch den Überblick in: Rössner, Bemerkungen zur
englischen experimentalphilosophischen Tradition
der empiristischen Pädagogik. a.a.O. (Anm. 113).)
265 Vgl. den Brief Darwins an Edgeworth, abgedruckt in:
Pearson, Doctor Darwin. a.a.O. (Anm. 8). S. 45.
266 Ebenda S. 47.
267 Schofield, The Lunar Society of Birmingham. a.a.O.
(Anm. 1). S. 405.
268 Vgl. bereits den Anmerkung 112 korrespondierenden Text.
269 Darauf deuten auch die vielen Verweise auf Lunatiker in "Practical Education" und "Essays on Professional Education".
270 A. Paterson, The Edgeworths, a Study of Later Eighteenth Century Education. London 1914. S. V. Zitiert
nach: Schofield, The Lunar Society of Birmingham.
a.a.O. (Anm. 1). S. 408.
271 Ebenda. Vgl. dazu weiterhin: Robinson, Training
Captains of Industry. a.a.O. (Anm. 109); Simon,
Studies in the History of Education. a.a.O. (Anm.
8). S. 25 et passim; Schütz, Edgeworth's "Practical
Education". a.a.O. (Anm. 252). S. 30 f.
272 Simon, Studies in the History of Education. a.a.O.
(Anm. 8). S. 53.

273 Birchenough, History of Elementary Education ...
    a.a.O. (Anm. 247). S. 53.
274 Smith, A History of English Elementary Education.
    a.a.O. (Anm. 92). S. 126.
275 Vgl. Schofield, The Lunar Society of Birmingham.
    a.a.O. (Anm. 1). S. 407.
276 Edgeworth, Memoirs. Vol. II. a.a.O. (Anm. 67). S. 190.
277 Edgeworth, Practical Education. Vol. I. a.a.O.
    (Anm. 237). S. V. Im Vorwort zu "Practical Education"
    (a.a.O. (Anm. 237). S. IX f.) heißt es zur Autor-
    schaft im einzelnen: "The sketch of an introduction
    was given to us by Mr. Lovell Edgeworth; and the
    work was resumed from a design formed and begun
    twenty years ago. When a book appears under the na-
    me of two authors, it is natural to inquire what
    share belongs to each of them. All that relates to
    the art of teaching to read in the chapter on
    Tasks, the chapters on Grammar and Classical Lite-
    rature, Geography, Chronology, Arithmetic, Geometry,
    and Mechanics, were written by Mr. Edgeworth, and
    the rest of the book by Miss Edgeworth. She was en-
    couraged and enabled to write upon this important
    subject, by having for many years before her eyes
    the conduct of a judicious mother in the education
    of a large family. The chapter on Obedience was writ-
    ten from Mrs. Edgeworth's notes (vgl. hierzu den
    Anmerkung 264 korrespondierenden Text), and was
    exemplified by her successful practice in the mana-
    gement of her children; the whole manuscript was sub-
    mitted to her judgment, and she revised parts of it
    in the last stage of a fatal disease."
278 Zu "art of education" vgl. Anmerkung 227 des 2. Ka-
    pitels.
279 Edgeworth, Practical Education. Vol. I. a.a.O.
    (237). S. V f.
280 Ebenda S. VII.
281 Schofield weist mit Recht darauf hin, daß das "edu-
    cational programme" der Edgeworths bei aller Beto-
    nung von "experience and experiment" nicht theorie-
    los war (Schofield, The Lunar Society of Birmingham.
    a.a.O. (Anm. 1). S. 405); entsprechend sollte auch
    nicht die Bemerkung in dem Anmerkung 264 korrespon-
    dierenden Text ("theory instead of practice") miß-
    verstanden werden: "Wenn in diesem Zitat die Theo-
    rie gegen die Praxis gestellt wird, so muß man
    berücksichtigen, daß zu Edgeworths Zeit der Theorie-
    Begriff ambivalent war, Theorie oft mit metaphysi-
    scher Theorie identifiziert wurde, also empirisch
    gehaltlose Aussagen gemeint waren, die nach Edge-
    worths Verständnis keine Hilfe für das praktische
    Handeln sein konnten." (Schütz, Edgeworth's "Prac-
    tical Education". a.a.O. (Anm. 252). S. 45 (Anm.
    10).) Entscheidend ist, daß Edgeworth experimentelle
    Erziehungsforschung präferierte (er empfahl nach

Maria Edgeworth als erster "both by example and precept, what Bacon would call the experimental method in education" (Edgeworth, Memoirs. Vol. II. a.a.O. (Anm. 67). S. 186)), jedoch nicht, wie gesagt, theorielos, sondern - wie auch der Folgetext zeigt - unter Rückgriff auf (vorhandene) Theorien. Das heißt: Die Edgeworths wußten sehr genau um die Theoretizität, um die "Theorieimprägniertheit" von (effektiver) Praxis. Vgl. hierzu zum Beispiel die entsprechenden grundsätzlichen Bemerkungen in: Essays on Professional Education. a.a.O. (Anm. 242). S. 204 f., S. 207 ff. sowie in "Practical Education". Vol. I. a.a.O. (Anm. 237). S. 114 f. und Vol. II. S. 676, wo es bezeichnenderweise heißt: "Experiment ... is the test of truth." Auch hier sei betont: Edgeworth war Lunatiker, und die Lunatiker waren keine naiven Empiristen; sie kannten sehr genau die Funktion vorgängiger Theorie bzw. Hypothese (vgl. bereits oben S. 60 sowie Rössner, Die Pädagogik des englischen Experimentalphilosophen Joseph Priestley. a.a.O. (Anm. 2). S. 181 - 184). Wir kommen darauf zurück.

282 Edgeworth, Practical Education. Vol. I. a.a.O. (Anm. 237). S. VIII f. - Dieses Zitat macht zugleich die Arbeitsweise der Edgeworths deutlich, und bereits der Index zu "Practical Education" kann von der Sorgfalt überzeugen, die die Edgeworths bei der theoretischen Fundierung ihrer Erziehungspraxis und ihrer empirischen Erziehungsforschung haben walten lassen.

283 Wir sind der Auffassung, daß noch heute die Beachtung zahlreicher praktisch-erzieherischer Hinweise der Endgeworths nutzbringend sein könnte, zum Beispiel die Empfehlungen, die die Edgeworths im Hinblick auf das Angebot und den Umgang mit Spielsachen geben.

284 "The extraordinary richness of ideas concerning pedagogical methodology (is) outlined ... particularly (in) the chapter entitled 'Toys'." (Simon, Studies in the History of Education. a.a.O. (Anm. 8). S. 53.)

285 Die Edgeworths nehmen hier die gleiche Position ein wie der "Rousseauianer" und Lunatiker Thomas Day, auf dessen sehr ähnliche Pädagogik wir noch zu sprechen kommen (vgl. Abschnitt 3.3.).

286 Simon, Studies in the History of Education. a.a.O. (Anm. 8). S. 46.

287 Smith, A History of English Elementary Education. a.a.O. (Anm. 92). S. 125 f.

288 Edgeworth, Practical Education. Vol. I. a.a.O. (Anm. 237). S. 19.

289 Ebenda S. 30.

290 Ebenda S. 3.

291 Ebenda S. 35 (vgl. auch den Anmerkung 246 korrespondierenden Text).

292 "It is surprising how much children learn from
their playthings when they are judiciously chosen,
and when the habit of reflexion and observation is
associated with the ideas of amusement and happiness." (Ebenda S. 18.) - Auf das Problem "Spielen =
Lernen versus spielender Unterricht ('teaching in
play') versus Lernaufgaben im engeren Sinne ('tasks')"
soll hier nicht eingegangen werden ("there is a material difference between teaching children in
play, and making learning a task" (ebenda S. 54 f.)).
Die Edgeworths stellen im Kapitel "Tasks" differenzierte Betrachtungen zum Problem des spielenden Un-
terrichts und in diesem Zusammenhange zum Gebrauch
des Begriffes Spiel an und warnen vor dem unreflek-
tierten Gebrauch des Erziehungsmittels "spielender
Unterricht", ohne allerdings die hier behandelten
Grundsätze aufzugeben. Im Zusammenhang mit der
Erörterung des Problems "Rewards and Punishments"
(9. Kapitel von "Practical Education") kommen wir
darauf zurück.

293 Ebenda S. 15.

294 Ebenda S. 19.

295 Ebenda S. 31.

296 Ebenda S. 32.

297 Vgl. ebenda S. 9.

298 Vgl. ebenda zum Beispiel S. 20 ff.

299 "Nothing can be done in education without attention
to minute circumstances" (ebenda S. 30).

300 Vgl. Fr. Winnefeld, Pädagogischer Kontakt und pädagogisches Feld. München-Basel 1957. S. 34.

301 Edgeworth, Practical Education. Vol. I. a.a.O.
(Anm. 237). S. 29. (Zu dem hier verwendeten Theorie-
Begriff vgl. nochmals Anmerkung 281.)

302 Ebenda S. 32 (Hervorhebungen im Zitat: L.R.)

303 Sicher hat Schofield nicht ganz unrecht, wenn er
für spezielle Bereiche des Edgeworthschen Erziehungssystems anmerkt, daß Edgeworth "certainly ... over-
generalized from his own experience" (Schofield,
The Lunar Society of Birmingham. a.a.O. (Anm. 1).
S. 407); gleichwohl wird noch deutlich werden, daß
Edgeworths "experience" zumindest eine produktive
heuristische Basis für die Entwicklung einer generellen science of education bot.

304 Edgeworth, Practical Education. Vol. I. a.a.O.
(Anm. 237). S. 14.

305 Vgl. ebenda S. 14 f.

306 Ebenda S. 15.

307 Vgl. ebenda und viele weitere Passagen des Kapitels
"Toys".

308 Ebenda S. 11.

309 Ebenda S. 12.

310 Ebenda S. 4 f.

311 Ebenda S. 5. Beispielhaft heißt es: "They should be

provided with the means of amusing themselves, not
with painted or gilt toys, but with pieces of wood
of various shapes and sizes, which they may build
up and pull down, and put in a variety of different
forms and positions; balls, pulleys, wheels,
strings, and strong little carts, proportioned to
their age, and to the things which they want to
carry in them, should be their playthings." (Ebenda S. 11; vgl. auch S. 4, S. 17, S. 20 ff.)

312 Ebenda S. 5.

313 Ebenda S. 16.

314 Ebenda S. 5.

315 Ebenda S. 9.

316 Ebenda S. 17.

317 Ebenda S. 15. Vgl. auch die anschauliche Beschreibung S. 6 ff.

318 Die Edgeworths nehmen hier die Frustrations-Aggres-
sions- bzw. Frustrations-Ärger/Wut-Hypothese in Anspruch. Es soll hier nicht die (relative) Bewährtheit dieser Hypothese erörtert werden (vgl. dazu
knapp zusammenfassend: H. Selg, Aggression. In: Th.
Herrmann et al. (Hrsg.), Handbuch psychologischer
Grundbegriffe. München 1977. S. 19 f.); entscheidend
ist für uns, daß die Edgeworths versuchten, ihre
"art of education" empirisch-psychologisch bzw.
über die Auswertung (systematischer) Beobachtungen
bzw. Erfahrungen zu fundieren.

319 Edgeworth, Practical Education. Vol. I. a.a.O. (Anm.
237). S. 33.

320 Ebenda S. 18 f.

321 Ebenda S. 15; vgl. zum Beispiel auch ebenda S. 272.

322 Birchenough (History of Elementary Education.
a.a.O. (Anm. 247). S. 268) kommentiert: "By education Edgeworth understood much more than instruction.
It consisted, among other things, in cultivating
the understanding, developing initiative and inventiveness, evoking a deep sense of religion, giving
'moral habits, generous sentiments, kind tempers
and easy manners.' (Edgeworth, Memoirs. Vol. II. a.
a.O. (Anm. 67). S. 387.) The method proposed for
compassing this was frankly utilitarian (Hervorhebung L.R.), 'to associate pleasure with whatever we
wish that our pupils should pursue, and pain with
whatever we wish that they should avoid.'" (Edgeworth, Practical Education. Vol. II. a.a.O. (Anm.
237). S. 713.) Es ist bezeichnend, daß die Edgeworths mit diesem, wie sie sagen, "general principle" die Zusammenfassung von "Practical Education"
einleiten. Im übrigen bieten die Edgeworths auf den
Seiten 716 - 720 eine klare zusammenfassende Charakterisierung ihres utilitaristischen Standortes in
Erziehungswissenschaft und "practical education",
indem sie die "utility of virtue" (S. 716) betonen

und darauf hinweisen, "that no happiness can be enjoyed in society without the social virtues, without
the useful and the agreeable qualities" (S. 719),
so daß Educanden die Fähigkeit erwerben müssen,
"the cause of pleasure to each other" zu sein (S.
719 f.).
323 Das Prinzip der Selbsttätigkeit wird nochmals speziell in dem Kapitel "On Mechanicks" erörtert. Vgl.
insbs. Vol. II. S. 458 ff.
324 Vgl. dazu zusammenfassend auch: R. Shackleton, The
Greatest happiness of the greatest number: the
history of Bentham's phrase. In: Th. Besterman
(ed.), Studies on Voltaire and the Eighteenth
Century. Volume XC. Banbury 1972 sowie speziell:
Rössner, Die Pädagogik der empiristisch-utilitaristischen Philosophie Englands im 19. Jahrhundert.
a.a.O. (Anm. 113). Stichwort: "Greatest-Happiness-
Prinzip".
325 Vgl. bereits oben S. 59 f.
326 Edgeworth, Practical Education. Vol. I. a.a.O.
(Anm. 237). S. 227. - Dieser Gedanke wurde von
Bentham - speziell bezogen auf "legislation" - weiterentwickelt. Daß die Edgeworths sich hier - also im
pädagogischen Zusammenhang - auf die (Straf-)Gesetz-
gebung beziehen, hat seinen Grund darin, daß die
empiristischen Utilitaristen die Gesetzgebung als
eine Erziehungs-Institution ansahen, daß sie - wie
speziell Bentham betonte - den Gesetzgeber als
nationalen Erzieher interpretierten. Vgl. hierzu
(im pädagogischen Zusammenhang) im einzelnen:
Rössner, Die Pädagogik der empiristisch-utilitaristischen Philosophie Englands im 19. Jahrhundert.
a.a.O. (Anm. 113). Stichwort: Erzieher, nationaler.
Vgl. auch unten Anmerkung 332 und korrespondierenden
Text.
327 Edgeworth, Practical Education. Vol. I. a.a.O.
(Anm. 237). S. 227. - Hinweis: Im 9. Kapitel von
"Practical Education" beschäftigen sich die Edgeworths
(entgegen der Überschrift) vor allem mit dem Problem
der Strafe. Auf das Belohnungsproblem gehen sie
nicht allzu extensiv ein, was den Edgeworths aber
wohl deshalb nicht notwendig erschien, da dieses
Problem letztlich Thema (fast) der gesamten Abhandlung ist (vgl. bereits den Anmerkung 322 korrespondierenden Text).
328 Ebenda S. 328.
329 Zum "Principle of security" in Verbindung mit dem
"Greatest happiness-principle" vgl. im einzelnen:
Rössner, Die Pädagogik der empiristisch-utilitaristischen Philosophie Englands im 19. Jahrhundert. a.a.
O. (Anm. 113). Stichwort: Sicherheits-Prinzip.
330 Edgeworth, Practical Education. Vol. I. a.a.O. (Anm.
237). S. 228.

271

331 Ebenda S. 229; "Education," sagen die Edgeworths an anderer Stelle (S. 273) "looks to the future, and frequently we must ensure future advantage, even at the expence of present pain or restraint." Zu diesem "principle", dieser "rule" vgl. auch ebenda S. 281 f., S. 273.

332 Dies ist die gemeinsame Aufgabe von Gesetzgebung (als spezifischer Erziehung) und Erziehung (im engeren Sinne). Vgl. bereits Anmerkung 326.

333 Entsprechend ihrer Tradition waren die Edgeworths Deterministen (in Übereinstimmung zum Beispiel mit dem Auch-Lunatiker Priestley (vgl. oben S. 79 - 84 sowie Rössner, Die Pädagogik des englischen Experimentalphilosophen Joseph Priestley. a.a.O. (Anm. 2). S. 186 - 206)), und Erziehen betrachteten sie als Gegen-Determination gegen die möglicherweise durch spezifische Umstände erfolgte Determination zum Verbrechen. Zu solcher Gegen-Determination ist der Erzieher wiederum determiniert, weil er seinerseits natürlicherweise determiniert ist, für sein Glück zu sorgen, sein Glück aber gegebenenfalls durch Verbrechen oder Untugenden anderer Menschen (zum Beispiel auch seines Zöglings) beeinträchtigt werden kann. Vgl. hierzu die entsprechenden Ausführungen in "Practical Education". Vol. I. a.a.O. (Anm. 237). S. 228. Wir kommen darauf zurück.

334 Edgeworth, Practical Education. Vol. I. a.a.O. (Anm. 237). S. 229.

335 Es sei hier daran erinnert, daß Priestley und Erasmus Darwin ihre "art of education" auf der gleichen Grundannahme aufbauten. Vgl. hierzu unsere Ausführungen zu Priestley und Darwin, speziell S. 63 - 84 sowie S. 154 - 157.

336 Edgeworth, Practical Education. Vol. I. a.a.O. (Anm. 237). S. 20.

337 Es sei auch hier darauf hingewiesen, daß es uns in der vorliegenden Schrift nicht darum geht, die Edgeworthsche Pädagogik insgesamt und im Detail zu referieren. Unser Ziel ist es, die Tradition der englischen empiristisch-utilitaristischen Aufklärungspädagogik im 18. Jahrhundert in ihrer Grundkonzeption zu charakterisieren. Eine Gesamt- bzw. Detaiilanalyse der Edgeworthschen Pädagogik erforderte einen solchen Umfang, daß der hier gesetzte thematische Rahmen gesprengt würde. (Im übrigen sei schon hier darauf hingewiesen, daß die Edgeworths eine recht ausführliche und differenzierte Zusammenfassung von "Practical Education" bieten, die einen instruktiven Überblick über das Gesamtwerk und die "general principles" des "plan of education" bietet. Vgl. ebenda Vol. II. S. 713 - 730.) Gleichwohl werden wir bei der Besprechung des zentralen Kapitels "On Rewards and Punishments" auf Aussagen an anderen

Stellen von "Practical Education" zurückgreifen; denn das Problem "Rewards and Punishments" durchzieht - als zentrales - die gesamte Schrift; der Argumentgang in "On Rewards and Punishments" ist im folgenden daher (nur) Bezugspunkt bzw. Leitlinie (vgl. auch Anmerkung 327).

338 Sehr deutlich wenden sich die Edgeworths gegen eine ständig regulierende Erziehung, die Kinder "Maschinen ähnlich" macht, die ständig aufgezogen werden ("wound up regularly") (vgl. Edgeworth, Practical Education. a.a.O. (Anm. 237). S. 90). Ganz in diesem Sinne hat auch der Edgeworth-Zeitgenosse Jean Paul (Friedrich Richter) (1763 - 1825) argumentiert, wenn er formulierte: "Eure Uhr steht so lange, als ihr sie aufzieht; und ihr zieht Kinder ewig auf und laßt sie nicht gehen." (Jean Paul, Nachlese für die "Levana". In: K. Fischer (Bearb.), Jean Paul. II. Teil. In: Die Klassiker der Pädagogik. Band X. Langensalza 1896². S. 151.) Soweit wir wissen, kannte Jean Paul Edgeworths Werk "Practical Education", das drei Jahre vor Jean Pauls "Levana" (1806) in deutscher Übersetzung erschienen war (vgl. Anmerkung 238 und korrespondierenden Text), nicht. Gemeinsam war Jean Paul und den Edgeworths, daß sie stark durch Rousseau und Locke angeregt waren, jedoch ihre (jeweils empirisch-psychologisch fundierten) Erziehungslehren durchaus eigenständig entwickelten. Auf Edgeworths Rousseau-Locke-Tradition wurde oben ausführlich verwiesen (vgl. zusammenfassend den Anmerkung 246 korrespondierenden Text); zur Rousseau-Locke-Tradition Jean Pauls vgl. zusammenfassend: K. Fischer, Die Quellen zu Jean Pauls Levana. In: K. Fischer (Bearb.), Jean Paul. I. Teil. In: Die Klassiker der Pädagogik. Band IX. Langensalza 1889. S. 66 ff.

339 Vgl. Edgeworth, Practical Education. Vol. I. a.a.O. (Anm. 237). S. 240. - Die Edgeworths stimmen hier völlig mit dem Lunatiker-Pädagogen Darwin überein, der ja, wie wir erfahren haben, gegenüber der Anwendung des Erziehungsmittels Strafe ebenfalls eine sehr kritisch-distanzierte Einstellung hatte. Vgl. oben S. 154 f.

340 Ebenda S. 229.

341 Ebenda S. 230.

342 Vgl. ebenda.

343 Ebenda S. 230 f.

344 Ebenda S. 212 f.; vgl. auch den Anmerkung 350 korrespondierenden Text.

345 Ebenda S. 233.

346 Ebenda S. 232.

347 Ebenda S. 231.

348 Ebenda S. 233.

349 Ebenda. An anderer Stelle heißt es: "Education

looks to the future, and frequently we must ensure
future advantage, even at the expence of present
pain or restraint" (ebenda S. 273, vgl. o.a. Anm. 331).
350 Ebenda S. 233 f. Vgl. nochmals den Anmerkung 344
korrespondierenden Text.
351 Ebenda S. 234.
352 Die Edgeworths argumentieren hier ganzheits- oder
struktur- oder gestaltpsychologisch! Es geht darum,
sinnvolle Beziehungen bzw. Strukturen aufzubauen,
um Einsicht zu erzeugen und zu stabilisieren. Sinnlose Assoziationen verhindern Einsicht, sinnlose
Zusammenfassungen sind instabil. Vgl. hierzu im
einzelnen: M. Wertheimer, Produktives Denken.
Frankfurt a.m. 1957, speziell unter den Stichworten
"Sinnlose Silben" und "Sinnvolle Reaktionen". Es
sei hier darauf hingewiesen, daß die Edgeworths
(wie zahlreiche andere empiristisch-utilitaristische Assoziationspsychologen) keineswegs Anhänger
einer Assoziationstheorie waren, wie sie von vielen
Gestaltpsychologen dargestellt wird. Vgl. hierzu
bereits: Rössner, Die Pädagogik des englischen Experimentalphilosophen Joseph Priestley. a.a.O.
(Anm. 2). S. 249 ff. (Anmerkung 403) und S. 374
(Anmerkung 398).
353 Edgeworth, Practical Education. Vol. I. a.a.O.
(Anm. 237). S. 234.
354 Unter "Verhaltenseinheit" wird eine "gespeicherte
Information über ein Verhalten und seinen positiv
oder negativ bewerteten Effekt unter Einschluß der
relevanten (als bedeutsam perzipierten) internen
und externen Situationselemente" verstanden. Vgl.
hierzu grundlegend: Fr. Klix, Information und Verhalten. Kybernetische Aspekte der organismischen
Informationsverarbeitung. Einführung in naturwissenschaftliche Grundlagen der Allgemeinen Psychologie.
Berlin (Ost) 1973². Abschnitt 6.1.1.3. Im erziehungswissenschaftlichen Kontext vgl.: L. Rössner, Einführung in die analytisch-empirische Erziehungswissenschaft. Freiburg-Basel-Wien 1979. S. 40 - 49 et
passim.
355 "'Pleasure and pain' bzw. 'reward and punishment'
sind die Mittel, die zur Verhaltensformung eingesetzt werden können. Edgeworth vertritt hier, was
man in moderner Terminologie eine (kognitive) Lerntheorie auf der Grundlage des operanten Konditionierens nennen könnte. Und er tut dies in einer sehr
differenzierten Form ..." (Schütz, Edgeworth's
"Practical Education". a.a.O. (Anm. 252). S. 40).
356 Vgl. Klix, Information und Verhalten. a.a.O. (Anm.
354). S. 377, S. 381, S. 394 et passim.
357 Vgl. bereits den Anmerkung 343 korrespondierenden Text.
358 Edgeworth, Practical Education. Vol. I. a.a.O.
(Anm. 237). S. 234.

359 Vgl. insbesondere den Anmerkung 343 korrespondieren-
    den Text.
360 Vgl. bereits Anmerkung 299 und die den Anmerkungen
    299 - 301 korrespondierenden Texte.
361 Edgeworth, Practical Education. Vol. I. a.a.O.
    (Anm. 237). S. 257.
362 Ebenda S. 257 f.
363 Ebenda S. 149. - Die Edgworths wenden solche Über-
    legungen übrigens nicht nur auf die häusliche
    Erziehung an, sondern auch auf die schulische und
    weisen darauf hin, daß ein Lehrer auch die Educan-
    den-Bezugsgruppe der Mitschüler zu beachten habe,
    wenn er mit seinen Maßnahmen effektiv sein will.
    Die Edgeworths weisen deshalb darauf hin, daß der
    Lehrer beachten muß, "that the opinions of all the
    bystanders" eines von ihm bestraften Schülers,
    "especially if they be any of them of the pupil's
    own age, have great influence upon his mind", daß
    gewissermaßen die Macht des Lehrers dort endet, wo
    die der, wie wir heute sagen, peer-group beginnt:
    In "public schools" geschieht es sehr häufig, "that
    the master's displeasure seldom affects the little
    community with any sorrow; combined with one another,
    they make each other amends for public punishments
    by private pity or encouragement" (ebenda S. 245
    und 246).
364 Ebenda S. 150.
365 Vgl. hierzu im "modernen" pädagogischen Kontext: W.
    Brezinka, Die Pädagogik und die erzieherische Wirk-
    lichkeit. In: H. Röhrs (Hrsg.), Erziehungswissen-
    schaft und Erziehungswirklichkeit. Frankfurt a.M.
    1967^2. Ganz "im Sinne" der Edgeworths heißt es hier
    u.a.: "Sobald man über die erzieherischen Intentio-
    nen hinaus nach ihrer konkreten Verwirklichung
    fragt, wird die vielfältige Abhängigkeit erzieheri-
    scher Bemühungen von anderen Faktoren und Einflüssen
    offensichtlich. Es gibt tatsächlich kaum irgendwel-
    che Bereiche des sozialen und kulturellen Lebens,
    die für den Erzieher ohne Bedeutung wären. Er hat
    alle Gegenstände und Ereignisse, die für die ihm
    Anbefohlenen im Bereich möglicher Erfahrung liegen,
    daraufhin zu prüfen, ob, was und wie sie zur Errei-
    chung des Erziehungszieles beitragen ... Sofern die
    Pädagogik als Wissenschaft, die auf Erfahrung
    beruht, angesehen werden soll, muß sie die ganze
    Weite der erzieherisch bedeutsamen Wirklichkeit in
    ihre Betrachtung einbeziehen" (S. 194). - Wir gehen
    hier nicht auf die erziehungswissenschafts-philoso-
    phisch begründeten Einschränkungen ein, die Brezinka
    1981 in einer revidierten Fassung dieser Abhandlung
    machte und mit denen er darauf hinwies, daß die
    Pädagogik als empirische Wissenschaft ihre Forschung
    nicht auf die gesamte Wirklichkeit ausdehnen sollte,
    die in irgendeiner Hinsicht für Erziehung bzw.

Persönlichkeitsänderungen bedeutsam ist. Eine solche Ausweitung des Gegenstandes- bzw. Forschungsbereiches der Pädagogik würde zu deren uferloser Ausweitung führen - auf Kosten ihres Inhaltes bzw. ihrer Handlungsorientierungsleistungen (vgl. den gleichen Aufsatz in: W. Brezinka, Erziehungsziele, Erziehungsmittel, Erziehungserfolg. Beiträge zu einem System der Erziehungswissenschaft. München-Basel 1981². Speziell S. 14 f.). Es sei nur darauf hingewiesen, daß die Edgeworths selbst eine solche Ausweitung vermieden und sich auf - wie von Brezinka und anderen (vgl. zum Beispiel: L.-M. Alisch, L. Rössner, Erziehungswissenschaft als technologische Disziplin. Ein Beitrag zur Technologie-Diskussion in den Sozialwissenschaften. München-Basel 1978. Speziell S. 109 ff.) vorgeschlagen - darauf beschränkten, "die für das Erreichen von Erziehungszielen bedeutsame (oder wichtige) Wirklichkeit (zum) Gegenstand der Erziehungswissenschaft" (Brezinka) zu machen. Auch hier gilt (vgl. bereits u.a. die Anmerkungen 352 und 355) cum grano salis: Die Edgeworths entwickelten ihre empirische Pädagogik "auf der Höhe unserer Zeit".

366 Beiden Einflußinstanzen widmen die Edgeworths spezielle Kapitel in "Practical Education". Vgl. das 4. Kapitel "Servants" und das 5. Kapitel "Acquaintance".

367 Vgl. Edgeworth, Practical Education. Vol. I. a.a.O. (Anm. 237). S. 149.

368 Vgl. ebenda S. 148.

369 Ebenda S. 151; vgl. zum Beispiel auch ebenda Vol.II. S. 630.

370 Wobei zu berücksichtigen ist, daß hier nicht schematisiert werden darf; denn die Educanden unterscheiden sich voneinander - aus welchen Gründen auch immer: Es ist empfehlenswert, daß die erzieherischen Maßnahmen den "characters of different pupils" angepaßt werden. Die Edgeworths versagen es sich zwar zu untersuchen, ("this would lead into a wide theoretical discussion"), "whether there be any original difference of character or intellect", aber sie weisen darauf hin, daß schon in sehr frühem Alter Unterschiede zwischen den Educanden auftreten (vgl. ebenda S. 90). Der gute Erzieher muß daher "examine with care the different habits and tempers of his pupils" (ebenda S. 79). Vgl. weiterhin ebenda S. 92 ff. sowie Vol. II. S. 542 f., S. 573 f., S. 715. In dem später erschienenen Werk "Professional Education" (vgl. Anmerkung 242) heißt es übrigens ganz eindeutig: "The author ... disclaims the opinion, that all men are born with equal talents" (S. V); "that all human beings are naturally equal in their capacities, is not asserted by any, even of those authors who deny the existence of peculiar

genius; a difference in the power of attention,
arising from the vivacity of the perceptions of
pleasure and pain, and a difference in the acuteness
or strength of the organs of the senses must be admitted" (ebenda S. 3; vgl. auch S. 4, S. 13 f.). -
Dieses Problem wurde übrigens im empiristischen
Utilitarismus extensiv und intensiv diskutiert, und
es kann generell festgestellt werden, daß die
Vertreter dieser Philosophie in hohem Maße "Umwelt-
theoretiker" waren, also - ceteris paribus - von
der natürlichen Gleichheit der Menschen ausgingen.
Die Edgeworthsche Position war in dieser Eindeutig-
keit eine Ausnahme. Vgl. im einzelnen in der vorliegenden Schrift S. 73 f. sowie: L. Rössner, Reflexionen zur pädagogischen Relevanz der Praktischen Philosophie John Stuart Mills. Philosophische Studien
zur Geschichte der empirischen Pädagogik I. Frankfurt a.M.-Bern-New York 1983; Rössner, Die Pädagogik
der empiristisch-utilitaristischen Philosophie Englands im 19. Jahrhundert. a.a.O. (Anm. 113); Rössner, Die Pädagogik des englischen Experimentalphilosophen Joseph Priestley. a.a.O. (Anm. 2); jeweils
unter den Stichworten "Gleichheit" und "Ungleichheit").
Auch unter dem Stichwort "Erziehung, Allmacht der"
finden sich entsprechende Hinweise; vgl. bereits in
der Einleitung zur vorliegenden Schrift die den Anmerkungen 20 und 21 korrespondierenden Texte.

371 Auch das Problem der Erzieher-Erziehung war im Rahmen der empiristisch-utilitaristischen Philosophie
und Pädagogik ein sehr zentrales. Vgl. hierzu exemplarisch: Rössner, Reflexionen zur pädagogischen
Relevanz der Praktischen Philosophie John Stuart
Mills. a.a.O. (Anm. 370). S. 352 - 376. Es sei hier
abermals an Rousseau erinnert, der im "Emile"
schreibt: "Der Erzieher hätte für seinen Zögling
erzogen werden müssen, seine Diener hätten für
ihren Herrn müssen erzogen werden, seine ganze Umgebung hätte die Eindrücke empfangen müssen, die
sie ihm mitteilen soll; man müßte von Erziehung zu
Erziehung, wer weiß wie weit, zurückgehen. Wie
sollte nur ein Kind gut erzogen werden durch einen
Menschen, der selbst nicht gut erzogen worden ist?"
(J.J. Rousseau, Emil oder über die Erziehung (1762).
In: J.J. Rousseau, hrsggb. von Th. Vogt und E. v.
Sallwürk. Langensalza 1876. Band 1. S. 165 (Erstes
Buch, 68).) Zur Gesamttradition der Behandlung die-
ses Problems vgl. auch: J.A. Passmore, The Mallea-
bility of Man in Eighteenth-Century Thought. In: E.
R. Wassermann (ed.), Aspects of the Eighteenth Cen-
tury. Baltimore 1965. S. 46.

372 Edgeworth, Practical Education. Vol. I. a.a.O. (Anm.
237). S. 124. Priestley - der Mit-Lunatiker -
äußerte sich übrigens in gleichem Sinne. Vgl. J.

Priestley, Miscellaneous Observations Relating to Education. Bath 1778. In: The Theological and Micellaneous Works of Joseph Priestley. With Notes, By the Editor (J. T. Rutt). Volume XXV. London 1831 (Reprint: New York 1972). S. 32. (Vgl. auch: Rössner, Die Pädagogik des englischen Experimentalphilosophen Joseph Priestley. a.a.O. (Anm. 2). S. 305 f.). Es ist hier nochmals auf den "Spectator" (vgl. Anmerkung 195) zu verweisen, in dem bereits 1711 das Problem der "servants" im Edgeworthschen Sinne (auch an Hand einiger Briefe von servants an den Spectator) ausführlich diskutiert wird. Vgl. die Nummern 88, 96, 107 und 137 (Ausgabe: The Spectator. Volume the Second. London 1767. S. 32 ff., S. 64 ff., S. 101 ff. und S. 210 ff.).

373 Bemerkenswert erscheint hier, daß die Edgeworths in diesem Zusammenhang bereits eine Art von erweiterter Kindergärtner(innen)-Erziehung für empfehlenswert halten: "Perhaps an institution for the education of attendants upon children would be of the highest utility" (Edgeworth, Practical Education. Vol. I. a.a.O. (Anm. 237). S. 124 (Anmerkung).)

374 Ebenda S. 195.

375 Ebenda S. 196.

376 Vgl. den Anmerkung 327 korrespondierenden Text.

377 Die Behandlung des Problems der Belohnung ist die zentrale und aufschlußreichste innerhalb des Edgeworthschen Erziehungssystems. Sie erfolgt, wie bereits vermerkt (vgl. Anmerkung 327), nicht nur in dem auch mit diesem Begriff überschriebenen Kapitel von "Practical Education", sondern ist zentraler Bestandteil der gesamten Abhandlung, so daß wir hier aufgrund der verstreuten Hinweise systematisieren.

378 Mit der Konstituierung einer Belohnungstheorie folgten die Edgeworths der Tendenz ihrer Zeit bzw. der empiristisch-utilitaristischen Philosophie, die vorhandenen Straftheorien zum Nutzen der Gesellschaft durch Belohnungstheorien zu ergänzen, wenngleich diese Tendenz zunächst weniger in England als in Italien auszumachen ist (gegenseitige Beeinflussungen fanden jedoch statt; vgl. hierzu: Rössner, Bemerkungen zur empiristischen Tradition italienischer Pädagogik unter besonderer Berücksichtigung der englisch-italienischen kulturellen Beziehungen. In: Rössner, Empirische Pädagogik I. a.a.O. (Anm. 113)). Schon die Beccariasche Straftheorie mündet in eine (pädagogisch zentrierte) Belohnungstheorie ein (vgl. C.B. de Beccaria, Dei Delitti e delle pene (1764). Nuova Edizione Corretta e Accresciuta. Harlem e si vende A Parigi 1780. § XLI, S. 177 ff.; vgl. auch: Rössner, Die Pädagogik der empiristisch-utilitaristischen Philosophie Englands im 19. Jahr-

hundert. a.a.O. (Anm. 113). S. 57 f.), und fast zur gleichen Zeit legte Dragonetti eine Belohnungstheorie vor (G. Dragonetti, Delle virtù e de' premj. Venezia 1767), ausgehend von der aus seiner Sicht bedauernswerten Feststellung, daß die Menschen bisher Millionen von Gesetzen geschaffen haben, um Verbrechen zu bestrafen, und nicht eines dafür, Tugend zu belohnen ("Gli unomini hanno fatto milioni di leggi per punire i delitti, e non ne hanno stabilita pur una per premiare le virtù." S. 3). Ausgehend von Dragonetti (aber auch J. Bentham!) entwickelte auch Gioia eine umfassende Belohnungstheorie (M. Gioia, Del merito e delle ricompense. Trattato storico e filosofico (1818). Lugano 1830[2]) – wie Dragonetti davon ausgehend, daß die Menschen bisher eher geneigt waren zu bestrafen als zu belohnen, daß sie bisher der Auffassung waren, daß ihre Sicherheit durch das Strafen eher gewährleistet wird als durch Belohnungen ("Gli uomini in generale sono più disposti a punire che a ricompensare: la pena è dimandata altamente dal sentimento della sicurezza, mentre alla ricompensa s'oppongono l'interesse e la vanità." Prefazione, S. 1).

379 Edgeworth, Practical Education. Vol. I. a.a.O. (Anm. 237). S. 173; vgl. auch S. 213.

380 Ebenda S. 253 f.

381 Vgl. ebenda S. 85.

382 Ebenda S. 307.

383 Ebenda S. 308.

384 Ebenda S. 87; vgl. zum Beispiel auch ebenda Vol. II. S. 649: "success ... is a better reward."

385 "When we ... praise children, we must be careful to associate pleasure with those things which are really deserving of approbation" (ebenda S. 301); vgl. weiterhin ebenda S. 259 sowie bereits die den Anmerkungen 352 und 353 korrespondierenden Texte.

386 Edgeworth, Practical Education. Vol. I. a.a.O. (Anm. 237). S. 58. An anderer Stelle heißt es: "Praise is a strong stimulus to industry, if it be properly managed; but if we give it in too large and lavish quantities early in life, we shall soon find that it loses its effect, and yet that the patient languishes for want of the excitation which custom has rendered almost essential to his existence. We say the patient, for this mental languor may be considered entirely as a disease. For its cure, see the second volume of Zoonomia" von Erasmus Darwin, "under the article Vanity. Children, who are habituated to the daily and hourly food of praise, continually require this sustenance unless they are attended to; but we may gradually break bad habits" (ebenda S. 301).

387 Vgl. ebenda S. 88 ff.

388 Ebenda S. 199; vgl. auch S. 259. – Die Edgeworths wei-

sen zudem - realistischerweise! - darauf hin, daß
Belohnungen - auch in der Form von Achtung bzw. Anerkennung - vom Educanden müssen nachvollzogen werden können. Werden Belohnungen als Bestechungen erlebt ("considered as bribes"), dann werden sie
ihren Zweck (glücklicherweise) verfehlen (vgl.
ebenda S. 184 f.).

389 Ebenda S. 85 ff.
390 Ebenda S. 94.
391 Vgl. bereits in der vorliegenden Schrift S. 75 ff.
    sowie speziell Anmerkung 254 des 2. Kapitels.
392 Vgl. Edgeworth, Practical Education. Vol. I. a.a.O.
    (Anm. 237). Zum Beispiel S. 101, S. 112, S. 235.
393 Vgl. ebenda zum Beispiel S. 236.
394 Vgl. ebenda zum Beispiel S. 112, S. 263.
395 Vgl. ebenda zum Beispiel S. 263.
396 Ebenda; vgl. auch ebenda Vol. II. S. 631, S. 633 f.
397 Ebenda S. 112.
398 Ebenda S. 196.
399 Ebenda S. 235 f.
400 Ebenda S. 236. Ebenso heißt es auf S. 220: "It is
    illiberal to assert, that any virtue is to be
    taught only by one process of education: many
    different methods of education may produce the same
    effects."
401 Es sei hier nochmals auf die Anmerkung 254 des 2.
    Kapitels verwiesen.
402 Vgl. bereits oben S. 172 ff.
403 Edgeworth, Practical Education. Vol. I. a.a.O. (Anm.
    237). S. V. Vgl. weiterhin die detaillierten Hinwei-
    se ebenda S. 185.
404 Vgl. hierzu (neben dem Anmerkung 264 korrespondie-
    renden Text) die Bemerkungen der Edgeworths zum
    Beispiel ebenda S. 133, S. 171.
405 Daß die empirische Grundlage des Edgeworthschen Er-
    ziehungssystems letztlich keine ausreichende war,
    war den Verfassern von "Practical Education" völlig
    bewußt, das heißt, sie waren sich durchaus darüber
    im klaren, daß Einzelfälle bzw. Kasuistiken zwar
    Beiträge zur "improvement of the art of education"
    liefern, aber letztlich nicht ausreichen, um die
    Erziehungswissenschaft zuverlässig zu fundieren.
    Vgl. hierzu die Bemerkungen R.L. Edgeworths in: Es-
    says on Professional Education. a.a.O. (Anm. 242).
    S. 15 f.
406 Edgeworth, Practical Education. Vol. I. a.a.O.
    (Anm. 237). S. 115.
407 Vgl. hierzu (mit Bezug auf Priestley und Erasmus
    Darwin) Anmerkung 154 sowie die den Anmerkungen 154
    - 156 korrespondierenden Texte.
408 Edgeworth, Practical Education. Vol. I. a.a.O.
    (Anm. 237). S. 167.
409 Ebenda S. 298.
410 Ebenda S. 312.

411 Daß Richard Lovell Edgeworth diese Auffassung tatsächlich vertrat und nach dieser Auffassung erzieherisch handelte, ist schon durch die Position seiner Tochter und Mitarbeiterin Maria Edgeworth belegt!

412 Edgeworth, Practical Education. Vol. II. a.a.O. (Anm. 237). S. 550.

413 Es sei hier – wir meinen, nicht überflüssigerweise – betont, daß die Edgeworths ihr Erziehungssystem im 18. Jahrhundert entwickelten, und daher muß vor einer gesellschaftspolitischen Überforderung der Edgeworths gewarnt werden. Wenn man die Auffassungen der Edgeworths hinsichtlich der Mädchenerziehung mit der Elle der Gleichberechtigungsstandards unserer Zeit zu messen sich anschickt, verfehlt man auch die "progressive" Position der Edgeworths. Wir halten deshalb zum Beispiel die (implizite) Kritik, wie sie in den folgenden Argumenten, die explizit auch auf Maria Edgeworths bezogen werden, zum Ausdruck kommt, für (zumindest) inadäquat (die Begründung für diese Bewertung wird mit unserer folgenden Darstellung gegeben): "The educators who followed Mary Wollstonecraft invariably stressed the importance of extreme feminity. Instead of encouraging common interests with men, they urged women to be a species apart. It was not sufficient that women were distinguished from men in various respects that followed from physical and glandular differences. They were to become still more feminine by suppressing certain natural dispositions and by cultivating peculiar modes of conduct. A set of manners and attitudes distinctive to women was to surround them with an aura of protection and mystery. To move out of this orbit, the educators warned their readers, would be a serious breach of propriety." Es folgt nun ein hinreichend passendes Zitat Maria Edgeworths, das unabhängig vom sonstigen Kontext Quinlans Kritik "belegt": "Speaking of the proper education of a young lady, Maria Edgeworth cited this prescription: Her mind must be enlarged, yet the delicacy of her manners must be preserved; her knowledge must be various, and her powers of reasoning unawed by authority; yet she must habitually feel that nice sense of propriety, which is at once the guard charm of feminine virtue" (Practical Education. Vol. II. a.a.O. (Anm. 237). S. 550). (M. J. Quinlan, Victorian Prelude. A History of English Manners. 1700 – 1830. London 1965[2]. S. 143.)

414 Edgeworth, Practical Education. Vol. II. a.a.O. (Anm. 237). S. 523.

415 In moderner Formulierung: Die Edgeworths plädierten für die Akzeptierung einer (pädagogischen) Stückwerk-Sozialtechnologie im Sinne Poppers (vgl. hierzu: K. R. Popper, Das Elend des Historizismus. Tübingen

1969^2. S. 51 - 61; im pädagogischen Zusammenhang: L. Rössner, Erziehungs- und Sozialarbeitswissenschaft. Eine einführende Systemskizze. München-Basel 1977. S. 49 - 52) bzw. für die Akzeptierung eines Konzeptes vom empirischer (und gesellschaftsverändernd relevanter!) Wissenschaft, wie es auf ganz anderem wissenschaftsphilosophischen Hintergrund von E. Bloch charakterisiert (und präferiert) wurde. Bei ihm heißt es: "Wissenschaftliche Phantasie (auch weit über den bloßen glücklichen Einfall hinaus) ist empirisch gesehen eine solche, die mit sich handeln, sich von sich herunterhandeln läßt. Empirische Wissenschaft blüht so, im Hinblick auf Gedankenexperiment und Idealtypus, eben als eine durch faktischen Schaden klug gewordene Vernunft." (E. Bloch, Tübinger Einleitung in die Philosophie 1. Frankfurt a.M. 1967^5. S. 150 f.) Dem Veränderer und damit dem Pädagogen (!) rät der Empirist Bloch zur Klugheit "durch die treue Beachtung der Tendenz" (E. Bloch, Verfremdungen I. Frankfurt a.M. 1968. S. 216), also der "Tatsachen" (ebenda); er rät zu "weltkundigem " Verhalten, das nicht zu kapitulieren brauche, sich aber empirisch berichtigen lassen müsse (vgl. E. Bloch, Tübinger Einleitung in die Philosophie 2. Frankfurt a.M. 1966. S. 37).

416 "How often is the labour of years ... lost for ever" (Edgeworth, Practical Education. Vol. II. a. a.O. (Anm. 237). S. 524).

417 Vgl. ebenda S. 519 - 525 et passim (Chapter XX).

418 Ebenda S. 530; vgl. auch S. 531.

419 "Parents must themselves preside over the education of their children, or must entirely give them into the care of some person of an enlarged and philosophic mind ... Such a preceptor or governess must possess extensive knowledge, and that superiority of mind which sees the just proportion and value of every acquisition" (ebenda S. 544 f.). Der zukünftige Erzieherberuf (vor allem) der Frau erfordert also eine umfassende wissenschaftliche (philosophische) Erziehung bzw. Ausbildung.

420 Ebenda S. 548.

421 Ebenda S. 549.

422 Ebenda S. 549 f.

423 Ebenda S. 550.

424 Ebenda S. 550 ff.

425 W. Brezinka, Von der Pädagogik zur Erziehungswissenschaft. Eine Einführung in die Metatheorie der Erziehung. Weinheim-Basel 1972^2. S. 38 f.

426 Dies geschah hier - wie mehrmals hervorgehoben - nur exemplarisch. Erst die Lektüre des ganzen Textes von "Practical Education" macht dies in vollem Umfange deutlich, wenngleich es bereits in diesem Sinne effektiv ist, Edgeworths "Summary" zu studieren. In diesem XXV. Kapitel von "Practical Education" wird ein instruktiver Überblick über die Gesamtkonzeption geboten.

427 Vgl. Anmerkung 242 sowie die Hinweise S. 166 f. und S. 173.

428 Darauf verweist Edgeworth selbst ausdrücklich: "The first chapter of this book consists of general remarks upon the cultivation of those qualities and talents, which are necessary or useful in every profession; and it is consequently more analogous than any other chapter to what has been said in our former work (Practical Education). If this appear as a redundance, the fault arises from want of skill, and not from want of care." (Edgeworth, Essays on Professional Education. a.a.O. (Anm. 242). S. XII f.)

429 Ebenda S. 420.

430 Zu den Aufassungen der Lunatiker hinsichtlich der Französischen Revolution vgl. Rössner, Die Pädagogik des englischen Experimentalphilosophen Joseph Priestley. a.a.O. (Anm. 1). S. 68 ff.

431 Vgl. bereits Anmerkung 245 und korrespondierenden Text.

432 Die zitierte Passage ist dem Kapitel "On the Military and Naval Professions" (Inhaltsverzeichnis) bzw. "On Military and Naval Education" (Text) von "Professional Education" entnommen.

433 Edgeworth, Essays on Professional Education. a.a.O. (Anm. 242). S. 138 f. Vgl. auch S. 284 f.

434 Ebenda S. 139 (Anmerkung). - Zweifel daran, ob diese Diagnose bzw. Prognose Edgeworths wirklich zutreffend ist, scheinen berechtigt; denn die Einordnung Days unter die "English Radicals" bzw. Demokraten dürfte durchaus begründet sein. Vgl. hierzu zum Beispiel: C.B.R. Kent, The English Radicals. An Historical Sketch. London-New York-Bombay 1899. S. 66; W.L. Mathieson, England in Transition. 1789 - 1832. A Study of Movements. London 1920. S. 62; B. Simon, Introduction. In: B. Simon (ed.), The Radical Tradition in Education in Britain. London 1972. S. 11 ff. Auch der Lunatiker James Keir weist in seiner Day-Biographie wiederholt darauf hin, daß die liberal-demokratischen Auffassungen Days stabiler waren. als Edgeworth annahm (bzw. hoffte). Vgl. J. Keir, Account of the Life and Writing of Thomas Day. London 1791 (Reprint: New York 1970). S. 38 ff., S. 48 f., S. 62 - 69, S. 71 ff., S. 120 - 124 et passim. - Wir kommen darauf zurück (vgl. u.a. Anmerkung 560).

435 Vgl. oben S. 167.

436 Zu James Keir vgl. im einzelnen: G. Godwin, Keir, James. In: The Dictionary of National Biography. From the Earliest Times to 1900. Volume X. Oxford 1882 ff. (Reprint: 1949 f.). S. 1201 f. - Zu Keirs Day-Biographie vgl. die Angaben in Anm. 434. Dazu wird bei Pearson aufschlußreich berichtet, daß zu-

nächst R.L. Edgeworth diese Biographie abfassen wollte (vgl. Pearson, Doctor Darwin. a.a.O. (Anm. 8). S. 49), daß jedoch Keir von Days Witwe darum gebeten wurde, diese Biographie zu schreiben. Keir bat aber Edgeworth um Materialien – und es entwikkelte sich folgender binnen-lunatischer Dissens: "Edgeworth, fortunately for us, saw the funny side of Day and sent a batch of amusing anecdotes to Keir. A correspondence ensued. Keir was jealous for the reputation of his friend (vgl. auch ebenda S. 213), refused to let him be laughed at, and returned the anecdotes. A final letter from Edgeworth explains why Keir's biography of Day is so dull: "We differ so materially in our ideas of private biography – you believing that nothing but what concerns the public should be published, I thinking that to entertain mankind is no inefficacious method of instructing them. When Mason was reproached by somebody for publishing the private letters of Gray, he answered, 'Would you always have my friends appear in full dress?' I might quote Plutarch as well as Mason in support of my opinion; but I am sure you must perceive, my dear sir, that I am not willing to enter into any literary competition with you, well knowing my inferiority. R.L.E." (ebenda S. 104).

437 Vgl. L. Stephen, Day, Thomas. In: The Dictionary of National Biography. From the Earliest Times to 1900. Volume V. Oxford 1882 ff. (Reprint: 1949 f.). S. 689 ff.

438 Vgl. Chapter V in: Pearson, Doctor Darwin. a.a.O. (Anm. 8).

439 Keir, Account of the Life and Writing of Thomas Day. a.a.O. (Anm. 434). S. 5.

440 Ebenda S. 6.

441 "They took to one another immediately, inspite of the fact that their tastes were dissimilar. Day was a serious and melancholy person, who hated frivolity and distrusted women. Edgeworth was a gay dog, especially among the women" (Pearson, Doctor Darwin. a.a.O. (Anm. 8). S. 52). Beide wurden, wie wir wissen, Lunatiker, aber sehr unterschiedliche – trotz aller (auch pädagogischer) Gemeinsamkeiten: "Richard Lovell Edgeworth (was) a handsome man, with well-proportioned features, and 'aristocrat' written all over him. Very full of himself, rather conceited, extremely courteous – almost histrionically so – and eminently clubbable" (ebenda S. 106). "Day, who came frequently before his marriage" zu den Sitzungen der Lunatiker, "would sit awkwardly at table, either wrapped in gloomy silence, with cloudy countenance, or monologising at length, in solemn periods, on the wickedness of man and the shallowness of woman" (ebenda S. 107).

442 "It is difficult to see what these two could have had in common, except a love of philosophy. Perhaps Day chiefly appealed to Darwin as a curious and entertaining specimen of humanity, though his practical philanthropy must also have gained the doctor's esteem. Whatever the attraction, they thought very highly of one another, and Darwin was the first person approached by Keir for details of their friend's life" (ebenda S. 212 f.).

443 Simon, Studies in the History of Education. a.a.O. (Anm. 8). S. 38. Vgl. auch ebenda S. 50, S. 55.

444 Pearson, Doctor Darwin. a.a.O. (Anm. 8). S. 56.

445 Keir, Account of the Life and Writing of Thomas Day. a.a.O. (Anm. 434). S. 38.

446 Ebenda S. 38 f. - Weitere moralphilosophisch-politische Werke (Gedichte, Abhandlungen) Days sind: "The Dying Negroe, a Poem" (1773); "The Devoted Legions, a Poem" (1776); "The Desolation of America, a Poem" (1777); "Reflections upon the Present State of England and the Independence of America" (1782); "Letters of Marius; or Reflections upon the Peace, the East India Bill, and the Present Crisis" (1784); "Fragments of Original Letters on the Slavery of the Negroes" (1784, verfaßt 1776); "A Letter to Arthur Young, Esq. on the Wool Bill" (1788).

447 Keir, Account of the Life and Writing of Thomas Day. a.a.O. (Anm. 434). S. 27.

448 Pearson, Doctor Darwin. a.a.O. (Anm. 8). S. 52 f. - Wir wollen hier nicht auf Days spezifisches und lange erfolgloses Suchverhalten eingehen, das übrigens - bezogen auf Honora und Elizabeth Sneyd (Edgeworths zweite und dritte Frau) - auch Richard Lovell Edgeworths erfolgreicheres Such- und Werbeverhalten kreuzte, ohne die Freundschaft zwischen Day und Edgeworth im geringsten zu beeinträchtigen. Vgl. hierzu die anschauliche Schilderung der sehr dynamischen Interdependenzen in ebenda S. 64 - 69.

449 Ebenda S. 57 f.

450 Ebenda S. 58.

451 Ebenda S. 58 f.

452 Vgl. bereits Anmerkung 448.

453 Vgl. Anmerkung 93 und korrespondierenden Text.

454 Pearson, Doctor Darwin. a.a.O. (Anm. 8). S. 74 f.

455 Ebenda S. 75.

456 Ebenda S. 77.

457 Ebenda S. 79; vgl. auch: Schofield, The Lunar Society of Birmingham. a.a.O. (Anm. 1). S. 215.

458 Simon, Studies in the History of Education. a.a.O. (Anm. 8). S. 25. Vgl. bereits die den Anmerkungen 244 und 245 korrespondierenden Texte.

459 Vgl. hierzu: Simon, Studies in the History of Education. a.a.O. (Anm. 8). S. 30, S. 33 f., S. 36, S. 38 f., S. 40 - 44, S. 46, S. 50 ff., S. 55 f.;

Schofield, The Lunar Society of Birmingham. a.a.O. (Anm. 1). S. 54 - 57, S. 132 f., S. 210 - 216; vgl. weiterhin die den Anmerkungen 111 und 443 korrespondierenden Texte.

460 Vgl. oben S. 171.

461 Vgl. H.C. Barnard, A History of English Education. From 1760. London (1947) 1971[7]. S. 40; Smith, A History of English Elementary Education. a.a.O. (Anm. 92). S. 124; J. Lawson, H. Silver, A Social History of Education in England. London 1973. S. 232 f.

462 Vgl. Stephen, The English Utilitarians. Vol. I. a.a.O. (Anm. 53). S. 66.

463 Keir, Account of the Life and Writing of Thomas Day. a.a.O. (Anm. 434). S. 25.

464 Vgl. hierzu bereits oben S. 169 ff.

465 Abgedruckt in: Edgeworth, Memoirs. Vol. I. a.a.O. (Anm. 44). S. 226.

466 Man kann grob sagen, daß von Priestley über Erasmus Darwin und Edgeworth zu Day die Rousseau-Komponente der lunatischen Pädagogik zunahm - bei gleichzeitig jeweils vorhandener Skepsis gegenüber den Rousseauschen Ideen und Erziehungsmethoden. Zu Priestley und Rousseau vgl. die Hinweise in: Rössner, Die Pädagogik des englischen Experimentalphilosophen Joseph Priestley. a.a.O. (Anm. 2). S. 359 (Anmerkung 207), S. 362 (Anmerkung 251) sowie L. Stephen, History of English Thought in the Eighteenth Century. Vol. II. London 1876. S. 253 f; zu Darwin und Rousseau vgl. Anmerkung 141 sowie die den Anmerkungen 140 und 141 korrespondierenden Texte (S. 146 f.); zu Edgeworth und Rousseau vgl. S. 169 - 172. - Es gab jedoch auch Rousseau-Gegnerschaft in der Lunar Society, worauf bereits Keirs Interpretation der Rousseau-Begeisterung Days hinweist (vgl. den Anmerkung 463 korrespondierenden Text). Vor allem Dr. Small war nach Keirs Bericht "the very antipode of Rousseau" (Keir, Account of the Life and Writing of Thomas Day. a.a.O. (Anm. 434). S. 30), und er versuchte, Days Rousseau-Enthusiasmus zu mildern: "Dr. Small thought he could not do his younger friend more service than by controuling his imagination and correcting his views" (ebenda S. 31).

467 Days Erziehungsroman "The History of Sandford and Merton" erschien in drei Bänden 1783, 1786, 1789 und erreichte (vgl. Simon, Studies in the History of Education. a.a.O. (Anm. 8). S. 25) "mindestens fünfzig Auflagen in den hundert Jahren, die der Erstpublikation folgten". (Vgl. bereits den Anmerkung 246 korrespondierenden Text). Das Werk erschien - vollständig oder gekürzt - auch in englischer Sprache in Deutschland. Uns standen folgende Ausgaben zur Verfügung: The History of Sandford and Merton. Intended for the Use of Children. By Thomas

Day, Esq. A new Edition. Herausgegeben von F. Bauer. Celle 1843 (gekürzter und zum Teil veränderter Text); The History of Sandford and Merton. With an account of the author. Complete in one volume. By Thomas Day. Herausgegeben von G. v.d. Berg. Hamburg 1835; Geschichte Sandford's und Merton's für Kinder erzählt. Herausgegegben von J. H. Campe. Erstes Bändchen, Frankfurt und Leipzig 1789; Zweites Bändchen, Frankfurt und Leipzig 1789; Drittes Bändchen, Frankfurt und Leipzig 1793.

468 Simon, Studies in the History of Education. a.a.O. (Anm. 8). S. 40.

469 Meigs, Eaton, Nesbitt, Viguers, A Critical History of Children's Literature. a.a.O. (Anm. 244). S. 91. - Generell und zusammenfassend charakterisiert Monroe die Beziehung Rousseau-England zutreffend wie folgt: "In England, where Rousseau's literary influence was very great, and where his social ideas found many converts, his educational ideas received little support. A considerable literature on the subject of education, influenced more or less by Rousseau's ideas, now appeared, and the rather extensive child literature of the early nineteenth century was a direct outgrowth of the influence of the Emile." (P. Monroe, A Brief Course in the History of Education. New York-London 1913[8]. S. 297.)

470 Vgl. auch die Zusammenfassung Schofields in: The Lunar Society of Birmingham. a.a.O. (Anm. 1). S. 404 f.

471 Zu den Einschränkungen, die hier zu machen sind, vgl. die Verweise in Anmerkung 466.

472 Schofield, The Lunar Society of Birmingham. a.a.O. (Anm. 1). S. 54.

473 Vgl. bereits die den Anmerkungen 449 - 451 korrespondierenden Texte.

474 Vgl. Edgeworth, Memoirs, Vol. I. a.a.O. (Anm. 44).S. 181 sowie bereits den Anmerkung 448 korrespondierenden Text.

475 Schofield, The Lunar Society of Birmingham. a.a.O. (Anm. 1). S. 55 f.

476 Vgl. bereits den Anmerkung 449 korrespondierenden Text.

477 Keir, Account of the Life and Writing of Thomas Day. a.a.O. (Anm. 434). S. 27 f.

478 Schofield, The Lunar Society of Birmingham. a.a.O. (Anm. 1). S. 211 f.

479 Pearson, Doctor Darwin. a.a.O. (Anm. 8). S. 49.

480 Diese Auffassung wurde von allen Lunatikern - als Repräsentanten des enlightenment-Optimismus - vertreten, was sich insbesondere in den sozialwissenschaftlichen Schriften Priestleys zeigt.

481 An anderer Stelle vermerkt Keir: "Nothing is more easy than to trace Mr. Day's character in his own

writings ... Thus, for instance, the representation
which he gives of the affectionate, friendly,
brave, and generous little hero, Sandford, is the
transcript of the author's mind." (Keir, Account of
the Life and Writing of Thomas Day. a.a.O. (Anm.
434). S. 15.)

482 Vgl. hierzu auch Anmerkung 446 sowie die den Anmerkungen 444 - 446 korrespondierenden Texte.

483 Keir, Account of the Life and Writing of Thomas Day.
a.a.O. (Anm. 434). S. 80 - 83.

484 Diese Kennzeichnung stammt nicht wörtlich von Day.
Vgl. die Bauer-Ausgabe von "Sandford und Merton".
a.a.O. (Anm. 467). S. 14.

485 In den Text der Bauer-Ausgabe (ebenda) ist entsprechend eingefügt: Der Abschnitt "on the subject of
education in general ... is not here inserted, because, in the first place, very few children could
understand it, so far as to judge of its importance;
and, secondly, because it has no immediate connexion
with the story." - Auch die deutsche Campe-Ausgabe
(a.a.O. (Anm. 467)) ist entsprechend gekürzt, da
eine Erörterung "über die Grundsätze der Erziehung
... eigentlich nicht für Kinder" geeignet sei "und daher lieber von der Erzählung selbst, als Einleitung oder
Anhang, hätte sollen abgesondert werden" (S. XIV).

486 Day, The History of Sandford and Merton (Berg-Ausga-
be). a.a.O. (Anm. 467). S. XI f.

487 Vgl. auch Simon, Studies in the History of Education.
a.a.O. (Anm. 8). S. 40.

488 Unter der Überschrift "The Didactic Period" schreibt
Eaton: "During the latter half of the 18th and the
early part of the 19th centuries, children's literature was greatly influenced by the ideas of the
French philosopher Jean-Jacques Rousseau ... Rousseau, strongly emphasizing the development of the
'natural man', urged that children be allowed to
learn by doing things for themselves and that they
be guided in their accumulation of experiences by a
wise and kindly adult who stood ready to intervene
when the child's selfinstruction threatened to lap-
se into confusion. From such views emerged a mass
of juvenile books filled with little heroes and heroines who exercised their moral judgments, aided
by aunts, uncles, and grandfathers. A typical book of
the didactic school is The History of Sandford and
Merton ..., written by Thomas Day ..., a follower of
Rousseau. It is a long tale about good little Harry
and bad little Tommy and their very informative tutor Mr. Barlow." (A.Th. Eaton, Children's Literature. In: Collier's Enzyclopedia. Vol. 6. o.O. (USA)
1970. S. 242.) - Rousseaus Wirkung war nicht auf
die englische Pädagogik bzw. Kinder- und Jugendliteratur beschränkt. Insbesondere auch in Deutschland
hatte Rousseau großen Einfluß, speziell auf Johann

Heinrich Campe, so daß es nur folgerichtig war, daß
Campe (vgl. Anmerkung 467) auch den Dayschen Erzie-
hungsroman in deutscher Übersetzung herausgab. Zum
Einfluß Rousseaus auf die deutsche Kinder- und Ju-
gendliteratur und speziell auf Campe vgl.: H.-H.
Ewers, Einleitung. In: H.-H. Ewers (Hrsg.), Kinder-
und Jugendliteratur der Aufklärung. Stuttgart 1980.
S. 26 - 45.

489 Vgl. den Anmerkung 483 korrespondierenden Text.

490 Vgl. oben S. 49 ff.

491 Es soll uns hier übrigens nicht interessieren, daß
Days "story" heute häufig negativ bewertet wird.
"Smug and piggish" nennt Schofield die Erzählung
(vgl. Schofield, The Lunar Society of Birmingham.
a.a.O. (Anm. 1). S. 211); Eaton kritisiert, daß
"much of the book is dull monologue" (Eaton, Children's Literature. a.a.O. (Anm. 488). S. 242), und
Meigs et al. sprechen vom "pompous style" und der
"appalling structure" des Buches (vgl. Meigs,
Eaton, Nesbitt, Viguers, A Critical History of
Children's Literature. a.a.O. (Anm. 244). S. 92).
Eine literarische Wertung liegt außerhalb unseres
Problem- (und Kompetenz-)Bereiches; uns geht es um
die pädagogische Problematik, und hier sollte auch
bedacht werden, was Schofield anmerkt: "Historians
of childrens's literature, while laughing at Day, a-
gree that his work was a significant contribution
toward lightening the heavy burden of ponderous morality imposed on children by their literature"
(Schofield, The Lunar Society of Birmingham. o.a.
S. 212). Aber nicht nur der moralische Aspekt ist
hier bedeutsam, sondern auch der erziehungswissenschaftliche. Day ging es auch darum - wir haben
wiederholt darauf hingewiesen -, eine Erziehungswissenschaft - eine empiristisch-utilitaristische "science of education" - zu konstituieren bzw. weiterzuentwickeln (vgl. den Anmerkung 443 korrespondierenden Text), und diese Intention ist ebenfalls mit
"Sandford and Merton" verbunden. Wenngleich Day betont, daß er das Buch für Kinder geschrieben habe
("to children ... alone I appeal" (Day, The History
of Sandford and Merton. a.a.O. (Anm. 467). S. X)),
so hat er sich doch auch an Eltern und andere
Erzieher gewendet (dieser Schluß erscheint aufgrund
der im Buch enthaltenen grundsätzlichen Bemerkungen
und Passagen gerechtfertigt). Die "appalling structure" und "dull monologues" können so (auch) erklärt
werden.

492 Simon, Studies in the History of Education. a.a.O.
(Anm. 8). S. 40 f.

493 Rousseau, Emil oder über die Erziehung. a.a.O. (Anm.
371). Band 1. S. 145 (Erstes Buch, 1).

494 Day, The History of Sandford and Merton (Berg-Aus-
gabe). a.a.O. (Anm. 467). S. 1. - Im folgenden wer-

den wir nur nach dieser Ausgabe zitieren und somit nicht mehr näher kennzeichnen.

495 Ebenda S. 2.

496 Ebenda S. 45 f. An anderer Stelle beschreibt Day – im Rahmen einer eingeflochteenen Erzählung – den "ill-natured boy" so: "There was once a little Boy who was so unfortunate as to have a very bad man for his father, who was always surly and ill-tempered, and never gave his children either good instructions or good example; in consequence of which, this little Boy, wo might otherwise have been happier and better, became ill-natured, quarrelsome, and disagreeable to every body" (ebenda S. 108).

497 Ebenda S. 3.

498 Vgl. ebenda.

499 Ebenda S. 5.

500 Zum allgemeinen und speziell erzieherischen (bzw. erziehungswissenschaftlichen) Determinismus Priestleys vgl. im einzelnen: Rössner, Die Pädagogik des englischen Experimentalphilosophen Joseph Priestley. a.a.O. (Anm. 2). S. 186 – 206 sowie Rössner, Bemerkungen zur englischen experimentalphilosophischen Tradition der empirischen Pädagogik. a.a.O. (Anm. 113). S. 20 – 23. In der vorliegenden Schrift vgl. bereits Anmerkung 47 des 2. Abschnittes, Anmerkung 265 und korrespondierenden Text des 2. Abschnittes, S. 79 – 84 und Anmerkung 33 des 3. Abschnittes.

501 Es handelt sich hier um eine in "The History of Sandford and Merton" eingeflochetene didaktische Erzählung bzw. Parabel, in der sich die Rousseausche Auffassung Days deutlich repräsentiert. Wir fügen deshalb den Text hier vollständig an. Wir geben ihn – an das heutige Schriftdeutsch etwas angepaßt – in der deutschen Übersetzung, um gleichzeitig eine Probe aus einem deutschen Kinderbuch des Jahres 1789 zu bieten. "Die Geschichte der beiden Hunde" hat folgenden Wortlaut: "In einer Weltgegend, wo es viele starke und wilde Tiere gibt, zog ein armer Mann zwei junge Hunde auf, von einer Art, die ihrer Größe und ihres Muts wegen am höchsten geschätzt wird. Da sie mehr als gemeine Stärke und Behendigkeit zu haben schienen, so hoffte er, damit dem Gutsherrn ein angenehmes Geschenk zu machen, der ein reicher Mann war und in einer großen Stadt wohnte, wenn er ihm den einen davon brächte, der Bellan hieß, indes er den andern, namens Packan, selbst groß zog, um seine Herde zu bewachen. Von dieser Zeit an führten diese beiden Zwillingshunde eine ganz verschiedene Lebensart. Bellan wurde in eine reiche Küche geschickt, wo er gar bald ein Liebling aller Bedienten wurde, die an seinen kleinen Possen und Neckereien ihre Freude hatten und ihn mit einer Menge von Abfall reichlich bewirteten. Weil er sich also vom Morgen bis zum Abend immerfort mästete, so

wurde er ansehnlich groß, glatt und hübsch. Freilich
aber war er dabei sehr unbehilflich, und so feige,
daß er schon vor einem Hunde lief, der nur halb so
groß war als er selbst. Er war sehr gefräßig und
bekam oft Schläge für die Diebstähle, die er in der
Speisekammer verübte. Da er aber den Bedienten zu
schmeicheln verstand und sich bettelnd auf die Hin-
terpfoten stellte, wenn man es ihn hieß, und
außerdem zu apportieren wußte, so hatte man ihn in
der ganzen Nachbarschaft sehr gern. Packan, der
indessen in einer Bauernhütte auf dem Lande lebte,
stand sich so gut nicht, sah so plump aus und hatte
alle die artigen kleinen Künste nicht gelernt,
wodurch er sich hätte empfehlen können. Da aber
sein Herrn zu arm war, irgendetwas zu unterhalten,
was ihm zu nichts nützte, und immerfort in freier
Luft sein mußte, bei allem Wind und Wetter, und
sichs um sein Brot sauer werden ließ: so wurde
Packan abgehärtet, munter und fleißig. Auch war er
beständiger Gefahr von den Wölfen ausgesetzt, von
denen er manchen derben Biß bekommen hatte, wenn er
die Herde bewachte. Durch diese anhaltenden Übungen
erwarb er sich einen so hohen Grad von Unerschrockenheit, daß er keinem Feinde den Rücken kehrte. Seine
Wachsamkeit und Sorgfalt beschützten die Schafe
seines Herrn dergestalt, daß nie davon eins gefehlt
hatte, seitdem sie seiner Aufsicht waren anvertraut
worden. Seine Ehrlichkeit war so groß, daß sie sich
durch keine Versuchung überwältigen ließ; und wenn
er auch in der Küche allein gelassen wurde, wenn
ein Braten am Feuer war, so vergriff er sich doch
nie daran, sondern nahm das mit vielem Danke, was
ihm sein Herr zu geben für gut fand. Durch den
beständigen Aufenthalt in freier Luft war er so
abgehärtet worden, daß er sich vor keinem stürmi-
schen Wetter verkroch, wenn er die Herde bewachen
mußte; und er stürzte sich in den reissendsten
Strom, im kältesten Winterwetter, sobald ihm sein
Herr nur den kleinsten Wink gab. Um diese Zeit traf
es sich, daß der Gutsherr des armen Mannes sein
Landgut besuchte und seinen Hund, Bellan, mit sich
nach seinem Geburtsorte. Als er hier ankam, konnte
er nicht umhin, mit großer Verachtung auf den
rauhen, zottigen Packan zu blicken und auf sein
unbehilfliches Betragen, worin keine Spur von der
Geschicklichkeit war, die er in seinem Bellan so
sehr bewunderte. Gar bald aber wurde er durch einen
Zufall, der ihm begegnete, ganz anderer Meinung.
Als er eines Tages in einem dichten Gehölze spazie-
renging und niemand als die beiden Hunde bei sich
hatte, stürzte ein hungriger Wolf mit feuerblitzen-
den Augen, mit gesträubtem Haar und schrecklichem
Geheule aus einem nahen Dickicht und schien ihn
verschlingen zu wollen. Der unglückliche Mann hielt

sich schon für so gut als verloren, vornehmlich, da
er sah, daß sein treuer Bellan, anstatt ihm zu
Hilfe zu kommen, sich, den Schweif zwischen den
Beinen, davonschlich und vor Furcht heulte. Allein,
in diesem Augenblicke der Verzweiflung, eilte der
unerschrockene Packan, der ihm demütig und unbemerkt
von ferne gefolgt war, ihm zu Hilfe und griff den
Wolf mit so viel Mut und Behendigkeit an, daß er
sich aus allen Kräften gegen ihn zur Wehr setzen
mußte. Der Kampf war anhaltend und blutig; am Ende
aber legte Packan den Wolf tot zu seinen Füßen, ob
er gleich selbst stark verwundet wurde, und seinem
Herrn, der in dem Augenblicke herbeikam, ganz
blutig und zerfleischt entgegenlief. Der Gutsherr
war voller Freuden über seine Rettung und gegen
seinen Erretter voller Dankbarkeit; und lernte aus
eigener Erfahrung, daß man dem Scheine nicht immer
trauen dürfe und daß man oft große Tugend und edle
Denkungsart in Hütten finde, wenn man sie unter den
Großen umsonst sucht. Dem Gutsherrn gefiel Packans
edles Verhalten so sehr, daß er den armen Mann
ersuchte, ihm ein Geschenk mit dem Hunde zu machen,
wozu er sich, obgleich sehr ungern, verstand.
Packan kam also nach der Stadt, wo er von jedermann
geliebtkost und gefüttert wurde; und der nun in
Ungnade gefallene Bellan wurde in der Bauernhütte
zurückgelassen mit dem dringenden Auftrage an den
armen Mann, ihn als einen nichtswürdigen, unbrauch-
baren Hund aufzuhängen. Sobald der Gutsherr abge-
reist war, wollte der arme Mann seinen Auftrag
vollziehen; da er aber die edle Gestalt und das
hübsche Aussehen des Hundes erwog und vornehmlich
von Mitleiden gegen das arme Tier gerührt wurde,
welches mit dem Schwanze wedelte und seines neuen
Herren Füße leckte, als er ihm eben den Strick um
den Hals legen wollte: so beschloß er, ihm das
Leben zu schenken und zu versuchen, ob er nicht
durch eine andere Behandlungsart zu einem besseren
Verhalten zu bringen sei. Er bekam nur wenig zu
fressen und wurde dadurch gar bald rühriger und be-
hender. In dem ersten Regenschauer, der ihn traf,
lief er davon, wie er bisher getan hatte, und
schlich sich ans Kaminfeuer; des Landmanns Frau
aber trieb ihn sogleich zum Hause hinaus und nötigte
ihn, die Unfreundlichkeit des Wetters auszuhalten.
Hierdurch wurde er von Tage zu Tage stärker und ab-
gehärteter und achtete in wenig Monaten Kälte und
Regen so wenig, als ob er auf dem Lande wäre großge-
zogen worden. Ob er nun gleich sich schon in manchem
Betracht sehr gebessert hatte, so behielt er doch
immer noch eine unbezwingliche Scheu vor wilden
Tieren, bis er einstmals, da er allein durch ein
Gehölz lief, von einem großen und gierigen Wolf

angefallen wurde, der aus einem Dickicht hervorsprang und ihn wütend bei der Gurgel faßte. Bellan wäre gern davongelaufen; aber sein Gegner war zu behende und zu geizig, um ihm dazu Zeit zu lassen. Not macht selbst Feige herzhaft. Da Bellan auf diese Art in seiner Flucht aufgehalten wurde, so ging er bald auf seinen Feind los, packte ihn sehr glücklich bei der Kehle und erwürgte ihn in einem Augenblick. Sein Herr kam darüber zu, sah seinen Kampf mit an, lobte ihn und streichelte ihn so liebreich, wie er nie zuvor getan hatte. Ermuntert durch diesen Sieg und durch den Beifall seines Herrn wurde Bellan nach dieser Zeit ebenso herzhaft, als er vorher kleinmütig gewesen war; und nun bald war kein Hund in der ganzen Gegend so sehr der Schrecken der Raubtiere als er. Unterdessen tat Packan, anstatt wilde Tiere aufzujagen oder Schafe zu bewachen, nichts weiter als fressen und schlafen, welches man ihm aus Erkenntlichkeit für seine geleisteten Dienste zu tun erlaubte. Da sich alle Fertigkeiten des Geistes und Körpers gar bald verlieren, wenn sie nicht beständig in Übung erhalten werden, so hörte er nun bald auf, der herzhafte, mutige, kühne Hund zu sein, der er vorher war, und hatte nun schon alle die Fehler an sich, welche Folgen des Müßigganges und der Gefräßigkeit sind. Um diese Zeit ging der Gutsherr wieder auf das Land, nahm seinen Hund mit sich und wollte ihn wiederum seine Herzhaftigkeit gegen die Wölfe, seine alten Feinde, versuchen lassen. Die Bauern trieben daher bald einen Wolf in einem benachbarten Walde auf, und der Gutsherr ging mit Packan dahin, in der Erwartung, daß er sich dort ebenso wie das Jahr vorher verhalten werde. Aber wie groß war sein Erstaunen, als er gleich beim ersten Angriffe seinen geliebten Hund mit allen Merkmalen der Furcht davonlaufen sah! In eben diesem Augenblicke sprang ein anderer Hund hervor, griff den Wolf mit größter Unerschrockenheit an und legte ihn nach blutigem Kampfe tot zu Boden. Der Gutsherr konnte nicht umhin, die Feigheit seines Lieblings zu beklagen und den edlen Mut des anderen Hundes zu bewundern. Zu seiner größten Verwunderung aber fand er, daß dieser eben Bellan wàr, den er vor einem Jahr fortgeschafft hatte. Ich sehe nun wohl, sagte er zu dem Landmanne, daß es umsonst ist, von denen Mut und Herzhaftigkeit zu erwarten, die ein träges und ruhiges Leben führen, und daß beständige Bewegung und gehörige Zucht oft imstande sind, schlechte Gemütsarten in gute zu verwandeln" (Day, Geschichte Sandfords und Mertons. a.a.O. (Anm. 467). Erstes Bändchen. S. 38 - 46).

502 Simon, Studies in the History of Education. a.a.O. (Anm. 8). S. 46.

503 Zum Problem "enger versus weiter Erziehungsbegriff" in der empiristischen Tradition vgl. bereits Anmerkungen 60 und 222 des 2. Abschnittes, S. 77 - 81, Anmerkung 230 des 3. Abschnittes und auch Anmerkung 365 des 3. Abschnittes und korrespondierenden Text.

504 Vgl. den Anmerkung 502 korrespondierenden Text.

505 Simon, Studies in the History of Education. a.a.O. (Anm. 8). S. 46.

506 Vgl. den Anmerkung 486 korrespondierenden Text.

507 Vgl. Anmerkung 491.

508 Day sah ja seinen Erziehungsroman auch als Erziehungsmittel an und weist darauf hin, daß nur denjenigen ein begründetes Urteil darüber zustehe, "who have some experience in the education of a child" (Day, The History of Sandford and Merton. a.a.O. (Anm. 467). S. XII).

509 Vgl. die Anmerkungen 484 und 485 und korrespondierende Texte.

510 Day, The History of Sandford and Merton. a.a.O. (Anm. 467). S. 13.

511 "It was not surprising that Mr. Barlow showed so particular an affection for him (Harry); for besides learning with the greatest readiness, every thing that was taught him, little Harry was" aufgrund seiner sonstigen Umgebung oder, wie wir heute sagen, Sozialisationsbedingungen "the most honest, obliging creature of the world" (ebenda S. 4 f.).

512 Vgl. hierzu Anmerkung 434 und die den Anmerkungen 433 und 434 korrespondierenden Texte.

513 Vgl. den Anmerkung 493 korrespondierenden Rousseau-Text sowie bereits Days Hinweise in den den Anmerkungen 494 und 495 korrespondierenden Texten.

514 Day, The History of Sandford and Merton. a.a.O. (Anm. 467). S. 14.

515 Ebenda S. 15.

516 Ebenda S. 16.

517 Ebenda S. 15.

519 Vgl. hierzu nochmals die Hinweise in Anmerkung 500 und speziell oben S. 80. - Aus Mr. Barlow spricht - so können wir auch sagen - der Theologe, Determinist und Lunatiker Joseph Priestley, der mit der "artificial education" ebenfalls die Funktion verband, die "natural education", die sich innerhalb des "benevolent determinism" vollzieht, zu unterstützen.

520 Day, The History of Sandford and Merton. a.a.O. (Anm. 467). S. 17.

521 Vgl. hierzu im einzelnen die historische Analyse von J. Passmore, The Perfectibility of Man. London 1971[2], in der speziell auch ausführlich auf Priestleys Konzeption eingegangen wird.

522 Day, The History of Sandford and Merton. a.a.O. (Anm. 467). S. 20 f.

523 Vgl. bereits den Anmerkung 505 korrespondierenden Text.

524 Es sei hier nochmals daran erinnert, daß die Empiristen-Utilitaristen den Gesetzgeber als "nationalen Erzieher" interpretierten. Vgl. hierzu bereits Anmerkungen 326 und 332.

525 Auch die empiristisch-utilitaristische Annahme von der natürlichen Gleichheit aller Menschen wird also von Day akzeptiert. Vgl. hierzu bereits im Zusammenhang mit der Priestleyschen Pädagogik oben S. 73 f.

526 Nur "natürliches Leben" begünstigt moralisches Verhalten; die "unnatürliche" vornehme bzw. reiche Gesellschaft verdirbt den Menschen und wird somit zum unüberwindlichen Hindernis für "moral = natural conduct".

527 Auch hier wird die wissenschaftliche und speziell pädagogische Nähe zum Lunatiker Priestley deutlich. Dieser war - wie Hartley - ein Vertreter einer materialistischen, genauer: naturwissenschaftlich fundierten Theologie (Moralphilosophie und Pädagogik). Vgl. hierzu: Rössner, Die Pädagogik des englischen Experimentalphilosophen Joseph Priestley. a.a.O. (Anm. 2). S. 48, S. 147, S. 170 - 174 et passim.

528 Die Utilitaristen waren als Empiristen Realisten! Sie plädierten daher folgerichtig für - modern gesprochen - Stückwerk-Fortschritt, um den Menschen nicht zu überfordern, um nicht gegenwärtiges Glück - soweit vorhanden - zu opfern. Auch hier besteht zwischen Day und zum Beispiel Priestley (vgl. ebenda S. 284, S. 348 f.) Übereinstimmung.

529 Day, The History of Sandford and Merton. a.a.O. (Anm. 467). S. 21 ff.

530 Im Empirismus-Utilitarismus wurde Ethik auch als eine empirische Wissenschaft betrieben - im Sinne einer "modernen" Normenwissenschaft, in der es darum geht, Normen über empirische Erkenntnisse zu begründen. Vgl. im einzelnen (im Zusammenhang mit der empiristisch-utilitaristischen Philosophie und Pädagogik): Rössner, Reflexionen zur pädagogischen Relevanz der Praktischen Philosophie John Stuart Mills. a.a.O. (Anm. 370); Rössner, Die Pädagogik der empiristisch-utilitaristischen Philosophie Englands im 19. Jahrhundert. a.a.O. (Anm. 113); Rössner, Die Pädagogik des englischen Experimentalphilosophen Joseph Priestley. a.a.O. (Anm. 2) - jeweils unter dem Stichwort "Moralwissenschaft".

531 Vgl. zum Beispiel die den Anmerkungen 30 und 31 des 2. Abschnittes korrespondierenden Texte.

532 Day, The History of Sandford and Merton. a.a.O. (Anm. 467). S. 23.

533 Ebenda. Vgl. hierzu bereits unsere Hinweise oben S. 13 f.

534 Ebenda

535 Vgl. ebenda S. 24.

536 Vgl. hierzu Anmerkung 365.
537 Day, The History of Sandford and Merton. a.a.O.(Anm.
467). S. 25.
538 Ebenda S. 25 f.
539 Ebenda S. 26.
540 Vgl. ebenda S. 524.
541 Vgl. bereits die den Anmerkungen 484 - 486 korrespondierenden Texte.
542 Vgl. den Anmerkung 493 korrespondierenden Rousseau-
Text sowie zur Umwelttheorie Days den der Anmerkung
502 korrespondierenden Text.
543 Vgl. den Anmerkung 533 korrespondierenden Text.
544 Vgl. Day, The History of Sandford and Merton.
a.a.O. (Anm. 467). S. 293.
545 Ebenda S. 273.
546 Vgl. ebenda S. 495.
547 Vgl. ebenda S. 352.
548 Vgl. hierzu die "History of a surprising cure of
the gout", ebenda S. 175 - 190.
549 Ebenda S. 189 f.
550 Ebenda S. 294.
551 Ebenda S. 354 und S. 355.
552 Ebenda S. 45.
553 Ebenda S. 46.
554 Zur utilitaristischen Einstellung Days vgl. u.a.:
Keir, Account of the Life and Writing of Thomas
Day. a.a.O. (Anm. 434). S. 12, S. 19, S. 35, S. 80,
S. 85, S. 128, S. 135 et passim. Zur utilitaristischen Moralphilosophie der Lunatiker vgl. bereits
oben S. 59 f., S. 149 (speziell den Anmerkung 164
korrespondierenden Text), S. 179 f. et passim.
555 Vgl. Day, The History of Sandford and Merton. a.a.
O. (Anm. 467). S. 524.
556 Ebenda S. 316.
557 Ebenda S. 460.
558 Vgl. Anmerkung 491.
559 Day, The History of Sandford and Merton. a.a.O.(Anm.
467). S. 220. - Das Unglücklichsein der Reichen, die
nicht zu arbeiten gewöhnt sind, die nicht gelernt
haben, nützlichen Beschäftigungen nachzugehen, beschreibt Tommy, der nunmehr unter der erzieherischen
Anleitung Mr. Barlows gelernt hat, sich nützlich
zu betätigen, wie folgt: "When I was less than I am
now, I remember I was always fretful and hurting
myself, though I had two or three people constantly to take care of me. At present, I seem as
if I was quite another thing; I do not mind falling
down and hurting myself, or cold, or weariness, or
scarcely any thing which happens ... Then I always
had something or another the matter with me. Sometimes I had a little cold; and then I was obliged
to stay in for several days: sometimes a little
head-ache; and then I was forced to take physic:

sometimes the weather was too hot; then I must stay
within: and the same if it was too cold: I used to
be tired to death, if I did but walk a mile; and I
was always eating cake and sweetmeats till I made
myself sick. At present, I think I am ten times
stronger and healthier than ever I was in my life"
(ebenda S. 216).

560 Ebenda S. 317. – Von Days Idealisierung der Armut
und der Armen, die in seinem Erziehungsroman wiederholt zum Ausdruck kommt (vgl. zum Beispiel ebenda
S. 196 – 200), sehen wir hier ab. Sie dürfte in
seiner sehr kritischen Haltung gegenüber dem ver-
schwenderischen Reichtum der oberen Klasse begründet
sein bzw. in seiner sehr kritischen Einstellung
gegenüber der sehr ungleichen Verteilung von Glück
bzw. Not. Day wollte eben nicht akzeptieren, "why
one man, who is naturally as good as his fellow-
creature, should submit to the caprice of another,
and obey him" (ebenda S. 273); Day plädierte für
"happy equality and union" (ebenda S. 489) und
damit für das Glück der größten Zahl. In einer ge-
spaltenen, ungerechten Gesellschaft konnte aber
nach seiner Auffassung des Greatest happiness-principle nicht erfüllt werden. Indem er Harry Sandfords
Eindrücke von der "besseren Gesellschaft" schildert,
gibt Day von dieser folgendes Bild: "The most trifling inconvenience, the being a little too hot, a
little too cold, the walking a few hundred yards,
the waiting a few minutes for their dinner, the having a trifling cold, or a little head-ache, were
misfortunes so feelingly lamented, that he would
have imagined they were the most tender of the
human species, had he not observed that they considered the sufferings of all below them with a
profound indifference. If the misfortunes of the
poor were mentioned, he heard of nothing but the
insolence and ingratitude of that class of people
which seemed to be a sufficient excuse for the want
of common humanity. 'Surely,' said Harry to himself,
'there cannot be so much difference between one human being and another; or if there is, I should
think that part of them the most valuable who
cultivate the ground and provide necessaries for
all the rest; not those who understand nothing but
dress, walking with their toes out, staring modest
people out of countenance, and jabbering a few
words of a foreign language'" (ebenda S. 313 f.).
Den hohen Wert der Armen = Arbeitenden = Nützlichen
und den verbreiteten Unwert der Reichen beschreibt
Day an anderer Stelle auch wie folgt: "All that
they do ... is to employ poorer persons to work for
them, while they only sell what is produced by
their labour. ... The rich do nothing and produce
nothing, and the poor every thing that is really

useful. Were there a whole nation of rich people,
they would all be starved ..., because non one
would condescend to produce any thing: and this
would happen in spite of all their money, unless
they had neighbours who were poorer to supply them.
But a nation that was poor might be industrious,
and gradually supply themselves with all they wanted; and then it would be of little consequence
whether they had pieces of metal with heads upon
them or not" (ebenda S. 393 f.; vgl. auch ebenda S.
64 f.). In der Tat – der Text macht es sehr deutlich: der wohlhabende Thomas Day, der durchaus nach
seinen moralischen Grundsätzen lebte und handelte
(vgl. den Anmerkung 456 korrespondierenden Text),
war politsch ein Radikaler und Demokrat (vgl.
bereits Anmerkung 434).

561 Vgl. hierzu bereits oben S. 151 – 155 und S. 179 f.
sowie insgesamt die empirisch-psychologisch
fundierten Erziehungstheorien Priestleys, Darwins
und der Edgeworths.

562 Vgl. bereits Anmerkung 195 und korrespondierenden
Text.

563 Vgl. hierzu bereits oben u.a. S. 155 (speziell den
Anmerkung 202 korrespondierenden Text) sowie Anmerkung 349.

564 Day, The History of Sandford and Merton. a.a.O.
(Anm. 467). S. 117.

565 Ebenda S. 85.

566 Ebenda S. 476.

567 Ebenda S. 186.

568 Vgl. ebenda zum Beispiel S. 95.

569 Ebenda S. 96.

570 Vgl. hierzu insgesamt die Berichte über die experimentalphilosophischen Studien, die Tommy unter der
Leitung Mr. Barlows betreibt, ebenda S. 201 – 280.
– Wir fassen mit Simons zusammen: "In detailing the
subjects to be studied and how they should be
taught to children, the Edgeworths, Darwin and Day
lay great emphasis on science and its practical
application ... During the course of his education
Tommy Merton learns to work on the land, goes bota-
nising, visits a windmill to see how it works and
builds a house with Harry, so learning the principles of effective construction against wind and
rain. Besides learning to read, and to apply arithmetic to practical use, he also studies astronomy,
making a star-globe and learning the use of stars
for navigation. He finds out, from practical experience, the qualities of lever, wedge and pulley;
and the properties and practical applications of
magnetism, which leads on to study of the compass
and thence, through navigation, to commerce and the
exchange of products. He also uses lenses and

studies the phenomenon of the bending of light. In addition to scientific knowledge of this kind, Tommy also learns about natural history – the characters, habits and uses of the elephant, camel, crocodile, monkey, reindeer, seal and whale; while, otherwise, Day is constantly referring to human geography – the conditions of life and economic activities of Egyptians, Laplanders, Kamchatkans, American Indians and Negroes. Tommy himself declares that he will never rest until he has become acquainted with everything of interest in every branch of knowledge. 'A man,' he decides, 'should know how to do everything in the world.' 'The more knowledge he acquires', replies Mr. Barlow, 'the better.'" (Simon, Studies in the History of Education. a.a.O. (Anm. 8). S. 50 f. – Zu den Zitaten vgl. die den Anmerkungen 572 und 564 korrespondierenden Texte; vgl. außerdem bereits Anmerkung 166.)

571 Day, The History of Sandford and Merton. a.a.O. (Anm. 467). S. 279.

572 Ebenda S. 117.

573 Ebenda S. 461.

574 Ebenda S. 462.

575 Ebenda S. 273. Entsprechend gilt: Schlecht erzogen ist derjenige, der – wie die Angehörigen der reichen Gesellschaft – nicht befähigt (unable) ist, "to produce any thing useful" (vgl. ebenda S. 317 bzw. den Anmerkung 560 korrespondierenden Text).

576 Vgl. abermals die in Anmerkung 561 gegebenen Verweise.

577 Hinweis: "Damit meint Rousseau nicht, wie Voltaire ihn mißverstanden hat, daß wir alle Kultur abstreifen und wieder zu Tieren werden sollten. Rousseau operiert mit einem Kulturbegriff der Natur. Die Natur, zu der er uns zurückkehren heißt, ist bloß eine weniger künstliche, eine einfachere, eine der Natur des Menschen angemessene Kultur." (P.L. Lehmann, Jean Jacques Rousseau. In: M. Landmann, De Homine. Der Mensch im Spiegel seines Gedankens. Freiburg-München 1962. S. 269.)

578 Day, The History of Sandford and Merton. a.a.O. (Anm. 467). S. 491; vgl. auch ebenda S. 391.

579 "The greatest merit any person could have is to be good and useful" (ebenda S. 446).

580 Vgl. hierzu ebenda S. 392 ff.

581 Vgl. G. Grote, On the Origin and Nature of Ethical Sentiment. In: Fragments on Ethical Subjects. a.a.O. (Anm. 250).

582 Vgl. bereits den Anmerkung 207 korrespondierenden Text sowie die Verweise, die in Anmerkung 207 gegeben wurden.

583 Day, The History of Sandford and Merton. a.a.O. (Anm. 467). S. 107.

584 Vgl. ebenda S. 103 – 116.

585 Ebenda S. 116.

586 Ebenda S. 117; vgl. auch nochmals den Anmerkung 574 korrespondierenden Text.

587 Helvétius, Vom Menschen, seinen geistigen Fähigkeiten und seiner Erziehung. a.a.O. (Anm. 195). S. 401. Zu dieser empiristisch-utilitaristischen Grundannahme vgl. im einzelnen: Rössner, Die Pädagogik der empiristisch-utilitaristischen Philosophie Englands im 19. Jahrhundert. a.a.O. (Anm. 113).Stichwort: "Interesse, individuelles". Vgl. weiterhin unter den Stichworten "Altruismus" und "Egoismus" in: ebenda sowie in: Rössner, Reflexionen zur pädagogischen Relevanz der Praktischen Philosophie John Stuart Mills. a.a.O. (Anm. 370) und Rössner, Die Pädagogik des englischen Experimentalphilosophen Joseph Priestley. a.a.O. (Anm. 2).

588 Day, The History of Sandford and Merton. a.a.O.(Anm. 467). S. 524.

589 Vgl. bereits die den Anmerkungen 502 und 542 korrespondierenden Texte.

590 Vgl. bereits die den Anmerkungen 544 und 575 korrespondierenden Texte.

591 "I am convinced," sagt Mr. Barlow(-Day), "that human nature is infinitely more weak than wicked" (Day, The History of Sandford and Merton. a.a.O. (Anm. 467). S. 348).

592 Vgl. die Verweise in Anmerkung 563 sowie den dieser Anmerkung korrespondierenden Text.

593 Vgl. Day, The History of Sandford and Merton. a.a.O. (Anm. 467). S. 348.

594 Ebenda. Zur Diskussion um "the firmness of soul", die im empiristischen Utilitarismus eine zentrale Rolle spielt, vgl. unter dem Stichwort "Seelenstärke" in: Rössner, Die Pädagogik der empiristisch-utilitaristischen Philosophie Englands im 19. Jahrhundert. a.a.O. (Anm. 113).

595 Vgl. dazu bereits im Rahmen des Edgeworthschen Erziehungssystems u.a. die den Anmerkungen 343, 358, 359 und 362 korrespondierenden Texte. Zum Problem der adäquaten Erwartungen im Hinblick auf nützliche und sichere Vergnügungen vgl. u.a. bereits im Rahmen der Priestleyschen Pädagogik oben S. 64 f. (sowie: Rössner, Die Pädagogik des englischen Experimentalphilosophen Joseph Priestley. a.a.O. (Anm. 2). Stichwort: "Erwartung, adäquate (zuverlässige)").

596 Vgl. hierzu im Rahmen der Priestleyschen Pädagogik oben z.B. S. 63 ff.; im Rahmen der Darwinschen Pädagogik oben z.B. S. 157; im Rahmen der Edgeworthschen Pädagogik oben z.B. S. 184.

597 Zur Problematik des Lernens in unterschiedlichen sozialen Feldern bzw. Normenräumen vgl. bereits im Rahmen der Edgeworthschen Pädagogik oben S. 184 - 188. Diese Problematik wird auch von Priestley ausführlich behandelt. Vgl. dazu: Rössner, Die Pädago-

gik des englischen Experimentalphilosophen Joseph
Priestley. a.a.O. (Anm. 2). S. 311 ff.

598 Hinweis: Die Verweise in den Anmerkungen 595 - 597
machen abermals deutlich, daß wir es mit relativ
konsistenten erziehungswissenschaftlichen Auffassungen in der Lunar Society zu tun haben, so daß sich
hier nochmals bestätigt (vgl. bereits oben S. 118),
daß es berechtigt ist, von einer "Pädagogik der Lunar Society", die zugleich eindeutig der empiristisch-
utilitaristischen Tradition angehört, zu sprechen.

599 Day, The History of Sandford and Merton. a.a.O. (Anm.
497). S. 516.

600 Ebenda S. 114 f.

601 Vgl. ebenda S. 29 f.

602 Vgl. bereits die den Anmerkungen 544 - 549 korrespondierenden Texte.

603 Vgl. Anmerkung 365.

604 Der erfahrene empirische Pädagoge Mr. Barlow belehrt
den weniger erfahrenen Mr. Merton wie folgt: "Do we
not see, even in the most trifling habits of body
or speech, that a long and continual attention is
required, if we would wish to change them; and yet
our perseverance is in the end generally successful;
why then should we imagine that those of the mind
are less obstinate, or subject to different laws?
Or, why should we rashly abandon ourselves to
despair, from the first experiments that do not
succeed according to our wishes?" (Day, The History
of Sandford and Merton. a.a.O. (Anm. 467). S. 347.)

605 Die neuen Lernbedingungen (Einflüsse) determinieren
also, und diese Determination ist so lange wirksam,
wie nicht andere (frühere) Erfahrungen so feste Gewohnheiten ausgebildet haben, daß diese eine effektive Gegendetermination bewirken. Dies ist bei
Harry der Fall; er kann den Verführungen der vornehm-
men Gesellschaft, in die hinein er Tommy begleitet
hat, standhaft widerstehen. Sein erworbenes Wissen
läßt ihn die Nutzlosigkeit, ja, Schädlichkeit der
Verhaltensweisen der Reichen erkennen, läßt ihn erkennen, daß er selbst würde Schaden erleiden, wenn
er sich durch die kurzfristigen Belohnungen verführen ließe. Genauer: Die Reaktionen der vornehmen
Gesellschaft auf an sie angepaßtes Verhalten haben
für Harry keinen Verstärkungswert, weil er weiß,
daß dieses Verhalten letztlich für ihn (und andere
Menschen) schädliche Folgen hat.

606 Day, The History of Sandford and Merton. a.a.O.
(Anm. 467). S. 315 - 318. (Wir haben hier sehr ausführlich zitiert, weil in diesem Text (zumindest
implizit) alle wesentlichen empirischen Annahmen
der Dayschen Erziehungstheorie zusammengefaßt sind
und die empiristisch-utilitaristische Moralphiloso-
sophie innerhalb der Dayschen Konzeption skizziert
ist.)

607 Vgl. ebenda S. 318.

608 Ebenda S. 296.

609 Ebenda S. 318.

610 Vgl. ebenda S. 230. - Tommy verlernt also die bei Mr. Barlow gewonnene Einsicht, daß "it is a fine thing indeed to acquire knowledge" (ebenda S. 229).

611 Im ("modernen") motivationspsychologischen Kontext heißt es: "Die gegenwärtig bestehenden oder die als künftige im Erleben vorweggenommenen Person-Umwelt-Bezüge - kurz: die Ist-Lagen, weichen mehr oder weniger von der Soll-Lage ab. Je nach der Größe und nach der Veränderungsrichtung der Diskrepanz von jeweiliger Ist-Lage und überdauernder Soll-Lage kommt es zu besonderen Lage-Gefühlen, welche das Gesamterleben tönen und so die Befindlichkeit der Person in ihrem jeweiligen Umwelt-Bezug anzeigen. Größer werdende Abweichungen zwischen Ist- und Soll-Lage rufen im allgemeinen (wenn etwa ein bestimmter Schwellenbereich überschritten ist) Unlust- und Gespanntheitsgefühle hervor: bei kleiner werdenden Abweichungen ist es entsprechend umgekehrt." (H. Heckhausen, Eine Rahmentheorie der Motivation in zehn Thesen. In: Zeitschrift für experimentelle und angewandte Psychologie 10(1963). S. 612.)

612 Wir ergänzen bzw. interpretieren abermals mit Heckhausen: "Motivierungen im eigentlichen Sinne beruhen auf der grundlegenden Fähigkeit zur zeitlichen Vorausbezogenheit: künftige Person-Umwelt-Bezüge können vorweggenommen werden. Es werden Diskrepanzen zwischen der gegenwärtig bestehenden und der erwarteten künftigen Situation und damit ein Gefälle in der Zeit, eine Veränderungsreihe von Ist-Lagen innerhalb des Bezugssystems der relativ überdauernden Soll-Lage (kurz: ein Erwartungsgefälle) vorweggenommen. Diese Vorwegnahmen sind mehr oder weniger gefühlsgetönt, d.h. Erwartungsemotionen. Im Erleben sind Erwartungsemotionen das eigentlich motivierende Agens im engeren Sinne." (Ebenda S. 614.)

613 Wahrnehmen, Lernen, Wissenserwerb, kurz: Informationsaufnahme und -verarbeitung dienen der Anpassung einer Person an ihre Umwelt und finden nur statt, wenn eine Person erwartet oder feststellt, daß ihr Person-Umwelt-System gestört sein wird oder ist, wenn also eine Diskrepanz zwischen Ist- und Soll-Lage erwartet oder festgestellt wird. (Vgl. hierzu im einzelnen: L.-M. Alisch, L. Rössner, Grundlagen einer generellen Verhaltenstheorie. Theorie des Diagnostizierens und Folgeverhaltens. München-Basel 1977. S. 34 f. et passim.) Auch Ergebnisse physiologischer Untersuchungen sprechen dafür, "daß es Mechanismen im Zentral-Nerven-System gibt, die im Sinne homöostatischer Prinzipien das Verhalten des Individuums so steuern, daß eventuell vorhandene

bzw. einen bestimmten Schwellenwert überschreitende Diskrepanzen zwischen 'Ist-Werten' und 'Soll-Werten' reduziert werden, daß im Zentral-Nerven-System bestimmte 'Schemata', Pläne oder Programme von 'Handlungsfolgen' gespeichert sind, die bei Vorliegen einer bestimmten Diskrepanz zwischen Ist- und Soll-Werten ausgelöst werden und deren Funktion darin besteht, durch ein koordiniertes Ineinandergreifen von vielen verschiedenen Elementar-Handlungen eine Reduzierung der vorhandenen Diskrepanz zwischen Ist- und Soll-Werten herbeizuführen." (W. Langenheder, Theorie menschlicher Entscheidungshandlungen. Stuttgart 1975. S. 24. Vgl. auch: M.D. Vernon, Wahrnehmung und Erfahrung. Köln 1974. S. 213.)
614 Vgl. Anmerkung 466.

4. David Williams

Es ist nun auf einen weiteren empirischen Pädagogen, einen weiteren Repräsentanten der "science of education"
der englischen Aufklärungsphilosophie des 18. Jahrhunderts, aufmerksam zu machen, nämlich auf DAVID WILLIAMS
(1738 - 1816), dessen erziehungswissenschafts-historische
Marginalität noch weit ausgeprägter ist als die der bisher behandelten Pädagogen. Um aber den Leser nicht zu
langweilen, wollen wir hier nicht abermals solche Feststellung begründen bzw. die unbegründete Marginalität
ausführlich bedauern. Es sei lediglich mit HANS vermerkt:
"Strangeley enough his pioneering activities in adult
education and his original contributions to educational
theory and practice were soon forgotten and he is known
to posterity only as the founder of the 'Literary Fund'[1]."[2]
WILLIAMS gehört jedenfalls, wie gesagt, zu den Repräsentanten der empirischen Pädagogik der englischen Aufklärungsphilosophie, und wenn er in historischen Darstellungen genannt wird, dann - mit Recht - in der Regel im Zusammenhang mit PRIESTLEY (mit dem WILLIAMS befreundet
war[3]) sowie auch den anderen hier bereits behandelten
herausragenden Pädagogen E. DARWIN, EDGEWORTH und DAY.[4]
WILLIAMS gehörte der gleichen religiösen, wissenschaftlich-philosophischen und utilitaristischen Tradition wie
die Genannten an, und er stand wie diese in der Nachfolge
LOCKEs, HARTLEYs und ROUSSEAUs.[5] Speziell ROUSSEAUs
Erziehungslehre nahm er jedoch kritisch und nicht als
"slavish imitator"[6] auf - wie er überhaupt eine "original
theory of education"[7] entwickelte.
Bevor wir auf diese Zusammenhänge zurückkommen, sei
eine kurze biographische Darstellung gegeben.[8]
DAVID WILLIAMS wurde 1738 in Watford (Glamorganshire/
Süd-Wales) als Sohn eines wenig erfolgreichen Kaufmanns,
der Calvinist war, geboren. Seine frühe Erziehung erhielt
DAVID bei Dissenter-Geistlichen und sodann von 1753 -
1757 an der Carmarthen-Akademie (Wales)[9] mit dem Ziel,
Dissenter-Geistlicher zu werden. 1758 wurde WILLIAMS or-
diniert und Geistlicher der Dissenter-Gemeinde in Frome
(Somersethshire). Aufgrund seiner umstrittenen theologi-
schen Haltung konnte er sich dort nur bis 1761 halten
und wechselte nach Exeter, von wo er aus den gleichen
Gründen 1769 wieder wegging, "to take" - so GORDON -
"charge of a vaning congregation in Southwood Lane,
Highgate, Middlesex" (heute London). Hier blieb WILLIAMS
bis 1773, um auch diese Stelle aufgrund theologischer
Kontroversen zu verlassen.[10] 1773 heiratete WILLIAMS
(seine Frau starb bereits zwei Jahre später, was bei
WILLIAMS zu einer schweren Krise führte), ging nach
Chelsea (einem traditionsreichen Stadtteil Londons) und
eröffnete eine Schule, die "prospered beyond his expecta-
tions" (GORDON). Infolge des Todes seiner Frau gab WILLI-
AMS 1775 diese pädagogische Tätigkeit wieder auf, "and

secluded himself in a distant country for many months"
(GORDON). WILLIAMS kehrte nicht wieder nach Chelsea
zurück und lebte nun bis zu seinem Tode als Privatgelehr-
ter und vielseitig aktiver Reformer bzw. theologischer
und politischer Streiter.[11]

Wir geben eine knappe zusammenfassende Charakterisierung der Aktivitäten und Auffassungen WILLIAMS' mit
HANS:

"After ministering in a few Dissenting communities he
moved to London in 1773. He set up a school in Lawrence
Street, Chelsea, and started his career of a radical reformer. He conducted the school on principles mainly
based on Locke and Rousseau. He used the scientific
methods of experiment and actual knowledge of facts from
experience and not from book learning. He formed a small
club at Chelsea of radical reformers, which included
Benjamin Franklin, Thomas Bentley, the manufacturer, and
James Stuart, the painter and architect, known as 'Athe-
nian Stuart' for his archaeological excavations in Athens
... The members of the club discussed 'universal religion' and 'rational devotion' based on reason and not on
dogmas. Williams, with Franklin's aid, wrote and published A Liturgy on the universal principles of Religion
and Morality in 1776. He sent copies to Frederick the
Great and Voltaire and received letters from both of
them approving his scheme. In 1776 Williams leased the
vacant chapel in Margaret Street, Cavendish Square, and
started regular Sunday services using his Liturgy. On
weekdays he lectured for two years on 'The universal
principles and duties of Religion and Morality', which
were published in two volumes in 1779. He had a group of
regular auditors from the ranks of radical intellectuals,
which included Sir Joseph Banks, the scientist, and
Daniel Charles Solander, the Swedish-born botanist.[12] After a few years Williams moved from Margaret Street
Chapel to the British Coffee House, Charing Cross, where
he preached and lectured, but evidently discontinued his
Sunday services. He encountered opposition and even
slander and a lampoon was published calling him 'Orpheus,
Priest of Nature'. As a matter of fact this nickname was
given to him by his friend Benjamin Franklin and was
used later by his enemies. Williams took an active part
in promoting religious and political tolerance and published in 1779 The nature and extent of intellectual Liberty, and in 1782 Letters on political Liberty. The
French leader Brissot, who was in London in 1783, translated it into French.[13] Williams strongly protested
against dogmatic inculcation of ideas into the minds of
youth quite irrespective of whether the dogmas represented truth or falsehood. At the same time he founded a
'Society for promoting reasonable and humane improvement
in the discipline and instruction of Youth'. He lectured
to the Society on education for several years and in
1789 he published his course of fifty-four lectures in

three volumes. He also had a class of adults whom he in-
structed in politics. In 1789 his Lectures on Political
Principles, read to students under the author's direction
appeared."14
WILLIAMS, der seinen Lebensunterhalt vor allem mit der
Unterrichtung von Privatschülern verdiente, realisierte
also sehr vielfältige gesellschaftspolitische und speziell pädagogische sowie schriftstellerische Aktivitäten,
die ihn zu einem Zentrum theologischer, philosophischer
und politischer Auseinandersetzungen machten, die ihm
Ehrungen, aber auch Anfeindungen einbrachten - beide
speziell im Zusammenhang mit seinen öffentlichen Sym-
pathiebekundungen für die Bestrebungen der Französischen
Revolution, im Verlaufe derer er 1792 - wie PRIESTLEY,
PAINE, BENTHAM u.a.15 - zum französischen Staatsbürger wurde: "This step made him still more unpopular and to his
contemporaries he was one of the chief infidels and
revolutionaries."16 Gleichwohl: WILLIAMS blieb seinem
Freiheits- und Toleranzideal verpflichtet - er verließ
Frankreich, wohin er 1792 gegangen war, nach der Hinrich-
tung Ludwig des XVI., die er verabscheute, und kam immer
mehr zu der Überzeugung, daß revolutionäre Methoden
nicht befürwortet werden sollten.
  In seinem theologisch-philosophisch-politischen Engagement blieb WILLIAMS noch lange aktiv - bis er 1811 er-
krankte. Er zog sich dann immer mehr zurück und wohnte
in den letzten Lebensjahren im Hause des "Literary Fund",
an dessen Sitzungen er regelmäßig teilnahm. WILLIAMS
starb am 29. Juni 1816 in relativer Armut; von der für
ihn vom "Literary Fund" 1815 ausgesetzten Pension konnte
er nur noch die erste Zahlung in Empfang nehmen.
  WILLIAMS war - wie ersichtlich wurde - ein Repräsentant
der englischen (liberalen, praktischen) Aufklärungsphilosophie des 18. Jahrhunderts, und er war damit 18 zugleich
ein Repräsentant ihrer Pädagogik. WILLIAMS stand - wie
bereits angemerkt wurde - zum einen in der LOCKEschen
und zum anderen in der ROUSSEAUschen Tradition.
  Die erste Traditionslinie charakterisiert SIMON wie
folgt 19: Aufbauend auf dem Sensationalismus und Assoziationismus (LOCKE, HOBBES, HARTLEY) entwickelte PRIESTLEY
eine (empirische) science of education mit dem Zweck,
"artificial education" so steuern zu können, daß der
Educand zur Selbst-Determination (innerhalb des "benevolent determinism") befähigt wird.20 PRIESTLEY und die
anderen Lunatiker entwickelten jeweils entsprechend
einen "planned course of education" als "expositions of
educational determinism" - fundiert durch die Ergebnisse
der "experimental science of education".
  Genau diese Konzeption verfolgte auch WILLIAMS: "It is
the same spirit that David Williams - Unitarian, friend
of Priestley, who ran his own school - acclaims Hartley's
attempt to understand the human mind and affirms that
until this is achieved there can be 'no rule to go by in
education'; men 'must proceed, as they do now at random'."21

Die zweite Traditionslinie ging von ROUSSEAU aus - und
auch hier stand WILLIAMS in der PRIESTLEYschen bzw.
lunatischen Tradition, in der Tradition der kritischen
ROUSSEAU-Rezeption.
In die erziehungswissenschafts-historische Literatur
ist WILLIAMS - soweit überhaupt - zumeist als ROUSSEAUianer eingegangen ("he followed Rousseau's 'Emile' very
closely in describing his own ideal scheme of education"[22];
"David Williams, a dissenting minister turned deist and
naturalist, ran an academy in Chelsea on Rousseauist
principles in the 1770s"[23]; "David Williams ... attempted ... in his school ... to imitate the procedure advocated for Emile in its entirety"[24]). Diese Charakterisierung ist zwar nicht unbegründet, aber sie muß eingeschränkt
werden; denn WILLIAMS war, wie schon erwähnt, ein sehr
kritischer Anhänger ROUSSEAUs, worauf insbesondere McCAL-
LISTER aufmerksam gemacht hat.[25]
Im Zusammenhang mit anderen "writers who suggest experimental or critical methods of investigation ...", nämlich
PRIESTLEY, GODWIN, den EDGEWORTHs u.a. zählt McCALLISTER
WILLIAMS zu den Pädagogen, die "many critical evaluations
of Rousseaus's theory and practice" angeboten haben,[26] und
speziell in bezug auf WILLIAMS führt McCALLISTER aus:
"Many experiments based on Emile's education were made
in the closing decades of the eighteenth century. The
most detailed, and certainly the most critical, is described in David Williams' Lectures on Education. He shows
at lenght the 'pantomimical prettiness' of Rousseau's
methods, and by actual experiment endeavours to sift the
wheat from the chaff."[27] - Entsprechend der Konzeption
einer experimental science of education intendiert WILLI-
AMS also eine experimentelle Überprüfung ROUSSEAUscher
Theoreme ("all that is best in Rousseau is put to the
practical test in Williams' experiment"[28]); denn nur
wenn experimentell hinreichend gesicherte Erkenntnisse
gewonnen sind, ist es nach WILLIAMS möglich, effektive
Regeln für die "art of education" zu formulieren und
durch ihre Anwendung "education at random" durch "artificial education", durch einen effektiven "planned course
of education" zu ersetzen.[29]
Damit haben wir zum Pädagogen DAVID WILLIAMS hingeführt.
Wir kommen nun zur Darstellung seiner Erziehungswissenschaft und zur genaueren Kennzeichnung der Position
WILLIAMS' innerhalb der englischen Aufklärungspädagogik
des 18. Jahrhunderts, wobei wir uns vor allem auf seine
zwei pädagogischen Hauptwerke, nämlich die "Lectures on
Education"[30] und den "Treatise on Education"[31] stützen. Da
aber - wie schon bemerkt - WILLIAMS vor allem Pädagoge
war (bzw. als Vertreter der politisch engagierten Aufklärungsphilosophie sein mußte), weil er als politischer
Reformer die Erziehung als das wesentliche Mittel ansah,
um gesellschaftlichen Fortschritt zu befördern, enthalten
auch seine anderen Werke zahlreiche pädagogische Bemerkungen bzw. Passagen, so daß wir auch auf diese an den
entsprechenden Stellen verweisen werden.[32,33]

Probleme der Erziehung bzw. ihrer Wissenschaft bildeten
also für WILLIAMS das Zentrum seiner sozialphilosophischen
Überlegungen; die Lösung solcher Probleme sah er als
seine wichtigste Aufgabe an, auch wenn er – hier unterschied er sich von vielen anderen Aufklärungspädagogen
und ihren Nachfolgern und erwies sich auch hier als
durchaus origineller pädagogischer Denker[34] – die Wirksamkeit der Erziehung nicht überschätzte und nicht die Auffassung von der Allmacht der Erziehung teilte, wie sie
von den Aufklärern mehr oder minder prononciert vertreten
wurde.[35]

WILLIAMS – der rationale Empiriker – ging nicht wie
u.a. HELVETIUS, mit dem er sich intensiv auseinandersetzte, davon aus, daß "l'education peut tout"[36], sondern davon, daß die Wirksamkeit der Erziehung von der vorgegebenen Natur des Menschen, seiner konstitutionellen Ausstattung, die bei den einzelnen Menschen unterschiedlich
sei,[37] abhänge. Erziehung faßte WILLIAMS als ein Mittel
(begrenzter) Korrektur des natürlich vorgegebenen Menschen auf und damit nicht als ein solches unbegrenzter
Formung: "Everyone seems to be born into the world with
a system of nerves or a texture of his whole body, which
no education can change, but which it may considerably
correct and improve."[38] "Education is not employed to
counteract, to restrain, or even to overrule the operations of nature; its highest object is to give them
proper direction."[39] Auch wenn somit Erziehung nicht
"alles" vermag, so ist sie doch dringend erforderlich –
individuell wie gesellschaftlich[40] – und entsprechend
hielt es WILLIAMS für notwendig, die Möglichkeiten des
Erziehens intensiv wissenschaftlich zu erforschen: Wir
können zwar nicht "entirely change the original disposition, and the attempt would end in destroying the first
construction, yet we can find the peculiar powers of any
frame, and the art of education is the true direction
and improvement of those powers."[41]

WILLIAMS sah es somit als eine gewichtige wissenschaftliche und sozial relevante Aufgabe an, eine empirische
Erziehungswissenschaft zur Fundierung einer effektiven
"art of education" zu elaborieren; denn nach seiner Auffassung war eine solche Erziehungswissenschaft bisher
noch nicht bzw. nur unzureichend entwickelt.[42] Wie alle
Sozialwissenschaften("political sciences") befindet sich
auch die Erziehungswissenschaft "in a very imperfect
state"[43], was aus der Sicht von WILLIAMS vor allem dadurch bedingt ist, daß nicht "experience, observation,
and reflection" die sozialwissenschaftliche Forschung
bestimmen, sondern "the fable of tradition, or the reveries of imagination",[44] "metaphysical distinctions"[45] oder
"mysticism"[46]. Benötigt wird nach WILLIAMS eine empirische
Erziehungswissenschaft (als Teil der empirischen Sozialwissenschaften), eine "science of education"; denn "the
principles of virtue; of civil and political society;
are like those of the sciences, to be deduced from expe-

rience, observation, and reflection"[47]. "Experience (is the) only guide to truth"[48], "the best foundation of truth"[49]; "nothing properly and strictly deserves the sacred name of truth, but what arises from our experience."[50]

Zwar sind - das gesteht WILLIAMS zu - bereits viele gute Vorschläge und Pläne entworfen worden, um effektives Erziehen zu fundieren - gleichwohl bedarf es hier weiterer großer Anstrengung bzw. wissenschaftlicher Mühe, um das effektiv leisten zu können, was Erziehung leisten soll, nämlich eine solche "organization" bzw. "formation of the mind"[51], die es ermöglicht, das Kind zu einem glücklichen und nützlichen Menschen heranzubilden, zu einem Menschen, der die Pflichten des Lebens zu erfüllen imstande ist: "Education is the art of forming children into happy and useful men"[52]; "education is the art of preparing a child for the duties of life"[53].

Im einzelnen heißt es bei WILLIAMS: "Education has been so much the subject of disquisition; treatises have been written; and plans laid before the world, promising improvements so considerable, that we may be inclined to despair of rendering these lectures either useful or entertaining. But education, like morality, is an inexhaustible fountain of good and evil; on which the eye may ever dwell. It is a duty, an art, a science, on which our being, virtue, and happiness depend; and it must ever be an object of anxious attention."[53]

Wie versuchte nun WILLIAMS, dem von ihm diagnostizierten Mangel zu begegnen? Welche Vorschläge machte er für die Konstruktion einer erziehungswissenschaftlichen Praxis-Theorie? Wie systematisierte er Erziehungswissenschaft? Welche "art of education" entwickelte er?

Es sollen nun Antworten auf die gestellten Fragen gegeben werden; dabei folgen wir dem Argumentationsgang, den WILLIAMS in seinen "Lectures on Education" vorlegte, wobei wir uns allerdings - gemäß unseren Fragen an WILLIAMS - auf die Darstellung und Analyse seiner grundsätzlichen Auffassungen beschränken.

Die zentralen Ausgangsfragen für WILLIAMS waren folgende: Unter welchen Bedingungen entwickelt sich ein Kind zu einem glücklichen und nützlichen Menschen, unter welchen Bedingungen wird es in die Lage versetzt, seine Pflichten im Leben zu erfüllen?[54] Und weiter: Welche Leistungen müssen Erzieher erbringen, um das Kind zu einem glücklichen und nützlichen, seine Lebenspflichten erfüllenden Menschen heranzubilden?

Die erste Antwort WILLIAMS' lautet: Das Kind muß unter Bedingungen aufwachsen bzw. der Erzieher muß für das Kind Bedingungen herstellen, die es ermöglichen bzw. begünstigen, daß das Kind eine gesunde körperliche Konstitution erlangt. Dies gilt für alle Menschen - unabhängig von sonstigen partikulären Bedingungen.

Was heißt dies konkret? Dies heißt, der Natur zu folgen, der Natur zu gehorchen, da die Natur die beste Lernumgebung bietet[55]: "Nature produces the child; provides for

its nourishment; improves its strength; furnishes it
with ideas, and forms its mind, by certain and effectual
laws; und these laws are the fundamental principles of
education."[56] WILLIAMS nahm für die Erziehungswissenschaft
also einen biologischen Ausgang, folgte ROUSSEAU und
vertrat Auffassungen wie ERASMUS DARWIN[57], ordnete jedoch
– wie DARWIN – hier dem Erzieher eine wichtige Aufgabe
zu, nämlich die, die natürliche Lernumgebung des Kindes
bewußt zu formen, zu organisieren, zu "managen"[58].
Erstes Ziel der Erziehung ist der gesunde Mensch; denn
körperliche Gesundheit ist die zentrale Bedingung für
glückliche und nützliche Lebensführung.
Entsprechend gilt: "The first proposition ... on the
subject of Education" ist: "Parents should attend to the
plain und obvious lessons of reason, in giving that form
and permanent health to the bodies of their children,
which will admit of the duties of life with ease and
pleasure"[59]; "it is therefore the first duty of Education,
to favor the dispositions of the body, from the instant
of its birth, to move and discharge its duties with
perfect ease and satisfaction; under the influence of
that element (air) in which it is to live."[60] Voraussetzung
dafür ist, daß das Kind möglichst frei, in engem Kontakt
mit der Natur aufwächst, daß es "should be assisted, or
permitted, to grow into the free and perfect use of its
limbs,"[61] daß es nicht "imprisoned in our dwellings"
ist.[62] Nur wenn der Erzieher solche Bedingungen bietet
und damit seine "Pflicht" erfüllt, wird das Kind das,
was es werden soll, nämlich "a free and active inhabitant
of the world."[63]
Wie begründet nun WILLIAMS die Angemessenheit seines
empirisch-biologischen Ansatzes bzw. Ausgangspunktes?
Seine Antwort lautet: Der Körper des Menschen ist das
"instrument" oder "the apparatus" der menschlichen Sensi-
bilität, und von deren Ausformung hängen Wissen und
Können und damit Lebensführung ab. Er vermittelt die
"simple ideas ... from the association and combination
of which, proceed all the reason, virtue, and happiness
of man."[64]
Dies ist der zentrale empirisch-biologische Ansatz der
Erziehungswissenschaft WILLIAMS', den er wiederholt
erläutert, weshalb es für das Verständnis der Pädagogik
WILLIAMS' nützlich ist, hier etwas ausführlicher (in der
Reihenfolge seiner Argumente) zu zitieren:
"The constitution of man, which by any mismanagement is
rendered unsusceptible of full and true impressions from
material objects, will necessarily have imperfect and
false ideas of speculative and moral truths; of beauty
and of virtue."[65]
"Health is not only necessary to animal pursuits and
enjoyments; but to accurate and sound knowledge; to real
wisdom and virtue."[65]
"The necessity of attending to the firmness, strength,
and health of the body" ist nicht nur Bedingung "for the

common reasons of ease and enjoyment; but as the body is
the seat of sensation; which is the origin of ideas;
which ideas are the materials either of accurate knowledge, just and lively passions, and a strong understanding;
or of confused and uncertain knowledge, of irregular and
wretched passions, and a weak capricious reason - according
as the first and simple impressions have been made, on
healthy and well-formed, or on unhealthy and ill-formed
bodies. I endeavoured to convince you of the truth, not
only by reasoning; but by hinting at such facts as experience and history afford: which concur in establishing
the maxim, that a body perfectly organised; enjoying the
free and vigorous use of its powers; is necessary to a
good understanding, to just and liveley affections, and
to an uniform and pleasing virtue. This matter cannot be
disputed, on the principles of reason; as just ideas
cannot be formed by imperfect and vitiated senses: and
when the materials or elements of wisdom are faulty;
combinations and results of them, in thoughts, virtues,
and actions, must be also imperfect."[66]

"We may be assured it is an essential truth in morals,
that a vigorous and healthy body is favorable to the
production of accurate and true ideas; and that such
ideas are the materials of real knowledge and virtue.
Whether philosophers determine there be or be not a
soul, distinct from the body; - or if there be, that it
be material or immaterial; our duty is nearly the same:
for we are totally incapable of affecting thought, passion,
or reason, but as we affect the body. We have clear and
indisputable proofs that our reason and imagination are
produced by experience; and not endowments and properties,
which any beings, material or immaterial, bring with
them, at the time they take possession of our bodies.
Experience determines the nature of the passions, when
they are produced, or when they are directed to necessary
objects; when they are formed and cherished, with strength
proportioned to their utility and pleasure; or when they
partake of the feebleness and caprice of their causes.
Experience produces the faculty of reason; which all men
agree to be the power of comparing objects or ideas of
objects, of which experience alone could have constituted
the judge: that experience therefore gave it existence.
When justly and properly formed, it becomes a sure guide
in the path of virtue and happiness."[67]

Zusammengefaßt: "The body (is) the medium of true or
false ideas; the source of passions, affections, reason,
and of the wonderful powers where these are concentered,
called the heart, or the mind."[68]

Die empiristisch-rationalistische Konzeption ist deutlich: Körperliche Pflege, Gesundheitserziehung sind die
zentralen bzw. basalen Bedingungen, die erfüllt sein
müssen, wenn der Mensch wissend und damit tugendhaft
werden soll; denn alles Wissen und somit alle Tugend,

die sich im glücklichen und nützlichen Bürger repräsentiert, sind nur möglich aufgrund von "true impressions"[69], "just and true perceptions"[70], die wiederum die Bedingung für "accurate and true ideas"[71], auf denen "accurate and sound knowledge"[72] beruht, sind. Solche impressions, perceptions, ideas und knowledge sind aber nur durch "experience" möglich, und dieser dient der Körper als Medium oder Instrument oder Apparat.[73]

Von der körperlichen Konstitution also hängt es ab, ob der Mensch wissend oder unwissend ist, ob er über wahre oder falsche "ideas" verfügt, ob er glücklich und nützlich und damit tugendhaft ist oder nicht. Daher gilt unter erziehungswissenschaftlichem wie -praktischem Aspekt: Wenn das utilitaristische Leit- und Erziehungsziel[74] akzeptiert wird, daß der Mensch glücklich und nützlich werden soll, dann müssen die Erzieher dafür sorgen, daß das Kind unter Bedingungen aufwächst, die seine körperliche Gesundheit begünstigen; denn nur wenn der Mensch körperlich gesund bzw. unbeeinträchtigt ist, wird es auch möglich, ihn zu einem tugendhaften Menschen werden zu lassen bzw. zu erziehen.[75]

Damit ist das empirisch-biologische bzw. physio-psychologische Fundament der WILLIAMSschen Erziehungswissenschaft erläutert, das Fundament einer Erziehungswissenschaft, die sich - wie ersichtlich - als typisch empiristisch-rationalistische repräsentiert und sich konsistent in die bisher behandelten Konzeptionen der Aufklärungspädagogik einfügt, so daß wir uns hier weitere Kommentierungen ersparen können. Zugleich ist WILLIAMS' empiristisch-utilitaristische Gesamtkonzeption bereits umrissen, und auch diese fügt sich bruchlos in die Tradition der englischen Aufklärungspädagogik (wie in die ihr nachfolgende Tradition) ein.

Kommen wir nun zu den weiteren wissenschaftstheoretischen und erziehungswissenschaftlichen Beiträgen, die WILLIAMS für den Aufbau eines Systems der empirischen Pädagogik bietet.

Wir haben bereits gehört, daß nach WILLIAMS die Heranbildung (formation) des Menschen zu einem glücklichen und nützlichen "inhabitant of the world" nur dann möglich ist, wenn er in der Lage ist, "experiences" zu machen, mit Hilfe derer er adäquates Realitätswissen erwerben kann. Experiences sind somit die Grundlage bzw. der Ausgangspunkt allen nützlichen Lernens, und es ist folgerichtig Aufgabe der Erzieher, experiences zu vermitteln.

Lernen über experiences und Vermittlung von experiences sind nach WILLIAMS die natürlichen Formen des Lernens und Erziehens; denn "the lessons of nature"[76], "the instructions of nature"[77], "the language of nature is universal, and to be understood by all men."[78] Entsprechend gilt, "that virtue is to the mind, what health and vigour are to the body; and, as the latter cannot be acquired or preserved without the use and employment of our limbs; the former must in every case be the effect of the direction, exercise, and employment of our faculties. The body acquires the use of its parts, not by maxims and doctrines, but by trial or experiment; and the mind must obtain the use of its faculties; the right direction and employment of its passions; in which virtue and happiness consist, - by repeated trials and experiments, not by doctrines and commands. Here the principle of nature is obvious, on which the art of Education depends. Instructions to the mind should be of the same kind with those given to the body; and consist of actual exercises. The principles of Education, like the foundations of virtue being universal, they consist in deeds, and not in words."[79]

Diese grundsätzliche Feststellung erörtert WILLIAMS nun in der vierten und fünften "Lecture of Education" - speziell im Hinblick auf die Beantwortung der zentralen pädagogischen Frage: Wie kann das Kind zu tugendhaftem Verhalten hin erzogen werden?

"Education," leitet er ein, "is an apprenticeship for the employments of life," und er fragt konkretisierend: "What are the employments?"[80] Seine Antwort lautet (und kennzeichnet den Utilitaristen): "Those of good husbands and wives; good parents; dutiful children; affectionate relations and friends; useful members of communities; and benevolent citizens of the world."[81] Diese Verhaltensweisen sind nach WILLIAMS von allen Menschen zu fordern (und streben alle Menschen, da sie glücklich werden bzw. sein wollen, an), und entsprechend sind sie auch die Ziele der Erziehung für alle Menschen: "The principles of these duties are in all men similar; and the measures to be taken with all children to render them moral agents and useful citizens, are similar."[82]

Praktische Erfahrung ist das wesentliche und effektive Lernmittel; die Vermittlung bzw. Ermöglichung von praktischer Erfahrung ist das wesentliche und effektive Erziehungsmittel: "Education should consist, not of precepts, but of exercises alluding to ... important situations"[83], die der Erzieher planvoll auszuwählen bzw. herzustellen hat; denn die "important situations" "cannot come by chance."[83] Der Erzieher hat es zu leisten, die Vielfalt möglicher Erfahrungen auf exemplarische zu reduzieren ("reducing them into certain simple and general principles"[84]); denn "the great and general qualities, which constitute all the virtues we can practise, are few, simple."[84]

Grundvoraussetzung für das Erlernen tugendhaften Verhaltens ist der Erwerb korrekten Realitätswissens; denn "the moral character grows naturally out of the intellectual; not the intellectual out of the moral ... character."[85] Man muß wissen, wie sich die Realität - auch die soziale Realität - verhält, um wissen zu können, welches Verhalten angemessen ist, also zu Glück und Nutzen (für sich und andere) führt. Erziehung ist damit grundlegend Vermittlung von Wissen durch Ermöglichung von experien-

ces, um fundierte Erwartungen aufzubauen, die notwendig
sind, um Glücks- oder Unglückskonsequenzen voraussehen
zu können,86 womit WILLIAMS eine Konzeption von Erziehungswissenschaft entwirft, die wir bereits bei PRIESTLEY
und den anderen Lunatikern kennengelernt haben.

Auch WILLIAMS - der Empiriker - geht wie alle von uns
behandelten Aufklärungspädagogen davon aus, daß der
Mensch glücklich sein will ("man feels and thinks and
acts, in order to be happy"87; "the necessary object of man,
in every situation, is happiness"88), und um glücklich werden zu können, muß er wissen, welches Verhalten ihm (und
anderen Menschen) Glück in Aussicht stellt bzw. ermöglicht.
Entsprechend ist der Mensch grundsätzlich gewillt, Wissen
zu erlangen, und schon beim Kind zeigt sich dieses "desire of knowledge"89, weshalb es "the business of instruc-
tors" ist, "to direct curiosity to proper objects; and
to provide for its full and various gratification."90 Auch
hier muß der Erzieher - der wissende Erzieher - für die
rechte Auswahl sorgen, damit nicht falsche Assoziationen
zwischen "causes and effects" gestiftet werden.

"This is the apprenticeship of wisdom: for in this
method youth acquire the art of referring appearances to
causes; of sorting ideas; and distinguishing truth. But
their direction is usually committed to nurses and servants; who either check curiosity by fullenness and
severity; or by giving false answers, and referring
appearances to wrong causes, disappoint this important
faculty in its first exertions; and fix habits of credu-
lity and superstition, which are never to be corrected.
The proper direction of curiosity, and that species of
application or industry necessary to gratify it, are the
qualifications of a parent or preceptor, who would prepare young people for the duties of life."90

Nach WILLIAMS ist es also Aufgabe des erfahrenen,
wissenden Erziehers, dem Kind angemessene Erfahrungen zu
ermöglichen, und in diesem Zusammenhange betont WILLIAMS
wiederholt, daß das Kind über Verhalten, über praktische
Erfahrung lernen muß, daß Worte wenig Nutzen haben,
allenfalls Erfahrung ergänzenden: "Verbal or written
instructions, precepts, maxims, and doctrines, may excite
approbation or disapprobation, when experience has taught
their nature and meaning."91

WILLIAMS demonstriert die von ihm vorgeschlagene Erzie-
hungsmethode an einem Beispiel, das er als repräsentati-
ves verstanden haben will: "It is evidently in the oeco-
nomy of nature, and an important object of education,
that children should love their parents. Benefits and
advantages arise from this principle, so important, that
it must be deemed virtuous. The provisions for it are
universal; intelligible to persons of all nations; and
do not require the aid of words. The formation of the
principle; its strength or weakness; depend on circumstances which words cannot affect. If the father and
mother be reasonable and judicious in the exercise of

their affections; it must be unnecessary to enjoin the children to love them. If unreasonable and injudicious; selfish, tyrannical, or capricious: you will anounce in vain, it is written in sacred characters, and even by the finger of the Deity, 'they should honor their father and mother: 'it would be enjoining an effect, without appointing a cause.'"[92]

Dieses Beispiel steht nach WILLIAMS für viele: "The same mode of reasoning is applicable to all the duties we can imagine."[93] Es hängt von den Erfahrungen ab, welches Verhalten ein Kind zeigen wird: Das Kind (in unserem Beispiel) wird nur dann die Tugend der Elternliebe erlernen, wenn es positive Erfahrungen mit dieser Tugend macht, und deshalb können "precepts, doctrines, and maxims" nicht "the instruments of nature in Education" sein, "for they are not expressed by an universal language[94]: actions and not words produce moral virtues"[95](wenn der Erzieher für angemessene Erfahrungs-Situationen sorgt). Sarkastisch-eindringlich bemerkt WILLIAMS: Kindesliebe durch verbale Informationen beizubringen, dürfte ebenso "effektiv" sein wie "informing the field it is the will of heaven it should produce plants and flowers."[96]

Konsequenz: Die Disposition für tugendhaftes Verhalten wird nur dann aufgebaut, wenn der Educand mit tugendhaftem (für sich und andere Menschen nützlichem) Verhalten positive Erfahrungen macht, wenn er über Erfahrungen lernt, daß er mit tugendhaftem Verhalten erfolgreich ist, also selbst glücklich wird, wenn er die Erfahrung der "reciprocal benefits"[97] macht und durch "repeated experience" das Wissen erwirbt, "that every pleasure is multiplied by the participation of others."[98]

Zusammengefaßt: Durch die Erfahrung der Folge von "causes and effects" werden Assoziationen gestiftet, mit Hilfe derer fundierte Erwartungen ermöglicht werden. Diese Erwartungen haben den Inhalt: Wenn ein Verhalten V realisiert wird, dann hat dies den Effekt E. Bereitet nun E "pleasure" bzw. führt er zu "happiness", dann wird E angestrebt und V in gleichen oder ähnlichen Situationen wieder realisiert, um abermals E zu erzeugen. Tritt E (abermals) ein, festigt sich die Disposition, V zu realisieren, da die Assoziation zwischen V und E, das Wissen "Wenn V, dann E", gefestigt wurde. Jede neue Erfahrung auf der Basis dieses Wissens, jedes neue "experiment" ist damit ein "test"[99] in bezug auf dieses Wissen bzw. in bezug auf die aktualisierte Erwartung und dient im Falle der Bestätigung dazu, "habits"[100] auszubilden, die dann als "virtuous habits" anzusehen sind, wenn das durch sie fundierte Verhalten V nützlich ist, also den Verhaltensrealisator glücklich macht, was im sozialen Zusammenhang insbesondere dann der Fall ist, wenn V auch anderen Menschen nützlich ist, also diesen "pleasure" verschafft. Erziehung hat demgemäß die Aufgabe, entsprechende habits auszubilden, wofür es notwendig ist, "repeated experiences", "tests of experiments" im Hinblick auf das Wissen von causes und nutzbringenden effects zu ermöglichen.

Damit ist die Grundkonzeption der WILLIAMSschen empirischen Erziehungswissenschaft dargestellt,[101] der "science
of education", die WILLIAMS nach dem Vorbild der "experimental and mathematical sciences"[102] aufgebaut sehen möch-
te, damit "we should not be embarassed with vague theories
and visionary systems; and the progress of knowledge
would have immediate effects on the conduct and happiness
of mankind."[103]
WILLIAMS wendet sich in den "Lectures on Education"
nun den Problemen zu, die gelöst werden müssen, um eine
empirisch-experimentelle Pädagogik[104] aufzubauen, um eine
"science of education" als Erziehungspraxis-Theorie[105]
zu elaborieren, aus der Erziehungsmethoden gewonnen
werden können, die im Sinne der empirisch begründeten
utilitaristischen Zielsetzungen "expeditious, and effectual"[106] sind, bzw. mit Hilfe derer entschieden werden
kann, welche Erziehungsmethoden diesen Forderungen genügen.
Grundsätzlich gilt für den empirischen Pädagogen WILLI-
AMS: Um effektiv (effectual) erziehen zu können, ist es
wenig nützlich, nur von (zu) allgemeinen Regeln auszugehen ("On the subject of Education, it is of little use
to form general maxims"[107]). Zwar gibt es allgemeine Ziele
und auch "the general circumstances of men being the
same ... But the circumstances which vary the situations
and views of men, being numerous; exceptions to principles and rules occasion perplexity and disorder in our
enquiries and conduct", so daß "it is of importance to
distinguish accurately the general rule, or principle,
and the exceptions arising from particular cases."[108]
Generelle und (zu) umfassende Entwürfe für Erziehungs-
pläne nützen nach WILLIAMS zunächst wenig; Situationsana-
lysen (Analysen der "particular cases") sind stets notwendig,[109] um prüfen zu können, in welcher Weise die
allgemeine Regel überhaupt angewendet werden kann: "It
is necessary, maxims should be brought to the test of
experiment."[110]
Mit anderen Worten: Der Erzieher wie der Erziehungswissenschaftler benötigen zwar allgemeine Maximen (Prinzipien, Regeln) und damit die "assistance" der "most ingenious writers"[111], der "writers of authority"[112], aber dies
reicht nicht aus; "the test of experiment" ist stets erforderlich.
Diese Einsicht WILLIAMS' ist das Ergebnis seiner "repeated and anxious trials of several years"[113] und vor
allem auch das Ergebnis seiner intensiven Auseinandersetzungen mit dem "genius"[114], der "authority"[115] ROUSSEAU
(bzw. dessen Erziehungstheorie), den WILLIAMS hoch aner-
kennt, jedoch auch scharf kritisiert, aufgrund der (empirisch fundierten) Feststellung: "In the present state of
science, men afford little credit to the spontaneous
ebullitions of splendid imagination; and have no faith
in knowledge by intuition. The general appeal is to
experiment and fact; and even their testimonies are
scrupulously examined."[116]

ROUSSEAU war der Hauptanreger, aber auch Hauptgegner des Pädagogen WILLIAMS. Seine "Lectures on Education" können im ganzen als eine Auseinandersetzung mit ROUSSEAUscher Erziehungstheorie interpretiert werden; denn ROUSSE-AUsche Auffasungen und WILLIAMsche Gegenargumente durchziehen das Gesamtwerk, auch wenn WILLIAMS nicht immer explizit auf ROUSSEAU Bezug nimmt: "Though I seldom mention Rousseau, I do not take my eye from the system and principles he adopted. Emile is a tissue of ancient and modern materials; of disproportionate value, but happily woven; and rendered peculiarly amusing by whimsical admixture. My occupation, though it sometimes derived advantage from systems or plans; often plunged me into labyrinths, in which the recollection of any system was impracticable, or of no utility."[117].

Im folgenden werden wir jedoch die Auseinandersetzung WILLIAMS' mit ROUSSEAU nicht dominant thematisieren,[118] sondern uns mehr oder minder darauf beschränken, das WILLIAMsche System der empirischen Pädagogik (weiter) darzustellen und zu analysieren.

WILLIAMS fragt nun nach den Erziehungsmethoden, mit Hilfe derer "acquisition of knowledge, virtue, and happiness"[119], "preparing a child for the duties of life"[120], "guide in the path of virtue and happiness"[121], "apprenticeship for the employments of life"[122] (empirisch begründet) effektiv geleistet werden können; er fragt nun nach den "means of effecting the general purposes"[123] und setzt sich zunächst mit den seinerzeit "common methods", der Erziehung durch autoritären Zwang, durch Furcht und Unterdrückung ("fear and terror"[124]) auseinander, die er als moralisch verwerflich und damit zugleich (!) als ineffektiv ansieht,[125] da mit Furcht und Terror Glück nicht erreichbar ist. Hier ist sich WILLIAMS mit den pädagogischen "writers of authority" und den "wisest men of all orders and professions"[126] einig - jedoch bleibt die Frage nach der Alternative, deren Beantwortung er zunächst - hier wird WILLIAMS autobiographisch - in den vorhandenen pädagogischen Systemen suchte.

So kam WILLIAMS auf ROUSSEAU, dessen Erziehungstheorie er in seinen Vorlesungen aber auch deshalb für berücksichtigenswert hält, weil ROUSSEAUs Erziehungstheorie seinerzeit (1789) einen großen Einfluß hatte.[127]

Ohne nun hier - wie schon gesagt - speziell WILLIAMS' differenzierte und zum Teil recht scharfe Auseinandersetzung mit ROUSSEAU zu referieren, ohne auf die Übereinstimmungen und Gegensätze zwischen beiden Pädagogen differenziert einzugehen, kommt WILLIAMS zu folgenden Grundsätzen, die auch aus seiner Erfahrung mit der herkömmlichen Erziehung erwachsen sind[128]:

1. Ineffektiv ist das Buch-Lernen, das Lernen bzw. Memorieren von Maximen und Prinzipien, bevor diese aufgrund eigener Erfahrung einsichtig werden können;[129] denn "mere exercise of authority, though it may have forced us to learn, never gave rise to our virtues or good

dispositions."[130] An die Stelle des Memorierens aus
Büchern muß experience, und zwar eigene, nicht durch die
preceptors vermittelte treten. Diese vermittelte experience ist sinnvoll, "but not before the operations of their
own minds have produced so much knowledge and virtue, as
to furnish subjects of analogy, comparision, and assimi-
lation. Here the limits of experience and learning may
be accurately marked: and it is the business of a preceptor, attentively to observe them. The same use of books,
which at a period too early may enfeeble, prevent or destroy the powers of the mind; at proper seasons, will
accelerate their growth, and multiply their information."[131]

Die Randbedingungen, unter denen Kinder lernen und
erzogen werden, müssen also sehr genau berücksichtigt
werden, müssen erforscht werden, wenn Erziehungsmittel
effektiv sollen eingesetzt werden können. Und hier lautet
der Grundsatz: Auszugehen ist von der Erfahrung(swelt)
der Educanden, zu berücksichtigen ist das Auffassungsver-
mögen bzw. der Entwicklungsstand der Kinder. "At proper
seasons" können auch Bücher und vermittelte Erfahrung
als Erziehungsmittel eingesetzt werden; zuvor muß jedoch
eigene experience das Lernen so weit voranbringen, daß
diese Mittel auch effektiv sein können: "If, instead of
being forced, children were led into employments and
pursuits adapted to their capacities; the various interests enganging them would fill up their time, and divide
it into portions, having no intervals of that weary and
mischievous idleness to be observed in pupils of common
schools."[132]

Der Empiriker WILLIAMS weist also intensiv darauf hin,
die Entwicklung der Kinder genau zu beobachten und auf
der Basis der ("scrupulously examined"[133]) Ergebnisse dieser Beobachtungen zu entscheiden, welche "Impulse" den
Lernenden anregen können: "The Education by impulse
directing the choice, must therefore be more effectual
than that which violently forces the mind; and converts
it into a resisting mass."[134]

Der Erzieher soll also Anreger und Begleiter der kindlichen Entwicklung und des kindlichen Lernens, das sehr
genau beobachtet werden muß, sein, nicht ein zwingender,
überfordernder (und damit ineffektiver) preceptor.

2. Effektiv ist eine Erziehung, die anknüpft an den
Interessen des Kindes. Hier folgt WILLIAMS ganz ROUSSEAU,
den er kritisch kommentierend zitiert: "'When a child
begins to distinguish objects, make a proper choice of
those which are presented to it. Every new object is naturally interesting to a child.' This is the principle
on which the art of Education is founded: and if it had
been fully exemplified or extended to its objects, it
would have rendered unnecessary the romance of Rousseau."[135]

WILLIAMS betont somit, daß Erziehung nur effektiv sein
kann, wenn sie an die natürliche Entwicklung des Kindes

angepaßt wird, ausgehend von zwei grundlegenden Erkenntnissen, nämlich, "that memory and curiosity are the
first faculties susceptible of management or direction
in the minds of children" und "that simple ideas, the
materials of knowledge, are the objects of curiosity: to
be treasured in the memory; and converted by the mind,
when it has obtained the capacity, into propositions,
maxims, rules, and principles."[136] Die "order of nature"
also ist zu beachten; diese Ordnung darf nicht verkehrt
(inverted) werden, wenn Erziehen effektiv sein soll:
"The order of nature is inverted, when attempts are made
to impress propositions or principles by their signs, or
memories susceptible only of the images of objects"[137],
womit WILLIAMS wieder am ersten Grundsatz anknüpft.

Damit hat WILLIAMS die zentralen Grundsätze frühkindli-
cher Erziehung formuliert, die akzeptiert werden müssen,
wenn diese im Hinblick auf die zu erreichenden (utilita-
ristisch definierten) Ziel-Zustände effektiv sein soll,
und er ist der Auffassung, daß diese Grundsätze begründet
sind - nicht durch umfassende intuitiv konzipierte pädagogische Systeme, sondern durch die Auswertung von Erfahrungen, die er in der Kindererziehung auch selbst machte[138]
("some experiments successful and unsuccessful convinced
me"[139]), und zwar unter strenger Beachtung gegebener Bedingungen, was notwendig ist, da die Nicht-Berücksichtigung
der jeweiligen Bedingungen jeden Erziehungsplan ineffektiv macht.[140] Diese Erkenntnis ist auch die Basis der
WILLIAMSschen Kritik an ROUSSEAU, dem er vorwirft, die
gegebenen gesellschaftlichen Bedingungen nicht zu beachten,[141] weshalb sein (durchaus gut gemeintes) Erziehungs-
konzept ("the production of an imagination"[142]) auch "impracticable"[143] sei.

WILLIAMS plädiert für Realismus: die jeweiligen internen und externen Bedingungen einer Erziehungssituation
müssen beachtet werden, wenn man effektiv erziehen und
wenn man die "common modes of education" reformieren
will. Auch ein Alternativ-Plan (wie der von ROUSSEAU)
muß implementierbar sein, und dies erfordert nicht Total-
Kritik an der Gesellschaft, wie ROUSSEAU sie übt,[144] sondern akkurate Beachtung der gegebenen Bedingungen, um
diese gegebenenfalls zu verändern.[145] Die Alternative zur
Intuition, die WILLIAMS anbietet, heißt Empirie, Erforschung, Berücksichtigung der Realität, der "pupils in
real life"[146], was gegebenenfalls Kompromisse notwendig
macht, das heißt, Abweichungen von Idealen. Mag der
ROUSSEAUsche Erziehungsplan auch ein Ideal sein - die
Realität erfordert andere bzw. modifizierte Erziehungsmaßnahmen: "In modern families, our imaginations could
suggest no means of introducing the plan recommended by
Rousseau, without the assistance of an order, to which
he always alludes with adhorrence or contempt."[147] Sicher
muß - so WILLIAMS - die Erziehung verbessert werden,
aber Verbesserungen sind im Hinblick auf die real vorge-
fundenen Erziehungssituationen zu überlegen, in der

real vorgegebenen Situation zu experimentieren "in mingling the benefits of active, with the custoums of common or sedentary plans."148 "In the novels to Rousseau ..., families are disposed of; situations formed; or incidents arranged, - by the wands of poetic imaginations: in models thus conceived, principles are carried into their utmost consequences with great ease and sentimental satisfaction. But in life, circumstances seem to be contrived, to defeat all general reasoning."149

Zusammengefaßt: Erziehung ist eine sehr schwierige und komplexe Aufgabe, "has its intricacies or labyrinths. Comprehensive and vigorous understandings, when they have traced general outlines, are astonished at the multitude of circumstances involved in them: and descending into minute examinations, which become separately important objects, have difficulties in preserving correct ideas of order or connection."15o "It is hardly practicable to acquire sufficient information, from experience, to furnish a compleat system. The occasions of error under every article being indefinite; the authority and effect of rules or principles are lost, if those occasions are not pointed out."151

Der Erzieher bzw. Erziehungswissenschaftler hat daher die Aufgabe, dieses Labyrinth zu erforschen, statt Ideale zu imaginieren; eine empirisch fundierte "science of infancy"152 ist erforderlich, um Kinder erfolgreich erziehen zu können, und die Hauptforderung, die an den Erzieher zu stellen ist, lautet, "sensible of its (the subject of Education) difficulties" zu sein.153 Nur wenn diese Forderung erfüllt wird, kann "useful knowledge on the subject (of Education)" erlangt werden, jedoch stets auf der Basis von "extent and variety of experience"153, wenngleich es nach WILLIAMS nicht möglich sein wird, eine Erziehungswissenschaft zu elaborieren, die den Ansprüchen genügt, die begründet an die mathematisch-naturwissenschaftlichen Disziplinen gestellt werden können.154 Erziehung ist ein zu schwieriges Geschäft, ein zu komplexes Gebiet, als daß es möglich sein wird, ein geschlossenes System nach dem Vorbild der Naturwissenschaften zu konstruieren.155,156

Daraus folgt jedoch - dies wird von WILLIAMS nachdrücklich betont - nicht, daß an die Erziehungswissenschaft keine wissenschaftlichen (scientific) Ansprüche zu stellen sind bzw. daß solche in der Erziehungswissenschaft nicht erfüllbar seien. Bezogen auf die "moral philosophy" (= moral science im Gegensatz zur natural philosophy bzw. natural science) formuliert WILLIAMS: "By a slight progress in the general path of science, we discover the difference of natural and moral philosophy is in their difficulties, not in the certainty or uncertainty of their principles."157 Wer dies bestreitet, wer aufgrund von Schwierigkeiten in die Imagination flüchtet, der entschuldigt oder verteidigt nur seine eigene Unachtsamkeit und

Unfähigkeit im Hinblick auf "improvement and innovation"[158], was bei einer so wichtigen Wissenschaft wie der Erziehungswissenschaft besonders bedenklich ist.

Sehr eindringlich plädiert WILLIAMS daher für den Aufbau einer Pädagogik als science, für die Entwicklung der so wichtigen science of education, die anderen Wissenschaften keineswegs nachzustehen braucht:

"It may be a question, not easily decided, whether the art of government or that of Education should obtain the first rank, as of importance to happiness; and requiring the exertions of consummate abilities? However it be decided, we may be assured, no other art, science, or pursuit, can be brought into competition. While natural philosophy, chemistry, mechanics, and the arts, lead to riches or fame, why should a science most important, most interesting to the world, be nearly destitute of motives, to the industry or ambition of the best minds? If by accident, modes of improving machines; or means to save expence and labour in manufactures are discovered; if, in the habit of analysis, new appearances or combinations of natural bodies are perceived; the road to riches is rendered easy, and fortunate names are enrolled among those philosophers, deemed an honor to humanity. I speak of these things without the slightest sentiment of regret: may, with hopes that great or fortunate minds may claim the attention to the world to objects in which it is most interested. Natural sciences are the handmaids only of the moral: if the invention of machines be a title to wealth; if ascerting the laws of attraction or gravitation; the various powers or uses of numbers; the nature of lightning, or the composition of air - if talents thus employed distinguish philosophers; - the man who shall penetrate the moral world; discern its movements or influences, and scientifically regulate or direct them; who shall understand Education, and prescribe rational processes in attaining its objects, must be enrolled among the gods, if the highest benefactors of mankind are to be so called."[159]

WILLIAMS plädiert also für den Aufbau einer Erziehungswissenschaft (einer empirisch-experimentellen Pädagogik); er gibt die Richtung der Forschung an - wohl wissend, daß solche Forschung zu seiner Zeit erst am Anfang steht, daß die Erziehungswissenschaft noch "a very imperfect state" aufweist,[160] daß man sich noch "at a great distance from the period"[161] befindet, in der eine praktikable, das heißt, effektives Erziehen fundierende Erziehungswissenschaft aufgebaut sein wird.

WILLIAMS selbst fühlt sich nun berufen, am Aufbau einer solchen Erziehungswissenschaft mitzuarbeiten,[162] auch wenn es sich - so betont er - hier um eine Aufgabe handelt, die ein Einzelner zu erfüllen nicht imstande ist. Notwendig wäre die intersubjektive Prüfung von Annahmen bzw. vorgeschlagenen und praktizierten (als effektiv angesehenen) Erziehungsverfahren,[163] solange jedoch solche

Forschung nicht institutionalisiert ist, muß empirische Einzelforschung an Einzelfällen betrieben werden, auch wenn deren Ergebnisse es noch nicht gestatten, zu einem System der Erziehungswissenschaft verknüpft zu werden.[164] Entsprechend bietet WILLIAMS nur zahlreiche Kasuistiken als Ergebnisse seiner empirischen (WILLIAMS: experimentellen[165]) Untersuchungen (sie sind der Hauptinhalt der Lectures) unter Einschluß von Hinweisen auf ihm angemessen erscheinende Untersuchungsverfahren (zum Beispiel dahingehend, daß die Ergebnisse unterschiedlicher Erziehungsverfahren miteinander verglichen werden müssen[166]), sieht sich aber außerstande, auf der Basis so ermittelter Ergebnisse bereits zu systematisieren, zumal er seine Beobachtungen, was aus seiner Sicht erforderlich wäre, nicht systematisch-planvoll durchführen konnte.[167]

WILLIAMS erschien es also nicht sinnvoll bzw. nützlich, den "lectures the air of system"[168] zu geben; er wollte auf dem seinerzeitigen erziehungswissenschaftlichen Erkenntnisstand – und dies zeichnet ihn als gewissenhaften empirischen Forscher aus – nicht von seiner "intention; that of confining my observations to the occurrences and facts in which I have been concerned"[168], abweichen. Gleichwohl: auch solche Forschung erschien ihm mit Recht effektiv; denn "my studies and employment, though not conducted with a view to those plans of knowledge, which assume the distinction of universality; have been on a scale of some extent: and the intention of the Lectures is to lay before you, the result of experience; not only in the management and instruction of youth; but in directing the improvement, accompanying the assiduity, and correcting the errors ..."[169]

Innerhalb des hier gesetzten Rahmens würde es nun viel zu weit führen, WILLIAMS' pädagogische Detail-Erfahrungen und -Einsichten, die zudem häufig recht zeit- bzw. situationsgebunden sind, zu referieren; denn ein solches Referat würde den bisher gewonnenen Kenntnisstand über die englische Aufklärungspädaoggik des 18. Jahrhunderts nicht wesentlich erweitern (abgesehen davon, daß wir die Grundkonzeption der Pädagogik WILLIAMS' bereits erläutert haben).

Uns kam es vor allem darauf an, den empirischen Pädagogen WILLIAMS in die Geschichte der empirischen Pädagogik (wieder) einzuführen und insonderheit auf seine wissenschaftstheoretischen Überlegungen im Hinblick auf die Entwicklung einer empirisch-experimentellen science of education hinzuweisen;[170] denn diese differenzieren bzw. ergänzen durchaus das Bild der englischen Aufklärungspädagogik des 18. Jahrhunderts, innerhalb derer – dies dürfte wohl ersichtlich geworden sein – bereits ein recht hohes Niveau wissenschaftsphilosophischer Argumentation erreicht war.

Anmerkungen

1 Zum "Literary Fund" sei mit Hans folgender Hinweis gegeben: "For many years Williams had an idea of creating a fund in aid of 'distressed authors' to help writers who propagated unpopular opinions and made no profit from their publications. After many attempts he finally succeeded in forming a society and a 'Literary Fund' was established. Only two years after his death in 1816 the fund was incorporated as 'Royal Literary Fund' in 1818 and became one of this country's famous foundations." (N. Hans, New Trends in Education in the Eighteenth Century. London 1951. S. 165.)

2 Ebenda. - "Strangely enough" übrigens, daß Hans aus seiner zutreffenden Feststellung nicht die naheliegende Konsequenz gezogen und Williams Pädagogik entsprechend behandelt hat. Auch Hans' Verweise auf den Pädagogen bzw. die Pädagogik D. Williams' sind höchst marginal; es wird lediglich auf Williams' Originalität und seine Rolle als pädagogischer "pioneer" verwiesen. (Vgl. ebenda S. 163 ff., S. 172, S. 181, S. 183, S. 209.) - Insgesamt ist zur marginalen wissenschafts-historischen Rolle Williams' zu sagen: Obwohl sein Leben, wie Lefebvre-Cauchy schrieb, von zwei großen Themen beherrscht wurde, nämlich der Reform des Kirchenwesens und der nationalen Erziehung ("la rèforme du culte et celle de l'éducation nationale") (vgl. Lefebvre-Cauchy, Williams (David). In: J.Fr. Michaud (ed.), Biographie Universelle - Ancienne et Moderne. Tome XLIV (1854 ff.). Graz 1970. S. 642), hat er weder als Pädagoge noch als Theologe zeitüberdauernde Bedeutung erlangt. Jedenfalls haben wir - trotz sehr intensiver Suche - in moderneren und älteren Handbüchern, Lexika etc. nur wenige Hinweise auf Williams gefunden (auf die wenigen wird hier verwiesen werden), was insbesondere auch im Hinblick auf den Theologen Williams (er betrachtete sich ja vor allem als solcher) erstaunt, war er doch seinerzeit in England einer der führenden Deisten, dessen Liturgie Aufsehen erregte: Williams machte "den Entwurf zu einem deistischen Gottesdienst und eine nach den allgemeinen Grundsätzen der natürlichen Religion und Moral eingerichtete Liturgie öffentlich bekannt ...: dies geschah im J. 1776. Williams mietete in London eine Kapelle und eröffnete eine Subskription zum besten dieser seltsamen Anstalt, welche seiner Erwartung sehr entsprach. Leute von allen Religionen und Sekten fanden sich ein. Die Sache erregte ein ungemeines Aufsehen, welches nicht wenig durch zwei merkwürdige Briefe vermehrt wurde, die Williams vom Könige Friedrich dem Großen und von Voltaire empfing, die seiner Unternehmung ihren völligen Beifall erteilten." (Artikel "Williams"

in: F.C.G. Hirsching's Historisch-literarisches Handbuch berühmter und denkwürdiger Personen, welche in
dem achtzehnten Jahrhundert gelebt haben: oder historische, bio- und bibliographische Nachrichten. Fortgesetzt und herausgegeben von J.H.M. Ernesti. Sechzehnter
Band. Erste Abteilung (1813). Graz 1976. S. 87.)

3   Vgl. zum Beispiel: B. Simon, Studies in the History
of Education 1780 - 1870. London 1969[4]. S. 47; J. Wootton, The Nonconformist Contribution to Educational
Thought and Ideas in the Eighteenth Century with special reference to the writings and work of Joseph
Priestley. Magister-Dissertation Univ. Leeds 1955. S.
178.

4   Vgl. Simon, Studies in the History of Education.
a.a.O. (Anm. 3). S. 38, S. 47; W.J. McCallister, The
Growth of Freedom in Education. A Critical Interpretation of some Historical Views. London 1931. S. 16; F.
Smith, A History of English Elementary Education 1760
- 1902 (1931). New York 1970. S. 124. - Die Edgeworths
nehmen in ihrem Hauptwerk wiederholt (und lobend) auf
Williams Pädagogik Bezug. Vgl. M. Edgeworth, R.L. Edgeworth, Practical Education. Vol. I and II. London
1798. S. 219, S. 253, S. 258.

5   Zu Williams Position als Hartley-Schüler und kritischer
Locke-Nachfolger vgl. Simon, Studies in the History of
Education. a.a.O. (Anm. 3). S. 45 ff.; Hans, New
Trends in Education in the Eighteenth Century. a.a.O.
(Anm. 1). S. 163.

6   Hans, New Trends in Education in the Eighteenth Century. a.a.O. (Anm. 1). S. 181.

7   Ebenda et passim (vgl. die Verweise in Anmerkung 2)
sowie ausführlicher: McCallister, The Growth of Freedom
in Education. a.a.O. (Anm. 4). S. 255 - 259. Wir kommen auf die kritische Beziehung, die Williams zu
Rousseau (in Übereinstimmung mit den Lunatikern)
hatte, noch zurück. Jedenfalls ist Smiths Kennzeichnung von Williams als Rousseau-"Enthusiasten" zumindest übertrieben (vgl. Smith, A History of English
Elementary Education. a.a.O. (Anm. 4). S. 124).

8   Diese Darstellung beruht vor allem auf: A. Gordon,
Williams, David. In: The Dictionary of National Bio-
graphy. From the Earliest Times to 1900. Vol. XXI. Ox-
ford 1882 ff. (Reprint: Oxford 1949 f.). S. 390 - 393.
- Die nicht nur erziehungswisssenschafts-, sondern
auch allgemein wissenschafts-historische Marginalität
Williams' hat sich auch bei der intensiven Suche nach
Informationen über sein Leben und Werk ergeben. In
Lexika, Geschichten der Philosophie und anderer Wissen-
schaften wird er sehr selten erwähnt.

9   Zur Carmarthen-Akademie (einer "migratory academy")
vgl. I. Parker, Dissenting Academies in England. Their
Rise and Progress and their Place among the Educational
Systems of the Country (1914). New York 1969. S. 140;
H. McLachlan, English Education under the Test Acts.

Being the History of the Nonconformist Academies 1662
- 1820. Manchester 1931. S. 52 - 62. Nach McLachlan
war David Williams der "most famous pupil" der Akademie, die unter Samuel Thomas und Evan Davies "a more
liberal theological character" annahm (ebenda S. 54).
10 Williams, der Freund Priestleys, war wie dieser ein
vielseitiger Kontroversalist (vgl. Anmerkung 7 des 2.
Abschnittes und korrespondierenden Text), der in zahlreichen Dispute - nicht nur theologische und wissenschaftliche und politische - verwickelt war. Typisch
dafür war zum Beispiel auch seine Kontroverse mit dem
Schauspieler und Shakespeare-Interpreten David Garrick.
11 Williams gehörte, wie wir auch noch sehen werden, zur
demokratischen Bewegung Englands. Bei G.A. Williams
heißt es: "Men like Priestley, Price, David Williams,
Cartwright and the circle that had focused on Benjamin
Franklin, began to advocate political democracy."
(G.A. Williams, Artisans and Sans-Culottes. Popular
movements in France and Britain during the French Revolution. London 1968. S. 11 f.)
12 Gordon vermerkt allerdings hierzu, Williams Zeitgenossen Thomas Holcroft (1745 - 1809) zitierend, daß Banks
und Solander "now and then peeped into the chapel and
got away as fast as they decently could." (Gordon,
Williams, David.a.a.O. (Anm. 8). S. 392.)
13 J.P. Brissot (1754 - 1793) war einer der führenden Politiker des vorrevolutionären und revolutionären
Frankreich, der als Haupt der "Brissotins" (= Giron-
disten) 1793 hingerichtet wurde.
14 Hans, New Trends in Education in the Eighteenth Century. a.a.O. (Anm. 1). S. 163 f.
15 Vgl. hierzu im einzelnen: W. Mönke, Einleitung. In:
Th. Paine, Die Rechte des Menschen, hrsggb. von W.
Mönke. Berlin (Ost) 1962. S. 92.
16 Hans, New Trends in Education in the Eighteenth Century.
a.a.O. (Anm. 1). S. 165.
17 Auch hier stimmte Williams mit Priestley, dem Rationalisten, wie mit den Lunatikern bzw. überhaupt den
empirischen Pädagogen der englischen Aufklärungsphilosophie des 18. Jahrhunderts überein. Vgl. speziell zu
Priestley bereits die Anmerkungen 8 und 110 des 2. Abschnittes sowie im einzelnen: L. Rössner, Die Pädagogik
des englischen Experimentalphilosophen Joseph Priestley. Philosophische Studien zur Geschichte der empirischen Pädagogik III. Frankfurt a.M.-Bern-New York
1986. Stichwort: Priestley, Joseph sen. als Revolutionär.
18 Vgl. hierzu die Einleitung zu dieser Schrift.
19 Vgl. Simon, Studies in the History of Education. a.a.O.
(Anm. 3). S. 45 ff.
20 Vgl. Abschnitt 2.2. dieser Schrift.
21 Simon, Studies in the History of Education. a.a.O.(Anm.
3). S. 47.
22 Wootton, The Nonconformist Contribution to Educational

Thought and Ideas in the Eighteenth Century. a.a.O. (Anm. 3). S. 191.

23 J. Lawson, H. Silver, A Social History of Education in England. London 1973. S. 204.

24 Smith, A History of English Elementary Education. a.a. O. (Anm. 4). S. 124.

25 McCallisters Buch "The Growth of Freedom in Education" (a.a.O. (Anm. 4)) ist übrigens (vgl. den Anmerkung 2 korrespondierenden Text) die einzige uns bekannt gewordene veröffentlichte Schrift, in der auf Williams als Pädagogen etwas ausführlicher eingegangen wird (S. 255 - 259). Daneben ist nur noch auf Woottons unveröffentlichte Magister-Dissertation zu verweisen, in der Williams Pädagogik ein gesondertes Kapitel gewidmet ist. Vgl. Wootton, The Nonconformist Contribution to Educational Thought and Ideas in the Eighteenth Century. a.a.O. (Anm. 3). S. 178 - 211.

26 McCallister, The Growth of Freedom in Education. a.a. O. (Anm. 4). S. 16.

27 Ebenda S. 255.

28 Ebenda S. 258.

29 Vgl. bereits den Anmerkung 21 korrespondierenden Text.

30 Vgl. D. Williams, A Treatise on Education. London 1794.

31 Vgl. D. Williams, Lectures on Education. Read to a Society for Promoting Reasonable und Humane Improvements in the Discipline and Instruktion of Youth. Vol. I, II, III. London 1789.

32 Wir verweisen hier insbesondere auf: D. Williams, Lectures on the Universal Principles and Duties of Religion and Morality. As they have been read in Margaret-Street, Cavendish-Square, in the Years 1776, and 1777. Vol. I, II. London 1779; D. Williams, Lectures on Political Principles; The Subjects of Eighteen Books, in Montesquieu's Spirit of Laws: Read to Students under the Author's Direction. London 1789; Anonym (D. Williams), Lessons to a Young Prince, on the Present Disposition in Europe to a General Revolution. London 1790. (Zur Begründung der anonymen Herausgabe vgl. S. 6.)

33 Nicht herangezogen haben wir die häufig David Williams zugeschriebenen "Letters concerning Education", da bis jetzt nicht geklärt ist, ob David Williams tatsächlich der Autor der "Letters" war. Laut Auskunft des British Library Information Service (vom Oktober 1986) besteht seit langem "a confusion over the autorship of Letters concerning Education", und es spricht einiges dafür, daß der Autor der "Letters" nicht David, sondern Peter Williams war. Im "Dictionary of National Biography" werden "Letters concerning Education" mit dem Erscheinungsjahr 1785 David Williams zugeschrieben (vgl. Gordon, Williams, David. a.a.O. (Anm. 8). S. 392), mit dem Erscheinungsjahr 1786 Peter Williams (1722 - 1796) (vgl. D.L. Thomas, Williams, Peter. In: The Dictionary of National Biography. From the Earliest Times to 1900. Vol. XXI. Oxford 1882 ff. (Reprint 1949 f.). S.

438). Ergänzend wurde uns vom Informationsdienst der British Library noch mitgeteilt: "The matter is complicated by the fact that there was another David Williams at Christ Church at the relevant time." Daß dieser "Welsh hymn-writer" (vgl. J.E. Lloyd, Williams, David. In: ebenda S. 390) als Autor der Letters in Frage kommt, erscheint uns jedoch unwahrscheinlich, wenngleich – so ist einzuschränken – auch dieser David (1712 – 1794) zeitweise schoolmaster war. Da wir die Autorschaft der "Letters" jedoch auch nicht haben klären können, erschien es uns geraten, auf die Heranziehung der "Letters" zu verzichten.

34 Vgl. bereits den Anmerkung 7 korrespondierenden Text.

35 Vgl. bereits die Einleitung zu dem vorliegenden Band, speziell Anmerkung 21 und korrespondierenden Text.

36 Vgl. Cl. A. Helvétius, Vom Menschen seinen geistigen Fähigkeiten und seiner Erziehung (1772). Frankfurt a.M. 1972. S. 446.

37 Vgl. Williams, Lectures on Political Principles. a.a.O. (Anm. 32). S. 64 – S. 68; Williams, Lectures on the Universal Principles and Duties of Religion and Morality. Vol. I. a.a.O. (Anm. 32). S. 168 f.; Williams, A Treatise on Education. a.a.O. (Anm. 30). S. 1.

38 Williams, A Treatise on Education. a.a.O. (Anm. 30). S. 67.

39 Ebenda S. 159.

40 Denn: nur ein gut erzogenes Volk kann eine im Sinne des Utilitarismus "gute" gesellschaftliche Organisation und Regierung hervorbringen: "The government is good or bad according as the people is virtuous or vicious." (A Treatise on Education. a.a.O. (Anm. 30). S. 23.)

41 Ebenda S. 64.

42 Diese Auffassung Williams' mag inadäquat erscheinen auf dem Hintergrund der erziehungswissenschaftlichen Forschung in der englischen Aufklärungspädagogik, worüber ja in der vorliegenden Schrift informiert wird. Die Auffassung erscheint jedoch angemessen, wenn wir berücksichtigen, daß man sich zu Williams' Zeit, das heißt, zur Zeit der Formulierung dieser Auffassung (1789), noch im Stadium intensiver Diskussion befand und in der Tat noch kein System der Erziehungswissenschaft entwickelt worden war. Es lagen zwar Grundlagenerörterungen, Systemansätze und Diskussionsgrundlagen vor, aber noch kein praktikables System der Erziehungswissenschaft. Williams formulierte: "It is true, much is said and written of education. Many laudable attempts have been made to raise the art of conducting it into credit and importance. But we are probably at a great distance from the period, in which the essential principles of it will be reduced to practice." (Williams, Lectures on Education. Vol. I. a.a.O. (Anm. 31). S. 14 f.) Es muß hier weiterhin daran erinnert werden, daß auch Priestleys (hier rekonstruiertes!) System der Erziehungswissenschaft 1789 noch nicht vorlag (zahlreiche

wichtige pädagogische Schriften Priestleys erschienen erst nach 1789) und auch Erasmus Darwins und Edgeworths pädagogische Werke erst später publiziert wurden. Williams hatte sich zwar intensiv mit Milton, Locke Rousseau und Helvétius auseinandergesetzt – aber auch diese Autoren hatten nach seiner Auffassung noch keine effektiv anwendbare Erziehungspraxis-Theorie geliefert, und diese Auffassung teilte er mit den Lunatikern und anderen Pädagogen.

43 Vgl. Williams, Lectures on Political Principles. a.a.O. (Anm. 32). S. 17 f.
44 Ebenda S. 10 f.
45 Ebenda S. 27.
46 Ebenda S. 28. – Es sei hier darauf hingewiesen, daß die empiristische Position Williams' gerade in den "Lectures on Political Principles", in denen er sich mit Montesquieus "Esprit des lois" (1748) auseinandersetzte, sehr deutlich wird.
47 Ebenda S. 10.
48 Williams, Lectures on the Universal Principles and Duties of Religion and Morality. Vol. I. a.a.O. (Anm. 32). S. 170.
49 Ebenda S. 190.
50 Ebenda S. 191.
51 Ebenda S. 176 und S. 191.
52 Williams, A Treatise on Education. a.a.O. (Anm. 30). S. 1.
53 Williams, Lectures on Education. Vol. I. a.a.O. (Anm. 31). S. 18.
54 Vgl. die o.a. Kennzeichnungen der "art of education" (die den Anmerkungen 52 und 53 (1) korrespondierenden Texte).
55 Vgl. Williams, Lectures on Education. Vol. I. a.a.O. (Anm. 32). S. 21 ff.; Williams, A Treatise on Education. a.a.O. (Anm. 30). S. 169 ff.
56 Williams, A Treatise on Education. a.a.O. (Anm. 30). S. 1.
57 Vgl. im vorliegenden Band Abschnitt 3.1.
58 Vgl. Williams, Lectures on Education. Vol. I. a.a.O. (Anm. 31). S. 28.
59 Ebenda S. 24.
60 Ebenda S. 25.
61 Ebenda S. 21.
62 Ebenda S. 25.
63 Ebenda S. 26.
64 Ebenda S. 27.
65 Ebenda S. 31 f.
66 Ebenda S. 39 f.
67 Ebenda S. 44 f.
68 Ebenda S. 49.
69 Vgl. ebenda S. 29.
70 Vgl. ebenda S. 31.
71 Vgl. ebenda S. 44.
72 Vgl. ebenda S. 31 f. und S. 39.

73 Vgl. die den Anmerkungen 68 und 64 korrespondierenden
   Texte. - An anderer Stelle erläutert Williams: "The
   eye, as a sense, is formed by the experience of many
   years; but when it is formed, it judges of distances
   and magnitude, of beauty and deformity, apparently by
   an immediate sensation; but in fact, by a process,
   which is the effect of experience. The mind is in the
   same state, as to morals; it has judged of causes by
   effects, on all material occasions." (Williams, Lectures on the Universal Principles and Duties of Religion
   and Morality Vol. I. a.a.O. (Anm. 32). S. 164.)
74 Aufgrund der Zitate wurde bereits die utilitaristische
   Position Williams' deutlich. Er akzeptierte das empirisch fundierte "universal principle of happiness"
   (Williams, Lectures on the Universal Principles and
   Duties of Religion and Morality. Vol. I. a.a.O. (Anm.
   32). S. 161) und dokumentierte dies an vielen Stellen
   seiner Schriften. Vgl. dazu u.a. ebenda S. 170, S.
   190; Williams, Lectures on Political Principles. a.a.
   O. (Anm. 32). S. 26, S. 31, S. 34 f., S. 42; Williams,
   Lessons to a Young Prince. a.a.O. (Anm. 32). S. 40, S. 54.
75 Auf Detailvorschläge, die Williams im Hinblick auf die
   Gesundheitserziehung gibt, gehen wir hier nicht ein.
   Wir übergehen diese ebenso wie die Vorschläge Erasmus
   Darwins (vgl. oben S. 161 ff.), da sie sehr zeittypisch
   sind und wir uns auf das Grundsätzliche der empirischen
   Konzeptionen der Aufklärungspädagogik beschränken wollen.
76 Williams, Lectures on Education. Vol. I. a.a.O. (Anm.
   31). S. 21.
77 Ebenda S. 71.
78 Ebenda S. 64.
79 Ebenda S. 64 f.
80 Ebenda S. 50.
81 Ebenda S. 50 f.
82 Ebenda S. 51; vgl. auch: Williams, Lectures on Political Principles. a.a.O. (Anm. 32). S. 67 f.
83 Williams, Lectures on Education. Vol. I. a.a.O. (Anm.
   31). S. 52.
84 Ebenda S. 54.
85 Ebenda S. 56.
86 Vgl. ebenda S. 67.
87 Williams, Lectures on the Universal Principles and Duties of Religion and Morality. Vol. I. a.a.O. (Anm.
   32). S. 168.
88 Williams, Lectures on Political Principles. a.a.O.
   (Anm. 32). S. 42.
89 Williams, Lectures on Education. Vol. I. a.a.O. (Anm.
   31). S. 54.
90 Ebenda S. 55.
91 Ebenda S. 63.
92 Ebenda S. 65 f.
93 Ebenda S. 66.
94 Vgl. bereits den Anmerkung 78 korrespondierenden Text.

95 Williams, Lectures on Education. Vol. I. a.a.O. (Anm. 31). S. 69.

96 Ebenda S. 68.

97 Ebenda S. 54. Dieses Reziprozitätstheorem ist implizit oder explizit Bestandteil aller utilitaristischen Sozial- und Erziehungstheorien und wurde insbesondere von George Grote expliziert. Vgl. unter dem Stichwort "Reziprozität(s-Theorem)" im einzelnen: L. Rössner, Die Pädagogik der empiristisch-utilitaristischen Philosophie Englands im 19. Jahrhundert. Philosophische Studien zur Geschichte der empirischen Pädagogik II. Frankfurt a.M.-Bern-New York 1984; L. Rössner, Die Pädagogik des englischen Experimentalphilosophen Joseph Priestley. Philosophische Studien zur Geschichte der empirischen Pädagogik III. Frankfurt a.M.-Bern-New York 1986. Vgl. bereits Anmerkung 207 (S. 258).

98 Williams, Lectures on Education. Vol. I. a.a.O. (Anm.31). S. 70.

99 Vgl. ebenda S. 74.

100 Vgl. ebenda S. 75.

101 Die Zusammenhänge sind uns bereits bekannt; wir haben sie schon mehrmals dargestellt, als wir die Erziehungstheorien Priestleys, Erasmus Darwins usf. behandelten. Abermals wurde die Übereinstimmung zwischen den empiristisch-utilitaristischen Erziehungstheorien der englischen Aufklärungsphilosophie deutlich.

102 Vgl. Williams, Lectures on Education. Vol. I. a.a.O. (Anm. 31). S. 112.

103 Ebenda S. 112 f.

104 Vgl. ebenda S. 87.

105 Vgl. bereits Anmerkung 42 sowie den Anmerkung 53 korrespondierenden Text.

106 Williams, Lectures on Education. Vol. I. a.a.O. (Anm. 31). S. 95; vgl. auch S. 99.

107 Ebenda S. 74.

108 Ebenda S. 18 f. - Damit formuliert Williams übrigens im Ansatz eine zentrale Forderung, die im Rahmen der Entwicklung einer effektivitätsorientierten = technologischen (Erziehungs-)Theorie erfüllt sein muß, was im Rahmen der empiristisch-utilitaristischen (Praxis-)Philosophie später von John Stuart Mill expliziert wurde. Mill ging in seiner Konzeption von Praxis- bzw. Kunst- bzw. (modern gesprochen) Technologie-Theorie davon aus, daß es - will man effektiv handeln, zum Beispiel erziehen - notwendig ist, nicht nur die grundlegenden Gesetzmäßigkeiten (Ursache-Wirkungs-Beziehungen) anzuwenden, sondern auch die (modifizierenden) negativen Bedingungen zu berücksichtigen. Berücksichtigt nämlich ein Praktiker in einer gegebenen Situation mit einem gegebenen Ziel bei der Anwendung eines Gesetzes nicht die negativen Bedingungen, die situationsspezifisch die Wirkung einer Ursachen-Komplexion (= Komplexion der positiven Bedingungen) neutra-

lisieren (und damit den Ziel-Zustand unerreichbar machen), dann ist die Anwendung des Gesetzes "useless",
es sei denn, man verfügt über weitere Gesetze, über
deren Anwendung die neutralisierenden (störenden) negativen Bedingungen ausgeschaltet werden können. Das
Auffinden von negativen Bedingungen und gegebenenfalls
von Gesetzen, mit Hilfe derer die negativen Bedingungen ausgeschaltet werden können, setzt aber eine
genaue Situationsanalyse voraus, worauf Williams hinweist. Zur Technologie-Konzeption von J. St. Mill
vgl. im einzelnen: L. Rössner, Reflexionen zur pädagogischen Relevanz der Praktischen Philosophie John
Stuart Mills. Philosophische Studien zur Geschichte
der empirischen Pädagogik I. Frankfurt a.M.-Bern-New
York 1983. Speziell S. 124 - S.232 .

109 Vgl. Williams, Lectures on Education. Vol. I. a.a.O.
(Anm. 31). S. 19 f.
110 Vgl. ebenda S. 74; vgl. auch S. 112.
111 Vgl. ebenda S. 19.
112 Vgl. ebenda S. 82.
113 Ebenda S. 83.
114 Vgl. ebenda u.a. S. 87.
115 Vgl. ebenda u.a. S. 108.
116 Ebenda S. 87.
117 Ebenda, Vol. II. S. 40 f.
118 Die Analyse der philosophisch-wissenschaftlichen
Beziehungen zwischen Williams und Rousseau würde eine
selbständige Abhandlung erfordern, in der zudem die
kritische Auseinandersetzung der englischen Aufklärungspädagogik mit Rousseau insgesamt thematisiert
werden müßte; denn - darauf wurde bereits mehrmals
verwiesen - Rousseau war ein wichtiger Anreger und
Antipode auch für die anderen von uns behandelten
Pädagogen.
119 Williams, Lectures on Education. Vol. I. a.a.O. (Anm.
31). S. 62.
120 Ebenda S. 18.
121 Ebenda S. 45.
122 Ebenda S. 50.
123 Ebenda S. 79.
124 Vgl. ebenda.
125 Vgl. ebenda S. 99.
126 Ebenda S. 82.
127 Williams: Rousseau ist "an author so popular" (ebenda
S. 112), "in full possession of public attention; as
much by indiscretion as by talents. Parties are formed
for the destruction and defence of his fame" (ebenda
S. 110 f.).
128 "I have experienced the effects of the established
method. I was educated, according to its severest maxims. I have assisted in the education of youth on
the same plan" (ebenda S. 95).
129 Vgl. ebenda S. 95 ff.

130 Ebenda S. 99.
131 Ebenda S. 100.
132 Ebenda S. 101.
133 Vgl. den Anmerkung 116 korrespondierenden Text.
134 Williams, Lectures on Education. Vol. I. a.a.O. (Anm.
31). S. 102.
135 Ebenda S. 115.
136 Ebenda S. 120.
137 Ebenda S. 120 f.; vgl. auch S. 124.
138 Vgl. ebenda S. 131 - S. 140. Hier gibt Williams eine
ausführliche Beschreibung davon, wie er als anregender
und begleitender Erzieher ein Kind zu nützlichen Erkenntnissen in "natural history" geführt hat.
139 Ebenda S. 132.
140 Vgl. dazu im einzelnen ebenda Lecture X. Vgl. weiterhin - zur Wahrung des Zusammenhangs, zum abermaligen
Aufweis der Konsistenz innerhalb der englischen Aufklärungspädagogik - oben S. 176 f.
141 "A natural Education, is a phrase without meaning, as
used by Rousseau" (ebenda S. 145).
142 Ebenda S. 150.
143 Vgl. ebenda u.a. S. 147.
144 "Rousseau's observations have a tone of invective,
and spirit of acrimony, which do not commonly accompany experience; his system is too comprehensive, and
its parts too harmoniously fitted, to be the result
of actual observation: the whole has an air of romance,
which has little influence on the judgment and understanding, however it may affect the fancy" (ebenda S.
84; vgl. auch insgesamt ebenda Lecture X).
145 Der Leser, der heute (1987) die pädagogische Diskussion verfolgt und vor allem die der siebziger Jahre
unseres Jahrhunderts verfolgt hat, wird schwerlich
umhinkommen, den 200 Jahre alten Aussagen, der 200
Jahre alten Kritik Williams' Modernität zusprechen.
Speziell der "pädagogischen Linken" wäre die Lektüre
der Williamschen Lectures zu empfehlen; denn in ihnen
wird einzulösen versucht, was Ernst Bloch forderte,
nämlich sich "weltkundig ..., also empirisch sich be-
richtigend" zu verhalten (E. Bloch, Tübinger Einleitung
in die Philosophie 2. Frankfurt a.M. 1964. S. 37).
Auch mit diesem Hinweis wird abermals die Konsistenz
der empirischen englischen Aufklärungspädagogik deutlich; vgl. dazu bereits Anmerkung 415 des 3. Kapitels
der vorliegenden Schrift.
146 Williams, Lectures on Education. Vol. I. a.a.O. (Anm.
31). S. 154.
147 Ebenda S. 162.
148 Ebenda S. 163; vgl. weiterhin Williams' Erläuterungen
ebenda S. 163 - S. 178.
149 Ebenda S. 172.
150 Ebenda S. 179.
151 Ebenda S. 180.
152 Vgl. ebenda S. 179 ff. bzw. Lecture XII.

153 Ebenda S. 195.

154 Vgl. ebenda S. 196.

155 Auch diese Hinweise Williams' zeugen von der "Modernität" seiner pädagogischen Wissenschaftstheorie. Man
vgl. dazu die Argumente, wie sie in unserer Zeit von
Winnefeld formuliert wurden (vgl. F. Winnefeld, Pädagogischer Kontakt und pädagogisches Feld. München-Basel
1957. S. 34 - S. 45); Winnefeld bestätigt umfänglich
die Argumente von Williams.

156 Nebenbemerkung Williams': "The man whose name sustains
the mathematic credit of Britain: the penetrating,
indefatigable Newton, chose a shorter and easier road
to immortality, than he would have found in Education"
(Williams, Lectures on Education. Vol. I. a.a.O.
(Anm. 31). S. 196).

157 Ebenda S. 197.

158 Ebenda S. 199.

159 Ebenda S. 201 ff.

160 Vgl. den Anmerkung 43 korrespondierenden Text.

161 Vgl. Anmerkung 42.

162 "Various circumstances, ... have fixed my attention on
the subject of Education" (Williams, Lectures on Education. Vol. II. a.a.O. (Anm. 31). S. 2), und einschlägige "experience, imperfect as if may be deemed,
induced me to prefer the subject of education; as
that into which I could best trace the great and
general principles of morality" (ebenda S. 3).

163 Williams erläutert am Beispiel: "The general opinion
has induced men to adopt harsh or cruel methods to
eradicate, what they call, a natural vice. I think it
will appear, even on their principles, that means
more agreeable to reason and humanity would have
better effects. We may clear the ground on which our
enquiries are to be made, and the following fact is
the proposition to be discussed, 'that all children,
whether from inclination or indifference, will speak
untruth; and that the best method of preventing a
habit of the kind, is the first object of moral philosophy.' In numerous attempts to ascertain this principle, I thought it wonderful, the extensive utility of
collecting subjects of experiment, had not occurred
to some beneficent friends of society; that institutions or associations had not been formed to superin-
tend moral processes, immediately interesting to the
happiness of the world. The experience of an individual is so confined, that the facts he can collect, on
a subject to which he may be devoted, can seldom be
so numerous, as to leave a moral principle unquestiona-
ble, or to render it of extensive utility. A society
of this kind might be formed, at a moderate expence to the
members: and the benefit to their families, would
probably be greater than they could obtain at any expence by processes attempted at home" (ebenda Vol. I.
S. 204 f.).

164 "Not being inclined to imitate all the writers I have
perused on Education, by presuming to form detached
observations into a system; and being aware the love
of system is so prevalent, that the most accurate result of experience would not be acceptable in unconnected forms: I proposed to compare the observations
I had made in actual business, with those which Rousseau had collected from Plutarch, Montaigne, Locke,
or from the rapid operations of a penetrating genius
on the incidents that occasionally occurred to it"
(ebenda Vol. II. S. 5 f.).
165 Vgl. ebenda zum Beispiel Vol. I. S. 231.
166 Vgl. ebenda zum Beispiel Vol. I. S. 233.
167 "Various circumstances ... have fixed my attention on
the subject of Education. But that variety has been
unfavourable to system. Events which have wholly dis-
placed me; and rendered necessary I should frequently
change my mode of life: interrupted my plans, and in
many cases deprived me of the important information
which may be obtained from connecting circumstances
in the incidents of education" (ebenda Vol. II. S. 2).
168 Ebenda S. 61.
169 Ebenda S. 62 f.
170 In dem für die vorliegende Schrift gesetzten Rahmen
kann eine detaillierte Auswertung der Pädagogik David
Williams' nicht geleistet werden, obwohl wir es für
lohnend erachten, dies zu tun, da damit die Geschichte
der empirischen Pädagogik eine gewichtige (und notwendig erscheinende) Ergänzung erhielte. Insbesondere
wäre auch eine Analyse der wissenschaftlichen Einflüsse auf Williams interessant, da auf diese Weise europäische Erziehungswissenschaftsgeschichte thematisiert
würde; denn neben englischen waren auch (abgesehen
von Rousseau) französische und deutsche Pädagogen Anreger Williams', worauf dieser in den Lectures wiederholt verweist (vgl. zum Beispiel ebenda S. 312 - S.
320). Speziell Williams' Verweise auf J. B. Basedow
(1724 - 1790) sind hier interessant: "It has been my
intention to revise and suit his works correctly to
the scientific order pointed out by Lord Bacon, to
the general state of English literature, or the genius
and circumstances of English children; and to open an
institution on a similar plan: but my leisure, health,
and life, are not likely to admit of such an undertaking" (ebenda S. 319).

5. Einige Bemerkungen zu William Godwin, Mary Wollstone-
craft-Godwin und Thomas Paine

Auch wenn wir in der vorliegenden Schrift keine vollständige Darstellung der empirischen englischen Aufklärungspädagogik des 18. Jahrhunderts bieten wollen, so wäre
diese doch zu unvollständig, wenn wir WILLIAM GODWIN
(1756 - 1836), MARY WOLLSTONECRAFT-GODWIN (1759 - 1797)
und THOMAS PAINE (1736 - 1809) völlig ausklammern und
nicht wenigstens einige Hinweise auf sie geben würden.

Auch GODWIN, WOLLSTONECRAFT und PAINE waren bedeutende
und einflußreiche Repräsentanten der englischen Aufklärungspädagogik, und sie standen in einer gemeinsamen
Tradition mit den Pädagogen, die wir hier ausführlich
behandelt haben.

PAINE und GODWIN, formuliert SIMON, waren führende Vertreter der "radical tradition in education", innerhalb
derer "educational change as a key aspect (or component)
of radical social change" angesehen wurde", und diese Position wurde auch von denen eingenommen, deren Pädagogik
in dem vorliegenden Band thematisiert wurde. Alle diese
Pädagogen (bzw. Sozialphilosophen) intendierten gesellschaftliche Reformen, und die Erziehung wurde von ihnen
als wichtiges Instrument, Reformen zu realisieren, angesehen.

Fassen wir mit SIMON zusammen: "Not only in the works
of Edgeworth and Day, Priestley and Darwin of the Lunar
Society, in those of Percival, Barnes and Harrison of
Manchester, but also in William Godwin, Mary Wollstonecraft and others of their circle, the same aim is apparent;
the same striving towards a rational, secular, human
morality, which would inspire men and women to usher in a
more truly human era in the history of man."[2] Bei "Paine
and Godwin ... can be found the main characteristics of
the Radical tradition in education as it developed during
the nineteenth century. First among these is the emphasis
on the formative power of education, particularly stressed
by Godwin, for whom it was fundamental to the whole argument developed in Political Justice. This emphasis was,
of course, characteristic of the Enlightenment and stressed in the work of the Encyclopaedists - in its most extreme form, by Helvétius. Derived from Locke's philosophical outlook, as expressed in his Essay on Human Understanding (1690), but more directly based on David Hartley's
associationism, the idea that mental characteristics are
formed as a result of the impact of external circumstances lay at the basis of the whole theory of human perfectibility. Change these circumstances and you change man.
This was the view of Joseph Priestley, who was himself
profoundly concerned with education, and who reprinted
Hartley's Observations on Man (1749) in 1775. It was the
view of Thomas Day and of many others of Godwin's contemporaries. Later it found expression in the work of the

utilitarians - particularly Jeremy Bentham and James Mill
and, of course, of Robert Owen and those who accepted his
standpoint."[3]

Entsprechend erschien es allen diesen Sozialphilosophen
und -reformern notwendig, eine "science of education" zur
Fundierung einer effektiven "art of education" zu entwik-
keln. Nochmals SIMON: "Paine and Godwin were not, of
course, alone in putting forward these views at this
time. Others in their circle and outside: Mary Wollstonecraft, the Edgeworths, Thomas Day, Erasmus Darwin, Joseph
Priestley, called for a scientific education, stressed
the need for a secular morality ... But what is unique
about these two authors is that they combined a radical
critique of education with a radical political programme
or perspective. Their books struck at the roots both of
the political and of the ecclesiastical establishment -
but they exercised an enormous appeal to working men and
women just as these were becoming conscious of themselves
as a class and moving into radical, at times revolutionary, political activity. For this reason both can be regarded as the progenitors of the Radical tradition in education."[4]

Damit gibt SIMON einen wichtigen Hinweis: PAINE und
GODWIN wie auch MARY WOLLSTONECRAFT - die erste Frau GOD-
WINs - mit ihrem Hauptwerk "A Vindication of the Rights
of Women"[5], das ebenfalls ausführliche pädagogische Passagen enthält, waren dominant politische Philosophen (und
Reformer), die zwar - wie erwähnt - erzieherische und
erziehungswissenschaftliche Probleme erörterten, jedoch -
im Gegensatz zu den von uns behandelten Aufklärungspädagogen - gewissermaßen zweitrangig. Ihre Ziele waren umfassender, und die Anlässe zu ihren (Haupt-)Werken waren eindeutig politischer Art: "Thomas Paine's The Rights of Man,[6]
published in 1791 as an answer to Burke's Reflections on
the French Revolution, directly challenged the assumptions
on which the social order was based - his book was seen
as a clarion call for democracy and equality. William
Godwin's Political Justice (1793) also reflected a revolutionary, or at least extremely radical, political standpoint."[8] "The starting point is 1793. In that turbulent
year - the year of Robespierre's triumph and downfall -
William Godwin published Political Justice, to be followed
a year later by the first part of Thomas Paine's The Age
of Reason. Both books exercised a profound influence on
the nascent working class and democratic movement during
the first half of the nineteenth century. Both were concerned with education. Of the two, it was Thomas Paine
whose influence was the more direct. The Rights of Man
had already won him an immense popularity among artisans
and others - reprinted in cheap editions by local Corresponding Societies it was, in a sense, a revolutionary
tract, and assessed as such by Pitt's government. Forced
to flee the country, Paine followed it with a further

work expressing his philosophical outlook. Although presenting a deistic viewpoint, The Age of Reason was regarded at that time as an atheistic work, and, together with The Rights of Man, banned."10

Damit ist sehr deutlich eine andere Traditionslinie der englischen Aufklärungspädagogik gekennzeichnet als die, die Gegenstand unserer Darstellung war. Die zweite Traditionslinie - auch sie kann als empiristisch-utilitaristische charakterisiert werden11 - mit GODWIN, PAINE, WOLLSTONECRAFT und anderen (zum Beispiel ROBERT OWEN) ist zwar eng mit der von uns beschriebenen verbunden, beide weisen viele Gemeinsamkeiten auf, jedoch sind die jeweiligen Zielsetzungen unterschiedlich akzentuiert.

In der vorliegenden Schrift ging es vor allem um die Beschreibung, Analyse und Systematisierung der pädagogischen Konzeptionen, die die Entwicklung zu einer empirisch-experimentellen Erziehungswissenschaft bestimmten, weniger um die politischen Dimensionen dieser Pädagogik, und damit haben wir eine konzeptionelle Begründung dafür gegeben, warum wir die Pädagogik GODWINs, WOLLSTONECRAFTs und anderer ausgeklammert haben.

Es gibt jedoch noch einen anderen Grund. Mehrmals haben wir betont, daß es uns auch darum ging, PRIESTLEY, EDGEWORTH, ERASMUS DARWIN, DAY, WILLIAMS und andere (wieder) in die Erziehungswissenschafts-Historie einzuführen. Eine solche Intention braucht nun mit Bezug auf GODWIN und die anderen Pädagogen seines Kreises nicht realisiert zu werden, da deren wissenschaftshistorische Position keineswegs so marginal ist wie die der von uns behandelten Pädagogen (und dies gilt sogar für Deutschland). Über GODWIN und speziell auch über seine. Pädagogik gibt es eine reichhaltige Literatur,12 und auch PAINEs und WOLLSTONECRAFTs Position und Schriften finden häufige und13 differenzierte Beachtung, so daß es uns nicht als sehr dringlich erscheint, auch diese Pädagogen in unsere Geschichte der empirischen Pädagogik zu integrieren.

Hinzu kommt: Da die wissenschaftsphilosophische Position in der einen wie der anderen Traditionslinie empiristisch-utilitaristischer Pädagogik14 - von Einzelheiten hier abgesehen - die gleiche ist, wären aus der Analyse vor allem der GODWINschen Pädagogik keine umfänglichen zusätzlichen Informationsgewinne im Hinblick auf die Beschreibung der Entwicklung zu einer empirisch-experimentellen Pädagogik zu erwarten.

Anmerkungen

1 B. Simon, Introduction. In: B. Simon (ed.), The Radical Tradition in Education in Britain. A compilation of writings by William Godwin, Thomas Paine, Robert Owen, William Thompson, William Lovett, William Morris. London 1972. S. 9.

2 B. Simon, Studies in the History of Education. 1780 - 1870. London 1969[4]. S. 44.

3 Simon, Introduction. a.a.O. (Anm. 1). S. 11.

4 Ebenda S. 13.

5 M. Wollstonecraft, A Vindication of the Rights of Woman: with Strictures on Political and Moral Subjects. London 1792 (Erste und Zweite Auflage). Reprint: Westmead 1970. Deutsche Übersetzungen erschienen 1793 und 1899. Eine Neuauflage der Ausgabe von 1899 (ergänzt um Texte der Ausgabe von 1793) erschien 1976. Vgl. B. Rahm (Hrsg.), Mary Wollstonecraft: Verteidigung der Rechte der Frauen. Band I. Zürich 1978 (Neuauflage). Band II. Zürich 1976.

6 Vgl. Th. Paine, The Rights of Man. Erster Teil: 1791; zweiter Teil: 1792. Deutsche Ausgabe (zum Beispiel): Th. Paine, Die Rechte des Menschen. Frankfurt a.M. 1973 (Übertragung: D. M. Forkel. Bearbeitung und Einleitung: Th. Stemmler). Vgl. auch Anmerkung 13.

7 Vgl. W. Godwin, Enquiry Concerning Political Justice. London 1793 (Zweite Auflage 1796; dritte stark ergänzte Auflage 1798).

8 Simon, Introduction. a.a.O. (Anm. 1). S. 9.

9 Vgl. Th. Paine, The Age of Reason. Erster Teil: 1794. Zweiter Teil: 1795. Eine deutsche Übersetzung des ersten Teils erschien bereits 1794 (o.O.) unter dem Titel: "Die Volljährigkeit der Vernunft; oder: Untersuchungen über die wahre und fabelhafte Theologie. Vgl. auch Anmerkung 13.

10 Simon, Introduction. a.a.O. (Anm. 1). S. 10 f.

11 Wir zitieren zum Beleg Godwins I. "Summary of Principles", die er seiner "Enquiry Concerning Political Justice" voranstellt: "The true object of moral and political disquisition, is pleasure or happiness. The primary, or earliest, class of human pleasures, is the pleasures of external senses. In addition to these, man is susceptible of certain secondary pleasures, as the pleasures of intellectual feeling, the pleasures of sympathy, and the pleasures of self-approbation. The secondary pleasures are probably more exquisite than the primary. Or, at least, the most desirable state of man, is that, in which he has access to all these sources of pleasure, and is in possession of a happiness the most varied and uninterrupted. This state is a state of high civilization." Zitiert nach: W. Godwin, Enquiry Concerning Political Justice. Abridged and Edited by K. C. Carter. London 1971. S. 13.

12 Neben "Political Justice" (a.a.O. (Anm. 7)) ist auf folgende pädagogisch relevanten Werke Godwins hinzuweisen: W. Godwin, The Enquirer. Reflections on Education, Manners, and Literature. In a Series of Essays. Dublin 1797; W. Godwin, Thoughts on Man. His Nature, Productions, and Discoveries. Interpersed with some Particulars Respecting the Author. London 1831. - Die Sekundär-Literatur ist außerordentlich umfangreich. Wir verweisen nur auf sehr wenige Schriften, die vor allem für unseren thematischen Zusammenhang wichtig sind: C.K. Paul, William Godwin: His Friends and Contemporaries. Vol. I, II. London 1876; H. Simon, William Godwin and Mary Wollstonecraft. Eine biographisch-soziologische Studie. München 1909; zur Pädagogik Godwins vgl. vor allem: B. R. Pollin, Education and Enlightenment in the Works of William Godwin. New York 1962 sowie: A. Argenton, La concezione pedagogica di un classico dell'anarchismo: William Godwin. Bologna 1977. In dieser Schrift wird Godwins Pädagogik (und politische Theorie) für die Fundierung der Konzeption einer antiautoritären Erziehung nutzbar gemacht; gleichwohl wird zugleich eine durchaus instruktive Einführung in die Godwinsche Pädagogik als ganze geboten.

13 Neben zahlreichen - auch deutschen - Einzelausgaben von Werken Paines gibt es seit 1824 eine Reihe mehrbändiger Gesamtausgaen und eine umfangreiche Sekundär-Literatur. Vgl. dazu u.a.: Paine, Die Rechte des Menschen (1973). a.a.O. (Anm. 6). S. 30; N.E. Adkins (ed.), Thomas Paine: Common Sense and other Political Writings. New York 1953. S. L ff.; L. Meinzer (Hrsg.), Thomas Paine: Common Sense. Stuttgart 1982. S. 98 ff. Zur Pädagogik Paines vgl. neben Simon (ed.), The Radical Tradition in Education in Britain (a.a.O. (Anm. 1)) A.O. Hansen, Liberalism and American Education in the Eighteenth Century. New York 1976. S. 22 - 43; W. Christian, The Moral Economics of Tom Paine. In: Journal of the History of Ideas XXXIV(1973)3. S. 367 - 380. - Zu Mary Wollstonecraft-Godwin vgl. umfassend: R.M. Wardle, Mary Wollstonecraft. A Critical Biography. Lawrence 1951. Zur Pädagogik Wollstonecrafts vgl. u.a.: E. Rauschenbusch-Clough, A Study of Mary Wollstonecraft and The Rights of Woman. Diss. Bern 1898. Speziell Chapters V - VIII; R.M. Janes, On the Reception of Mary Wollstonecraft's A Vindication of the Rights of Woman. In: Journal of the History of Ideas XXXIX (1978)2. S. 293 - 302.

14 Vgl. den Anmerkung 3 korrespondierenden Text.

6. Einige Hinweise zum Experimentalismus und zum Konzept einer experimental science of education innerhalb der englischen Aufklärungsphilosophie des 18. Jahrhunderts

Verweise auf Versuche, innerhalb der englischen Aufklärungspädagogik des 18. Jahrhunderts die Entwicklung einer empirisch-experimentellen Erziehungswissenschaft voranzutreiben, sowie auf experimentelle Praktiken im Rahmen eines empirisch-experimentellen pädagogischen Programms durchziehen die gesamte vorliegende Abhandlung.[1] Es erscheint uns daher als zweckmäßig, abschließend den (pädagogischen) Experimentalismus bzw. das Konzept der experimental science of education der englischen Aufklärungspädagogik zusammenfassend zu charakterisieren.[2]

Zunächst ist zu sagen: "Experimental science of education" war vor allem eine regulative Idee der Aufklärungspädagogen, war vor allem ein Forschungsprogramm, weniger Realität, was insonderheit dann gilt, wenn wir Maßstäbe anlegen, die im Experimentalismus heute als gültige akzeptiert werden.[3] In England hatte diese Leitidee zunächst FRANCIS BACON (1561 - 1626) und[4] dann vor allem ISAAK NEWTON (1643 - 1727) vorgegeben, der seinerseits GALILEO GALILEI (1564 - 1642) als sein Vorbild und seinen Vorläufer ansah, also den Philosophen und Physiker, für den "sich die Wissenschaft von der Philosophie dadurch (unterschied), daß sie weniger darum bemüht war, Prinzipien oder Naturkräfte zu finden, als daran, alles kennenzulernen, was sich durch 'sinnlich wahrnehmbare Erfahrungen und die notwendigen Experimente' erkennen läßt."[5]

Es soll hier nun nicht erörtert werden, ob es berechtigt ist, von einem Experimentator NEWTON zu sprechen[6]; wichtig für uns ist, daß die Idee einer experimentellen bzw. "experimentalphilosophischen" Pädagogik zur. leitenden und von den englischen empiristischen Aufklärungspädagogen insgesamt akzeptierten wurde, was dazu führte, empirische ("experimentelle") Verfahren in der Erziehungspraxis und -forschung anzuwenden und wissenschaftstheoretische Reflexionen über eine empirisch-experimentelle Fundierung der Erziehungswissenschaft anzustellen, wobei ersteres vor allem von den EDGEWORTHs und WILLIAMS, letzteres vor allem von PRIESTLEY und WILLIAMS geleistet wurde.

Damit standen die Experimentalpädagogen, die zumeist auch mit anderen (Experimental-)Wissenschaften vertraut waren (man denke hier vor allem an PRIESTLEY und ERASMUS DARWIN), innerhalb einer bereits etablierten Tradition, die sich in einer "Institutionalisierung der positiven Wissenschaft" repräsentierte, wofür insbesondere die 1662 gegründete Royal Society in London, aber auch viele andere Societies Beleg sind.[7] In diesen Gesellschaften - man denke in unserem Zusammenhang insbesondere an die Lunar Society und die Manchester Literary and Philosophical Society - wurde "positive Wissenschaft" und speziell die "Erzeugung experimentellen Wissens" zum Programm,[8] auch wenn es - im Sinne des KUHNschen Phasenmodells wissenschaftlicher Entwicklung[9] - angemessen ist, noch von "vorparadigmatischer Wissenschaft" zu sprechen.[10]

Hier ist jedoch vor einer - immerhin naheliegenden - Abwertung zu warnen;[11] denn es lassen sich nach BÖHME und v.d. DAELE "drei Dimensionen der Entwicklung vorparadigmatischer Wissenschaft" ausmachen, an Hand derer aufgezeigt werden kann, daß die "Entwicklung ... keineswegs ein bloßes Herumtappen war."[12] Diese drei Dimensionen sind: 1. "die Entwicklung wissenschaftlicher Instrumente und ihre Ausschöpfung zur Erschließung neuer Erfahrungsbereiche"; 2. "die Systematisierung der Beobachtung und die Entwicklung von Systemen empirischer Ordnung" und 3. "die Entwicklung von Modellen und ihre heuristische Funktion zur Strukturierung eines Erfahrungsbereiches."[12] Man bemühte sich um eine Methodologisierung: "Indem die experimentelle Philosophie die nicht-kontingente, reproduzierbare Beobachtung zur Norm der Naturerkenntnis erhebt, macht sie nicht nur die Erfahrungen eines Wissenschaftlers für jeden anderen verfügbar und im Prinzip verläßlich, jeder Wissenschaftler kann an die Erfahrungen des anderen anschließen und sie fortsetzen. Die Methodologisierung durch kontrollierte Beobachtung und kontrolliertes Experiment macht wissenschaftliche Erfahrung zu einem kumulativen und kooperativen Unternehmen."[13]

Diese Charakterisierung gilt - cum grano salis; denn die science of education befand sich nach Auffassung ihrer Vertreter noch "in a very imperfect state", "in its infancy"[14] - auch für die empirische Erziehungswissenschaft bzw. Experimentalpädagogik im England des 18. Jahrhunderts: Auch hier bemühte man sich sehr intensiv um eine "Methodologisierung durch kontrollierte Beobachtung und kontrolliertes Experiment" und machte dadurch die pädagogische Erfahrung zu einem kumulativen und kooperativen Unternehmen", eine Tatsache, die in der einschlägigen historischen Forschung vielfältig bestätigt und auch in der vorliegenden Abhandlung deutlich gemacht wurde.

Wir wollen es bei diesen wenigen Hinweisen belassen; denn nähere Ausführungen hätten (zumeist) nur Wiederholungen bereits zitierter und erörterter Aspekte der experimental science of education in der englischen Aufklärungspädagogik zum Inhalt. Es erscheint uns daher ausreichend, hier nur eine sehr knappe grundsätzliche Charakterisierung der empiristisch-utilitaristischen science of education der englischen Aufklärungsphilosophie des 18. Jahrhunderts gegeben zu haben.[15]

Anmerkungen

1 Vgl. hierzu zum Beispiel S. 70 f. (Priestley), S. 129
und Anmerkung 125 (S. 251) (E. Darwin), S. 173 f.
(Edgeworths), S. 203 (Day) sowie den ganzen 5. Abschnitt
(Williams).

2 Vgl. bereits den Abschnitt "Bemerkungen zur Experimen-
talphilosophie im 18. Jahrhundert" in: L. Rössner, Die
Pädagogik des englischen Experimentalphilosophen Joseph
Priestley. Philosophische Studien zur Geschichte der
empirischen Pädagogik III. Frankfurt a.M.-Bern-New
York 1986. S. 153 - S. 170.

3 Vgl. hierzu zum Beispiel schon Anmerkung 245 des 2.
Abschnittes dieser Schrift.

4 Speziell David Williams verwies darauf, wenn er bemerk-
te: "Fundamental errors ... may not be removed, until
minds allied to the genius of Newton, controul or
direct them." (D. Williams, Lectures on Education. Vol.
I. London 1789. S. 196.)

5 H. Drake, Newtons Apfel und Galileis "Dialog". In:
Spektrum der Wissenschaft (1980)10. S. 130. - Zum
Experimentator Galilei vgl. zum Beispiel: F. Dannemann,
Die Anfänge der experimentellen Forschung und ihre
Ausbreitung. München-Berlin 1922. S. 3 - 23.

6 Zu Newtons Position im Rahmen der "Herauslösung der
Naturwissenschaft aus der spekulativen Naturphilosophie"
vgl. G. Böhme, Die kognitive Ausdifferenzierung der
Naturwissenschaft - Newtons mathematische Naturphilosophie. In: G. Böhme, W. v.d. Daele, W. Krohn, Experimentelle Philosophie. Ursprünge autonomer Wissenschaftsentwicklung. Frankfurt a.M. 1977.

7 Vgl. hierzu im einzelnen: W. v.d. Daele, Die soziale
Konstruktion der Wissenschaft - Institutionalisierung
und Definition der positiven Wissenschaft in der zweiten Hälfte des 17. Jahrhunderts. In: Ebendort. - Zur
"Institutionalisierung" hier behandelter Aufklärungspädagogen vgl. allgemein: R.E. Schofield, The Lunar Socie-
ty of Birmingham. A Social History of Provincial Science and Industry in Eighteenths-Century England. Oxford
1963; R.E. Schofield, The Society of Arts and the
Lunar Society of Birmingham. In: Journal of the Royal
Society of Arts CVII(1959). S. 512 - S. 514 und S. 668
- S. 671; R.E. Schofield, Membership of the Lunar
Society of Birmingham. In: Annals of Science XII(1956).
S. 118 - S. 136. Speziell zur Institutionalisierung
empirisch-experimenteller Pädagogik vgl. im Überblick:
L. Rössner, Die englischen "Provincial Societies" im
18. Jahrhundert als pädagogische Institutionen. In: W.
Heidmann, die pädagogischen Bemühungen im Umkreis der
Manchester Literary and Philosophical Society im späten
18. Jahrhundert. Braunschweiger Studien zur Erziehungs-
und Sozialarbeitswissenschaft. Band 19. Braunschweig
1987.

8 G. Böhme, W. v.d. Daele, Erfahrung als Programm. Über Strukturen vorparadigmatischer Wissenschaft. In: Böhme et al., Experimentelle Philosophie. a.a.O. (Anm. 6). S. 185.

9 Vgl. Th. S. Kuhn, Die Struktur wissenschaftlicher Revolutionen. Frankfurt a.M. 1973.

10 Vgl. Böhme, v.d. Daele, Erfahrung als Programm. a.a.O. (Anm. 8). S. 187.

11 Vgl. hierzu zum Beispiel und vor allem: G. Bachelard, Die Bildung des wissenschaftlichen Geistes. Beitrag zu einer Psychoanalyse der objektiven Erkenntnis. Frankfurt a.M. 1978. Speziell Kapitel II.

12 Böhme, v.d. Daele, Erfahrung als Programm. a.a.O. (Anm. 8). S. 187.

13 Ebenda S. 189 f.

14 Vgl. den Anmerkung 243 des 2. Abschnittes (Priestley) und den Anmerkung 160 des 5. Abschnittes (Williams) korrespondierenden Text.

15 Es sei hier ergänzend nochmals auf die in Anmerkung 2 zitierte Abhandlung aufmerksam gemacht sowie auf weitere zusammenfassende Darstellungen: L. Rössner, Bemerkungen zur englischen experimentalphilosophischen Tradition der empirischen Pädagogik. In: L. Rössner (Hrsg.), Empirische Pädagogik I: Abhandlungen zu ihrer Geschichte. Braunschweiger Studien zur Erziehungs- und Sozialarbeitswissenschaft. Band 17. Braunschweig 1985; L. Rössner, Zur Tradition Empirischer Pädagogik in England und Italien. In: Empirische Pädagogik. Zeitschrift zu Theorie und Praxis erziehungswissenschaftlicher Forschung 1(1987)3. S.253-263 . Im übrigen sei nochmals auf die ersten drei Bände der "Philosophischen Studien zur Geschichte der empirischen Pädagogik" verwiesen (vgl. Vorwort bzw. Literaturverzeichnis), in denen die Entwicklung der empirisch-experimentellen Erziehungswissenschaft im England des 18. und 19. Jahrhunderts ausführlich behandelt wird.

ZUSAMMENFASSUNG UND SCHLUSSWORT

In der Einleitung wurde darauf hingewiesen, daß in der Erziehungswissenschafts-Historie bisher in der Regel lediglich JOHN LOCKE als der Repräsentant und die herausragende Gestalt der englischen empiristischen Aufklärungspädagogik angesehen und herausgestellt wurde und daß damit - auch wenn es angemessen ist, LOCKE als hoch bedeutenden Anreger zu betrachten - eine zu verkürzte, ja, oberflächliche Darstellung dieser Tradition bzw. Epoche erfolgte.

Damit war das wesentliche Ziel der vorliegenden Abhandlung bereits gesetzt, nämlich, das bisher tradierte Bild der englischen empiristischen Aufklärungspädagogik des 18. Jahrhunderts zu vervollständigen bzw. zu differenzieren, indem auf weitere bedeutende englische Protagonisten der empiristischen science of education im 18. Jahrhundert hingewiesen und deren Konzeption von empirischer Pädagogik beschrieben und analysiert wird.

Mit dieser Zielsetzung schließt sich der vorliegende IV. Band der "Philosophischen Studien zur Geschichte der empirischen Pädagogik" an den III. Band an, der bereits dem Hauptrepräsentanten der englischen Aufklärungspädagogik des 18. Jahrhunderts gewidmet war, nämlich JOSEPH PRIESTLEY. Im III. Band konnte gezeigt werden, daß - wie gesagt - PRIESTLEY der Hauptrepräsentant der englischen empirischen Pädagogik des 18. Jahrhunderts war, ja, es konnte weiterhin belegt werden, daß es durchaus begründet ist, ihn überhaupt als den Repräsentanten der englischen Aufklärungspädagogik anzusehen.

Mit dem Begriff Hauptrepräsentant ist nun ein weiterer Hinweis gegeben, nämlich der, daß es weitere Repräsentanten gab, die sich allerdings in der geläufigen Erziehungswissenschafts-Historie durch (im Vergleich zu PRIESTLEY) noch größere Marginalität "auszeichnen". Die Pädagogik dieser weiteren Repräsentanten sollte nun ebenfalls in den "Philosophischen Studien" behandelt werden, und damit war der Inhalt des IV. Bandes festgelegt (vgl. Vorbemerkung (Abschnitt 1.)).

Ausgehend von den Ergebnissen der "PRIESTLEY-Untersuchung" im III. Band der "Philosophischen Studien" wurde im IV. Band das Ziel verfolgt, den "pädagogischen Umkreis" PRIESTLEYs vorzustellen, und von hier aus war der Gang der vorliegenden Erörterung bestimmt:

Wir gingen von PRIESTLEY aus und behandelten sodann die weiteren empirischen Pädagogen je nach ihrer zeitlichen und psychischen Nähe zu PRIESTLEY, das heißt, wir wandten uns zuerst PRIESTLEY und seiner eigenen Pädagogik-Tradition zu und sodann seinen Mit-Pädagogen, wobei wir uns immer mehr von PRIESTLEY entfernten, ohne jedoch - er war ja Hauptrepräsentant, Zentrum der englischen empiristischen Aufklärungspädagogik - seinen philosophisch-pädagogischen Einflußbereich zu verlassen.

Der 2. Abschnitt war entsprechend JOSEPH PRIESTLEY
selbst gewidmet, wobei sich allerdings Wiederholungen von
Ausführungen, die im III. Band der "Philosophischen
Studien" gemacht wurden, nicht vermeiden ließen. Aber:
wenn in einer (für sich verständlich sein sollenden!) Abhandlung die empiristische Aufklärungspädagogik dargestellt
und analysiert werden soll, dann kann nicht deren Zentrum,
nämlich PRIESTLEY, eliminiert werden. Hinzu kommt: Die
Pädagogik PRIESTLEYs haben wir im IV. Band stärker in
einen historischen Bezugsrahmen gestellt, so daß deren
Behandlung hier (wenn wir vom Abschnitt 2.2. absehen)
einen anderen Akzent als im III. Band erhielt.
Aber es wurde im 2. Abschnitt ja nicht nur PRIESTLEYs
Pädagogik thematisiert, sondern auch seine eigene Tradition und praktische Wirkung in der Warrington-Akademie,
in der er zunächst Student und sodann Tutor war. Die
"Pädagogik der Warrington-Akademie" hatte wichtige Wirkungen auf PRIESTLEY, und PRIESTLEY hatte schließlich bestim-
menden Einfluß auf die Pädagogik und Lehrpraxis dieser
Akademie, die ihrerseits ein bedeutsames Zentrum der
empiristischen Aufklärungspädagogik und der durch sie fundierten Erziehungspraxis war. Entsprechend wurden im
Abschnitt 2.1. die pädagogischen Konzeptionen wichtiger
Repräsentanten der Warrington-Akademie und ihrer Nachfolgerin behandelt.
     Neben der Warrington-Akademie (und ihren Nachfolgerinnen)
war die Lunar Society ein weiterer wichtiger philosophisch-
wissenschaftlicher ("experimentalphilosophischer") und
auch speziell pädagogischer Kristallisationspunkt im England des 18. Jahrhunderts, in dem wiederum PRIESTLEY eine
zentrale Rolle spielte und auch pädagogischen Einfluß
hatte, indem er mit anderen (Auch-)Pädagogen eng koope-
rierte.
     Die "Pädagogik der Lunar Society" ist Inhalt des 3. Ab-
schnittes, in dem die erziehungswissenschaftlichen Konzeptionen von ERASMUS DARWIN (Abschnitt 3.1.), RICHARD
LOVELL und MARIA EDGEWORTH (Abschnitt 3.2.) und THOMAS
DAY (Abschnitt 3.3.) auch in ihrem Zusammenhang besprochen
werden. Zugleich wird abermals die bestimmende Wirkung
PRIESTLEYs aufgezeigt.
     Weder zur Warrington-Akademie-Tradition noch zur Lunar
Society gehörte PRIESTLEYs Freund DAVID WILLIAMS, dem der
4. Abschnitt gewidmet ist. Auch WILLIAMS war ein bedeuten-
der Repräsentant der englischen Aufklärungspädagogik und
stand - wenn auch nicht institutionell - in der PRIESTLEY-
und Lunar Society-Tradition. In der WILLIAMSschen Pädagogik
kulminierte ebenfalls - ohne daß wir mit diesem Hinweis
die Bedeutung der anderen hier behandelten Pädagogen ein-
schränken wollen - die empiristische Reflexion der englischen Aufklärungspädagogik, die dann im 19. Jahrhundert
zur vollen Entfaltung kam, was wir im I. und II. Band der
"Philosophischen Studien" dargestellt haben.
     Zur Vervollständigung des Bildes von der englischen empi-
ristischen Aufklärungspädagogik wurden im 5. Abschnitt ei-

nige Hinweise auf drei weitere Pädagogen dieser Tradition
gegeben, nämlich auf WILLIAM GODWIN, MARY WOLLSTONECRAFT-
GODWIN und THOMAS PAINE. Wir haben uns im Hinblick auf
diese drei durchaus wichtigen (Auch-)Pädagogen auf wenige
Hinweise beschränkt, da sie zum einen nicht eine so marginale Position in der Wissenschafts-Historie haben wie die
von uns behandelten Pädagogen, also bereits Gegenstand
ausführlicher (wissenschafts-historischer und auch pädagogischer) Analysen waren und weil sie zum anderen weniger
pädagogische bzw. erziehungswissenschaftliche als vielmehr
(sozial-)politische Repräsentanten ihrer Zeit waren. Zwar
waren auch "unsere" Pädagogen intensiv sozialphilosophisch
und -politisch interessiert und engagiert und sahen die
Erziehung als ein wichtiges Instrument zur Verbesserung
der gesellschaftlichen Verhältnisse an (vgl. Einleitung),
im Gegensatz zu GODWIN, WOLLSTONECRAFT-GODWIN und PAINE
haben sie aber eine bedeutendere Position in der Entwicklung der empiristischen Aufklärungspädagogik bzw. science of
education eingenommen, und diese Entwicklung und ihre
Hauptprotagonisten waren ja unser Thema bzw. Problem.
Unser Problem war die (wissenschaftstheoretisch gesehen)
empiristische Pädagogik bzw. die Entwicklung der empirisch-experimentellen Erziehungswissenschaft im Rahmen
der englischen Aufklärungsphilosophie des 18. Jahrhunderts. Ist es überhaupt berechtigt - so kann man fragen
-, von einer "experimental science of education" in
dieser Epoche zu sprechen? Mit einigen Hinweisen zur
Beantwortung dieser Frage haben wir im 6. Abschnitt die
Behandlung unseres Themas abgeschlossen und zugleich
wieder an den III. Band der "Philosophischen Studien"
angeschlossen, wo diese Frage ausführlicher beantwortet
worden ist. Gleichwohl: der gesamte Text des IV. Bandes
ist auch eine Antwort auf diese Frage.

VERZEICHNIS DER VERWENDETEN LITERATUR

Adams, J., The Evolution of Educational Theory. London 1912.

Adamson, J.W., A Short History of Education. Cambridge 1919.

Adamson, J.W., English Education 1789 - 1902 (1930). Cambridge 1964[2].

Aikin, J., The Calendar of Nature; Designed for the Instruction and Entertainment of Young Persons. Warrington-London 1784.

Aikin, J., England Delineated; or, A Geographical Description of every County in England and Wales; with a Concise Account of its most Important Products, Natural and Artificial. For the Use of Young Persons. London 1788.

Aikin, J., Letters from a Father to His Son on Various Topics Relative to Literature and the Conduct of Life. Dublin-London 1793.

Aikin, J., The Arts of Life, described in a series of Letters for the Instruction of Young Persons. London 1802.

Aikin, J., Letters to a Young Lady on a Course of English Poetry. London 1804.

Aikin,, J., Barbauld, A.L., Evenings at Home; or, the Juvenile Budget Opened. Consisting Miscellaneous Pieces, for the Instruction and Amusement of Young Persons. London 1792 ff.

Aikin, L., Memoir of John Aikin. With a Selection of his Miscellaneous Pieces. Biographical, Moral, and Critical. London 1823.

Alisch, L.-M., Rössner, L., Grundlagen einer generellen Verhaltenstheorie. Theorie des Diagnostizierens und Folgeverhaltens. München-Basel 1977.

Alisch, L.-M., Rössner, L., Erziehungswissenschaft als technologische Disziplin. Ein Beitrag zur Technologie-Diskussion in den Sozialwissenschaften. München-Basel 1978.

Alisch, L.-M., Rössner, L., Operative Modelle als Technologische Theorien. In: H. Stachowiak (Hrsg.), Modelle - Konstruktion der Wirklichkeit. München 1983.

Argenton, A., La concezione pedagogica di un classico dell'anarchismo: William Godwin. Bologna 1977.

Ashmun, M., The Singing Swan. An Account of Anna Seward and Her Acquaintance with Dr. Johnson, Boswell, & Others of Their Time. New Haven etc. 1931.

Austin, J., The Province of Jurisprudence Determined. London 1832.

Aykroyd, W.R., Three Philosophers (Lavoisier, Priestley and Cavendish). London 1935.

Bachelard, G., Die Bildung des wissenschaftlichen Geistes. Beitrag zu einer Psychoanalyse der objektiven Erkenntnis. Frankfurt a.M. 1978.

Bacon, Fr., The Advancement of Learning (1605). Oxford 1906.

Bacon, Fr., Essays (1612). London 1856.

Bain, A., Erziehung als Wissenschaft. Leipzig 1880.

Bain, A., James Mill. A Biography. London 1882.

Ballauff, Th., Schaller, K., Pädagogik. Eine Geschichte der Bildung und Erziehung. Band II: Vom 16. bis zum 19. Jahrhundert. Freiburg-München 1970.

Barbauld, A.L., Lessons for Children. London 1778.

Barbauld, A.L., An Easy Introduction to the Knowledge of Nature. London 1782.

Barbauld, A.L., The Works. With a Memoir by Lucy Aikin. London 1825.

Barbauld, A.L., Edgeworth, M., Lessons for Children. New York 1823.

Barlow, N., Erasmus Darwin, F.R.S. In: Notes and Records of the Royal Society of London 14(1959).

Barnard, H.C., A History of English Education. From 1760. London (1947). 1971[7].

Barnes, Th., On the Affinity subsisting between the Arts, with a Plan for promoting and extending Manufactures, by Encouraging those Arts, on which Manufactures principally depend. In: Memoirs of the Manchester Literary and Philosophical Society. Vol. 1, 1st series (1785).

Barnes, Th., A brief Comparision of some of the principal Arguments in Favour of Public and Private Education. In: Memoirs and Proceedings of the Manchester Literary and Philosophical Society. Vol. 2, 1st series (1789).

Barnes, Th., A Plan for the Improvement and Extension of Liberal Education in Manchester. In: Ebendort.

Barnes, Th., On the Voluntary Power which the Mind is able to exercise over Bodily Sensation. In: Ebendort.

Baugh, A.C., A Literary History of England. New York-London 1948.

Beccaria, C.B. de, Dei delitti e delle pene (1764). Nuova Edizione Corretta e Accresciuta. Harlem-Parigi 1780.

Bentham, J., An Introduction to the Principles of Morals and Legislation (1780/1789). New York 1948.

Bentham, J., Prinzipien der Gesetzgebung (1789). Köln 1833 (Reprint: Frankfurt a.M. 1966).

Bentham, J., The Theory of Legislation (1802). London 1831.

Birchenough, Ch., History of Elementary Education in England and Wales. From 1800 to the Present Day. London 1925[2].

Bloch, E., Tübinger Einleitung in die Philosophie 1. Frankfurt a.M. 1967[2].

Bloch, E., Tübinger Einleitung in die Philosophie 2. Frankfurt a.M. 1966.

Bloch, E., Verfremdungen I. Frankfurt a.M. 1968.

Boase, G.C., Henry, Thomas. In: The Dictionary of National Biography. From the Earliest Times to 1900. Volume IX. Oxford 1882 ff. (Reprint: Oxford 1949 f.).

Böhme, G., Daele, W. v.d., Krohn, W., Experimentelle Phi-
losophie. Ursprünge autonomer Wissenschaftsentwicklung.
Frankfurt a.M. 1977.
Böhme, G., Die kognitive Ausdifferenzierung der Naturwis-
senschaft - Newtons mathematische Naturphilosophie. In:
Ebendort.
Böhme, G., Daele, W. v.d., Erfahrung als Programm. Über
Strukturen vorparadigmatischer Wissenschaft. In: Ebendort.
Bölsche, W., Charles Darwin. Ein Lebensbild. Leipzig 1898.
Bogue, D., Bennett, J., History of Dissenters, From the
Revolution in 1688, to the Year 1808. Vol. III. London
1810.
Bollack, J., Vom System der Geschichte zur Geschichte der
Systeme. In: R. Koselleck, W.-D. Stempel (Hrsg.), Ge-
schichte - Ereignis und Erzählung. München 1973.
Bolton, H.C., The Lunar Society, or the Festive Philoso-
phers of Birmingham One Hundred Years Ago. In: H.C. Bol-
ton (ed.), Scientific Correspondence of Joseph Priest-
ley. New York 1892 (Reprint: New York 1969).
Boring, E.G., A History of Experimental Psychology (1929).
New York 1950[2].
Brandl, L., Erasmus Darwins Temple of Nature. In: Wiener
Beiträge zur englischen Philologie XII(1902).
Brandl, L., Erasmus Darwins Botanic Garden. In: Ebendort
XXX(1909).
Brandl, L., Erasmus Darwin, ein englischer Naturdichter
des 18. Jahrhunderts. In: Germanisch-Romanische Monats-
hefte 1(1909).
Brezinka, W., Die Pädagogik und die erzieherische Wirk-
lichkeit. In: H. Röhrs (Hrsg.), Erziehungswissenschaft
und Erziehungswirklichkeit. Frankfurt a.M. 1967[2].
Brezinka, W., Von der Pädagogik zur Erziehungswissenschaft.
Eine Einführung in die Metatheorie der Erziehung. Wein-
heim-Berlin 1972[2].
Brezinka, W., Erziehungsziele, Erziehungsmittel, Erzie-
hungserfolg. Beiträge zu einem System der Erziehungswissenschaft. München-Basel 1981[2].
Brockdorff, C. v., Die englische Aufklärungsphilosophie.
München 1924.
Brodribb, A.A., Aikin, John (1713 - 1780). In: The Dictio-
nary of National Biography. From the Earliest Times to
1900. Volume I. Oxford 1882 ff. (Reprint: Oxford 1949
f.).
Brodribb, A.A., Aikin, John (1747 - 1822). In: Ebendort.
Brodribb, A.A., Aikin, Lucy. In: Ebendort.
Brodribb, A.A., Barbauld, Anna Laetitia. In: Ebendort.
Bronk, D.W., Joseph Priestley and the Early History of
the American Philosophical Society. In: Proceedings of
the American Philosophical Society 86(1942)1.
Browne, C.A., Priestley's Life in Northumberland and Dis-
cussion of the Priestley Relics on Exhibition in the
Museum. In: Journal of Chemical Education 4(1927)2.
Burtt, E.A. (ed.), The English Philosophers from Bacon to
Mill. New York 1939.

Cassirer, E., Das Erkenntnisproblem in der Philosophie und Wissenschaft der neueren Zeit. Zweiter Band (1907). Darmstadt 1974.

Cassirer, E., Die Philosophie der Aufklärung. Tübingen 1932.

Cazamian, L., Modern Times (1660 - 1963). In: E. Legouis et al., A History of English Literature. London 1964.

Christian, W., The Moral Economics of Tom Paine. In: Journal of the History of Ideas XXXIV(1973)3.

Clarke, I.C., Maria Edgeworth. Her Family and Friends. London etc. 1949.

Cohen, I.B., The Eighteenth-Century Origins of the Concept of Scientific Revolution. In: Journal of the History of Ideas XXXVII(1976).

Comte, A., Discours sur l'Esprit Positif (1844). Hamburg 1956.

Crowther, J.G., Scientists of the Industrial Revolution. London 1962.

Daele, W. v.d., Die soziale Konstruktion der Wissenschaft - Institutionalisierung und Definition der positiven Wissenschaft in der zweiten Hälfte des 17. Jahrhunderts. In: G. Böhme, W. v.d. Daele, W. Krohn, Experimentelle Philosophie. Ursprünge autonomer Wissenschaftsentwicklung. Frankfurt a.M. 1977.

Daniel, C., Life of Locke. In: J. Locke, Some Thoughts Concerning Education. New Edition. London o.J.

Dannemann, F., Die Anfänge der experimentellen Forschung und ihre Ausbreitung. München-Berlin 1922.

Darlington, C.D., Darwin's Place in History. Oxford 1959.

Darwin, Ch., Die Entstehung der Arten durch natürliche Zuchtwahl oder die Erhaltung der bevorzugten Rassen im Kampfe ums Dasein (1859). Halle a.S. o.J. (1910).

Darwin, Ch., Preliminary Notice: Life of Erasmus Darwin. In: E. Krause, Erasmus Darwin. London 1879.

Darwin, E., A Plan for the Conduct of Female Education in Boarding Schools. Derby 1967 (Reprint: Yorkshire, England - New York 1968).

Davidson, W.L., Political Thought in England. The Utilitarians from Bentham to Mill. London-New York-Toronto 1915.

Day, Th., The History of Sandford and Merton (1783, 1786, 1789). With an account of the author. Complete in one Volume. Hrsgg. von G. v.d. Berg. Hamburg 1935.

Dingler, H., Das System. Das philosophisch-rationale Grundproblem und die exakte Methode der Philosophie. München 1930.

Dingler, H., Der Zusammenbruch der Wissenschaft und der Primat der Philosophie. München 1931[2].

Dixon of Thearne, R.A.M., Did Priestley Resign His Fellowship of the Royal Society? In: Journal of Chemical Education 11(1934).

(Dragonetti, G.) Anonym, Delle virtù e de'premj. Venezia 1767.

Drake, H., Newtons Apfel und Galileis "Dialog". In: Spek-
trum der Wissenschaft (1980)10.
Dreßler, B., Geschichte der englischen Erziehung. Leipzig-
Berlin 1928.

Eaton, A.Th., Children's Literature. In: Collier's Ency-
clodpedia. Vol. 6. o.O. (USA) 1970.
Eco, U., Über Gott und die Welt. Essays und Glossen. Mün-
chen-Wien 1985.
Edgeworth, M., The Parent's Assistant, or, Stories for
Children (1796). London 1815.
Edgeworth, R.L., Essays on Professional Education (1808).
London 1812².
Edgeworth, R.L., Memoirs. Begun by Himself and Concluded
by his Daughter Maria Edgeworth. Vol. I, II. London 1820.
Edgeworth, R.L. und M., Practical Education. Vol. I, II.
London 1798.
Eibl.-Eibesfeldt, I., Krieg und Frieden aus der Sicht der
Verhaltensforschung. München-Zürich 1975.
Ewers, H.-H. (Hrsg.), Kinder- und Jugendliteratur der
Aufklärung. Stuttgart 1980.

Ferg, St., Two Early Works by David Hartley. In: Journal
of the History of Philosophy 19(1981).
Feyerabend, P.K., Wie wird man ein braver Empirist? Ein
Aufruf zur Toleranz in der Erkenntnistheorie. In: L.
Krüger (Hrsg.), Erkenntnisprobleme der Naturwissenschaf-
ten. Texte zur Einführung in die Philosophie der Wissen-
schaft. Köln-Berlin 1970.
Feyerabend, P.K., Wider den Methodenzwang. Skizze einer
anarchistischen Erkenntnistheorie. Frankfurt a.M. 1976.
Fischer, Konrad, Die Quellen zu Jean Pauls Levana. In: K.
Fischer (Bearb.), Jean Paul. I. Teil. Die Klassiker der
Pädagogik. Band IX. Langensalza 1889.
Fischer, Kuno, Francis Bacon und seine Schule. Entwick-
lungsgeschichte der Erfahrungsphilosophie. Geschichte
der Philosophie. Zehnter Band. Heidelberg 1904³.
Foppa, K., Lernen, Gedächtnis, Verhalten. Ergebnisse und
Probleme der Lernpsychologie. Köln-Berlin 1968³.

Gardiner, G., English Girlhood at School. A Study of Women's Education through twelve Centuries. London 1929.
Garfinkle, N., Science and Religion in England, 1790 -
1800. The Critical Response to the Work of Erasmus Darwin. In: Journal of the History of Ideas XVI(1955).
Gawlick, G., Über einige Charakteristika der britischen
Philosophie des 18. Jahrhunderts. In: Studia Leibnitiana XV(1983)1.
Gay, U., Preliminary Dissertation. Concerning the Fundamental Principle of Virtue or Morality. In: W. King,
Essay on the Origin of Evil (1731). Cambridge 1739³.

Gerhardus, D., Wie läßt sich das Wort "Rekonstruieren" rekonstruieren? Zu einem Aspekt des methodologischen Ansatzes im Wiener Kreis. In: J. Chr. Marek et al., Oesterreichische Philosophen und ihr Einfluß auf die Analytische Philosophie der Gegenwart. Band I. Innsbruck etc. 1977.

Gibbs, F.W., Joseph Priestley. Adventurer in Science and Champion of Truth. London-Edinburgh 1965.

Gioia, M., Del merito e delle ricompense. Trattato storico e filosofico (1818 - 1819). Lugano 18302.

Glass, B., Temkin, O., Strauss, W.L. (eds), Forerunners of Darwin: 1745 - 1859. Baltimore 19684.

Godwin, G., Keir, James. In: The Dictionary of National Biography. From the Earliest Times to 1900. Volume X. Oxford 1882 ff. (Reprint: Oxford 1949 f.).

Godwin, W., Enquiry Concerning Political Justice (1793, 17983). Abridged and Edited by K.C. Carter. London 1971.

Godwin, W., The Enquirer. Reflections on Education, Manners, and Literature. In a Series of Essays. Dublin 1797.

Godwin, W., Thoughts on Man. His Nature, Productions, and Discoveries. Inerpersed with some Particulars Respecting the Author. London 1831.

Gordon, A., Doddridge, Philip. In: The Dictionary of National Biography. From the Earliest Times to 1900. Volume V. Oxford 1882 ff. (Reprint: Oxford 1949 f.).

Gordon, A., Harrison, Ralph. In: Ebendort. Volume IX.

Gordon, A., Williams, David (1738 - 1816). In: Ebendort. Volume XXI.

Gosse, E., A History of Eighteenth Century Literature (1660 - 1780). London (1889) 1930.

Grau, Dr., Locke, John. In: H. Schwartz (Hrsg.), Pädagogisches Lexikon. Dritter Band. Berlin-Leipzig 1930.

Grosart, A.B., Barnes, Thomas. In: The Dictionary of National Biography. From the Earliest Times to 1900. Volume I. Oxford 1882 ff. (Reprint: Oxford 1949 f.).

Grote, G., Idea of Ethical Philosophy. In: Fragments on Ethical Subjects. Being a Selection from his Posthumous Papers. London 1876 (Reprint: New York 1971).

Grote, G., On the Origin and Nature of Ethical Sentiments. In: Ebendort.

Halévy, E., The Growth of Philosophic Radicalism (1928). London 1972.

Hans, N., New Trends in Education in the Eighteenth Century. London 1951.

Hansen, A.O., Liberalism and American Education in the Eighteenth Century. New York 1976.

Hare, A.J.C. (ed.), The Life and Letters of Maria Edgeworth (1894). Vol. I, II. Freeport-New York 1971.

Hartley, D., Conjecturae quaedam de sensu, motu et idearum generatione (1746). In: S. Parr (ed.), Metaphysical

Tracts by English Philosophers of the Eighteenth Century. London 1837 (Reprint: Hildesheim-New York 1974).

Hartley, D., Observations on Man, his Frame, his Duty and his Expectations. London 1749 (Reprint: Hildesheim 1967).

Hartog, Ph., Joseph Priestley and his Place in the History of Science. In: Proceedings of the Royal Institution of Great Britain XXVI(1929 - 1931).

Hassler, D.M., The Comedian as the Letter D: Erasmus Darwin's Comic Materialism. The Hague 1973.

Heckhausen, H., Eine Rahmentheorie der Motivation in zehn Thesen. In: Zeitschrift für experimentelle und angewandte Psychologie 10(1963).

Heer, Fr., Europäische Geistesgeschichte. Stuttgart 1957.

Heidmann, W., Die pädagogischen Bemühungen im Umkreis der Manchester Literary and Philosophical Society im späten 18. Jahrhundert. Braunschweiger Studien zur Erziehungs- und Sozialarbeitswissenschaft. Band 19. Braunschweig 1987.

Heilmann, K., Handbuch der Pädagogik. I. Band: Psychologie und Logik. Unterrichts- und Erziehungslehre. Schulkunde. Berlin 1915[18].

Heilmann, K., Handbuch der Pädagogik. III. Band: Geschichte der Pädagogik. Berlin 1915[11].

Helvétius, Cl.A., Vom Menschen, seinen geistigen Fähigkeiten und seiner Erziehung (1772). Frankfurt a.M. 1972.

Henry, Th., On the Advantages of Literature and Philosophy in general, and especially on the consistency of Literary and Philosophical with Commercial Pursuits. In: Memoirs of the Manchester Literary and Philosophical Society. Vol. 1, 1st series (1785).

Hiebert, E.N., The Integration of Revealed Religion and Scientific Materialism in the Thought of Joseph Priestley. In: L. Kieft, B.R. Willeford (eds), Joseph Priestley. Scientist, Theologian, and Metaphysician. A Symposium Celebrating the Two Hundredth Anniversary of the Discovery of Oxygen by Joseph Priestley in 1774. Lewisburg-London 1980.

Hirsching, F.C.G., Historisch-literarisches Handbuch berühmter und denkwürdiger Personen, welche in dem achtzehnten Jahrhundert gelebt haben: oder historische, bio- und bibliographische Nachrichten. Fortgesetzt und herausgegeben von J.H.M. Ernesti. Sechzehnter Band. Erste Abteilung (1813). Graz 1976.

Hobbes, Th., Leviathan (1651). Glasgow 1983.

Höffding, H., Geschichte der neueren Philosophie. Eine Darstellung der Geschichte der Philosophie von dem Ende der Renaissance bis zu unseren Tagen. Erster Band. Leipzig 1921[2].

Hoffmeister, J. (Hrsg.), Wörterbuch der philosophischen Begriffe. Hamburg 1955[2].

Holt, A., A Life of Joseph Priestley (1931). Westport 1970.

Homyard, E., Science, Mathematics and Astronomy. In: A.S. Turberville (ed.), Johnson's England. An Account of the Life & Manners of his Age. Vol. II. Oxford 1933.

Hutcheson, Fr., An Inquiry into the Original of our Ideas of Beauty and Virtue (1725). In: Collected Works of Francis Hutcheson. Volume I. London 1725 (Reprint: Hildesheim 1971).

Immisch, P., Rössner, L., Verhaltens-Korrektur in Lerngruppen. München-Basel 1975.

Janes, R.M., On the Reception of Mary Wollstonecraft's A Vindication of the Rights of Woman. In: Journal of the History of Ideas XXXIX(1978)2.
Jean Paul (Richter), Nachlese für die "Levana". In: K. Fischer (Bearb.), Jean Paul. II. Teil. Die Klassiker der Pädagogik. Band X. Langensalza 1896[2].
Jodl, Fr., Geschichte der neueren Philosophie. Wien-Leipzig-München 1924.

Kant, I., Beantwortung der Frage: Was ist Aufklärung? (1783). In: I. Kant, Werke XI. Frankfurt a.M. 1964.
Keir, J., Account of the Life and Writing of Thomas Day. London 1791 (Reprint: New York 1970).
Kent, C.B.R., The English Radicals. An Historical Sketch. London-New York-Bombay 1899.
King-Hele, D., Erasmus Darwin. London 1962.
King-Hele, D. (ed.), The Essential Writings of Erasmus Darwin. London 1968.
King-Hele, D. (ed.), The Letters of Erasmus Darwin. Cambridge 1981.
Klix, Fr., Information und Verhalten. Kybernetische Aspekte der organismischen Informationsverarbeitung. Einführung in naturwissenschaftliche Grundlagen der Allgemeinen Psychologie. Berlin (Ost) 1973[2].
Krause, E., Erasmus Darwin. London 1879.
Kuhn, Th., Die Struktur wissenschaftlicher Revolutionen. Frankfurt a.M. 1973.

Lakatos, I., Die Geschichte der Wissenschaft und ihre rationalen Rekonstruktionen. In: I. Lakatos, A. Musgrave (Hrsg.), Kritik und Erkenntnisfortschritt. Abhandlungen des Internationalen Kolloquiums über die Philosophie der Wissenschaft. London 1965, Band 4. Braunschweig 1974.
Langenheder, W. Theorie menschlicher Entscheidungshandlungen. Stuttgart 1975.
Lawson, J., Silver, H., A Social History of Education in England. London 1973.
Lehmann, P.L., Jean Jaques Rousseau. In: M. Landmann, De Homine. Der Mensch im Spiegel seines Gedankens. Freiburg-München 1962.
Lenk, H., Bemerkungen zu einer "praktischen" Rehabilitie-

rung der praktischen Philosophie aufgrund der Planungsdiskussion. In: Erklärung, Prognose, Planung. Skizzen
zu Brennpunktproblemen der Wissenschaftstheorie. Freiburg 1972.

Lenk, H., Die sokratische Aufgabe pragmatischer Philosophie. In: Pragmatische Philosophie. Plädoyers und
Beispiele für eine praxisnahe Philosophie und Wissenschaftstheorie. Hamburg 1975.

Lincoln, A., Some Political & Social Ideas of English
Dissent 1763 – 1800. Cambridge 1938.

Lloyd, J.E., Williams, David (1712–1794). In: The Dictionary of National Biography. From the Earliest Times to
1900. Volume XXI. Oxford 1882 ff. (Reprint: Oxford 1949
f.).

Locke, D., A fantasy of reason. The life and thought of
William Godwin. London-Boston-Henly 1980.

Locke, J., Some Thoughts Concerning Education (1684/1693).
Deutsch: Gedanken über Erziehung. Stuttgart 1970.

Locke, J., An Essay Concerning Human Understanding (1690).
London 1788[18].

Logan, J.V., The Poetry and Aesthetics of Erasmus Darwin
(1936). New York 1972.

Mallet, Ch., Education, Schools and Universities. In: A.
S. Turberville (ed.), Johnson's England. An Account of
the Life & Manners of his Age. Vol. II. Oxford 1933.

Markus, D.F., Die Associationstheorien im XVIII. Jahrhundert. Halle a.S. 1901 (Reprint: Hildesheim-Zürich-New
York 1985).

Marquard, O., Inkompetenzkompensationskompetenz? Über
Kompetenz und Inkompetenz der Philosophie. In: Abschied
vom Prinzipiellen. Stuttgart 1982.

Mathieson, W.L., England in Transition. 1789 – 1832. A
Study of Movements. London 1920.

McCallister, W.J., The Growth of Freedom in Education. A
Critical Interpretation of some Historical Views. London 1931.

McCosh, J., The Scottish Philosophy biographical, expository, critical, from Hutcheson to Hamilton. London 1875
(Reprint: Hildesheim 1966).

McEvoy, J.G., Joseph Priestley, "Aerial Philosopher": Metaphysics and Methodology in Priestley's Chemical
Thought. From 1762 – 1781. In: Ambix 25(1978),26(1979).

McEvoy, J.G., McGuire, J.E., God and Nature: Priestley's
Way of Rational Dissent. In: Historical Studies in the
Physical Sciences 6(1975).

McLachlan, H., English Education under the Test Acts.
Being a History of the Nonconformist Academies 1662 –
1820. Manchester 1931.

Meigs, C. et al., A Critical History of Children's Literature. New York 1953.

Meissner, P., Die Reform des englischen höheren Schulwesens
im 19. Jahrhundert. Leipzig 1929.

Meteyard, E., The Life of Josiah Wedgwood from his Private Correspondence and Family Papers with An Introductory Sketch of the Art of Pottery in England. Vol. I. London 1865 (Neuausgabe: London 1870).

Michaud, J.F. (ed.), Biographie Universelle - Ancienne et Moderne. Tome XLIV (1854 ff.). Graz 1970.

Mill, J., Education (1818). In: W.H. Burston (ed.), James Mill on Education. Cambridge 1969.

Mill, J., Schools for all, in Preference to Schools for Churchmen only (1812). In: Ebendort.

Mill, J.St., Die Freiheit (1859). Zürich 1945.

Mill, J.St., Inaugural Address. Delivered to the University of St. Andrews. Feb. 1st 1867. London 1867.

Milton, J., Von der Erziehung - Brief an Samuel Hartlib 1644. Hamburg o.J.

Mischel, Th., "Emotion" and "Motivation" in the Development of English Psychology: D. Hartley, James Mill, A. Bain. In: Journal of the History of Behavioral Sciences 2(1966).

Mönke, W., Einleitung. In: Th. Paine, Die Rechte des Menschen, hrsggb. von W. Mönke. Berlin (Ost) 1962.

Mondella, F., La teoria dell'evoluzione e l'opera di Charles Darwin. In: L. Geymonat, Storia del pensiero filosofico e scientifico. Volume quinto: Dall'Ottocento al Novecento. Milano 1975[3].

Monroe, P., A Brief Course in the History of Education. New York-London 1913[8].

Moog, W., Geschichte der Pädagogik. Band 2: Die Pädagogik der Neuzeit von der Renaissance bis zum Ende des 17. Jahrhunderts. Ratingen-Hannover 1967[8].

Nicholson, A., Percival, Thomas. In: The Dictionary of National Biography. From the Earliest Times to 1900. Volume XV. Oxford 1882 ff. (Reprint: Oxford 1949 f.).

Nicolson, H., Das Zeitalter der Vernunft. Wien-München-Basel 1961.

N.N., Ein Mord wird gestanden. In: Der Spiegel 16(1962)52.

N.N., Edgeworth, Maria. In: The Encyclopaedia Britannica. Volume VIII. New York 1910[11].

N.N., Edgeworth, Richard Lovell. In: Ebendort.

Oberg, B.B., David Hartley and the Association of Ideas. In: Journal of the History of Ideas XXXVII(1976).

Ortega y Gasset, J., Der Aufstand der Massen (1930). Hamburg 1956.

Paine, Th., Common Sense (1776). Hrsggb. von L. Meinzer. Stuttgart 1982.

Paine, Th., Common Sense and other Political Writings. Ed. by N.E. Adkins. New York 1953.

Paine, Th., Die Rechte des Menschen (1791 f.). Frankfurt a. M. 1973.

Painter, F.V.N., A History of Education. New York 1898.

Paley, W., The Principles of Moral and Political Philosophy (1785). Edinburgh 1814[21].

Parker, I., Dissenting Academies in England. Their Rise
and Progress and their Place among the Educational Systems of their Country (1914). New York 1969.

Passmore, J., A Hundred Years of Philosophy. London 1957.

Passmore, J., The Perfectibility of Man. London 1971[2].

Passmore, J.A., The Malleability of Man in Eighteenth-Century Thought. In: E.R. Wasserman (ed.), Aspects of the
Eighteenth Century. Baltimore 1965.

Paterson, A., The Edgeworths, a Study of Later Eighteenth
Century Education. London 1914.

Paul, C.K., William Godwin: His Friends and Contemporaries.
Vol. I, II. London 1876.

Paulsen, Fr., Pädagogik. Stuttgart-Berlin 1912[5].

Pearson, H., Doctor Darwin. New York 1930.

Percival, Th., On the Pursuits of Experimental Philosophy.
In: Memoirs and Proceedings of the Manchester Literary
and Philosophical Society. Vol. 2, 1st series (1789).

Pollin, B.R., Education and Enlightenment in the Works of
William Godwin. New York 1962.

Popper, K.R., Das Elend des Historizismus. Tübingen 1969[2].

Popper, K.R., Conjectures and Refutations. The Growth of
Scientific Knowledge. London 1969[3].

Popper, K.R., Objektive Erkenntnis. Ein evolutionärer
Entwurf. Hamburg 1973.

Priestley, J., An Essay on a Course of Liberal Education
for Civil and Active Life. With Plans of Lectures on I.
The Study of History and general Policy. II. The History
of England. III. The Constitution and Laws of England.
To which are Added, Remarks on a Code of Education,
Proposed by Dr. Brown, in a Late Treatise, intitled,
Thoughts on Civil Liberty, &c. London 1765.

Priestley, J., The History and Present State of Electricity, with Original Experiments. London 1767.

Priestley, J., An Essay on the First Principles of Government; and on the Nature of Political, Civil, and Religious Liberty. London 1768.

Priestley, J., Geschichte und gegenwärtiger Zustand der
Optik, vorzüglich in Absicht auf den physikalischen
Teil der Wissenschaft (1772). Leipzig 1775.

Priestley, J., Experiments and Observations on Different
Kinds of Air. Three Volumes. London 1774, 1775, 1777.

Priestley, J., Hartley's Theory of the Human Mind, on the
Principle of Association of Ideas; with Essays Relating
to the Subject of it. London 1775.

Priestley, J., Experiments and Observations to Various
Branches of Natural Philosophy; with a Continuation of
The Observations on Air. The Second Volume. Birmingham
1781.

Priestley, J., Heads of Lectures on a Course of Experimental Philosophy, particularly including Chemistry. London
1794.

Priestley, J., Memoirs Written by himself. In: J. Lindsay (ed.), Autobiography of Joseph Priestley. Bath 1970.

Priestley, J., Memoirs and Correspondence 1733 - 1787. In: The Theological and Miscellaneous Works of Joseph Priestley. With Notes, By the Editor (J.T. Rutt). Volume I. Part I. London 1831 (Reprint: New York 1972).

Priestley, J., An Examination of Dr. Reid's Inquiry into the Human Mind on the Principles of Common Sense; Dr. Beattie's Essay on the Nature and Immutability of Truth; and Dr. Oswald's Appeal to Common Sense in Behalf of Religion. London 1774. In: Ebendort. Volume III. London 1818.

Priestley, J., The Doctrine of Philosophical Necessity Illustrated; Being an Appendix to the Disquisitions Relating to Matter and Spirit. London 1777. In: Ebendort.

Priestley, J., The Rudiments of English Grammar, Adapted to the Use of Schools; with Notes and Observations for the Use of those who have made some Proficiency in the Language. London 1761. In: Ebendort. Volume XIII. London 1824.

Priestley, J., A Course of Lectures on the Theory of Language, and Universal Grammar. Warrington 1772. In: Ebendort.

Priestley, J., A Course of Lectures on Oratory and Criticism. London 1777. In: Ebendort.

Priestley, J., A Description of a Chart of Biography. Warrington 1765. In: Ebendort. Volume XXIV. London 1826.

Priestley, J., A Description of a New Chart of History. Containing a View of the Principal Revolutions of Empire that have taken Place in the World. London 1769. In: Ebendort.

Priestley, J., Lectures on History and General Policy; to which is Prefixed, An Essay on a Course of Liberal Education for Civil and Active Life: And a Additional Lecture on The Constitution of the United States. The Whole Corrected, Improved, and Enlarged. Philadelphia 1803. In: Ebendort.

Priestley, J., Miscellaneous Observations Relating to Education; More Especially as it Respects to the Conduct of the Mind. To which are Added, Considerations for the Use of Young Men and the Parents of Young Men. Bath 1778. In: Ebendort. Volume XXV. London 1831.

Primer, I., Erasmus Darwin's Temple of Nature: Progress, Evolution, and the Eleusinian Mysteries. In: Journal of the History of Ideas 32(1971)1.

Quinlan, M.J., Victorian Prelude. A History of English Manners. 1700 - 1830. London 1965[2].

Rand, B., The Early Development of Hartley's Doctrine of Association. In: Psychological Review 30(1923).

Rauschenbusch-Clough, E., A Study of Mary Wollstonecraft
and the Rights of Woman. Diss. Bern 1898.

Reble, A., Geschichte der Pädagogik. Stuttgart 1965[8].

Renwick, W.L., English Literature. 1789 - 1815. Oxford 1974[3].

Ritchie-Calder, P., Ein Elitezirkel vor 200 Jahren: Die
Lunar Society von Birmingham. In: Spektrum der Wissenschaft (1982)8.

Robinson, E., Training Captains of Industry: The Education
of Matthew Robinson Boulton (1770 - 1842) and the Younger James Watt (1769 - 1848). In: Annals of Science 10
(1954)4.

Rössner, L., Erziehungs- und Sozialarbeitswissenschaft.
Eine einführende Systemskizze. München-Basel 1977.

Rössner, L., Einführung in die analytisch-empirische
Erziehungswissenschaft. Freiburg-Basel-Wien 1979.

Rössner, L., Die Aktualität von Gedanken John Stuart
Mills zur Universitäts-Erziehung. In: Vierteljahresschrift
für wissenschaftliche Pädagogik 58(1982)1.

Rössner, L., Erziehung, Erziehungswissenschaft und Staat.
Zum 250. Geburtstag von Joseph Priestley. In: Pädagogik
und Schule in Ost und West 31(1983)3.

Rössner, L., Reflexionen zur pädagogischen Relevanz der
Praktischen Philosophie John Stuart Mills. Philosophische
Studien zur Geschichte der empirischen Pädagogik I.
Frankfurt a.M.-Bern-New York 1983.

Rössner, L., Die Pädagogik der empiristisch-utilitaristischen Philosophie Englands im 19. Jahrhundert. Philosophische Studien zur Geschichte der empirischen Pädagogik II. Frankfurt a.M.-Bern-New York 1984.

Rössner, L., Die Pädagogik des Lunatikers Erasmus Darwin.
Ein Beitrag zur Geschichte der empirischen Pädagogik.
Braunschweiger Studien zur Erziehungs- und Sozialarbeits-
wissenschaft. Band 13. Braunschweig 1984.

Rössner, L., Der utilitaristische Jurist John Austin als
Pädagoge. In: Pädagogik und Schule in Ost und West 32(1984)2.

Rössner, L., Bemerkungen zur englischen experimentalphilosophischen Tradition der empirischen Pädagogik. In: L.
Rössner (Hrsg.), Empirische Pädagogik I: Abhandlungen
zu ihrer Geschichte. Braunschweiger Studien zur Erzie-
hungs- und Sozialarbeitswissenschaft. Band 17. Braunschweig 1985.

Rössner, L., Bemerkungen zur empiristischen Tradition
italienischer Pädagogik unter besonderer Berücksichtigung
der englisch-italienischen kulturellen Beziehungen. In:
Ebendort.

Rössner, L., Die Pädagogik des englischen Experimentalphilosophen Joseph Priestley. Philosophische Studien zur
Geschichte der empirischen Pädagogik III. Frankfurt
a.M.-Bern-New York 1986.

Rössner, L., Die englischen "Provincial Societies" im 18.
Jahrhundert als pädagogische Institutionen. In: W.
Heidmann, Die pädagogischen Bemühungen im Umkreis der
Manchester Literary and Philosophical Society im späten
18. Jahrhundert. Braunschweiger Studien zur Erziehungs-
und Sozialarbeitswissenschaft. Band 19. Braunschweig 1987.

Rössner, L., Empiristische Pädagogik als Ethik-Institution.
In: Pädagogik und Schule in Ost und West 35(1987)2.
Rössner, L., Zur Tradition Empirischer Pädagogik in England
und Italien. In: Empirische Pädagogik. Zeitschrift zu
Theorie und Praxis erziehungswissenschaftlicher Forschung
1(1987)3.
Rössner, O., Beiträge zur Erklärung horazischer Oden. In:
Zeitschrift für das Gymnasialwesen LXVI(1912).
Roloff, E.M., Locke, John. In: E.M. Roloff (Hrsg.), Lexi-
kon der Pädagogik. Dritter Band. Freiburg i.Br. 1914.
Ross, R.N., "To Charm Thy Curious Eye": Erasmus Darwin's
Poetry at the Vestibule of Knowledge. In: Journal of
the History of Ideas 32(1971)1.
Rousseau, J.J., Emil oder über die Erziehung (1762). In:
J.J. Rousseau. Hrsggb. von Th. Vogt und E. v. Sallwürk.
Langensalza 1876.
Rusk, R.R., Experimental Education. London-New York-Toron-
to 1929.

Schirmer, W., Kurze Geschichte der englischen Literatur.
Von den Anfängen bis zur Gegenwart. Halle a.S. 1945.
Schmid, G., John Milton. In: K.A. Schmid (Bearb.),Geschich-
te der Erziehung vom Anfang bis auf unsere Zeit. Dritter
Band. Erste Abteilung. Stuttgart 1892.
Schmidt, A., Belphegor. Nachrichten von Büchern und Men-
schen. Frankfurt a.M. 1985.
Schmidt, G.R., John Locke. In: H. Scheuerl (Hrsg.), Klassi-
ker der Pädagogik. Erster Band: Von Erasmus von Rotter-
dam bis Herbert Spencer. München 1979.
Schoeck, H., Der Neid. Eine Theorie der Gesellschaft.
Freiburg-München 1966.
Schofield, R.E., Membership of the Lunar Society of Bir-
mingham. In: Annals of Science 12(1956).
Schofield, R.E., The Society of Arts and the Lunar Society
of Birmingham. In: Journal of the Royal Society of Arts
CVII (1959).
Schofield, R.E., The Lunar Society of Birmingham. A Social
History of Provincial Science and Industry in Eighteenth-
Century England. Oxford 1963.
Schofield, R.E. (ed.), A Scientific Autobiography of
Joseph Priestley (1733 - 1804). Cambridge/Mass.-London
1966.
Schofield, R.E., Joseph Priestley and the physicalist
Tradition in British Chemistry. In: L. Kieft, B.R.
Willeford (eds), Joseph Priestley. Scientist, Theologian,
and Metaphysician. A Symposium Celebrating the Two Hun-
dredth Anniversary of the Discovery of Oxygen by Joseph
Priestley in 1774. Lewisburg-London 1980.
Schramm, M., Willy Hartner (1905 - 1981). In: Zeitschrift
für allgemeine Wissenschaftstheorie XIII(1982)1.
Schütz, H., Edgeworth's "Practical Education". Ein experi-
mentalpädagogischer Ansatz im 18. Jahrhundert. In: L.

Rössner (Hrsg.), Empirische Pädagogik I: Abhandlungen zu ihrer Geschichte. Braunschweiger Studien zur Erziehungs- und Sozialarbeitswissenschaft. Band 17. Braunschweig 1985.

Selg, H., Aggression. In: Th. Herrmann et al. (Hrsg.), Handbuch psychologischer Grundbegriffe. München 1977.

Sewell, E., The Orphic Voice. Poetry and Natural History. New Haven 1960.

Shakleton, R., The Greatest happiness of the greatest number: the history of Bentham's phrase. In: Th. Bestermann (ed.), Studies on Voltaire and the Eighteenth Century. Volume XC. Banbury 1972.

Shaw, G.B., Zurück zu Methusalem. Ein metabiologischer Pentateuch. Zürich 1947.

Shaw, W.A., Dissenting Academies. Their Contribution to English Education. In: The Encyclopedia and Dictionary of Education. London 1921 f.

Sierle, K., Geschehen, Geschichte, Text der Geschichte. In: R. Koselleck, W.-D. Stempel (Hrsg.), Geschichte - Ereignis und Erzählung. München 1973.

Simon, B., Studies in the History of Education. 1780 - 1870. London 1969[4].

Simon, B. (ed.), The Radical Tradition in Education in Britain. London 1972.

Simon, H., William Godwin and Mary Wollstonecraft. Eine biographisch-soziologische Studie. München 1909.

Singer, D.W., Sir John Pringle and his Circle. In: Annals of Science 6(1949)2; 6(1950)3.

Singer, H.W., Dante Gabriel Rossetti. Die Kunst. Band 41. Berlin o.J.

Smith, Fr., A History of English Elementary Education. 1760 - 1902. London 1931 (Reprint: New York 1970).

Sorley, W.R., A History of English Philosophy. Cambridge 1937[2].

Sprague, E., Hartley, David. In: The Encyclopedia of Philosophy. Volume Three. New York-London 1967.

Stachowiak, H., Grundriß einer Planungstheorie. In: Kommunikation VI/1(1970).

Stachowiak, H., Allgemeine Modelltheorie. Wien-New York 1973.

Stephen, L., History of English Thought in the Eighteenth Century. London 1876.

Stephen, L., The English Utilitarians. Vol. I.: Jeremy Bentham. London 1900.

Stephen, L., The English Utilitarians. Vol. II: James Mill. London 1900.

Stephen, L., Darwin, Erasmus. In: The Dictionary of National Biography. From the Earliest Times to 1900. Volume V. Oxford 1882 ff. (Reprint: Oxford 1949 f.).

Stephen, L., Day, Thomas. In: Ebendort.

Stephen, L., Edgeworth, Maria. In: Ebendort. Volume VI.

Stephen, L., Edgeworth, Richard Lovell. In: Ebendort.

Stephen, L., Tucker, Abraham. In: Ebendort. Volume XIX.

Ströker, E., Denkwege der Chemie. Elemente ihrer Wissen-
schaftstheorie. Freiburg-München 1967.
Sullivan, A. (ed.), British Literary Magazines. The Augu-
stan Age and the Age of Johnson, 1698 - 1788. Westport-
London 1983.
Sullivan, A. (ed.), British Literary Magazines. The Roman-
tic Age, 1789 - 1836. Westport-London 1983.
Sutton, Ch.W., Enfield, William. In: The Dictionary of
National Biography. From the Earliest Times to 1900.
Volume VI. Oxford 1882 ff. (Reprint: Oxford 1949 f.).

Tenbruck, Fr.H., Zur Kritik der planenden Vernunft. Frei-
burg-München 1972.
Tetens, J.N., Philosophische Versuche über die menschliche
Natur und ihre Entwicklung. Erster Band. Leipzig 1777
(Berlin 1913).
Thomas, D.L., Williams, Peter. In: The Dictionary of
National Biography. From the Earliest Times to 1900.
Volume XXI. Oxford 1882 ff. (Reprint: Oxford 1949 f.).
Thompson, A.H., A History of English Literature, and of
the Chief English Writers, Founded upon the Manual of
Thomas B. Shaw. London 1903[2].
Thorpe, T.E., Joseph Priestley. London-New York 1906.
Tielsch, E.W., John Milton und der Ursprung des neuzeitli-
chen Liberalismus. In: E.W. Tielsch (Hrsg.), John Milton
und der Ursprung des neuzeitlichen Liberalismus. Studien-
ausgabe der politischen Hauptschriften John Miltons in
der Zeit der englischen Revolution. Hildesheim 1980.
Trapp, E. Chr., Versuch eine Pädagogik (1780). Leipzig 1913.
Trevelyan, G.M., Englishmen and Italians. Some Aspects of
their Relations Past and Present. In: The Proceedings
of the British Academy 9(1919).

Vaughan, M., Archer, M.S., Social conflict and educational
change in England and France 1789 - 1848. Cambridge
1971.
Vernon, M.D., Wahrnehmung und Erfahrung. Köln 1974.
Villa, G., Einleitung in die Psychologie der Gegenwart.
Leipzig 1902.
Visentini, O., Edgeworth , Maria. In: Enciclopedia Filoso-
fica. Volume I. Venezia-Roma 1957.

Waldapfel, J., Die Pädagogik Bacons. In: Zeitschrift für
Philosophie und Pädagogik 3(1896).
Walker, W.C., The Beginnings of the Scientific Career of
Joseph Priestley. In: Isis 21(1934).
Wardle, R.M., Mary Wollstonecraft. A Critical Biography.
Lawrence 1951.
Wentscher, E., Das Problem des Empirismus. Dargestellt an
John Stuart Mill. Bonn 1922.
Wertheimer, M., Produktives Denken. Frankfurt a.M. 1957.

Willey, B., The Eighteenth Century Background. Studies on the Idea of Nature in the Thought of the Period (1940). London 1974[9].

Williams, D., Lectures on the Universal Principles and Duties of Religion and Morality. As they have been read in Margaret-Street, Cavendish-Square, in the Years 1776, and 1777. Vol. I, II. London 1779.

Williams, D., Lectures on Political Principles; The Subjects of Eighteen Books, in Montesquieu's Spirit of Laws: Read to Students under the Author's Direction. London 1789.

Williams, D., Lectures on Education. Read to a Society for Promoting Reasonable and Humane Improvements in the Discipline and Instruction of Youth. Vol. I, II, III. London 1789.

(Williams, D.) Anonym, Lessons to a Young Prince, on the Present Disposition in Europe to a General Revolution. London 1790.

Williams, D., A Treatise on Education. London 1794.

Williams, G.A., Artisans and Sans-Culottes. Popular movements in France and Britain during the French Revolution. London 1968.

Willmann, O., Didaktik als Bildungslehre nach ihren Beziehungen zur Sozialforschung und zur Geschichte der Bildung. Erster Band. Braunschweig 1882.

Winnefeld, Fr., Pädagogischer Kontakt und pädagogisches Feld. München-Basel 1957.

Wollstonecraft, M., A Vindication of the Rights of Woman: with Strictures on Political and Moral Subjects. London 1792[2] (Reprint: Westmead 1970).

Wootton, J., The Nonconformist Contribution to Educational Thought and Ideas in the Eighteenth Century with special reference to the writings and work of Joseph Priestley. Magister-Dissertation Univ. Leeds 1955.

Wundt, W., Grundzüge der Physiologischen Psychologie. Erster Band. Leipzig 1908[6].

NAMENVERZEICHNIS

Adams, J. 112, 346

Adamson, J.W. 109,
265, 346

Adkins, N.E. 338, 355

Aikin, J. sen. 15, 28,
37, 44 f., 96, 99

Aikin, J. jun. 15, 28,
45, 47 ff., 100,
102 f., 346

Aikin, L. 47, 100, 346

Alisch, L.-M. 112,
114, 275, 301, 346

Archer, M.S. 235, 361

Argenton, A. 338, 346

Aristoteles 39

Ashmun, M. 238, 263,
346

Ashworth, C. 37, 96

Austin, J. 111, 116,
258, 346

Aykroyd, W.R. 95, 346

Bachelard, G. 342, 347

Bacon, Fr. 11, 15 f.,
42, 83, 91, 166, 177,
246, 267, 333, 339,
347

Bain, A. 15, 258 f.,
347

Ballauff, Th. 16, 22,
347

Banks, J. 119, 304, 324

Barbauld, A.L. 15, 28,
45 ff., 100 ff., 261,
346 f.

Barlow, N. 237, 240,
242 f., 245, 247,
347

Barnard, H.C. 285, 347

Barnes, Th. 15, 28, 48 -
57, 99, 104 - 107, 112,
334, 347

Basedow, J.B. 265, 333

Bauer, F. 286, 289

Baugh, A.C. 257, 347

Beccaria, C.B. de 15, 59,
109, 116, 277, 347

Beddoes, Th. 47, 138

Bennett, J. 97 f., 348

Bentham, J. 15, 59, 91,
109, 112, 116, 155, 162
f. 167, 234, 256, 258
f., 262, 270, 278, 305,
335, 347

Bentley, Th. 137, 304

Berg, G. v.d. 286 ff., 349

Berkeley, G. 87

Bernhard von Chartres 17

Bestermann, Th. 270, 360

Bew, G. 51

Bicknel, Mr. 205

Birchenough, Ch. 46, 97,
101, 262, 266, 269, 347

Bloch, E. 281, 331, 347

Boase, G.C. 103, 347

Böhme, G. 22, 85, 245,
340 ff., 348 f.

Bölsche, W. 244, 348

Bogue, D. 97 f., 348

Bollack, J. 23, 348

Bolton, H.C. 235, 240,
242, 348

Boring, E.G. 92, 348

Born, R. 87

Boulton, M. 119, 122, 133
f., 136, 209, 248 f.

Boulton, M.R. 249

Boyle, R. 91, 107

Brandl, L. 236, 244 f.,
348

Brezinka, W. 274 f.,
281, 348

Brissot, J.-P. 304,
324

Brockdorff, C.v. 11, 16
f., 348

Brodribb, A.A. 96, 100,
102, 348

Bronk, D.W. 26, 86, 348

Brown, Th. 245

Browne, C.A. 86, 348

Burke, E. 335

Burston, W.H. 256, 260,
355

Burtt, E.A. 91, 348

Cabanis, P.J.G. 162

Campe, J.H. 167, 286 ff.

Cappe, N. 89

Carter, K.C. 337

Cartwright, J. 324

Cassirer, E. 22, 349

Cazamian, L. 243, 349

Christian, W. 338, 349

Clarke, H. 51

Clarke, I.C. 261 f.,
349

Cohen, I.B. 99, 238,
349

Coleridge, S.T. 61, 131

Comte, A. 110, 349

Condillac, E.B. de 63

Cooper, Th. 49

Crowther, J.G. 124, 237
- 240, 242, 246 f.,
349

Crusius, Dr. 202

Daele, W. v.d. 22, 85, 245,
340 ff., 348 f.

Daniel, C. 17, 349

Dannemann, F. 341, 349

Darlington, C.D. 237, 349

Darwin, Ch. 122, 136

Darwin, Ch.R. 121 ff., 125,
128 f., 131, 139, 147, 237
- 241, 243, 245 f., 248,
250 ff., 349

Darwin, E. sen. 13, 15, 41,
100 f., 103, 116, 118 -
165, 168, 171 f., 177, 202
f., 207 ff., 227, 234, 236
- 260, 265, 271 f., 278 f.,
284 f., 297, 299, 303, 309,
327 ff., 334 ff., 339, 341,
344, 349

Darwin, E. jun. 122

Darwin, M. 122

Darwin, R. 121, 239

Darwin, R.W. 122, 125, 136,
250

Darwin, V. 122

Darwin-Hill, E. 121

Darwin-Pole, E. 122 f.

Davidson, W.L. 258, 349

Davies, E. 324

Davy, H. 138

Day, Th. 13, 15, 113, 118,
122, 133 ff., 138, 146 f.,
152, 164 f., 167 f., 171,
201 - 234, 236, 248, 253
f., 261, 267, 282 - 289,
292 - 300, 303, 334 ff.,
344, 349

Defoe, D. 167

Descartes, R. 34 f.

Diderot, D. 49

Dingler, H. 253, 349

Dixon of Thearne, R.A.M.
86, 349

Doddridge, Ph. 15, 28,
37 - 44, 57, 96 ff.

Dragonetti, G. 278, 349

Drake, H. 341, 350

Dreßler, B. 165, 262,
350

Eaton, A.Th. 18, 103,
261, 263, 286 ff.,
350

Eco, U. 17, 350

Edgeworth, A. 168

Edgeworth, E. 168, 284

Edgeworth, Fr.A. 168

Edgeworth, H. 137, 168,
172, 261, 266, 284

Edgeworth, M. 15, 41,
46, 100 f., 118, 120,
137, 161, 164 - 169,
172 - 201, 234, 239,
241, 249, 254, 259 -
281, 297, 299, 306,
323, 327, 335, 339,
341, 344, 347, 350

Edgeworth, R.L. 13,15,
41, 46, 101, 112 ff.,
118 ff., 122, 125 f.,
130, 133 - 147, 161,
164 - 203, 207 f.,
214, 227, 234, 236,
241, 243, 248 f.,
253 f., 260 - 286,
297, 299, 303, 306,
323, 327, 334 ff.,
339, 341, 344, 350

Eibl-Eibesfeldt, I.
257, 350

Enfield, W. 15, 28, 47
ff., 103

Ernesti, J.H.M. 323,352

Ewers, H.-H. 288, 350

Ferg, St. 90, 350

Ferriar, Dr. 49

Feyerabend, P.K. 94 f.,
112, 350

Fielding, S. 253

Fischer, Konrad 272, 350

Fischer, Kuno 16, 22, 350

Foppa, K. 154, 256, 350

Forkel, D.M. 337

Fourcroy, A.-Fr. 138, 160

Franklin, B. 131 f., 138,
248, 304, 324

Friedrich d. Gr. 304, 322

Froebel, Fr. 167

Galilei, G. 339, 341

Galton, Fr. 122, 136

Galton, M.A. 119

Galton, S. 119, 122, 124,
238, 248

Galton, S.T. 122, 138

Ganthaler, H. 87

Gardiner, G. 147, 236,
252 f., 350

Garfinkle, N. 240, 246 ff.,
350

Garrick, D. 324

Gawlick, G. 18 f., 22, 260,
350

Gay, J. 15, 30, 34, 90 f.,
350

Gerhardus, D. 87, 351

Geymonat, L. 242, 355

Gibbs, F.W. 86, 88, 100
f., 235, 351

Gioia, M. 278, 351

Glass, B. 246, 351

Godwin, G. 282, 351

Godwin, W. 13, 15, 112,
243, 254, 306, 334 -

338, 345, 351

Gordon, A. 37, 104, 303
f., 323 ff., 351

Gosse, E. 127, 242 f.,
351

Grau, Dr. 16, 351

Gray, Th. 283

Grosart, A.B. 104, 351

Grote, G. 15, 116, 167,
227, 258, 262, 298,
329, 351

Halèvy, E. 17, 259, 351

Hans, N. 303 f., 322
ff., 351

Hansen, A.O. 338, 351

Hare, A.J.C. 261 f.,
351

Harrison, J. 237, 246

Harrison, R. 15, 28, 48
f., 51 - 54, 57, 99,
106, 334

Hartley, D. 15, 17, 28
- 35, 37 f., 57, 60,
62 ff., 88 - 95, 109,
115, 138 - 141, 165,
167, 177, 219, 294,
303, 305, 323, 334,
351 f.

Hartner, W. 7

Hartog, Ph. 245 f., 352

Hassler, D.M. 242, 244,
352

Heckhausen, H. 301, 352

Heer, Fr. 248, 352

Heidmann, W. 8, 341,
352, 358

Heilmann, K. 16, 259,
352

Helvètius, Cl.A. 15, 95,
113 f., 228, 256, 259,
299, 307, 326 f., 334,
352

Henry, Th. 15, 28, 48 -
53, 57, 105, 352

Henry, W. 105

Herrmann, Th. 269, 360

Hiebert, E.N. 25, 87, 352

Hirschberger, J. 7

Hirsching, F.C.G. 323, 352

Hobbes, Th. 15, 34 f., 38,
60, 110, 305, 352

Höffding, H. 139 f., 250,
352

Hoffmeister, J. 23, 352

Holcroft, Th. 324

Holt, A. 99, 352

Homer 243

Homyard, E. 235, 352

Hume, D. 15, 49, 87, 91,
111, 140

Hutcheson, Fr. 15, 59,
109, 353

Ibsen, H. 150

Immisch, P. 255, 353

Jacson, M.E. 159

Janes, R.M. 338, 353

Jean Paul (Friedrich Richter) 272, 353

Jefferson, Th. 248

Jennings, J. 41, 98

Jodl, Fr. 17, 353

Johnson, R.A. 248

Johnson, S. 127 f., 240 f.

Kant, I. 117, 265, 353

Keighley, S. 96

Keir, J. 119 f., 122, 125
f., 133 f., 140, 202,
204, 207, 209 f., 238,

248, 250, 282 – 287, 295, 353

Kent, C.B.R. 282, 353

Kieft, L. 87, 352, 359

King, W. 90, 350

King-Hele, D. 122, 124, 127, 130, 147 f., 235 – 242, 245, 247 ff., 251 ff., 353

Klix, Fr. 273, 353

Koselleck, R. 9, 23, 348, 360

Krause, E. 238, 246, 252, 349, 353

Krohn, W. 22, 85, 245, 341, 348 f.

Krüger, L. 94, 350

Kuhn, Th. 340, 342, 353

Lakatos, I. 26, 87, 353

Lamarck, J.B.A. 139, 250

Landmann, M. 298, 353

Langenheder, W. 302, 353

Lavoisier, A. 138, 159

Lawson, J. 97, 113, 285, 325, 353

Lee, J. 159

Lefebvre-Cauchy 322

Legouis, E. 243, 349

Lehmann, P.L. 298, 353

Lenk, H. 9, 260, 353 f.

Lightbown, R.W. 238

Lincoln, A. 37, 96 f., 108, 354

Lindsay, J. 86 f., 248, 357

Linnaeus, K. v. 138, 159

Lloyd, J.L. 326, 354

Locke, D. 243, 354

Locke, J. 11 – 20, 22, 29 f., 34 f., 37 ff., 60, 63, 87, 90 f., 107, 110, 140, 145, 161, 165 ff., 173, 177, 250, 257, 272, 303 ff., 327, 333 f., 343, 349, 354

Logan, J.V. 140 f., 143, 145, 236, 242, 250 f., 354

Ludwig XVI. 305

Macquer, P.J. 134

Mallett, Ch. 254, 354

Marek, Chr. 87, 351

Markus, D.F. 30 f., 90 ff., 140, 250, 354

Marquard, O. 9, 354

Mason, W. 283

Mathieson, W.L. 282, 354

McCallister, W.J. 264, 306, 323, 325, 354

McCosh, J. 245, 354

McEvoy, J.G. 17, 23, 25 ff., 64, 76, 87, 95, 110 f., 113, 115, 354

McGuire, J.E. 17, 25 ff., 64, 76, 87, 95, 110 f. 115, 354

McLachlan, H. 96, 99 f., 103, 323 f., 354

Meigs, C. 47, 102, 208, 261 f., 286, 288, 354

Meinzer, L. 338, 355

Meissner, P. 165, 261, 354

Meteyard, E. 108, 238, 247, 355

Michaud, J.F. 322, 355

Mill, J. 15, 61, 89, 91, 109, 116, 156 f., 162 f., 167, 234, 256, 258 ff., 262, 335, 355

Mill, J.St. 15, 22, 38 f., 56 f., 59, 89, 98, 109 f., 112 ff., 116 f., 260, 329 f., 355

Milnes-Day, E. 205 f.

Milton, J. 15, 20, 22, 56 f., 97, 243, 327, 355

Mischel, Th. 33, 90, 92 f., 355

Mönke, W. 324, 355

Mondella, F. 242, 355

Monroe, P. 286, 355

Montaigne, M.E. de 333

Montesquieu, Ch. de Secondat 327

Moog, W. 11, 16, 355

Musgrave, A. 87, 353

Nesbitt, E. 102, 261, 263, 286, 288

Newton, I. 15, 30, 34 f., 90 f., 107, 332, 339, 341

Nicholson, A. 104, 355

Nicolson, H. 241, 355

Oberg, B.B. 89, 355

Ogden, C.K. 167, 262

Okes, Dr. 238

Ortega y Gasset, J. 107, 355

Orton, J. 42 f., 97 f.

Oswald, J. 19

Owen, R. 49, 335 f.

Paine, Th. 15, 22, 47, 254, 305, 324, 334 - 338, 345, 355

Painter, F.V.N. 22, 356

Paley, W. 91, 109, 356

Parker, I. 42, 44, 58, 88, 97 ff., 108, 323, 356

Parker, Mrs. 123

Parker, M. 123, 138, 147, 253

Parker, S. 123, 138, 147, 253

Parr, S. 90, 119, 351

Passmore, J. 89, 293, 356

Passmore, J.A. 276, 356

Paterson, A. 265, 356

Paul, C.K. 338, 356

Paulsen, Fr. 259, 356

Pearson, H. 122, 124, 126, 202 - 206, 210, 236, 238 - 242, 245, 251 f., 262, 265, 282 ff., 286, 356

Percival, Th. 15, 49 ff., 104 f., 138, 334, 356

Pitt, W. 335

Plutarch 283, 333

Pole, Ch. 122

Pollin, B.R. 338, 356

Popper, K.R. 94, 129 f., 246, 280, 356

Price, R. 47, 324

Priestley, J. 8, 12 f., 15, 17, 20 - 31, 34 - 39, 43 - 49, 53 f., 57 - 89, 91, 93, 95 - 105, 107 - 120, 122, 127 f., 134 - 141, 146, 161, 163 ff.,177, 194, 202 f., 207, 213, 219, 227, 234, 236, 245, 248 ff., 252 - 255, 258, 260, 271, 276 f., 279, 285 f., 289, 293 f., 297, 299, 303, 305 f., 313,

324, 326 f., 329,
334 ff., 339, 341 –
344, 356 f.

Primer, I. 140, 237,
244, 250, 357

Quinlan, M.J. 280, 357

Rahm, B. 337

Rand, B. 90, 357

Raphael, D.D. 91

Rauschenbusch-Clough, E.
338, 358

Reble, A. 18, 358

Reid, Th. 165

Renwick, W.L. 263, 358

Ritchie-Calder, P. 119,
235 f., 240, 358

Robespierre, M. de 335

Robinson, E. 265, 358

Roebuck, J. 119 f.

Röhrs, H. 274, 348

Rössner, L. 8, 17 f.,
22 f., 85, 88, 95, 97
f., 103, 107 – 112,
114, 235, 237, 241,
245 f., 249 f., 253,
255, 257 ff., 262 f.,
265, 270 f., 273, 275
ff., 281 f., 285,
289, 294, 299, 301,
324, 329 f., 341 f.,
346, 353, 358 ff.

Rössner, O. 10, 359

Roloff, E.M. 16, 359

Ross, R.N. 237, 244, 359

Rousseau, J.J. 15, 113,
120, 146 f., 165 f.,
169 ff., 175 f., 203
f., 207 – 211, 213 f.,
221, 227, 234, 251,
253 f., 260, 263 f.,
272, 276, 285 – 289,

293, 295, 298, 303 – 306,
309, 315 – 319, 323, 327,
330 f., 333, 359

Rusk, R.R. 88 f., 108, 277,
359

Rutt, J.T. 88 f., 108, 277,
357

Sallwürk, E.v. 276, 359

Schaller, Kl. 16, 22, 347

Scheuerl, H. 18, 359

Schimmelpenninck, M.A. 124,
239 f.

Schirmer, W. 243, 359

Schmid, G. 22, 359

Schmid, K.A. 22, 359

Schmidt, A. 7, 359

Schmidt, G.R. 18, 359

Schoeck, H. 257, 359

Schofield, R.E. 25, 86 f.,
96, 105, 133, 135 – 138,
172, 208, 235, 242, 248
f., 263, 265 f., 268,
284 ff., 288, 341, 359

Schramm, M. 7, 359

Schütz, H. 262, 265 f.,
273, 359

Schwartz, H. 16, 351

Scott, W. 169

Selg, H. 269, 360

Seward, A. 124, 126, 132,
204 f.

Sewell, E. 244 f., 360

Shakespeare, W. 243, 324

Shakleton, R. 270, 360

Shaw, G.B. 246, 360

Shaw, Th.B. 244

Shaw, W.A. 100, 360

Shelley, P.B. 243

Sierle, K. 9, 360

Silver, H. 97, 113, 285, 325, 353

Simon, B. 18, 34 f., 49, 95 f., 104 f., 113 f., 146, 203, 208, 212 ff., 236, 251, 254, 263, 265, 267, 282, 284 - 288, 292 f., 297 f., 305, 323 f., 334 f., 337 f., 360

Simon, H. 338, 360

Singer, D.W. 86, 360

Singer, H.W. 237, 360

Small, W. 119, 133 f., 205, 209, 248, 285

Smith, Fr. 101, 113, 175, 248, 266, 323, 325, 360

Solander, D. 119, 304, 324

Sorley, W.R. 109, 360

Spencer, H. 173

Sprague, E. 92 f., 360

Stachowiak, H. 114, 253 f., 346, 360

Stemmler, Th. 337

Stempel, W.-D. 9, 23, 348, 360

Stephen, L. 17, 109, 168, 202, 238 f., 241, 252, 258 f., 262, 283, 285, 360

Stewart, D. 138

Stokes, J. 119, 248

Straus, W.L. 246, 351

Ströker, E. 88, 361

Stuart, J. 304

Sullivan, A. 102, 361

Sutton, Ch.W. 103, 361

Temkin, O. 246, 351

Tenbruck, Fr.H. 254, 361

Tetens, J.N. 93, 361

Thomas, D.L. 325, 361

Thomas, S. 324

Thompson, A.H. 244, 261, 361

Thorpe, T.E. 100, 361

Tielsch, E.W. 23, 361

Trapp, E.Chr. 16 ff., 265, 361

Trevelyan, G.M. 259, 361

Tucker, A. 61, 91, 109

Turberville, A.S. 235, 254, 352, 354

Turner, M. 58, 108

Turner, W. 44, 103

Vaughan, M. 235, 361

Vernon, M.D. 302, 361

Viguers, A. 102, 261, 263, 286, 288

Villa, G. 18, 361

Visentini, O. 260, 361

Vogt, Th. 276, 359

Voltaire, Fr.M.A. 49, 298, 304, 322

Waldapfel, J. 16, 361

Walker, G. 104

Walker, W.C. 86, 361

Wardle, R.M. 338, 361

Warltire, J. 136, 249

Warren, Dr. 242

Wassermann, R. 276, 356

Watt, J. sen. 119, 122, 134, 136, 138, 248 f.

Watt, J. jun. 137, 249

Wedgwood, John 136 f.

Wedgwood, Josiah sen. 108, 119, 122, 130, 132, 134,

136, 138, 147, 237, 239, 247 ff.

Wedgwood, Josiah jun. 136 ff.

Wedgwood, K. 137

Wedgwood, S. 122, 137, 239

Wedgwood, T. 136 f.

Wentscher, E. 22, 361

Wertheimer, M. 273, 361

Whalley, T.S. 132

White, Ch. 49, 51

White, Th. 51

Whitehurst, J. 248

Wilkinson, W. 119

Willeford, B.R. 87, 352, 359

Willey, B. 91 - 94, 372

Williams, D. (1712-1794) 326

Williams, D. (1738-1816) 8, 15, 207, 303 - 333, 336, 339, 341 f., 344, 362

Williams, G.A. 324, 362

Williams, P. 325

Willmann, O. 17, 362

Winnefeld, Fr. 268, 332, 362

Withering, W. 119, 248

Wollstonecraft-Godwin, M. 15, 47, 254, 280, 334 - 338, 345, 362

Wootton, J. 39, 44 f., 47, 53 f., 96 f., 99 - 103, 106, 323 ff., 362

Wundt, W. 90, 362

Zelger, H. 87

SACHVERZEICHNIS

Hinweise:

1. Um das Verzeichnis nicht zu überlasten, wurden bei vielen Stichworten Seitenverweise häufig nur auf solche Textstellen gegeben, in denen der jeweilige Begriff definiert oder in seiner Bedeutung näher erläutert wird. Dies gilt insbesondere für Begriffe wie Aufklärung, Educand, Erzieher, Erziehung, Lernen, Nutzen, pain, pleasure, Utilitarismus, ... (und die jeweils mit diesen kombinierten Begriffe).

2. Eine Reihe von englischen Begriffen wurde original aufgenommen; nur zum Teil wurde auf solche Begriffe mit Übersetzungen verwiesen; denn im Umgang mit solchen Übersetzungen ist Vorsicht geboten, weil sie den englischen Bedeutungen nur angenähert sind.

Achtung 155, 191, 257, 279

action 31

Akademie-Lehrplan 41 ff., 45

Akademische Ausbildung 41, 54 - 57

Allgemeinbildung (siehe auch: Wissen, generelles) 53

Allgemeininteresse 228

American Philosophical Society of Promoting Useful Knowledge 133

Anerkennung, soziale 191, 193, 222, 227, 279

Anlage 221

Anpassung 301

Approximation 246

Arbeit 227

Arme (Armut) 215, 222 f., 296 f.

art 56 f., 69, 75, 110

Aspekt-Wissenschaft 56

Assoziation 30 f., 33 ff., 63 f., 66 f., 74 ff., 81, 90 f., 116 f., 139, 142, 144 ff., 181 - 184, 189, 191 f., 223, 229 f., 269, 273, 278, 309, 313 f.

Assoziations-Gesetz (-Prinzip) 31 ff., 62 ff., 140

-Steuerung 75

-Theorie (Assoziationismus) 29 ff., 33 ff., 60, 62, 75, 91, 93 f., 139 f., 146, 203, 205

Aufgeklärter 82, 156

Aufgeklärtheit 83 f., 137, 217

Aufklärung 117, 197, 334

erzieherische 111

fortschreitende 77

Aufklärungs-Optimismus 286

-Pädagogik 8, 11 - 14, 20 ff., 36, 53, 58, 118, 305, 307, 311, 313, 326, 339, 343 ff.

-Philosophie 11 - 14, 23, 41, 59, 130, 139, 305 f.

Autorität 40, 81

aversion 31, 33 f., 143 f.

Bedingung, modifizierende

329

negative 329 f.

positive 329

Bedürfnis (desire),
   siehe: Verlangen

-Lage 75

Belehrung 227

Belohnen (siehe auch:
   Lohn) 155, 164, 180
   f., 185, 189 ff.,
   193, 230 f., 277 ff.

Belohnung, natürliche
   190

Belohnungs-Erwartung
   155, 256

-Theorie 277 f.

benevolence 39, 80,
   115, 125, 132, 152,
   161, 216, 312

Beobachtung 60, 71,
   128 f., 138, 140,
   177, 317

kontrollierte 176

Berufs-Erziehung 167,
   201, 282

-Wissen 56

Bestechung 279

Bestrafen (siehe auch:
   Strafe) 153 ff., 164,
   180 ff., 185, 195,
   274, 278

körperliches 257

reflektiertes 182

Bewegung 33, 142 ff.

Bezugsperson, primäre
   40

Botanic Society (Lich-
   field) 133

Buch-Lernen 316

Bürger, nützlicher (use-
   ful citizen) 41 f.,
   48 f., 53, 56, 60,
   70, 72, 311 f.

Bürgertum 163

Carmarthen-Akademie 303,323

cast-iron-philosophers 73,
   133

Charakter, intellektueller
   312

moralischer 312

Charity School 38

Daventry-Akademie 36 ff.

Day-Experiment 204 f.,
   207 - 210

Demokraten 73, 214, 297

Demokratie 74, 113, 201 f.,
   324, 335

rationale 73, 113

Denken 145

desire, siehe: Verlangen

Desorientierung 183,187 f.

Despotismus 74

Determination 33, 64 ff.,
   69, 72 - 76, 78, 80, 82
   ff., 115 f., 213, 220,
   224, 229 f., 233, 271,
   300, 310

adäquate 81

des Erziehers 81, 115 f.

inadäquate 81

natürliche 216, 224

Determinationsversuch 75

Determinismus 63 ff., 79,
   92, 213, 288

benevolent 80, 109, 216
   f., 219, 293, 305

erzieherischer 213, 305

Dichtung (E. Darwins) 243

Didaktische Dichtung (E.
   Darwins) 244

Didaktische Periode 287

Diskrepanz-Perzeption
233, 301

– Reduktion 302

Diskussion, wissen-
schaftliche 71

Disposition 61, 67 f.,
75, 78, 81, 115, 183

Dispositions-Abbau
184, 229

–Aufbau 61, 152 f.,
155, 180, 184, 190,
227, 229

Dissenter-Akademien
35, 37 f., 41, 45,
97, 135

Edinburgher Universität
119 f.

Educand 61 f., 68, 70,
72 f., 75 f., 81,
185 – 188, 193, 229
f., 270, 275, 314

Effektivitätsforschung,
pädagogische 70

Effektwissen 63, 66,
82, 182, 224 f.

Eigeninteresse 228

Eigenschaft, nützliche
270

Einsicht 183, 225, 230,
273

Empirismus 11 f., 30,
59, 104, 165, 318

naiver 103, 246, 267

rationaler 307

Englische Sprache 37

Entdeckung 77, 246

Entscheidungsverhalten,
rationales 156 f.

Entwicklung, natürliche
166, 317

Entwicklungs-Psychologie
176

–Stand des Educanden
187, 317

Enzyklopädisten 334

Erfahrung 59, 63 f., 76,
115, 156, 190, 226 f.,
308, 310 – 314, 316 f.,
328

adäquate 63, 79, 313 f.

experimentelle 312

gleichförmige 182, 184
f., 229 f., 314

konfuse 183

künstliche (artificial)
78

natürliche (natural) 67
f., 72, 74 ff., 80 ff.,
116, 217

theoriegeleitete 60

vermittelte 317

wissenschaftliche 339 f.

Erfahrungs-Lenkung 81, 153,
181, 224, 227, 313

planvolle 230

–Welt des Educanden 317

Erfolgs-Aussicht 72

erzieherische 79

–Freude 191 ff.

Erinnerung 63, 65, 76

Erkenntnis 65, 67

nützliche 71

–Ziel 59

Ermunterung 178, 181

Ermutigung 179

Erwachsenenbildung, uni-
versitäre 105

Erwartung 63 ff., 67, 76,
78 f., 81 f., 157, 164,
182 f., 223 f., 226 f.,
256, 301

adäquate (korrekte, fun-
dierte) 65, 74, 78,

81 f., 229 f.,
299

gleichförmige 185

inadäquate 65, 83

negative 81, 233

positive 81, 233

sichere 72, 313

stabile 183, 229

Erwartungs-Emotion 301

-Steuerung 72, 155,
182, 224

-Wissen 64 f., 67 f.,
70 - 73, 83, 156
f., 230

Erziehbarkeit 73

Erzieher 69, 72 f.,
81, 156, 175, 177,
179 - 182, 184 f.,
188 f., 191, 193,
214, 223 f., 227 -
230, 274 f., 281,
309, 312, 314 f.,
317, 319

determinierter 271

erzogener 188

nationaler 270, 294

nützlicher 230, 275

philosophischer 176,
179

wissender 313

-Erziehung 276

-Rolle 176, 178

Erzieherisch bedeutsame
Wirklichkeit 187, 220,
231, 274 f.

Erziehung 34 f., 53 f.,
61, 74, 79, 82, 95,
145 f., 148 f., 155,
157, 162, 164, 216,
219 f., 253, 256,
269, 271, 306, 308,
312, 316, 319 f.

Allmacht der 14, 34, 53,
73, 307

als Glücksinstrument 82

christliche 38

Determiniertheit für 115 f.

effektive 114 f., 164,
187 - 190, 194, 221,
227, 315, 317 ff., 329

familiale 38 - 41

gelungene 231

Grenzen der 53

gute 221

ineffektive 316

intentionale 171, 214,
260, 264

künstliche (artificial)
61 ff., 68 f., 74 f.,
78 - 82, 217, 219,
253, 293, 305 f.

moralische 151, 175

natürliche (natural) 61,
67 f., 72, 74 f., 77
ff., 82, 170 f., 217,
221, 253, 293, 331

nützliche (useful) 41,
61, 97, 137

öffentliche 55

planvolle 78, 81, 172,
175, 214

private 55, 167

realistische 38

religiöse 39

schulische 274

uniformierende 114

wissenschaftlich fundier-
te 78 f.

wissenschaftliche 50, 254

zu stark regulierende
114, 272

Erziehungs-Bedingungen

70, 317 f.

-Begriff, enger 95,
175, 260, 293

weiter 95, 213,
259 f., 263,
293

-Feld 176, 185 ff.,
189 f., 230, 264

-Organisation 188

-Forschung 75, 320 f.

empirische 54, 267

experimentelle 266

freie 70 f.

-Ideal 319

-Kunst (art of educa-
tion) 57 f., 62
f., 68 - 71, 75,
78, 80, 109 f.,
114, 172 f., 176,
219, 265, 306 f.,
312, 317, 320,
335

nützliche 70

-Mächtigkeit 186

-Maßnahme 279, 318

alternative 195,
279

-Methode (-Verfahren)
73, 164, 267, 313,
315, 320

-Mittel 70, 72, 80,
82, 154, 185, 195,
314, 316 ff.

-Notwendigkeit 221

-Optimismus 35, 53

-Plan 149, 173, 264,
315, 318

-Planung 75, 148 f.,
187, 189

effektive 75, 189

-Praxis-Theorie 315,
327

-Praxis-Theorie 315, 327

-Prinzipien 311, 315, 319

-Psychologie 200, 234

-Reform 318

-Regel, allgemeine 315, 319

-Situation 196, 315, 318 f.

-Soziologie 197 - 200

-System 319, 321, 333

-Technologie (siehe auch:
Erziehungstheorie,
technologische) 109,
195 f., 329

-Theorie 71

technologische (siehe
auch: Erziehungstech-
nologie; Erziehungs-
wissenschaft, techno-
logische) 60, 75, 110,
114, 329

-Umstände 268, 315, 319

-Wirksamkeit 307

-Wissenschaft ((natural)
science of education)
(siehe auch: Experimen-
talpädagogik; Pädagogik,
empirisch-experimentel-
le) 29, 34, 37, 41, 54,
57 - 61, 68 - 73, 75,
78, 80, 112, 116, 139,
143, 146, 152, 172 f.,
175 ff., 196 f., 200 f.,
203, 214, 217, 250,
260, 265, 268, 288,
303, 305, 307, 311,
313, 315, 320 f., 335,
339 f., 343 ff.

als empirische Sozial-
wissenschaft 200

als Glücksinstrument 70,
116

biologisch fundierte
309

nützliche 69, 201

System der 321, 326

technologische (siehe
auch: Erziehungs-
Technologie; Er-
ziehungstheorie,
technologische)
60, 116

utilitaristische
(siehe auch: Päd-
agogik, empiri-
stisch-utilitari-
stische) 69, 76,
311

-Wissenschaftler 62,
72, 315, 319

-Ziel 48, 55, 57, 70,
148 f., 195, 227,
231, 308 f., 311
ff., 315

-Zwang 316

Erzogenheit 227, 298

Ethik, siehe: Moral-
philosophie

Evolutionstheorie 129,
139, 246

Experiment 60, 71, 75,
112, 128 ff., 138,
226, 245 f., 267,
304, 311, 314, 332,
339

pädagogisches 107,
112 f., 196, 204
f., 207 - 210,
306, 319

wissenschaftliches
107, 339 f.

Experimentalismus 59,
172, 339

Experimental-Pädagogik
(siehe auch: Erzie-
hungswissenschaft)
17, 70, 107, 113,
262, 315, 320, 340

-Philosophie 36, 42 f.,
65, 72, 85, 104,
128 f., 139, 226,
340

-Psychologie, siehe:
Psychologie

Falsifikation 246

Fixierte Relation 184

Forschung 77 f.

Forschungsfreiheit 38,
43 f., 70, 74 f.

Fortschritt 52, 82, 109

gesellschaftlicher 54 f.,
71 f., 78, 118, 132,
217, 306

intellektueller 53, 63,
77

moralischer 53, 77

natürlicher 216

wissenschaftlicher 56,
77, 118, 132, 315, 320

Französische Revolution
201, 305

Frau, Rolle der 163, 198,
280

Freiheit 74, 83 f.

bürgerliche 74

Fremd-Determination 82

-Erfahrung 82

-Verstärkung 190 f., 193

natürliche 191

Frustrations-Aggressions-
Hypothese 269

Furcht 64, 81, 116, 189
f., 192, 256

Ganzheitspsychologie 273

Gedächtnis 63 f., 142, 318

Gegen-Determination 233,
271, 300

Gegenseitigkeitsverstär-
kung 227

Gehorsam 189

Gentleman 201, 215

Gerechtigkeit 153

Gesellschafts-Kritik
214, 318

-Reform 334

Gesetzgeber 180, 270,
294

Gesetzgebung 180, 256,
270 f.

Gesundheit 161 ff.,
309 ff.

Gesundheitserziehung
161 ff., 309 ff.

Gewährenlassen 178

Gewohnheit (habit) 34,
39, 91, 140, 142,
145, 175, 181, 190,
231, 313 f.

Gleichberechtigung 150,
280

Gleichheit 74, 296, 335

   natürliche 276, 294

Glück (happiness) 33,
36, 38, 59 ff., 63
- 69, 74 - 80, 82,
84, 86, 91, 109,
111, 115 f., 125,
149, 157, 176, 190,
216 f., 219 - 223,
226, 255, 268, 270,
308 - 311, 313 -
316, 320, 337

   vermeintliches 65,
   80, 224

Glücks-Aussicht 72

-Determinante 82

-Determination 66 f.,
69, 71, 83, 115

-Erfahrung 76

-Erlangung 80

-Erwartung 73

-Erwerb 73 f.

-Sicherung 74, 78

-Streben 256 f.

-Vermehrung 80

-Vermittlung 82

-Verteilung 80, 116, 296

Glückseligkeitsprinzip
(Greatest happiness-
principle) 59, 62, 69
ff., 73, 76, 78 f., 109,
114, 116, 156 f., 163,
179 f., 198, 255, 270,
296, 328

Gott 76

Grand Tour (Reisen) 259

Güte, natürliche des Men-
schen 221 f.

Hackney-College 146

Handlungswissen 33, 65 ff.,
225 f.

Hoffnung 189 f., 192, 256 f.

Hypothese 60, 79, 129, 245
f., 267

   kühne 246

idea 30 - 33, 35, 62 f.,
67, 91, 110, 117, 142 -
146, 310 f., 313

   complex 64, 117, 145

   simple 64, 309, 318

impression 62 ff., 67, 311

Industrielle Revolution
36, 118, 130, 132, 134,
163, 247

Irrtum, Recht auf 71

Ist-Soll-Diskrepanz 233,
301 f.

Kasuistik 279, 321

Kausalgesetz 111, 329 f.

Kausalitäts-Erfahrung 66,
82

-Wissen 63, 66 f., 72, 182,

225, 313

Kausalkette 63, 65, 72

Kibworth-Akademie 41,
98

Kind, Wissenschaft vom
319

Kinder-Erziehung 46,
318

-Literatur 286 ff.

Kindergärtnerinnen-
Erziehung 277

Kindheit 40

Klassen der Gesell-
schaft 215, 223

Klugheit 153

Körper 309

Konditionieren, ope-
rantes 111, 152 f.,
164, 184, 229

Konsequenzen-Aufklärung
153

-Erfahrung 180, 182,
193, 223

-Erwartung 180, 182,
193, 225, 313

Kultivierung 52, 54
ff., 221, 282

Kultur 298

Kunst, siehe: art

-Theorie 329

Lebensführung, morali-
sche 219, 221

natürliche 219, 221,
294

Lebensorientierung 77

Lehre, wissenschaftlich
fundierte 73

Lehr-Inhalt 72

-Verfahren 72

Leidener-Universität 119

Lernbedingungen 164, 229,
233

Lernen 33 ff., 48, 60 ff.,
65 ff., 74 f., 79 f.,111,
115, 146, 164, 175 - 178,
203, 213, 222 f., 225,
229, 301

adäquates 66, 80

alltägliches 77 f.

am Erfolg 153, 164, 184

am Mißerfolg 184

durch Erfahrung 48 f.,
313

natürliches 61, 67 f.,
80, 175, 184, 311

nützliches 311

praktisches 49, 54

wissenschaftliches 73,
104

Lern-Defizit, alltägliches
78

-Fähigkeit 73

-Feld 176, 299

-Freude 178 f.

-Forschung, empirische 54 f.

-Geschichte 187, 190, 195

-Hilfe 223

-Impuls 317

-Lenkung 79, 181, 222, 224

-Mittel 312

-Motivation 233

-Organisation 81

-Psychologie 79, 152, 154,
176, 178 ff., 184, 223,
227, 234

-Situation 75

-Theorie 41, 75, 111

kognitive 273

-Umgebung, natürliche 175,
309

-Voraussetzung 75
-Welt-Organisation 175,
  220 f., 223 f.

-Wille 177 f.

-Zwang 67

liberal education 20,
  22, 36, 38, 44, 49
  f., 54, 56 ff., 113

liberal knowledge 52 f.,
  107

Literary Fund 303, 305,
  322

Liverpool-Society 118

Lob 40, 82, 154 f.,
  178 f., 181, 184,
  186, 189 f., 193,
  257, 278

Lohn (siehe auch: Be-
  lohnen) 81 f., 154,
  184, 186, 192 f.,
  227, 231, 233, 273,
  313

love, siehe: Verlangen

Lunar Circle 133, 208

Lunar Society (Lunati-
  ker) 8, 118 - 122,
  127, 132 - 139, 163
  ff., 167 f., 172,
  197, 202, 205, 208,
  214, 219, 238, 245,
  248 f., 254, 267,
  282 f., 285 f., 295,
  300, 305, 313, 323
  f., 327, 339, 344

Lunatische Pädagogik
  135 - 138, 146, 164,
  169, 171 ff., 179,
  203, 207 f., 234,
  252, 254, 265, 285,
  300, 306, 344

Lust, siehe: pleasure

Mädchenerziehung 48,
  102 f., 136, 138,
  147 - 151, 158 ff.,
  164, 197 - 200, 252

f., 263, 280

wissenschaftliche 200

Mäßigkeit 154

Manchester-Akademie (New
  College) 45, 49 - 52,
  57, 99, 146

-College of Arts and Sciences 49, 51

Literary and Philosophi-
  cal Society 49 f., 118,
  133, 339

Materialismus 34 f., 63,
  74, 294

Medical Society (London)
  133

Meinung 63, 74, 83

Memorieren 316 f.

Mensch, glücklicher 308

  nützlicher 227, 231, 308

Menschenrechte 60

Methodologisierung 340

mind 62, 64 f.

Mißachtung, soziale 155,
  257

Mitleid 152

Mittelklasse 54, 135

Modell-Lernen 152 f., 156,
  164, 225, 255

-Person 40 f., 161, 188 f.,
  220

Moral-Philosophie (-Wis-
  senschaft) 227, 234, 256,
  294, 300, 319 f., 332

Motiv 34, 190

Motivation 233, 301

Motivationspsychologie
  233, 301

Multiformität 75

Muskelbewegung 32 f., 142

Mut 154

Natürlichkeit 223

Natur 298, 307 ff., 311

　Ordnung der 318

　Prinzipien der 312

natural (experimental) science (philosophy) of the human mind 60, 65, 72, 80, 85, 139, 219, 250

Natur-Bezogenheit 227

-Gesetz 65

-Philosophie (-Wissenschaft) 36, 52, 85 f., 130, 319 f.

Nebenwirkung 195

Neid 257

Neugier 175, 318

Newcastle-Society 118

Normenwissenschaft 294

Northampton-Akademie 37 f., 42, 97 f.

Nützlichkeitsprinzip (principle of utility) 59, 105, 163

Nutzen 83 f., 86, 221, 224 ff., 230, 308, 312

　kurzfristiger 224, 229

　langfristiger 224, 229

　vermeintlicher 224

Orientierung, stabile 185

Pädagogik als angewandte Psychologie 139, 177

　autonome 112, 177

　empiristische, empirische (siehe auch: Erziehungswissenschaft)

11 - 14, 20, 29, 35, 41, 45, 53 ff., 57, 62, 80, 152, 163 ff., 173, 197, 203, 274 f., 315

empiristisch-utilitaristische (siehe auch: Erziehungswissenschaft, utilitaristische) 56, 59, 139, 154 f., 164, 179, 234

　praktische 163 f.

pain 31, 33 f., 63 - 67, 75 f., 79 ff., 116, 142 - 145, 155 f., 166, 180 - 183, 191, 224, 256, 269, 273

-Vermeidung 156

passion 116 f.

perception 142, 144 f., 311

Pflicht 309, 313 f., 316

Philanthropinisten 265

Philosophical Society (Derby) 133, 245

Philosophie 85, 247

　empiristische 14, 42

　experimentelle, siehe: Experimentalphilosophie

　praktische 163

　und Wissenschaft 339

Philosophische Gesellschaften 247, 339

Physiologie 140

Physiologische Psychologie 29 f., 34 f., 91, 140 - 144, 164

Plastizität des Menschen 40

pleasure 31, 33 f., 63 - 67, 76, 79, 81 - 84, 116 f., 142 - 145, 155 f., 166, 181, 189, 191 f., 222 ff., 228, 256, 268 ff., 273, 278, 299, 337 nützliches 299

vermeintliches 224, 230

Praktiker, guter 56

Praxis, effektive 267

-Theorie 329

Prognose 110

Provincial Societies 118, 132

Psychologie, empirische, experimentelle, na-turwissenschaftliche 29, 34 f., 62, 72, 140, 155, 177, 250 f., 269

Public School 166 f.

Radikale 297, 304, 335

Rationalismus 12, 130

Rationalist, empiristi-scher 156

Realismus 318

Realitätswissen 63

  adäquates, korrek-tes 67, 311 f.

  inadäquates 63

reason 63

Reiche (Reichtum) 222 f., 294 - 297, 300

Reinheit 153

Revolution 305

  wissenschaftliche 99

Reziprozität(stheorem) 227, 230, 314, 329

Royal Society 339

Schaden 83

Schmerz, siehe: pain

Schule 157 f.

Secondary School 136

Seelenstärke 155, 229, 299

Selbst-Determination 82 ff., 305

-Erfahrung 82, 175 f.

-Kontrolle 39, 156, 164

-Tätigkeit 175 - 179, 181, 270

-Verstärkung 190 f., 193

sensation 30 - 33, 35, 63 - 67, 74, 90, 110, 142 - 146, 310

Sensorium 74

Sensualismus 30, 60, 62, 74, 305

Sicherheit 61, 63, 66 - 69, 79, 115, 180, 226, 228, 230

Sicherheitsprinzip (prin-ciple of security) 270

Situationsanalyse 315, 330

Society for the Diffusion of Useful Knowledge 235

Society of Arts (London) 133

Sozialisation 40

Sozialisationsfeld 230

Sozialwissenschaft 200, 307

Spezialist 107

Spielen 176 ff., 180, 268

Spielzeug 175 f., 178, 268 f.

Sprachen, alte 36 f., 43, 166, 254

  neue, moderne 160

Stimulus 142

  aversiver 41

Störbedingung 229

Strafe (siehe auch: Bestra-fen) 81 f., 154, 183 f., 186, 189, 191, 231, 272 f.

angemessene 183

effektive 183

einsehbare 183

unangemessene 183

-Erwartung 155, 256

-Theorie 185, 277

-Vermeidung 181

Stückwerk-Fortschritt 294

-Technik 280

Sympathie (als Belohnung) 193

System(atisierung) 253

Tadel 82, 154 f., 183 f., 186, 257

Tatsache (fact) 246

Technologische Theorie 110, 114, 329

Theoretizität 267

Theorie 60, 70 f., 194, 196, 246, 266, 315

   extravagante 129 f., 246

   kühne 246

   nützliche 71, 194

   pädagogische 194

Theorielosigkeit 266 f.

Theorienpluralismus 95, 112

Tradition, radikale 334

Tugend 152 - 155, 220, 223, 228, 257, 279, 309 f., 312, 314, 316 f.

   Nutzen der 223, 269 f.

Umwelt-Einfluß 221

-Theorie 276

Unfreiheit 84

Ungleichheit 74

   natürliche 53, 106, 275 f.

Unglück (misery) 64 - 67, 75, 79, 83, 126, 255

Unglücks-Abbau 75, 115

-Erfahrung 76

-Freiheit 83

-Vermeidung 75, 79, 83, 115, 225

Uniformität 74

Unitarianismus 132

Universitäten, englische 35 ff., 135 f.

Universitätserziehung 57

Unlust, siehe: pain

Unterricht, spielender 268

Urteil (judgment) 62 - 65, 68, 74, 76, 111

   selbständiges 187

Utilitarismus 14, 59, 75 f., 79, 91, 116, 149, 154, 164, 179, 198, 222, 228, 269, 277, 294 f., 299 f., 303, 311 f., 315, 326, 328, 335

   deterministischer 69

   empiristischer 14, 59, 61 f., 66, 163, 167, 219, 227, 276

Variabilität des Menschen 40

Vergnügen, siehe: pleasure

Verhalten 63, 65 f.

   adäquates 65, 78

   effektives 74, 83

   inadäquates 65, 225

   nicht-tugendhaftes 230

   soziales 227

tugendhaftes = nütz-
liches 76, 83, 222
f., 228, 230 f.,
294, 314

Verhaltens-Bewertung 79

-Einheit 184, 191, 273

-Regulierung 75

-Theorie 233

Verlangen (love, desi-
re) 31 - 34, 64, 81,
116 f., 143 f., 156

Verstärker, positiver
41, 154, 191

Verstärkung 111, 179,
227 ff., 231, 233

kurzfristige 155 f.,
229, 271, 273, 300

langfristige 155 f.,
271, 273

natürliche 190 f.

stellvertretende
153, 255

Verstärkungs-Aufschub
156

-Lernen, siehe: Kondi-
tionieren, operantes

Vervollkommnung 57,
216, 334

Vervollkommnungsfähig-
keit 73

vibration 30 ff., 90

Vibrationstheorie 30,
93 ff.

vibratiuncles 30 f.

Vollkommenheit 34, 77,
217

Vorurteil (prejudice)
48, 63, 65, 71, 74,
80, 111

Warrington-Akademie 8,
28, 35 f., 44 f., 49,

51, 57 f., 96 f., 99,
104 f., 137, 146, 344

Weiterbildung, lebenslan-
ge 201

Welt-Kenntnis 78

-Orientierung 77, 177

Wettbewerb, -eifer 155, 257

Willen 32, 34, 63 ff., 117,
143, 145 f.

Willens-Handlung 31 ff.

-Theorie 31

Wissen 64, 144, 156 ff.,
224, 313 f., 316 ff.

adäquates 65, 68, 76,
78, 80 ff., 230,
310 f.

Begrenztheit des 76

experimentelles 339

generelles (general
knowledge) 54 ff.

inadäquates 65

naturwissenschaftliches
104

nützliches (useful know-
ledge) 36, 41, 48, 53
ff., 61 - 64, 70 f.,
73, 81 f., 118, 135,
157 f., 177, 226 f.,
231, 233

pädagogisch-nützliches
319

Vorläufigkeit des 76

wissenschaftliches 73

Wissens-Bedürfnis 313

-Defizit 233

-Vermittlung 82, 157

Wissenschaft 56 f., 59,
65, 80, 339

empirische 281

experimentelle 85, 120

Freiheit der 71
nützliche 36, 43
positive 339
praktische 48
und Philosophie 339
vorparadigmatische
    340

Wissenschafts-Vermittlung
    312
Wißbegierde 175
Wohlwollen, siehe: benevo-
    lence

Zivilisation 337